语言学视角下的
高校英语专业教学研究

王艳梅　刘鹏伟　刘晓玲　著

全国百佳图书出版单位　吉林出版集团股份有限公司

图书在版编目（CIP）数据

语言学视角下的高校英语专业教学研究 / 王艳梅，刘鹏伟，刘晓玲著. -- 长春 ：吉林出版集团股份有限公司，2021. 7

ISBN 978-7-5731-0242-3

Ⅰ. ①语… Ⅱ. ①王… ②刘… ③刘… Ⅲ. ①英语-教学研究-高等学校 Ⅳ. ①H319. 3

中国版本图书馆 CIP 数据核字（2021）第 159152 号

YUYANXUE SHIJIAO XIA DE GAOXIAO YINGYU ZHUANYE JIAOXUE YANJIU

语言学视角下的高校英语专业教学研究

著：王艳梅　刘鹏伟　刘晓玲
责任编辑：朱　玲
封面设计：雅硕图文
开　　本：787mm×1092mm　1/16
字　　数：400 千字
印　　张：17. 25
版　　次：2021 年 7 月第 1 版
印　　次：2021 年 10 月第 1 次印刷

出　　版：吉林出版集团股份有限公司
发　　行：吉林出版集团外语教育有限公司
地　　址：长春市福祉大路 5788 号龙腾国际大厦 B 座 7 层
电　　话：总编办：0431-81629929
印　　刷：吉林省创美堂印刷有限公司

ISBN 978-7-5731-0242-3　　定　　价：68. 00 元

前 言

语言作为人类交际的工具，在漫长的人类社会历史发展进程中起着至关重要的作用。自语言诞生以来，人类社会开始以全新的速度向前发展。如果没有语言，今天的人类文明就不复存在。正是由于语言的重要性，有关语言的研究也备受关注。语言学作为一种较为系统的研究语言的学科，主要探索语言的起源、内涵、性质、特点、功能、语系、结构、流派、运用，以及其他与语言有关的问题。同时，语言学具有很强的生命力，是研究语言和语言教学的理论基础。

高校英语专业教学作为语言教学的重要组成部分，与语言学有着十分密切的联系。语言学对语言的科学化、系统化的理论研究，能够为高校英语专业教学提供科学的、系统的理论依据。近年来，随着经济全球化的发展以及文化多元化进程的加快，语言学的研究范围更加广泛，其在英语专业教学中的应用更加普及。另外，还需要强调的一点是，虽然语言学与英语专业教学在研究方向上存在着很大的不同，但究其本质，语言学与英语专业教学存在着很大的共性——都是研究语言最深处的内涵及其引发的一系列问题。因此，语言学应用于高校英语专业教学是可行的，也是必要的。在此背景下，很多学者对语言学与英语专业教学进行了深入研究，并取得一定的成效。尽管如此，相关研究仍存在着很多的问题，例如理论性过强、契合性不高、实践性不强、研究范围狭窄、研究内容落后等。基于此，作者在总结前人研究成果及自身教学经验的基础上系统梳理了语言学与高校英语专业教学的相关知识，并编纂了此书，以期能够为语言学与英语专业教学的相关研究提供新的帮助。

本书共分十三章。第一章简要分析了语言和语言学的相关知识。第二章到第十二章主要从语用学、二语习得理论、系统功能语言学、结构主义语言学、心理语言学、社会语言学、认知语言学、文化语言学、生态语言学、应用语言学、语料库语言学十一个方面对语言学与高校英语专业教学进行了系统论述。第十三章结合语言学的发展，探索了高校英语专业教学的发展。

本书与其他书籍相比，具有以下特色：

第一，创新性。语言学与高校英语教学相结合研究的书籍屡见不鲜，但是语言学与英语专业教学相结合研究的书籍却屈指可数。而本书紧跟时代发展，结合语言学研究与英语专业教学研究的最新动态，对基于语言学的高校英语专业教学进行了创新性研究，实现了语言学与高校英语专业教学的有效融合。

第二，全面性。本书以语言学为视角，涉及系统功能语言学、认知语言学、文化语言学、应用语言学等多个层面，并将这些语言学涉及的这些重要领域与高校专业教学相结合，研究内容丰富、涉及领域众多，为基于语言学的英语专业教学研究提供了全方位的理论指导。

第三，实用性。众所周知，语言学是一门理论性很强的学科，如果单纯从理论上分析语言学就显得十分枯燥乏味、艰涩难懂。而本书采用理论与应用相结合的方式，不仅分别论述了不同领域的语言学理论基础，还系统论述了不同领域的语言学在高校英语专业教学中的具体应用，在很大程度上增加了本书的实用价值。

本书在写作过程中，查阅了很多国内外资料和文献，吸收了很多与之相关的最新研究成果，借鉴了大量学者的观点，在此表示诚挚的感谢！由于语言学与英语专业教学是一个新的研究领域，再加上作者能力有限，书中难免存在不足之处，请广大读者批评指正。

目　录

第一章
语言与语言学概述

毋庸置疑，语言在人们的社会生活中扮演着重要的角色，它是人们传达信息、进行交流的重要依据。虽然语言对于人们来讲非常重要，但人们对它的了解却很少，甚至将许多与语言有关的现象当成是理所当然的。语言学这门学科的诞生，便给予了人们研究语言的极大便利。本章主要论述了语言与语言学的基础知识。

第一节 语 言

一、语言起源的说法

人类对语言的研究已经有很长的历史，但是关于语言的起源，至今并没有确切的依据，经过人们一系列的探讨，出现了很多相关的假说。这里主要对几种比较普遍的说法进行介绍。

（一）神授说

神授说认为语言是上帝或神赐予人类的。这是人类关于语言起源的最早的解释。早在古印度时期，婆罗门教的经书《吠陀》就把语言说成是神赐给人类的一种特殊的能力；基督教的《圣经》中也说上帝创造了人类的祖先亚当，亚当给世间万物命名。语言“神授说”是在科学文化水平极其低下的条件下，因人们无法科学地解释语言起源问题而产生的。[①] 随着人类认识水平的提高和科学的发展，神授说渐渐被放弃了。

（二）劳动创造说

语言是与人类社会、人类思维一同产生的，劳动为语言的产生提供了需求与可能。

1. 劳动决定了语言产生的需求

人类的祖先是思维发达的类人猿，相比一般动物来说，类人猿更加聪明、敏捷。但

① 曹炜. 普通语言学教程［M］. 广州：暨南大学出版社，2015：194.

是，当遇到猛兽袭击的时候，他们的体力可能并不足以应对单枪匹马的战斗，所以很长一段时间内他们都过着群居生活。类人猿是一种社会化的动物，他们每天在地面上积极活动，这种活动事实上就是改造客观世界的活动，即劳动。在这种共同的劳动中，人类的祖先们渐渐意识到在面对一些事物时彼此需要交换一些看法，比如对劳动方法的建议等，以此达到协调一致的目的，从而更加顺利地完成各项劳动，获取更多的生存资源来满足生活的需要。这时，他们就必须使用语言进行交际。由此可见，这种共同的劳动决定了人类创造语言的需要。

2. 劳动为语言的产生提供了可能

语言的产生仅有共同劳动这个客观条件是不够的，还需要能说话的主观条件，这种主观条件也是在劳动中产生的。语言是声音和意义相结合的符号系统，要使语言的产生成为可能，就必须有足够的声音材料和意义要素。声音材料来自完善的发音器官，意义要素源自能进行抽象思维的大脑。而对于原始人来说，这些声音材料和意义要素主要源自劳动。劳动不仅对于原始人获取声音材料有很大的帮助，而且它还能促进人类发音器官的进化和思维的产生，这就使语言必需的声音材料与意义要素得到了完善。

综上所述，劳动决定了语言产生的需求和可能，并提供了产生语言的主客观条件。因此可以说，劳动创造了语言。

（三）人创说

到17世纪，现代科学已经得到初步发展，欧洲已经摆脱了基督教教会的愚昧主义的统治，哲学上的理性主义兴起，人的地位提高了。过去认为人是按上帝的模样创造的，这一时期开始认为上帝是按人的模样创造的。因此语言也当然不再是上帝和神恩赐给人的，而是人自己创造的。至于人是怎样创造语言的，那就有各种各样的说法。法国哲学家笛卡儿（Rene Descartes）认为人是一种有理性的生物，而人的理性就表现在只有人才有语言这一点上，语言是人类理性的产物。这样，理性和语言是人类与生俱来的禀赋，也是人类区别于其他一切生物的标志。18世纪法国哲学家卢梭（Rousseau）主张“契约说”，认为人类是为了在平等的基础上建立一个社会，为了相互交际，才约定使用语言来作为交际工具的。到了19世纪，大多数语言学家认为语言是一种社会交际工具，是人类为了满足社会交际的需要而创造的。①

（四）拟声说

依据拟声说的观点，语言的形成源于人类对自然声音的模拟。原始人听了自然界的声音，就模仿这些声音来称呼相对应的事物，于是便产生了语言。但是这种假说是不对的，其原因有以下几点。②

（1）单纯的拟声词不能构成语言。

（2）自然界中的声音千奇百怪，几乎没有完全一样的。因此，要模仿这些声音，人类自身必须具备比较灵活的发音器官，而原始人的发音器官还没有进化完全，不可能灵

① 胡明扬. 语言和语言学（修订版）［M］. 北京：语文出版社，2004：13.

② 邓林，李娜，于艳英. 现代英语语言学的多维视角研究［M］. 北京：地质出版社，2017：8.

活自如地发出各种声音。

（3）如果语言起源于拟声，那么世界上各种民族语言的读音应该是相同的，而事实并非如此。

（4）拟声只是造词的一种方法，对语言起源和发展有一定作用，但造词手段和语言起源是两回事。拟声可以用来说明语言中个别词的来源，而语言起源是用来解释语言是何时产生以及如何产生的。同时，拟声词的产生虽是模拟自然界的声音而成的，但作为词的形式固定下来是语言产生以后的事情。

（5）在客观世界中，不是所有的事物和概念都有声可拟，绝大多数是无法做到的。因此，在语言中，拟声词数量较少，它并不能代表所有的语言。可见，这种假设不能解释绝大部分的语言现象。

二、语言的内涵和外延

（一）语言的内涵

“语言”与我们的生活是密切相关的。如果让我们对它下一个定义，很多人都会说，语言就是我们所说的话。这样的解释通俗易懂，但是未免有些笼统。

1. 语言所承载的内容及其带给人们的感受

其实，语言是语言学的重要研究对象。通过学习语言学可以知道，语言是一种符号系统，是通过系统且组合复杂的声音传达包罗万象的意义和情感等内容的交际工具。从不同的角度来看，语言所承载的内容及其带给人们的感受是不同的，下面我们来一一说明。

（1）语言通过声音表达出来，也就是我们听到的语音，这是我们首先能感知到的表达意义的途径。语音是由人类根据自己的发音器官发出的语音单位所组成的复杂系统，而且每个民族的语言都有自己的语音构成成分与构成特点。这是从形式上来对语言进行分析。

（2）语音是语言表达的形式，但是，通过语音呈现出来的语言要让人理解，必须表达出具体的意义，这就是所谓的语义。语义中所涵盖的意义，不仅包括客观世界本身的状态，也有相当程度的认识者的主观态度，甚至有些纯粹是人主观虚构出来的。语义是由很多具体单位表现出来的，包括词、词汇、句子等。

（3）从组织结构上来看，语言除了语音、语义和词汇外，还需要一个将它们串联起来表达复杂内容和思想情感的手段——语法。因为在英语等形态语言系统里，有效句子除了基本词语成分和意义外，还有格、时、数等语法范畴，而且其必须通过相对应的语法形式来表达。

综上所述，“语言”并不是一个成分零乱且组合简单的使用工具，而是一个由语音、词汇、语义和语法四大部分构成的符号体系，其内部构成复杂、组织严密，且功能强大。

2. 从属性上界定语言

人们对语言的研究，会随着语言自身的发展变化、人们对语言认识的深化，以及不同时期、不同学派的看法的变化等，不断注入新的思想、产生新的变化。也正是因为这样，人们至今没有对语言形成一个清晰而公认的定义。

古今中外，很多语言学家都对语言学进行了相关的研究。通过对这些研究成果进行综合分析，可以对语言从属性上进行一个定义：语言是一种特殊的社会现象，是人类特有的、最重要的交际工具、思维工具和文化载体，是一套音义结合的符号系统。

这个定义可以从以下四个方面来进行分析。

(1) 语言是由词汇和语法构成的一个符号系统，在它的组成部分中，每个成分都是由声音和意义两个方面共同组成的。

(2) 语言是人类独有的，其他动物没有语言，它们的交际方式与人类的语言有着本质的区别。

(3) 语言不是社会现象，是自然现象，有其自身的特殊性。

(4) 语言是人类的交际和思维活动离不开的重要工具和载体，同时，用于交际和思维活动也是语言的基本功能。

(二) 语言的外延

对于语言的外延，这里主要介绍其结构与建构两个方面。

1. 语言的结构

语言是音义结合的词汇和语法体系，语言包含的所有结构要素都有规律地相互联系和制约，构成一个统一的整体。

在语言体系中，词汇就像语言的建筑材料。词汇主要包括词和熟语，其中的词是能够独立使用的最小单位，主要由词素构成。而词素是语言中的最小单位，不能再继续划分。例如，英语中的 manly 是由词根 man 和后缀-ly 两个词素构成的；汉语中的“奶牛”是由“奶”和“牛”两个词素构成的。熟语是词的固定组合，如英语 cast pearls before swine，汉语“对牛弹琴”等。需要指出的是，词汇不能脱离语法的支配，而只有在语法的支配下，词汇才具有可理解的性质。

语法是指语言的组织规律。在一定的语法规则的支配下，词素可以构成词或词性，词可以构成词组，词组可以构成句子。词素构成词的规则为构词规则；词搭配成词组的规则为造词组规则。语法规则是语言中现成的，它们构成语言的语法，用来组织词汇单位，所以可将其称为“语言的建筑法”。构词规则即构词法，构形规则即构形法，构词法和构形法合称为“词法”。词法可进一步分为词素分类和词类。构造词组的规则即词组构词法，

造句规则即造句法，词组构词法和造句法合称为“句法”。句法又分为词组类型和句型。

词汇和语法都是音义结合的。这里的“音”即语音，是作为语言的物质外壳而存在的，其最小单位是音素。这里的“义”即语义，是语言的意义内容，其涉及词汇意义、语法意义和修辞意义三个方面。对于语义来讲，语音就是表现形式，没有语音的物质形式，语义也就不能表达；但是如果只有语义形式而没有语义内容，那么声音也就不能称之为语言单位。

总之，语言是以语音为物质外壳、以语义为意义内容的、音义结合的词汇建筑材料和语法组织规律的体系。语言体系是在人类历史的发展过程中形成的，是客观存在的，

是约定俗成的，具有较强的稳定性。此外，各语言体系还具有民族性。因此，在学习和研究语言的过程中，必须对语言体系及其结构要素间的关系予以足够的重视。

2. 语言的建构

建构的含义主要包括两个方面，一是指利用语言体系中的材料构成话语，二是指利用话语中的创新，在其约定俗成之后，充实语言结构体系。语言的建构主要有两个特征：阶段性和连续性，二者是相统一的关系。阶段性使得语言结构相对稳定，能够保证交际的需要；而连续性使得语言结构不断发展，能够满足不断增长的交际需要。

任何语言的结构都是在交际和思维活动中建立起来的通过使用逐渐形成，形成之后也不是固定不变的，而是不断发展的，因此，建构是动态的，在语言交际过程中，建构无数新话语的同时，话语中的创新成分不断丰富着语言体系。

综上所述，语言结构和语言建构是相互联系、相互作用的。如果语言结构离开了语言建构，那么语言结构就不能适应社会交际，语言体系就会显得匮乏。因此，语言学在继续研究语言结构的同时，还应研究语言建构的基本规律，以促进语言的发展。

三、语言的功能

（一）信息传递功能

语言的功能是客观存在的。功能既是语言的属性，也是人们认识语言的一个视角。语言的功能是多方面的，如果从宽泛的意义上讲，大致都可归入语言的社会功能和思维功能两个方面。

语言是一种社会现象，和人类社会有紧密的联系。所谓“社会”就是指生活在一个共同的地域中、说同一种语言、有共同的风俗习惯和文化传统的人类共同体。每一个社会都必须有自己的语言，因为，语言是组成社会的一个不可缺少的因素。人与人之间的联系得靠语言来维持。没有语言，人与人之间的联系就会中断，社会就会解体。

语言的社会功能中最基本的是信息传递功能。这一功能体现在语言上就是内容的表达。信息的传递是社会中人与人交流的基本方式。通过信息的交流，人们才可以在社会中彼此分享各自的经验感知，更好地分工协作。与其他某些具有一定社会性的动物群体相比较，人类语言的信息传递功能极其卓越。语言所能传递的信息可以没有穷尽，信息内容可以跨越时空。无论多么丰富的信息，都可借助语言的形式传递给他人。从古至今。人类知识的积累，社会文明的进步，首先得益于信息的可传递性。人类社会能够建立起如此辉煌的文明，是以语言的信息传递功能为基础的。

在信息传递的过程中，人们也可以借助于语言之外的其他形式，比如，文字，旗语，信号灯，电报代码，数学符号，化学公式等等，都是传递某种信息的形式。这里，文字打破了语言交流中时间和空间的限制，在社会生活中起着重大作用，但是，语言是第一性的，文字是第二性的，文字是对语言的再编码系统，只有几千年的历史。在文字产生之前，语言早已存在，估计至少有几万年。今天世界上没有文字的语言仍然比有文字的语言多很多。旗语、电报代码等信息传递的形式，大多是对语言或文字的再编码，是更后起的，离开语言与文字，它们就不能独立存在，而且使用的领域也有很大的局限性，而语言的使用是全社会的。

（二）语言的人际互动功能

语言的社会功能的另一个重要方面是建立或保持某种社会关联，这可称为语言的人际互动功能。互动包括两个方面，一个是说话者在话语中表达自己的情感、态度、意图，另一方面这些又对受话者施加了影响，得到相应的语言或行动上的反馈，从而达到某种实际效果。说话者在把经验信息组织成话语形式传递给听话者时，已经不可避免地站在了说话者的立场上，具有一定的主观性。说话者在传递客观经验信息的同时，也在表达着主观的情感、态度和意图，寻求听话者的反馈。而受话者在接收说话者传递的客观经验信息的同时，也了解了说话者的主观情感态度，从而做出回应。这样语言就成为说话者和听话者间交际互动的工具。

（三）语言的思维功能

语言是社会现象，是社会的交际工具，同时也是心理现象，是人类思维的工具。思维功能是语言功能的另一重要方面。

思维和思想不同，思想是人们对现实世界的认识，思维是认识现实世界时的动脑筋的过程，也指动脑筋时进行比较、分析、综合以认识现实的能力。思维的时候需要用语言。语言和思维形影相随，不可分离。

思维在传统上是哲学和逻辑学的概念。在现代科学中，它也属于心理学的范畴，同时也是认知神经科学的研究对象。逻辑学关注思维的基本形式，心理学关注思维的心理过程，认知神经科学关注思维的生理机制。无论是思维的形式、思维的过程还是思维的生理机制都和语言密切相关。

哲学中把思维看作是人类对客观事物间接的、概括的反映。人的感觉器官对外在事物直接的感觉和知觉属于感性认识，还算不上思维。思维是理性的认识。思维以感觉器官的感觉和知觉为基础，同时借助一定的知识和经验，可以概括事物的本质和内在联系。例如：一个苹果，人眼的视觉会感受它的色泽，手的触觉会感受到它表皮的温度和光滑度，口的味觉会感受它的味道，这些都是感性认识。当人综合这些感性认识，并且借助以往关于各种水果的经验知识，得出“这是苹果”的判断时，就经历了抽象思维的过程，达到了理性的认识。在这一过程中人离不开语言。语言是思维活动的动因和载体，是思维成果的贮存所。逻辑学把概念、判断和推理看作思维的基本形式。这些思维的基本形式都要依靠语言。概念表达要依托词语，判断和推理要在话语中实现。即使使用像数学符号那样的表达形式，也是以语言为基础的。传统的哲学和逻辑学一直都把语言看作思维研究的重要途径。

从心理学的角度看，思维是知识的认知、获取和运用的过程，是一个信息加工的过程。人际交往中，信息的传递是社会现象。但信息的生成和理解过程是在人的大脑中进行的，是心理的思维过程。客观的现实通过认知转化为主观化的信息必须有一套符号。而符号的使用又使主观信息具有了客观存在的物质载体。图形、图像、身体动作等视觉形象都可作为符号。有研究表明，视觉符号在人类思维中起着相当重要的作用。但人类使用的最基本最重要的符号是语言，语言符号帮助人达成对外界的认知，储存认知的成果，并且发展人的认知能力。

认知神经科学的研究成果证明，思维作为人脑的活动，具有大脑神经生理的基础。大脑中有专门控制语言功能的区域，和人的抽象思维能力密切相关。目前新兴的认知神经语言学就是综合了语言学、认知心理学和神经生理学的成果，专门探求语言、思维和大脑神经网络之间关系的一门交叉学科。语言和思维的密切关系得到了越来越多的科学的验证，语言的思维功能是语言研究的重要课题。

四、语言的表达意义

语言可以表达文化，随着印刷等技术迈向高科技的发展，文化通过词语、句子传播的这种途径范围越来越大，涉及面也越来越广泛。

（一）表达与文化

在语言的各个意义之中，词汇与文化的关系最为密切，对跨文化的影响也很突出。语言的功能之一是表达意义。但是语言的含义不具有普遍性，要受到文化和语境的制约。不同语言和文化的人们进行跨文化交际时，可能会因为对词语含义的误解而产生交流的障碍。

造成跨文化交际中的误解的往往不是词语的概念意义，而是附加意义。词汇的意义有很多层次，语言的意义可分成 7 种类型：概念意义、内涵意义、风格意义、感情意义、联想意义、搭配意义和主题意义。也可以把词汇的意义简单分为“指示意义”（denotation）和“内涵意义”（connotation）两种。指示意义往往也是概念意义，即词典上写明的意义。内涵意义包括了象征意义、联想意义、风格意义、感情色彩等成分。一般来说，词汇的指示意义是对客观事物或事件的命名和描述，含义比较客观也比较稳定，通常不会影响跨文化交际中意义的传递和理解。但是内涵意义是附加意义，具有多样性和复杂性，往往是特定文化中约定俗成的，而且会随着时代的发展和语境的变化而变化。

根据词语的指示意义和内涵意义可以把跨文化交际中使用的词汇分为 5 种情况：重合词汇、平行词汇、全空缺词汇、半空缺词汇和冲突词汇。重合词汇、平行词汇、全空缺词汇都不会引起跨文化交际中的误解，而半空缺词汇和冲突词汇中那些指示意义相同而内涵意义不完全相同甚至截然相反的词语，最容易成为跨文化交际的障碍。

全空缺词汇包括反映各国文化特征的所谓“文化词汇”，如汉语中的“旗袍、端午、禅宗、孝顺、中庸、忠恕、风水、阴阳”等都是体现中国文化特点的词语，具有特定的丰富含义，很难在其他语言中找到对应的概念和词语。同样，英语中的“三位一体、圣灵、原罪、救世主、天堂、二十二条军规”等词语所表示的概念也是原来汉语中没有的，翻译后也难以准确传达其内涵意义。虽然这些特殊的“文化词汇”比较难理解，但一般不容易引起歧义，所以基本不会造成跨文化交际的误解。

最容易造成跨文化交际误解的词汇是那些半空缺词汇和冲突词汇，即概念意义相同，而象征意义或感情色彩不完全相同甚至完全相反的词语。比如，“个人主义、地主、政治、宣传、妥协、隐私、发福”等词语在汉语和英语中有不同的内涵和褒贬色彩。

（二）话语意义与句子意义的联系与区别

要回答这个问题，首先要搞清什么是意义。传统的语义学家把意义看作是语言文字本身固有的属性，这种属性是内在的、固定的，不受外界因素如时间、地点等的影响。因此，像英语中的“dog”或汉语中的“狗”，在任何情况下都意指一种属于犬科的哺乳类家畜。对于一个完整的陈述句，传统语义学家所关心的是这个句子所包含的语义命题（semantic proposition）的真实值（truth value），以及判断命题内容真实与否所必须满足的条件。如“It is cold in here”这样一句句子，对传统语义学家来说，只是表达了“某一地点气温比较低”这样的命题内容。但是，是谁在什么时间、什么地点、在什么情况下、对什么人、为了达到什么目的使用了这句句子，这些则不在传统语义学的研究范围之内。排除了语言外因素的考虑，这句话在任何时候、任何地点具有一成不变的意义。

语用学则不同。从广义上来说，语用学把语言文字本身的意义和它们的使用者联系起来。除了要弄清一个单词、一个句子本身的意指外，语用学还要进一步弄清谁在什么情况下用了这个词或句子，他想要达到什么目的，也就是说语用学要研究一个词、一句话在特定的语境中所具有的交际价值。像上面说的“dog”这个词，除了它固有的人尽皆知的所指之外，在特定的情况下，使用“dog”这个词的人可能是对听话人发出警告，也可能是在进行恫吓。又例如有人说了这么一句话：Is that your car？听话人必须根据不同的语境去把握不同的意图。如果听话人所拥有的是一辆新豪华型轿车，则说话人的意图是表示欣赏；反之，则可能是嘲讽。而在另外一个场合，如听话人乱停车，则该话语能意图可能是抱怨或警告。此外，它还可以表示说话人的请求，如搭车去某个地方等意图。这部分意义显然不是存在于字面上的，但却是以句子的意义为基础衍生出来的，也就是人们常说的言下之意或弦外之音。这种言下之意正是说话人使用语言的目的所在。语用学要研究的正是这样一种体现说话人意图的意义。

要区分句子意义（sentence meaning）和话语意义（utterance meaning），首先要区分句子和话语。句子是一个属于语法范畴的概念，它是所属语言的语法单位，它的构成需符合一定的语法规则，如英语的句子必须要有主语和谓语等。话语是语言交际的一种单位，它是具有一定的交际功能的最小语言单位，这个具有交际功能的最小语言单位可能恰好是一个语法完整的句子。实际上，在交际过程中大多数的话语都是以完整句子的形式出现的。例如，“There is a dog at the gate. We'd better keep it away.”这两个完整的句子在一定的语境中便可能分别具有“警告”和“建议”的交际价值。也有不少话语是以省略了某些成分的不完整的句子形式出现的，例如：“（There's）A dog（at the gate）!”、“（I order you to）Fire!”还有一些话语根本不是句子，但它们的交际功能却是十分明显的，例如“Hello!”“Hi!”“Ouch!”“Wow!”“Good morning!”等。可见，句子和话语是两个不同的概念，它们是人们从不同的角度去观察、研究语言时牵涉到的不同概念。和这两个概念相对应的两类意义之间的最根本的差别在于：句子意义是抽象的，是孤立于语境之外的；话语意义是具体的，是和一定交际条件密切相关的。可以认为话语意义是句子意义和语境相结合的结果。例如“John is still single”，作为一句孤立的句子，它充其量只告诉关于John的婚姻状况，有的语义学家用JOHN（BEING SINGLE）这样的方式来表示这句句子的语义意义。但如果把它看作是一句话语，那么在一定的语境中说话人说了这么一句话，除了向听话人传递这种语义意义之外，很可能还带有别的意思，例如鼓励听话人去追求 John（如果听话人是个对 John 有好感、年纪又合适的单身女子）。

从上面这个例子可以看出，句子意义和话语意义分属两个范畴，同样的句子意义在不同的语境中可以具体体现出不同的话语意义，或者说可以具有不同的交际功能。不难看出，话语意义体现了说话人的意图，体现了说话人赋予句子的交际价值。综上所述，句子意义和话语意义的区别与语义学和语用学对意义研究的分工相吻合。

第二节　语言学

一、语言学的重要概念

（一）描写与规定

思考一下下面的例句：

例：

Don't say X.（不要说 X。）

People don't say X.（人们不说 X。）

第一句是规定性（prescriptive）的命令，第二句是描写性（descriptive）的陈述，二者的区别在于是规定事物的状态还是描写事物的实际状态。

说语言学是一门描写性的科学，就是说语言学家努力发现并记录语言社区成员实际遵循的语言规则，而不试图给他们强加其他的规则，或者正确的规范。为什么现代语言学家如此坚持两者间的区别？其主要原因是传统语法过于强调规定性。在 18 世纪，欧洲所有主要语言的研究都是规定性的。当时，语法学家努力制定正确的语言规则，并试图一劳永逸地解决有争议的语言用法。有些用法要求背下来，要么严格遵守，要么避而不用。语言使用只有正确与错误之分，非白即黑。

人们至今还保留着这些态度，不过人们现在已经意识到语言在实际中的使用要比权威规定的“标准”重要得多。当决定英语某些用法是否正确时，既不能求助于逻辑也不能求助于拉丁语法。当然这并不是说建立和确定规范不重要。“在现代社会，在对一个国家或地区的主要方言进行标准化时，行政和教育的优势是明显的。”科学的本质决定了它的主要任务是描写而不是规定。

（二）共时与历时

共时描写（Synchronic Description）是把某一固定时间作为它的观察点（一般是现在，但非必须），绝大多数语法都是共时的，比如从图书馆书架上取一本《现代希腊语语法》，它一般会说本书是共时语法；同样，《莎士比亚英语结构》是对过去某单一状态的英语的共时描写。当然，共时性也是虚幻的。因为语言每分每秒都在变化，而语法撰写又是个极其漫长的过程。不过，这种虚幻的共时性对语言学却至关重要。

索绪尔的历时语言学（diachronic linguistics）研究语言的历史变化。19 世纪，历史语言学曾是达尔文主义者关注的焦点，语言学家在对印欧语系的历史性研究中建立了坚固的传统，该传统引发并产生了大量有关欧洲大部分知名语言历时研究的资料。

（三）语言与言语

索绪尔区分了语言（language）和言语（parole）。语言指说话人的语言能力，言语指语言的实际状况或语言学（话语）语料。虽然言语提供即时可用的资料，但语言学家的研究对象却是每个团体使用的语言，即在社会里由教养而赋予个人的词汇、语法和音系等知识，个人凭此使用和理解语言。

如果我们能够理解所有人头脑里储存的词汇形象，我们就能够确认决定语言形成的社会规则。社会是一个库房，里面是一个特定团体的所有成员，它积极地使用语言这个语法系统，这个系统潜在地存在于每个人的大脑中。具体地说，就是某群人的头脑中。因为语言在任何一个说话者那里都不完全，完美的语言只存在于集体中。在区分语言和言语的同时，我们也区分了社会的东西和个人的东西，本质的东西和偶然的次要的东西。

二、语言学的发展

语言科学的路途是漫长的，英语语言学的发展也是众多人文河流的一支，任何一支人文河流的诞生，都有其根源，英语语言学的主流与支流相互地贯穿，构成了现代英语语言学的知识科学体系，成为现代科学知识领域中的一个重要层面。

（一）英语语言学的起源

从普遍意义上来说，现在所研究的英语语言学都是广义层面上的语言学，是涉及每一语种的语言学。在当下的语言研究领域中，所谓的英语语言学研究主要是关于现代语言知识的研究，现代语言学的诞生时间是 20 世纪，在此之前也有一些人展开对语言学的研究，这些研究可能是零散的，但是由此可以说明，人类对于语言的研究从很早之前就开始了。英语语言学的起源，可以追溯到欧洲的文艺复兴时代。那个时代各个文学巨匠诞生，文艺复兴运动影响了欧洲历史文化进程的发展。它以人文主义为核心，开始于意大利，后来传播到整个欧洲。相对于现代英语语言学，文艺复兴相当于比较复古、传统的学问，其语言研究形式过于拘泥框架，它可以称之为文艺复兴时代的语言学。

文艺复兴时期，各个科学巨匠诞生对于当时的文学艺术发展起到了很大的作用。比如英国文学巨匠莎士比亚，其凭借自身的天赋与勤奋，大大推动了文艺复兴时期的文学艺术发展，其对于英语语言文学的发展体现在文学戏剧领域。莎士比亚追求文学的技巧性与灵性，其通过对人物的精妙描述，来表现当时那个时代的社会风情，当时各个语言层次的人们喜好文学戏剧语言，而莎士比亚恰恰具备适应当时社会风气的语言气质，他的作品无不显示，他对社会语言心理及其社会心理语言的阐述。

纵观历史潮流，任何体系的语言学流派的发展都离不开经济层面的知识，在英语语言学的过渡发展阶段，文艺复兴为英语语言学体系的蓬勃发展奠定了基础，而后英国航海事业的发展又大大推动了其经济的发展，这包括英国工业革命的开展。实际上，英国工业革命的开展是由机械改革开始的，也就是工业机器设备所引起的技术革命。这些经济层面、政治层面的结合，让英国开始了最原始的积累，进行了殖民主义的扩张。在这次潮流的引导下，英国的殖民地遍布世界。为了继续强化经济、政治上的大国地位，英国需要以其独具特征的文化加强地位。于是就进行了英国语言的强化，使其成为殖民地的语言。由于英国的强力推广，英语就成了其殖民地的普遍流行英语，也就形成了国际语言沟通的地位。随着经济的发展，世界各国之间的民族独立运动开始，这一定程度上削弱了英语语言的影响范围，但是并不意味着英语语言的消失，反而借助当时的经济条件、文化背景，向这个世界更深层次的文化领域发展。其经历了一个漫长的语言交汇时代，英语依然占据影响全球语言领域的霸主地位。

（二）英语语言学体系的健全化

要具体地陈述英国语言学的普遍性，就要先阐述其特殊性，这个特殊性可以说成是其起源的特点。18 世纪的英语语言学还是寄托于当时的启蒙运动文学影响下。这就是其是启蒙运动文化特色的一种展现，当时其并没有从启蒙运动文化种类中独立出去，也即是没有形成其自己完善的价值体系及其应用学派。

在此基础上，19 世纪的英语语言学得到了极大发展，这归功于当时浪漫主义学派及其各种学派的发展，这些文化学派的发展，让英语语言更加的社会化，保证其英语语言的凝练性，这小小的英语语言保证了语言的社会性、文化性、政治性。其语言的作用与对社会的影响相互促进，大大推动了英语语言文化的开展。在这些文化大家的影响下，英语言体系得到进一步的发展，很多的英语表达形式被淘汰。这一系列的英语文学表达艺术，都表明了英语语言学与当时英国社会发展的密切关系。在此前提下，语言学得到了极大的推广，语言学因此划分为纯粹语言学与应用语言学，大大推动了英语语言学的发展。

当下，英语已经是影响范围颇大的国际语言交流工具，其以一系列的优势，占据了国际交际语言的首席地位。甚至各国国家的教育体制都将英语列为教育改革的语言必修科目，这某种程度上，显示了英国与当时世界文化、政治、经济等的密切地位，也显示了英语的国际化、健全化。

（三）现代英语语言学的实际应用与体现

现代语言学的建立以《普通语言学教程》的出版为标志，在此基础上，各种语言学流派蓬勃发展。从今天的语言学研究视角来说《普通语言学教程》的作者索绪尔虽然存在对于语言学定义上的缺陷，但是其某些理论却大大影响了语言学的发展，比如其语言实体系统观理论，该观点的提出，大大影响了当时的语言学领域的学派发展。其理论区分了语言与言语，内、外部的区别，这大大推动了语言学体系的发展。二十世纪六十年代，语言学巨作《句法结构》出版，作者是乔姆斯基，该著作的出版大大丰富了语言学的研究范围。他认为进行语言学的研究应该重点放在语言能力上，要辩证地分析语言行为，这就一定程度了开始了语言知识的应用，打破了传统的语言学的研究形式，让语言学的研究更加的深入，这就导致了当时诸多流派的发展，真正地从文学戏剧体系中独立出来，自成一个体系，有着自己专门的研究理论方式及其应用形式。

20 世纪 90 年代《论应用语言学的范围》出版，该书陈述了当时著名语言大家的观点。通过对这本书的诠释，可以发现该书旨在表达语言学与科学教育领域的关系，也就是语言学通用于不同学科的工作者，其通过对各种语言现象、语言教育问题、社会文化语言建设等问题的分析，进一步地说明了应用语言学与科学教育事业的联系。

从这些语言学大家的具体言论中，可以看到应用语言学更加注重其实用性，非常注重语言研究成果的应用，将其应用于语言教学及其相关的学科层次。区别于应用语言学、结构语言学偏向于对句子结构的诠释，倾向于进行视听说三位一体的教学方法。但是无论是哪一种语言表现形式，语言本身就是一种客观性的系统，需要具备开放性，从而被全社会所应用。在语言学的研究范围内，交际是重要的应用层次，通过对语言的实践性及其职能的重视，实现语言学的社会化，这是现代英语语言学的重要特征，区别于现代语言学的是，传统语言学是比较封闭的，过于注重其语言的内在化，而忽略了其社会化，这就导致了传统语言学的衰落。

（四）基于现代化的英语应用语言学

纵观人类社会发展史，语言都充当着一种文化传递的角色，这不仅仅体现在思想领域、文化领域，更体现在经济领域、政治领域等。这正是语言存在的价值，作为某些思想行为、生产力成果等的载体，实现人类的物质文明及其精神文明，如果语言不具备这两个方面的特征，其存在必然失去价值。世界的发展，语言体系的健全，其词汇及其表意形式更加的丰富发展，这是语言发展的必然。任何一种语言的发展，都离不开其外在社会化的推广，这就保证其存在社会功能价值。

实际上语言学的发展区别于社会与生产力的关系，虽然它们存在一些相同之处，但是从语言的特殊性来看，语言独立于社会的变革之外，其不能被改造。通过对结构语言学观点的诠释，语言外向性交际功能的发挥，离不开其语言内在规律体系的健全，从而保证其语言的生命，保证其开拓性、发展性。在进行语言内在规律分析时，需要借助应用语言学与结构语言学的一些观点，从而更好地进行语言研究及其语言教学，更好地理解语言的外向交际功能。

现代语言学的发展离不开应用语言学的推广，从其研究对象及其形式上来看，应用语言学又分为社会语言学、言语、心理语言学等分支，人们平常所说的计算机语言也是应用语言学的一种研究对象，这就是现代语言学下的应用语言学，特别是心理语言学与社会语言学一直是语言学界的关注焦点，其与英语语言教育存在着密切的关系。通过对社会语言学的诠释，可以发现现代英语教学更加注重语言的交际能力及其功能性，这是现代英语教学中的两个关键点。通过对社会语言的阐述可以得知其更加注重语言的交际能力，从而符合其语言教育的工作目的。在此前期下意念功能大纲产生，其注重应用新型的视听方法，进行模拟情景教学，以了解语言的交际功能。

中国应用语言学的推动时期始于改革开放时期，当时掀起一股国外应用语言学的研究潮流，比如当时的著名教育刊物《语言学译丛》，系统地进行国外语言学的翻译及其推广，极大地推动了中国外语语言学的发展，在这一时期许多观点明确的国外社会语言学理论观点产生，对于中国语言交际性教学的推广起到了非常大的作用。从语言学的起源乃至发展，现代英语语言学体系不断地得到完善，社会语言学的交际能力观点体系也在不断地健全，这大大推动了中国语言学及其世界语言学的发展。在现代英语语言学的研究浪潮中，可以发现心理语言学、结构语言学、社会语言学的理论观点一直是其研究的焦点。在现代英语语言学研究中，语言教育实践扮演着重要的地位，这种英语语言学的研究潮流，离不开当下国际交往的形式及其世界发展潮流，这几者的相互融合，必然会冲击现代英语语言学的发展。

通过对英语语言学的研究，可以发现时代的进步，包括经济、文化、精神层次的融合等，都是现代英语语言学发展的背景，从语言学的起源到今天的地位，语言学的进步都离不开文化工作者的实践，都离不开社会对其的需要，这就证明英语语言学的实际英语功能的内涵地位。

三、语言学的作用

语言学理论是人们经过对语言的分析研究而形成的对语言性质、功能、结构的系统认识。理论的作用在于指导实践，语言学的作用就体现在以下几个方面。

（一）指导我们学习语言、运用语言和研究语言

在学习一门新的语言时，语言学理论可帮助人们掌握规律，举一反三，触类旁通。即使是已经熟练掌握了的语言，人们在应用时，让然会有使用效果和水平上的不同，而语言学理论可指导人们精确、恰当地发出或选择接收言语信息。比如，语义的民族性特点是语言学理论告诉我们的，如果我们不懂得或忽视了这一点，就会造成言语信息选择上的失误。此外，若对语言进行科学研究，也必须具备理性的观点和正确的方法，而所有这些，都是语言学理论提供的。

（二）提高对语言作品的分析和鉴赏能力

高尔基说过："文学的第一要素是语言。"① 语言学可帮助人们在较高层次上来理解文学作品。譬如：杜甫的《登高》诗："风急天高猿啸哀，渚清沙白鸟飞回。无边落木萧萧下，不尽长江滚滚来。"用现代汉语来读，"回"与"来"本应押韵的两个字不押韵了，这影响了人们对作品形式美的欣赏。而语言学理论告诉我们，语言及其构成要素是不断发展变化的，唐代的汉语语音一定跟今天的不同；汉语音韵学又告诉我们，隋唐时"回""来"二字都属平水韵的灰韵，是押韵的。

（三）有利于科学技术的现代化

语言作为传递信息最重要的载体，在推动科学技术实现现代化的过程中发挥重要作用。计算机对自然语言的处理，已成为全球最热门的课题之一，要在这方面有所开拓、有所前进，也有赖于语言学提供理论指导和科学方法。

① 梁中杰. 现代基础写作学［M］. 成都：四川大学出版社，2015：75.

四、语言学的分类

按照不同的分类标准，语言学会有不同的分类结果。根据语言学的研究目标和对象，可将语言学分为个别语言学和普通语言学、历时语言学和共时语言学、理论语言学和应用语言学、微观语言学和宏观语言学四组对立的学科。

（一）根据研究方法划分

根据研究方法的不同，语言学可分为历时语言学和共时语言学，二者是由索绪尔提出的。

历时语言学主要研究语言随着时间的前进而产生的发展和演变，是动态的、不稳定的；共时语言学主要研究在某一个特定时段下语言的状态，是静态的、稳定的。语言学家对语言进行静态研究时也要考虑到历史的演变，也就是说，共时语言学的背后有历时语言学的影子。若要将语言放在历史演变的角度下进行动态研究，就需要知道语言在一个共时平面下的状态，即历时语言学需要共时语言学提供素材，需要研究共时语言学中存在的现象。遗憾的是，很多语言学资料被淹没在了历史的长河中，后辈们需要运用一定的技能和特别的方法才能推断出这些语言资料的来龙去脉。因此，历时语言学与共时语言学相互联系、相互制约。单单从共时的角度或者历时的角度看，很难看到语言的全貌，也就难以发现语言发展变化的规律性，所以需要将两种研究相互结合。

（二）根据研究范畴划分

根据研究范畴的不同，语言学分为微观语言学与宏观语言学。

微观语言学研究语言系统内部的具体问题，如语音系统、语法范畴、语义系统等，因而从微观的角度可以把语音分为发声语音学、听觉语音学和声学语音学。与之对应的是，宏观语言学是研究如何建构人类语言的系统模型，从而解释语言的运行机制。人类语言学、社会语言学、心理语言学和计算语言学等都属于宏观语言学。其中，人类语言学始于20世纪初期，是凭借语言学和人类学的研究方法，研究语言结构和社会文化结构之间的关系。社会语言学是指运用语言学和社会学的研究方法，从社会科学的不同角度探索语言的社会本质的一门学科。心理语言学是研究语言交际和人类心理活动的学科，它涉及如何运用语言系统以及为了运用该系统需要的知识储备。计算语言学是研究如何运用计算机技术来分析、处理人类社会中自然形成的语言的一门学科。

（三）根据研究范围划分

根据研究范围划分，语言学分为个别语言学和普通语言学。个别语言学是对某一个具体语言进行研究，如对英语进行研究的语言学叫作英语语言学，对日语进行研究的语言学叫作日语语言学。

普通语言学是对人类语言的共性进行研究。普通语言学可以指导个别语言学的研究，而个别语言学的详细研究又为普通语言学提供了丰富的理论素材。

（四）根据研究层面划分

理论语言学和应用语言学是相互对应的一组概念。语言研究有多种范畴，有理论层面的，也有应用层面的。

理论语言学主要侧重在发现语言现象背后的一般规律，从而揭示语言发展变化的机制。理论语言学关注的是语言的内部结构。理论语言学包括普通语言学、语言哲学等。

应用语言学是研究如何将语言运用到实际生活的方方面面。应用语言学关注的是语言的应用问题，如语言教学法的问题、语言与社会的关系问题、语言政策的问题等。应用语言学包括计算语言学、神经语言学、教育语言学等。

五、语言学研究范围

（一）内部语言学

内部语言学研究言语体系中语言的组织以及语言的内在系统。比如，横向组合关系、关联聚合关系等。它的研究对象是一个整体，遵循严密的、同质的分类原则。①

目前对内部语言学的研究主要分为语音、语义、语汇、语法等几个研究部分。比如说，可以从共时的角度对这些部分进行描写，描写它们在某一时期断代的情况，或者是从历时的角度来探索它们的历史演变过程，或者是进行一定范围内的语际间的比较，从而探索分析史前的演变过程。通过这些研究，我们可以了解到语言各要素演变的规律和方式，有助于我们对进一步理解和认识语言。

内部语言学的研究范围相对于外部语言学来说是狭窄的，语言学的核心当然是“本体语言学”，即研究语言的语音、语汇、语法结构，研究语言的演变规律，研究语言之间的共性和语言的类型等，这些研究是语言学的基础，但是这些研究是远远不够的，语言系统的产生、演变和发展无不和语言之外的许多其他因素有着互动的关系。

（二）外部语言学

外部语言学又称宏观语言学，指与语言学相关的边缘学科，如社会语言学、心理语言学、文化语言学、人类语言学、地理语言学、神经语言学、实验语言学、计算语言学等。

语言学的传统伙伴绝大多数是人文科学，包括文学、社会学、历史学、地理学、考古学、心理学、哲学、逻辑学等。语言学和人文科学结合产生了许多交叉学科，如文化语言学、人类语言学、地理语言学；语言学和社会科学结合产生了社会语言学、法律语言学、政治语言学、伦理语言学、商业语言学等，这些交叉学科赋予了语言学新的生命力。而今，语言学的关系网又在向科技方向拓展，其又与数学、信息论、电子学、医学、符号学、情报学、通信技术、计算机科学、自动化技术等产生了密切的联系。

① 李军华. 语言与语言学理论专题十二讲［M］. 湘潭：湘潭大学出版社，2016：132.

六、语言学与其他学科的关系

语言现象十分复杂，语言学家对语言性质的解释各不相同。随着语言学家们对语言学研究的深度和广度不断增加，语言学已经逐渐跳出了语言的框架，而与其他学科表现出一定的渗透和结合。认知科学、信息科学、教育学和社会科学是和语言学联系较为紧密的学科。

（一）语言学和认知科学

语言是一种心理符号，因此它与人的心智开发有密切联系。而认知科学就是研究人脑或心智工作机制的一门新兴学科，所以语言其实是认知科学探索的重要内容。如果不和认知科学相结合，就无法对语言学进行深入研究。因此语言学和认知科学的交叉形成了认知语言学，它认为语言必须从心智层面进行解释。由此可见，认知语言学的存在是必然而且合理的。

（二）语言学和信息科学

语言是人类的交际工具，它携带着诸多信息。而信息科学是研究信息的获取、传递、加工及应用的一门综合性科学，因此，语言如何传递信息、使用不同语言的人们如何进行互动交流、智能化的机器如何与人类沟通、人类如何传递有效信息等一系列问题无疑带给语言学家和信息科学家大量的思考。机器翻译技术、人工智能技术、语言信息处理技术、网络与多媒体技术等正成为人们研究的问题。随着社会文明程度的提高，语言学与信息科学的结合将指日可待。

（三）语言学与教育学

关于语言是如何产生、发展和运行的，语言学界仍存在着不同结论。语言教学工作者一直在思考的问题是：语言教学到底该如何开展？无论是语言的先天主义者还是后天主义者，都不得不承认第一语言和第二语言的学习都是一个循序渐进的过程。因此，作为语言教学工作者，必须既要了解语言运行的普遍规律，掌握人类发展阶段的规律性，才能有的放矢，选择科学合理的语言教学方法相应地，也就出现了语言学习理论和教学理论的研究，如外语教学法、二语习得等。

（四）语言学与社会科学

社会科学是对人类社会中各种现象、问题进行研究的一门科学。语言作为交际工具，具有社会属性。所以，研究语言离不开社会科学的支持。社会科学包含的范围很广，有经济学、法学、伦理学、政治学、历史学、心理学、教育学、管理学、社会学、新闻学等，因此才有社会语言学、心理语言学的存在。社会语言学是从不同的社会角度去研究语言的运行和应用规律的学科，既要运用社会科学的研究方法，又要运用语言学的研究方法。

七、英语语言学

（一）英语语言学的主要分支

一般来说，语言学至少应该有 5 个分支：语音学、形态学、句法学、语义学和语用学。下面分别介绍这几门语言学的主要分支。

1. 语音学

语音学（phonetics）研究语音，包括言语的产生（即语音是如何产生、传递和接收的），还有语音的描写和分类、词语和连贯言语等。一旦决定对言语进行分析，可从不同层面着手。在一个层面上，言语分析涉及解剖学和生理学。由此研究舌头、喉等器官以及它们在言语产生中发挥的作用。在另一层面上，人们专门研究这些器官产生的语音：先是辨认，然后将其归类。这是发音语音学（articulatory phonetics）的范畴。另外，也可以研究音波的性质——声学语音学（acoustic phonetics）。言语是要人听、要人理解的，因此就要研究听话人的分析和处理声波的方式方法——听觉语音学（auditory phonetics）。

2. 音系学

音系学（phonology）研究语音和音节的构成、分布和排列规则。它的研究对象是语言的语音系统，研究起点是音位。音位（phoneme）是语言学中能够区别意义的最小语音单位。英语中约有 45 个音位。把/p/读 10 次，由于生理原因，每次的发音都会有些细微的不同。另外，/p/在 poor 和 soup 中的读音也不同，这是因为周围语音的影响不同。不过，每个/p/音还是相似的，不会和其他音位如/b/或/m/混淆。

语音学研究的是人类能够产生的语音，而音系学研究的是组成语言和意义的语音子集合体。前者研究的是无序状态，后者侧重有序。（The first focuses on chaos while the second focuses on order.）

3. 形态学

形态学（morphology）涉及词的内在结构。它研究最小的意义单位——语素以及词的形成过程。很多人认为词是语言最小的意义单位，而事实上很多词都可以再分解成更小的单位：语素。语素有多种用途，比如：有的改变意义或者词性从而产生新词；有的给已存在的词义增添语法信息或做细微的修正。由于语素是音义结合体，因此其中有不少复杂情况。由此产生了一个名为形态音系学的新领域。

语言对形态成分的依赖程度不同，例如：在拉丁文中，意义是通过词尾形态变化而改变的。而在英语中，更多的是利用词语的顺序来改变意义。如 the dog sees the rabbit（狗看到兔子）。改变词语排列顺序后，该句变为 the rabbit sees the dog（兔子看到狗）。句义随之发生变化。在拉丁文和俄语中，dog 和 rabbit 两词根据它们在句中是主语还是宾语分别添加不同形态的词尾，因此即使改变位置也不会影响到句子意思。

4. 句法学

句法（syntax）是关于形成和理解正确英语句子的原则。句子形式和结构受句法规则支配，这些规则规定词语顺序、句子组织、词语间关系、词类及其他句子成分。人们知道，词语组成句子结构靠的并不仅仅是顺序。

语义学（semantics）研究的是语言中语义是如何编码的。它涉及的不仅是作为词汇单位的词语意义，还有语言中词之上和词之下成分的意义，如语素意义与句子意义。关键概念有语义成分（semantic components）、词的外延（denotation of words）、词之间的意义关系（如反义关系 antonymy 和同义关系 synonymy），还有句子间的语义关系（如蕴涵 entailment 和预设 presupposition）等。

语用学（pragmatics）研究语境中的意义。（Pragmatics is the study of meaning in context.）它处理的是特定语境里的特定话语，尤其注重社会语境对话语理解的影响。换言之，语用学研究的是语言用来交际的方式，而不是语言构造的方法。

语用学视言语行为首先为一种受社会习俗约束的社会行为。关键概念有：所指（reference）、语力（force）、语效（effect），而合作原则（cooperative principles）恐怕已经广为人知了。语用学是语言学研究中最有前途的领域之一。试以会话为例，由于语言主要通过语码传递，所以语用规则控制一定数量的会话互动，如顺序结构、角色、言语行为等。会话组织包括轮流讲话、打开话题、会话持续及结束会话，还有建立及维持话题等。

（二）英语语言学的研究

英语语言学的研究可以分为三大类，即基础研究、应用研究、交叉研究。

1. 基础研究

基础研究主要集中于语言的基本面貌上。从研究对象的范围上来看，英语语言学可以分为一般语言学和具体语言学。其中，一般语言学的研究对象是人类所有的语言，主要着重于对语言的本质和共性进行探讨，目的是找到语言的普遍理论；而具体语言学仅研究某一具体的语言，如英语、汉语、法语等。

从研究对象的时间上来看，英语语言学可以分为共时语言学和历时语言学。其中，共时语言学又称为“静态语言学”，具有静态的性质，主要研究的是语言的结构，是对语言从横向的角度进行研究，如近代汉语、现代法语等；历时语言学又称为“动态语言学”，具有动态的性质，主要研究的是语言的发展演变过程及其发展规律，是对语言从纵向的角度进行研究，如英语发展历史、汉语发展历史等。

另外，有些学者还从研究方法上对英语语言学的研究进行了探讨。例如，用对比的方法来研究不含有亲属关系的语言，这就是对比语言学、转换生成语言学、结构主义语言学的研究范畴；用比较的方法来研究含有亲属关系的语言，这就是历史比较语言学的范畴。

除此之外，英语语言学的基础研究对象还可以是从语言的子系统或者某一方面出发进行的研究，如语音学、音系学、形态学等。

2. 应用研究

应用研究又被称为“应用语言学”，应用语言学运用语言学的基础理论、语言学的研究方法及研究成果来解释其他领域中的语言问题。①

应用语言学将语言教学作为研究的重点，因此狭义层面上的应用语言学就是语言教

① 吕兴玉. 语言学视阈下的英语文学理论研究［M］. 长春：东北师范大学出版社，2017：24.

学。语言教学主要包含母语教学、第二语言教学、对语言障碍者的康复与语言诊疗。此外，文字的改革与创新、词典的编纂、特殊人群（如聋哑人）的特殊语言代码、语言文字翻译等也都属于应用语言学的研究范围。

随着计算机科学、情报学的发展，目前，人机对话，信息情报的管理与检索，人工智能等先进领域也已经被纳入了应用语言学的研究范畴。可见，应用语言学的研究领域越来越大。

3. 交叉研究

当前科学发展的一大潮流就是学科之间在不断地进行渗透。交叉学科的产生成了当代科学一个明显的标志。传统英语语言学与许多学科是紧密联系的，如社会学、逻辑学、文学、地理学、文化学、哲学等。但是现在的英语语言学又有了一些新兴的领域，如医学、计算机学、数学、情报学等。前面那些都属于人文科学，而后面这些新兴学科都属于科技领域。

与人文科学领域的学科相融合，英语语言学创造了一大批交叉学科，如社会语言学、逻辑语言学、文化语言学、语言哲学等；与科技领域的学科相融合，英语语言学又创造了数理语言学、计算机语言学、病理语言学等学科。

综上所述，上述三种英语语言学的研究领域并没有一个明确的分界线。例如，应用研究与交叉研究离不开基础研究。因此，英语语言学的各种研究虽然有类型与层次上的差异，但是没有谁高谁低的分别，我们对任何研究都不能予以夸大或者贬低，应平等对待。

（三）英语语言学的发展趋势

1. 全球化发展趋势

随着社会的不断发展，英语语言学也将变得更加多样化。全球化发展势必是英语语言学的未来发展趋势之一，但其全球化并不是满足殖民统治的需求，而是满足人类未来交际的需求。非英语国家研究英语语言学，能促进其更好地和英语国家进行交流与沟通，帮助其通过对英语语言学的研究了解英语国家的风俗文化、经济、政治、历史等。

随着全球经济一体化进程的不断加快，英语的使用更加频繁。所以，全球化发展是英语发展的一个重要趋势，当然，英语语言学作为总结英语发展规律的一门学科，其也会向着全球化的方向发展。

2. 多极化发展趋势

英语语言学还会朝着多极化的方向发展。和以往语言学的发展不同，未来的英语语言学不再将传统英语语言学的标准作为未来语言学的划分标准，也就说，未来英语语言学的发展更偏向多极化与多样化，力图突破传统英语语言的桎梏，将人们带入更加广阔的语言世界。

多极化英语语言给不同国家与地区带来了更大、更多的发展机会，同时，也不会要求人们使用统一的英语语言规则，允许各国结合自身情况实现多样化发展，因此，英语语言才被更多的人所接受，并得到广泛的使用。

第二章
基于语用学的高校英语专业教学研究

语用学关注语境下说话人的真实意图，从语境层面进行意义推理，解释了句法学、语义学无法说明的语言现象。语用学摆脱字面意义的局限，关注交际行为中说话人的真实意图，帮助听话人解码语境信息，最终实现意义的顺利表达和有效交际。学习者语用能力描述框架的提出实质上是对学习者语言交际能力和语言综合应用能力做出了更高层次的规定，也对教师提出了更高要求。教师在强调语言知识本身的同时，还要注重语用教学，特别是学习者在真实语境下用语言进行交际的能力培养。

第一节　语用学概述

一、语用

语言运用，简称语用，是指交际双方在特定的语言环境中，为了特定的目的，以某种方式进行的言语交际活动。言语交际要适应不同的语言环境，因而话语的形式和意义会不断变异，但是变异又是有规律的。交际双方遵循共同的语用规律，才能保证交际顺利进行。

（一）语用的变异性

人们的语言交际总是在一定的语言环境中进行的，因此处于经常的变异之中，例如一个当教师的人，作为老师在课堂上讲课、跟学生交谈，与他在家庭里作为一个丈夫、作为个父亲与妻子、子女的交谈是会有较大差异的。同样一句话，由不同的人在不同的场合用不同的语气说出来，会产生不同的意义或者说让人对其有不同的理解。

（二）语用的规律性

人们的语言运用虽然是动态可变的，但同时也是有规律可循的。其规律性表现在以下几个方面：

一是语言运用是在特定语境中进行的，说话人怎样使自己的话语适应特定语境，听话人怎样根据具体语境理解说话人的意思，都是有规律可循的，比如说，说话人在不同场合为了不同目的说出同一句话，会选择不同的语气，而听话人也会利用语言环境努力理解说话人的意思。如果听话人产生了误解那么为什么会产生误解，也是有原因、有规律的。可能是因为说话人的语气不对，即说话人没有使自己的表达方式适应特定的语言环境，也可能是因为听话人对语言环境缺乏正确的认识。

二是语言运用必须遵循一定的交际原则，如合作原则和礼貌原则等交际原则就是语言运用的规律。在一般情况下，说话人会按照一定的交际原则表达自己的意思，听话人也会按照一定的交际原则来理解说话人的意思。如果说话人故意或被迫违反某些交际原则，听话人也会根据交际原则理解说话人的言外之意。

三是不同的语言形式和表达方式有不同的交际价值和交际效果，这也是有规律的。说话人之所以选择不同的语言形式和表达方式，正是因为他知道这种形式和方式的交际价值与交际效果，说话人如果不了解不同语言形式和表达方式有不同的语用意义，就不能选择恰当的语言形式得体地表达自己的思想感情，听话人如果不了解这种语用意义，就不能准确地理解别人的思想感情，就会影响交际效果。

二、语用学

（一）语用学的兴起

语用学（pragmatics）是研究语言运用及其规律的学科。它关注使用语言的人在一定的语言环境中如何得体地、有效地运用语言进行交际，包括如何得体地表达自己的思想感情，如何准确地理解别人的思想感情，如何产生最好的交际效果。

语用学的概念首先是美国哲学家莫里斯（Charles Morris）在20世纪30年代提出的。1977年《语用学杂志》（*Journal of Pragmatics*）在荷兰正式出版发行，语用学才真正作为语言学的一门新兴分支学科而得到确认。1986年国际语用学会成立之后，语用学在世界范围内产生了重要影响。

我国从20世纪70年代末开始引进、介绍语用学的理论方法，前期主要是外语学界的一些学者根据国外研究资料发表出版了一些介绍性、概论性的论著，随后汉语学界的一些学者也运用西方的语用学理论方法研究汉语的实际问题。中国语用学研究比较注重语用学与语义学、语法学、修辞学紧密结合及与一些综合性语言学科如社会语言学、文化语言学、认知语言学、应用语言学等紧密结合，也比较注重应用研究，具体议题包括：语用与社会研究、语用与文化研究、语用与教学研究、语用与翻译研究、语用学与认知、语篇语用研究、语用与话语分析研究、语用方法研究和语言语用分析等。

（二）语用学的任务

语用学的发展历史不长，研究的范围在逐渐拓宽。由于语言运用涉及语言内外许多非常复杂的因素，因此语用学的任务也非常复杂。这里只能简要地介绍语用学的主要研究内容。

1. 语言环境

语言环境（简称语境）是制约语言运用的一个重要因素，是言语交际得以顺利进行的重要条件。语用学所要研究的是语言使用者如何在特定的语境中恰当地运用语言，因而对于语境的构成要素和功能的研究是语用学的重要任务。

2. 语用原则

语用原则主要包括合作原则和礼貌原则。语用原则也是制约言语交际的重要因素，说话人一般要遵循一定的语用原则来选择合适的表达方式，听话人也要遵循一定的语用原则来准确理解话语的意思，特别是言外之意。因此语用原则的研究是语用学的重要内容。

3. 言语行为

说话本身是一种有目的的言语行为，言语的使用总是与说话人的具体目的、意图相联系的。不同的言语行为方式有不同的交际功能，而方式和功能之间又存在着错综复杂的关系因此言语行为方式及其功能的研究也是语用学的重要内容。

4. 话语结构

只要是能表达说话人的意思，具有一定交际功能的语言片段，都是话语。话语的基本单位是句子，通常由若干句子组成。语用学的主要任务是话语分析，就是分析话语的结构模式。话语从结构上可以分为会话结构和语篇结构，前者为对话模式，后者为独白模式。

5. 信息结构

言语交际是信息传递的过程，因此语用学要研究话语的信息结构。话语的信息一般可分为已知信息和新信息两部分。而已知信息中又包含预设信息和指示信息两部分。要成功地传递信息，必须保证话语中预设信息的真实性和指示信息的确定性。

（三）语用学的研究

语用学研究的发展是时代和语言研究的必然。近年来，语用学研究势头上升，得到了很多专家学者的关注，其研究内容和研究方向也得到了扩展。

1. 跨学科语用学的出现

语用学研究有着跨学科的发展趋势，这是语用学研究本质所决定的，也是社会发展对语用学研究的要求。具体来说，跨学科语用学主要有以下几个研究趋势。

（1）语用语言学：研究语言本身的语用问题。

（2）跨文化语用学：研究语用与文化关系。

（3）社会语用学：研究语用与社会关系。

（4）认知语用学：研究语言与心理认知关系。

（5）发展语用学：研究母语语用能力习得。

（6）语际语语用学：研究外语语用能力。

（7）文学语用学：研究文学作品语言的。

2. 主要的跨学科语用研究

由于语用学研究范围的广泛性，其在与众多学科结合的过程中形成了新的语用研究特色。下面主要介绍几种跨学科语用研究内容。

（1）语用语言学

语用语言学主要研究的是语言形式的语用属性，如词汇、语言结构等。这种学科属于语用学、语法学和语义学的跨文化研究。主要的内容包括以下几个方面。

①一类句子的歧义应如何排除。

②一些语用含糊现象的分析与观察。

③一些与特定的言语行为有关而在遣词达意时可能出现的词汇变异。

（2）跨文化语用学

跨文化语用学是从语用与文化的关系入手，对实际交际过程中，因文化背景和语言使用的差异性而对语言交际产生的影响进行的研究。

文化与语言息息相关，跨文化语用学的研究能够使交际者了解跨文化交际中的注意点，从而有利于减少语用失误，促进交际的顺利进行。

（3）认知语用学

认知语用学主要研究的是交际过程和认知过程中的问题。在交际过程中，交际者需要通过找到说话者话语和语境之间的最大关联，从而利用逻辑进行推理判断，才能提高话语理解的准确性。认知语用学的研究为交际提供了认知心理学方面的依据，同时也为语用推理提供了一定的可行性依据，在一定程度上能够促进交际的进行。

（4）语际语用学

20 世纪 80 年代，语际语用学作为一种新的语用学研究方向而兴起。在研究过程中，语际语用学创造了自己的研究成果，主要包括下面几个内容。

①非母语使用者的言语行为。

②目的语语用能力的形成和发展。

③情景因素对选择语言形式和言语策略的影响。

④教学对目的语语用能力形成和发展的作用。

⑤非母语使用者对目的语的言外之力和礼貌的判断和理解。

（5）社会语用学

社会语用学，指的是对语言在社会中使用状况进行研究的学科。在社会交际中，交际者需要使用一定的交际策略和交际技巧保证交际的顺利进行。社会语用学就是对这些策略和技巧的研究，同时还关注社会和文化之间的相互作用关系。

社会语用学的研究内容包括语境和语言交际中的会话策略，语言和社会的认同，社交中的礼貌、谈话的声音、会话的标记、对话的方式、交谈的文化等。

许多社会上正在使用的语言以及为不同目的而出现的专业语言都属于社会语言学研究的范畴，如工作类语言、教育类语言、翻译类语言、政治类语言、广告类语言、体育类语言等。

三、语用学的相关理论

（一）言语行为理论

在长期大量的言语交际实践和语言的研究中，人们认识到：只分析句子的结构和逻辑—语义，考察句子意义的真假是无法真正全面、准确地理解话语的。言语行为从一个全新的视角对语言进行研究，对于语言的语法结构及其潜在系统皆不关注，它关注的是人们以言行事和话语所产生的效果。

言语行为理论是从行为角度阐释人类言语交际的一种重要理论。奥斯汀（Austin）在1955年提出言语行为理论，是言语行为理论的开创者。这里我们就着重阐述奥斯汀的言语行为理论。

1. 施为句理论

（1）对“言有所述”和“言有所为”进行区分

我们必须对语言的“言有所述”和“言有所为”进行区分，言有所述的话语是可以验证的，也就是说，这一类话语是有真假之分的。

奥斯汀将“言有所述”的话语称为“有所述之言”。而将“言有所为”的话语称为“有所为之言”。奥斯汀之所以对“有所述之言”和“有所为之言”进行区分，目的是强调在言语交际中“有所为之言”的特殊重要性。

“有所为之言”虽然在真假意义上没有区别，但是必须要有合适的条件。

①必须存在一种具有一定规约结果的可接受的规约程序，这种程序包括由特定的人在特定的环境中说出的特定的话。

②特定的人和特定情况下的环境必须适合产生的特定程序的要求。

③所有参与者必须正确、完备地将程序实施下去。

④具有一定感觉和思想的人是这种程序的实施对象。

施为句必须严格遵守这全部的四条规则，否则它就是不合适的。

（2）施为句

奥斯汀把“有所为之言”的句子叫作施为句。施为句的功能是“以言行事”。同时奥斯汀言语行为理论所关注的中心也是“以言行事”。

施为句主要有两种，分别是显性施为句和隐性施为句。

①显性施为句

将施为句与叙述句对立起来是奥斯汀提出施为句的明确目的，奥斯汀一开始提出的施为句指的仅仅是显性施为句。

我们可以归纳出显性施为句的一套语法标准：

a. 必须有一个施为动词；

b. 该动词的主语必须为第一人称单数；

c. 该动词必须是现在时；

d. 句子的形式为主动态陈述句。

只凭语法标准是不能把问题完全解决的，必须将标准进一步充实，使之更为严谨，更为完善。为此，奥斯汀又提出在运用语法标准检验语句是否为施为句的同时，也可使用词汇手段，二者相结合、相配合来对语句是否为施为句进行检验。

②隐性施为句

显性施为句只是说话人想通过所说的话明确地表明自己所要实施的言语行为的特定形式。除了显性施为句之外，人们在言语交际中使用不是很明确、也无特定的语言手段来实施某种行为的频率更高。这种语言手段包括：语气、语调、语助词、副词。

那些句子中没有施为动词，却也能表达“有所为之言”的施为句被称为隐性施为句。由于隐性施为句中不会出现施为动词，因此对于其意义的理解必须依靠语境。

显性施为句表明说话人所要实施的言语行为的一种特定形式。在日常生活中，人们其实很少在言语交际中使用显性施为句，因为使用显性施为句往往意味着说话人比听话人有更大的权势。

2. 言语行为三分说

言语行为分为如下三类：叙事行为、施事行为、成事行为。

（1）叙事行为

叙事行为包括以下三种行为：

①发声行为：指的是仅仅发出某种声音的行为。

②发音行为：指的是发出某些可以发音的词或通常的词，这些音符合某一特定语言的语法、词汇，属于某一特定语言。

③表意行为：指的是运用那些具有相当明确立意和所指的可发音的词来完成的一种行为。

区分、识别上述三种行为，必须注意到：

①完成一种发声行为是完成一种发音行为的前提。

②作为发音行为，其包含词汇、语法、语调。

③发音行为与表意行为有明显的区别。发音行为不一定能够表意。

叙事行为是奥斯汀言语行为三分说的第一类行为。完成一个叙事行为基本上与发出一个有意义的句子没有差别。以言指事是叙事行为的功能。

（2）施事行为

属于施事行为的话语都有一定的语力，以言行事是施事行为的功能。如果一个言语行为能够以言行事，则必定能够以言指事，而一个言语行为能够以言指事却不一定能够以言行事。

（3）成事行为

成事行为的特点是必定会在听话人或其他人的感情或行动上产生某种影响或者效果，成事行为的功能是以言成事。

（二）会话含义理论

会话是人类日常交际的重要途径，通过会话人类能够进行信息的传递与获取。但是根据不同的语言环境，会话可能会出现不同的深层含义。会话含义理论是语用学中的重要理论，这里对这个理论进行分析研究。

1. 会话含义概述

1967 年在哈佛大学威廉・詹姆斯（William James）的讲座中，美国哲学家格赖斯（Grice）首次提出了会话含义的概念。同时他还指出了日常交际中人们应该遵循的原则，也就是合作原则。

在实际交际过程中，说话人想要真正表达的含义有时会和字面意义不同，因此学者将隐含在字面意义后的说话人的真正交际意义称为“会话含义”。

2. 合作原则分析

合作原则也是由格赖斯提出的，这些原则是对会话含义理论的具体解释说明，在交际过程中，无论交际双方存在着怎样的文化背景差别，交际双方在交际过程中不论文化背景的差异性，都应遵守合作原则。即根据会话的目的或交流的方向，使自己讲出的话语在一定的条件下是交际所需的。

合作原则包括下面四条准则，且每一条准则还包括一定的次准则。

（1）质准则

质准则主要对话语或交际信息的真实性进行关注，它要求交际者交际中要讲真话，并提供真实的信息。质准则包括以下两条次则。

①不要说自知是不真实的话。

②不要说缺乏足够证据的话。

（2）量准则

量准则指的是说话人在交际中提供的语用信息应该满足交际所需，并且不多也不少。这就是说，量准则更为关注话语的信息量。量准则包含以下两条次准则。

①所提供的信息应是交际所需要的。

②所提供的信息应不多也不少。

（3）方式准则

方式准则是指讲话要清楚明白。具体包括以下几条次准则。

①避免晦涩。

②避免歧义。

③说话要简明扼要。

④说话要条理清晰。

（4）关系准则

关系准则是指说话人所提供的信息要与交际内容关联或相关。

3. 会话含义的分类

含义可以分为两种：会话含义与规约含义。会话含义和规约含义有一定的共性也有区别。

二者的共性在于它们都是由话语中词语的语义初值再加上一个语义附加值组成。

二者的差异在于前者需要考虑语境的因素，如同一个话语在不同的语境中可能存在不同的理解，这就构成了会话含义的备选项集合。而后者则不需要考虑语境因素，仅凭直觉即可把握，因此不属于语用意义，而是词语的固有含义。

下面就将含义以及会话含义的分类进行分析。

会话含义主要包括一般会话含义和特殊会话含义两种，下面分别对其进行分析。

①一般会话含义

一般会话含义是指发话人在遵守合作原则的某项准则时，话语中通常所隐匿的某一含义。

②特殊会话含义

特殊会话含义指的是在交际过程中，交际一方有意或明显违反合作原则中的某些准则，从而使对方去推倒话语的真实含义。特殊会话含义的理解需要交际双方有一定的语用交际基础对其的推导可以从以下两个角度出发。

在某个既定的语境内，交际双方首先要假定彼此是遵守合作原则的。发话人故意违反了合作原则的某项准则，而受话人依据合作原则推导出发话人传递的特殊会话含义。当交际者需要对一般会话含义和特殊会话含义进行推导时，其需要对特殊的语境知识进行把握，从而推导出说话人真正的话语含义。需要指出的是，一般会话含义与特殊会话含义之间的区别不仅仅是类别差异的问题，最为关键的是语言使用者主动地、策略性地调配语言资源的能力问题。

4. 会话含义的特征

会话含义在交际中带有以下几点特征。对这些特征的了解可以更加有效地进行交际行为。

（1）可推导性

顾名思义，可推导性指的是一个话语所隐含的信息是可以推导出来的，其依据就是话语的字面意义、相关的背景信息等语境信息。

在交际中，说话人尽力传达出会话含义，而听话人通过交际实际和交际场景能够对真实含义进行理解，这就说明了会话含义的可推导性。听话人推导语用含义时必需的信息如下：

①合作原则及其准则。

②其他方面的背景知识。

③话语的规约意义及其涉及的指称对象。

④话语的语境，无论是语言语境还是其他语境。

⑤交谈双方都知道上述四条中涉及的相关信息这一事实。

会话含义的推导有着一定的固定模式，这就提醒交际者在实际交际过程中，要善于从深层次上揣测说话人的语用含义，不要仅从字面意义上对话语进行理解。

（2）可取消性

会话含义理论的可取消性特征指的是话语的会话含义可能会随着交际语境或者语言语境的变化而变化，也就是说话语本身所具有的会话含义是可以被取消的或否定的。可取消性是会话含义的重要特征之一。

（3）非规约性

会话含义是根据合作原则中的各项准则是否被违反，同时基于话语的字面意义，再结合语境信息推导出来的。会话含义具有语境条件下的特殊性，受制于语境并随语境的变化而变化，甚至会消失，因而它不可能是恒定的、规约性的意义，这就是会话含义的非规约性。在言语交际中往往是先有字面意义，然后才有会话含义。因此，会话含义与字面意义并不等同。

（4）不确定性

会话含义的不确定性指的是某一单一意义的话语在不同的语境和交际环境中可能会出现不同的含义。

（5）不可分离性

会话含义的不可分离性主要针对的是命题信息和语境条件。当语境相同时，即使话语信息的形式或结构有所改变，其含义也不会产生偏差。

(6) 语境依赖性

在语言交际中，含义的产生与理解离不开特定的语境条件。因此，我们将语境的依赖性定为会话含义的重要特征。

需要指出的是，交际所依赖的语境因素或语境知识不是事先确定的，也不是固定不变的。

即使是同一个话语，在不同的语境条件下可能产生不同的会话含义，或不同的话语在相同的语境条件下可能产生相同的会话含义。

在具体的交际过程中，受话人对话语的理解应该与具体语境相联系，从而了解话语的深层含义，促进交际的顺利进行。

(三) 关联理论

1. 关联理论的起源

关联理论首次提出是在斯波伯（Sperber）和威尔逊（Wilson）的《关联：交际与认知》（*Relevance: Communication and Cognition*）这本书中。两位学者在格赖斯会话含义的基础上，从认知学的角度讨论了人类交际过程中的内在机制，而且研讨的范围涉及语言学、语言哲学、认知心理学等学科。

关联理论是国内外学者研讨的热点，而且是颇为成熟的理论之一。国际上出版了很多有影响力的刊物，并成立了关联理论研讨小组。在中国，不少的硕士生和博士生也以关联理论作为研究的课题，试图在自己的学术论文中对理论查缺补漏。在世界各国的研讨会上，关联理论成为重要的研究议题，其中研究的内容包括关联理论的交际观、关联理论的语境观、关联理论与语用推理、语用学与语义学之间的关联性、关联理论在其他学科中的应用等。

2. 关联理论的概要

关联理论最初是应用于形式语义学，随着格赖斯的会话合作原则的出现，关联理论开始应用到语用学领域，而且一般出现在会话分析中，关联理论能够保证话语意义的连贯性，无论篇幅的长短，都能够因其内在的关联而成为统一的整体语言单元。这里讲述了关联理论的核心内容以及关联理论与会话含义理论的关系。

(1) 关联理论的核心内容

关联理论的核心内容就是从认知的角度来研究语用学现象。所谓关联，就是要求言语内容与特定的语境建立起某种联系，而且关联性的范围大小受语境效果的制约。可见，关联性可以被看作是认知和语境之间的斗争—关联理论就是要保证认知与语境之间的平衡。另外，关联理论还包含两大原则，即认知关联原则和交际关联原则。

①认知关联原则

认知关联原则是第一原则，即追求人类认知的最大关联性。而这种最大关联就是要求听话人经过非常小的努力就可以理解话语，从而获得最大的语境效果。这一原则将“关联”定义为认知的输入过程，可以是知觉的输入也可以是推理输入，两种输入过程通过合理加工，从而获取最大的关联积累。

②交际关联原则

交际关联原则是第二原则，即追求交际行为的最佳关联性。而最佳关联就是要求听话人付出一定有效的推理努力之后就可以理解话语，而获得了足够的语境效果。可见，最佳关联需要满足两个条件：听话人能够注意到话语的语境效果；听话人付出足够的推理努力。

需要注意的是，两个关联原则只能适用于明示交际，并不是说适用于任何交际，而且关联也并不能保证交际绝对成功，交际者试图达成关联只是为了增加交际成功的可能性。

（2）关联理论与会话含义理论

格赖斯的合作原则主要是总结了交际中的基本规律，如果不考虑任何语用因素的话。合作原则越是充分，交际双方就越容易达成成功，因为交际双方的意思都是简单明了的，不需要进行理解和推理，因此就不会产生误解。但是在现实生活中，交际中往往会出现各种各样的问题，交际双方违反合作原则，因此就产生了会话含义理论。格赖斯的会话含义理论革新了传统的代码模式理论，创造出了推理模式理论。

两种理论除了在交际模式上存在明显不同之外，还存在其他的联系和区别，具体描述如下。

①交际相关性关注程度差别

关联理论和会话含义理论对交际中的相关性关注程度不同，格赖斯在会话含义理论中只简单地概括了关系准则的内容，但是并没有清晰地阐述其性质、功能、特点等。

关联理论对关联的条件、性质、定义、程度以及与语境的关系等都做了详细的描述。

②语境和认知的关系处理问题

语境，即上下文，是指语言使用的环境因素，它一般从社会文化和认知心理两个角度进行研究，格赖斯的会话含义理论，认为语境能够帮助听话人推导出说话人所要传达的意义，而且将语境与交际意图相结合进行研究。但是格赖斯的研究只是存在哲学和逻辑学的领域，并没有涉及认知心理学的领域，也并没有解释出如何将语境运用推理这一认知活动中。

而关联理论是将语境放在认知心理活动中进行研究，实际上，一个人的认知环境是他接触的内容和事件的总和，不仅包含这个人所处的物理环境以及自身的认知能力，也包括他在这个世界里而了解的全部事实以及期望获得的某些事实。这就是语境的全部内容，换句话说，它不仅包含现实环境中的真实情景或者上下文语境，也包含对未来的期望。可见，语境是交际过程中为理解话语而形成的心理认知过程，因此要想获得最大的关联效果，就必须选择最合适的语境，并对其进行加工和积累。

③会话含义与关联理论的明说和暗合

格赖斯的会话含义理论讨论的是言语的字面意思以及违反合作原则而产生的会话含义，但是关联理论讨论的是话语中的明说和暗含，二者存在着相似性，都是针对话语的意义而言，但是不同的是，格赖斯的会话含义是根据句子是否存在歧义来断定说话人是否明说，如果不存在歧义，则为明说，否则为暗含。但是关联理论的明说是听话人花费比较小的努力来理解句子，然后达到最大的语境效果，而暗含则是听话人提取记忆中的内容，结合语境，理解说话人的实际意义这和会话含义还是存在明显区别的。

3. 关联理论的交际观

关联理论是认知信息的输入过程，这种输入过程包含交际的两个阶段：信息和推理。

这就形成了关联理论的两种模式：信息模式和推理模式信息模式，也可以称作“代码模式”，为推理模式提供了主要的依据。

第二节 语用学理论批评与发展

语用学的发展过程就是一个语言意义的探索过程：从词、句的意义到话语的意义，主要确定词、句的意义；从字面意义的解读到隐藏在字面意义背后的间接含义的推导。但我们应该看到，理论在发展的过程中存在其不足之处，例如现有理论存在过泛、过粗，缺乏可操作性等弱点。维特根斯坦的意义使用论仅仅为没有指称对象的语言表达式的意义研究指明了方向；塞尔言语行为理论只是给施为语句的意义，尤其是间接言语行为目的意向的确定，提供了方略；格赖斯合作原则无法彻底解决会话含义的信度和效度；关联理论只是一种理论设想，没有到可实际操作的地步，甚至连其基本概念，比如最大关联性与最佳关联性、认知语境、推理与话语理解等都没有确定。同时，语用学研究的方法存在不足。人们大多采取描写和分析法，而以现实话语为对象，以受话人为切入点的阐释法可能更为有效。

国内语用学研究存在的问题：①对语用研究的认识论和方法论的研究偏少。②国内语用学界的研究领域偏窄，集中在言语行为、会话含义等微观问题，对宏观语用学关注不够。宏观语用学以欧洲大陆的一些学者为代表，如梅伊和维绪尔伦。他们认为语用学不是语言学的分支学科，而是考察语言的一种功能性视角，是结合语言运作的认知，社会和文化方面的复杂因素的一种研究思路。

合作原则、关联论、顺应论三大理论的主要缺陷在于：合作原则未能说明人们通过何种手段获取含义；关联论回答了获取含义的手段问题，但主观性过强而且缺乏降低主观程度或减少理解的手段；顺应论只强调语言使用就是语言选择，即做出适合特定语境的顺应，但是缺乏顺应的基础和方向，故显得抽象，缺乏可操作性。

互补性表现在理论出发点的互补性、理论高度的互补性、解释力强弱的互补性、可操作的互补性、意义研究的互补性、研究对象的互补性、含义推导机制的互补性、社会维度和研究属性的互补性。

虽然语用学理论包括合作原则、言语行为理论、礼貌原则、关联理论与顺应论等，自其产生以来得到不断的发展与完善，但是有许多方面仍有待解决。可以说，语用学理论研究将在不断的批评、修补和创新中得到新生与发展。

综观过去一个世纪，尤其近二十年来，我们介绍引进的语言学东西非常多，包括变换理论、特征理论、配价理论、空语类理论、移位理论、约束理论、指向理论、范畴理论、认知理论、类型理论，等等，真可谓你方唱罢我登场，使我们的研究视阈不断拓宽，但与此同时也给我们带来了忧虑，因为“不断引进”的背后掩盖的是本体理论的缺失，是自信心的丧失。

面对中国语言学研究的问题，如何开展语用学理论创新与发展研究，我们认为，应深挖语用学研究的哲学层、理论层、应用层和技巧层，开展宏观与微观研究。我们要特别关注和把握语言现象的本质，改变低水平重复别人叙述和食“洋”不化的状况，在“照着讲”的基础上努力去“接着讲”。“照着讲”就是照搬。研究生、青年教师或其他学习者为了学习外国的理论，为了提高理解能力、概括能力、思考能力、应用能力，可能会经历“照着讲”的阶段。“接着讲”是要同现代语言学研究，主要是西方语言学研究接轨，将本土的研究作为在全球化语境下现代语言学研究的一部分，承接现代语言学研究的基本的取向、重大的论题和有效的研究方法，结合我们的需要、特长和兴趣，开展开创性的研究，得出既是独创性的又是普适性的理论，开展与外国同行的“中话西说”和“西话中说”的对话。“接着讲”的“讲”不是照着搬，讲出的东西其灵魂是科学性，其基本要求是独创性，它呈现多样性发展趋势；而民族性是独创性意识觉醒的必然产物，而有深度的普适性则是它的价值之所在。为此，在学习的过程中我们应注意培养民族意识与创新的意识、原创力和理论提升的能力；要有批判思维，即要有目的的自我校准的判断力，对证据、概念、标准或情景做出解释、分析、评估、推理与说明；同时注重“学”与“思”结合；注重运用思辨的方法，例如中国传统的以物为法，博考精思，会通与一贯统一，疏通源流与明势见理统一、虚会与实证统一等思维方法。在合理的方法论指导下，注意吸收能为我所用的理论，深挖民族的特色，这样，我们不仅能够走进语用学这一学科，而且能走出别人已有的研究领域，提出自己的新见解，甚至建立自己的新理论或学说。

第三节　语用分析与英语专业教学

一、语用分析在英语专业教学中的应用与意义

（一）语用分析在英语专业教学中的应用

语言除了表达作用之外，还有多种非表达作用，而说出的话语不只是表述，而是实施一种言语行为，言语本身就是一种行为，有其意向和目的。“言语行为三分说”把言语行为区分为言内行为、言外行为和言后行为。

学习语言不仅仅与语言知识本身有关，还和言语的表达效果有着密切的联系。语言的学习过程是说话人与听话人的相互交流过程；是靠双方共同谙熟的背景知识、特定的时间、场合、彼此的文化素养、知识水平等诸多方面的因素来共同完成的。

1. 在英语专业教学中语境假设能力的应用

语境假设能力指根据语用前提进行正确理解话语的能力。有人说前提是说话人对话语的语境所做的设想，也有人将交际双方共有的知识称为前提，但无论如何，人们都认为前提是交际双方共有的背景知识，基于这种知识听话人才有可能理解说者的话。语用前提实际上存于语境中，是语言的一部分。对成功的交际者来说前提至关重要，因此培养语境假设能力是语用能力培养的前提。

2. 在英语专业教学中语用推理能力的应用

语用推理能力是理解话语的又一重要能力。日常会话中人们往往不直接表达自己的意图，而以某种形式暗示。如何理解间接话语中的“言外之意”呢？语用学称之为“会话含义”。在理解过程中需借助共有常识、理解能力等。推理手段主要有三种：由语境假设和暗含前提经推理得出暗含意义；听话人从明示所提供的信息中推断出说话人的意图；通过最佳关联推导会话含义等。

3. 在英语专业教学中语言运用能力的应用

语言运用是语用学研究更为重要的方面。语言主要是一个交际工具，知道如何得体地运用语言格外重要，但英语专业教学长期忽视语言运用能力的培养，语言运用成了学习者最薄弱的环节。通过语用学审视语用能力，我们发现了语境把握能力、语境假设能力、语用推理能力、语言运用能力等，理解这一点对改变我国英语专业教学中普遍存在的口头交际能力差这一现实有理论指导作用。

（二）语用分析在英语专业教学中的意义

英语专业教学的一大目的是培养学生的英语交际能力。作为交际能力一个不可或缺的组成部分，语用能力在英语专业教学里的重要性是不言而喻的。忽视培养语用能力，培养交际能力就成为一句空话。语用能力欠缺可以解释为什么学生具备了语言知识却不能达到理想的交际效果。语用能力欠缺会导致语用失误。我们的学生出现语用失误，与我们的教学忽视语用能力的培养有关。

1. 提高学生语言能力，是培养语用能力的必要前提和基础

语言能力是交际能力的基础，具备标准的语音语调、丰富的词汇语法知识并能灵活、恰当地运用它们，是交际能力的必要前提。离开了这个前提和基础，交际能力就无从谈起。因此，首先必须扎实掌握语言知识、规则、体系和交际中必要的非语言知识，如世界知识、文化风俗、宗教艺术等，掌握语言技巧，注重培养语言能力。

语用失误不是指一般遣词造句中出现的语言运用错误，而是说话时不合时宜的失误，或者说话方式不妥、表达不合习惯等导致交际不能取得预期效果的失误。如果学生在英语交际过程中出现语法错误，固然会令英语本族语者不快，甚至影响交际，但由于这类错误属于表层结构的错误，容易为对方识别，而且由于学生是“外国人”，故尚能得到对方不同程度的容忍。

2. 培养学生学习主动性和自觉性，是培养学生语用能力的根本

离开语境的许多词语都会是有歧义的。通过语境教学，可以活化教材，使学生学到词的语境意义，掌握其功能。让学生把一种情境中学到的语言材料用到另一种语境中，从而培养其应变语境即是言语活动在一定的时间和空间里所处的境况。离开语境的许多词语都会是歧义的。通过语境教学，可以活化教材，使学生学到词的语境意义，掌握其功能。

让学生把一种情境中学到的语言材料用到另一种语境中，从而培养其应变语用能力在教学里需要特别关注，或者说，语用能力需要教吗？语用能力会否随着词汇和语法知识的发展而自然发展，并不需要教学介入？人们之所以发出这些疑问，是基于以下两个原因：第一，有些语用知识具有普遍性；第二，另有一些语用知识可以成功地从母语迁

移到外语里。就语用知识的普遍性而言，英语学习者懂得会话要遵守特定的组织原则，会话和其他的言语行为有其内在结构。

3. 创造语言环境，是培养学生语用能力的重要条件

英语专业教学主要是培养学习者使用语言的能力，这种能力需要学习者在语言使用的实践中逐步的培养，这样的语言实践应该大量的在课外进行。学生是语用能力培养的主体，因此培养学生自主学习的能力尤为重要。一个好的学习者，必然是一个积极主动的学习者。如果学生没兴趣，不积极，教师再努力，也事倍功半。语用能力不会随着遣词造句能力的提高而自然地提高，教学介入对培养语用能力的意义。

二、英语专业教学中语用分析能力的培养

随着我国对外开放的不断深化，中外经济文化联系的日益密切，用英语进行交流的能力变得越来越重要。国家的发展对教学提出了更高的要求，学英语不仅仅只意味着记忆大量的句型、词汇和掌握正确的语法，更意味着要学会如何把这些语言知识运用到现实生活中，达到人与人之间进行成功交际的目的。成功的交际要求语言运用的得体，得体性是语言交流的最高原则。这种得体交际能力的培养，要求在教学中既要注重语言知识的输入，更要求重视语用能力的培养。所谓语用能力简而言之就是指运用语言进行得体交际的能力。语用能力由两个部分组成，即语用语言能力和社交语用能力。语用语言能力以语法能力为基础，涉及语言的使用规则，不仅包括正确使用语法规则遣词造句的能力，而且还包括在一定的语境中正确使用某一语言形式以实施某一交际功能的能力。社交语用能力是指遵循语言使用的社会规则进行得体交际的能力，是更高层次上的语用能力。而在教学中，恰恰是忽视了社会语境和情景语境教学，造成了学生语用能力低下的恶果。要改善这种状况，必须强化语境教学，针对社会语境教学和情景语境教学的不同要求提出不同的课堂教学策略。

（一）语用能力的概念

对语用能力的含义，不同的学者有不同的解释。第二语言或外语的语用能力是非本族语者交际能力的一部分。语言能力（language competence）被分成组织能力和语用能力两部分。前者由“语法能力”和“语篇能力”构成，后者由“施为能力”（illocutionary competence）和“社交语言能力”（sociolingistie competence）组成。施为能力指的是了解交际行为并懂得如何实施交际行为的能力；社交语言能力指的是根据语境得体使用语言的能力。

（二）如何培养英语语用能力

1. 明确语境功能特点，努力避免语用失误

语境可分为三类，即语言语境、情景语境和文化语境。语言语境包括篇内关系和篇际关系，篇内语境指的就是上下文，篇际语境指的是篇章与篇章之间的关系；文化语境指赋予篇章价值并限制其解释的习惯和观念等。具体来说就是一个民族的历史文化传统和风俗习惯；情景语境中的情景指讲话的环境，包括讲话内容、参与者、讲话媒介和渠

道等。情景可以归纳为数目有限的情景类型，这些情景类型与语言的“意义潜势”相联系，从而在语言中产生了各种各样的语言变体，称为“语域”。语域由三个变量组成：语场（Field）、语旨（Tenor）和语式（Mode）。语场指实际发生的事和语言发生的环境，包括谈话话题、讲话者及其他参与者所参加的整个活动；语旨指参与者之间的关系，包括参与者的社会地位，以及他们之间的角色关系；语式指语言交际的渠道或媒介，如说还是写，是即兴的还是有准备的，包括修辞方式。

2. 加强文化语境教学，培养跨文化交际能力

所谓培养学生同以英语为母语的本族语者进行交际的能力也就是培养学生的跨文化交际能力。在大学阶段进行跨文化交际能力的培养，首先要区分两种跨文化交际，一种是普通交际文化，即日常生活中的跨文化交际。这种跨文化交际的文化因素大都包含在普通词语、普通句法、普通语用和非言语系统中；另一种是专业交际文化，即专业人士相互往来接触中的跨文化交际。专业交际文化包含的文化因素主要包含在专业词语和专业表述方式中。

显然，我们要培养的是学生的普通跨文化交际能力。而要培养学生的这种跨文化交际能力，可以根据实际情况采用不同的方略。

3. 加强情景语境教学，培养初步的语域观

由于语用语言失误主要源于对情景语境诸要素的忽略，所以根治的方法应是把情景语境教学融入教学过程中。在具体的教学活动中可以尝试采取以下策略：

（1）语篇分析与语域分析相结合，寓语域分析于语篇分析之中

在对课文进行语篇分析时，除了分析语篇的词汇语法特点，还要分析为什么有这样的词汇语法特点，也就是要分析语篇的语域特征，发生了什么事，作者是什么人，读者群是什么人，写作目的是什么，作者的口气和态度怎么样，语篇的交际渠道是口语还是书面语，是即兴的还是有准备的。总之是要分析语场语旨、语式这三要素。

（2）语言知识与语体知识相结合，由语言知识升华到语体知识

语境的三个变量的变化，使语言产生了不同的语体。大学属于基础教学阶段，这一阶段主要是引导学生初步认识正式语体与非正式语体。这就要求教师在讲解单词语法时不要孤立地进行，而要同正式程度的分析相结合。

（3）语言练习与情景语境相结合，寓语言练习于情景语境之中

英语专业教学中的语言训练包括听、说、读、写、译五个方面，传统教学模式下这些训练往往孤立进行，只是单纯的语言操练，并不与特定的情景语境相结合，结果学生语言知识死记硬背了不少，到了真实的交际环境里却不知如何用或误用、滥用。避免单纯语言操练的弊端，行之有效的方法就是把语言训练与特定情景语境结合起来，在特定的语境和特定的语域中选择与之相适应的语言模式进行训练。

老师首先要具备一定的语用能力，掌握较丰富的语用知识，这样才能够有能力驾驭与语用能力相关的课堂教学活动。除了教材之外，老师还要收集更多的恰当有趣的语言材料，通过这些材料激发学生学习语用知识、提高语用能力的兴趣。

三、跨文化交际中的语用失误分析

随着我国经济的发展，对外贸易的增多，跨文化交际活动变得越来越多。在跨文化

交流日益受到人们重视的同时，在交流的过程中所产生的问题也就普遍的受到了人们的关注。由于意识形态的不同，文化教育背景的不同，致使在真正的交流过程中，经常会出现语用失误现象。它不仅容易使交流过程中断，更会造成不必要的误会，甚至严重者，会形成重大的经济损失。

（一）跨文化交际中语用失误的类型

1. 语言本身的语用失误

语言本身的语用失误的现象是语言使用中不成功的体现，它主要包括两个内容：一是指交际者因不了解目的语正确的沟通方式，使用了不符合目的语的表达习惯所造成的语用失误；二是指硬生生地套用母语的习惯表达而导致的语用失误现象。

（1）表达时的语用失误是从讲话方出发，表达时的语用失误往往是因为说话人不考虑语境因素，对外国的语言习惯不够了解，使话语表达不合时宜，不符合目的语的言语习惯。讲话方一般总是倾向于保持自己的表达习惯，结果在不经意间使对方不能获得完整的话语意义而造成误解。

（2）理解时的语用失误从听话方角度出发，这种语用失误一般是因为听话人没有充分理解当时的语境，直接按讲话人字面意思理解语言意义，误解讲话方话语蕴含的语用含义，结果造成话语意思理解不当，导致沟通上的误解。

2. 社交语用失误

社交语用失误是指没有很好的了解双方的文化背景，而造成语用失误。由于人们的价值观念、社会文化规则、禁忌语等不同，导致沟通者不能充分了解文化的差异。

由于不同国家价值观念的不同，会造成语用失误。外国人强调自我意识，注重个性，习惯强调以自我为中心，个人主义倾向较为明显。而中国人则强调牺牲精神，强调集体精神，重视群体合作与人际关系的和谐一致。因此，中国人在受到称赞时，常常采用这种“拒绝+否定”的形式来接受别人的赞美之词，例如：中国人在受到称赞时，总会不由自主地说：“哪里，哪里!”、“还差着远呢”、“过奖了”、“不敢当”等，采取一种自谦的态度，否定自己的成绩；而外国人在受到赞赏时，会欣然地接受，承认自我努力。①

（二）跨文化语用失误的原因

跨文化交际就是指发生在不同文化背景的人们之间的交际活动。在这种跨文化交流中，由于不同地域的人与人之间所传达的信息、所理解的信息都含有本土地域性的含义在里边，因此，当这种交际发生时，就不可避免地出现了语言语误。而由于不同文化间的冲突碰撞，而导致的一方向另一方所解释的现象就叫作跨文化交际。无论是在语音、词汇、语法等方面都有可能出现不同的错误性。即便是语法、语音正确，也有可能出现由于不懂彼此的表达方式而导致的失误。这种失误性的出现多半是违背了原有地方的文化价值观念，而使得不能够理解其中的含义而导致了跨文化交际行为中断或失败。这不仅是文化交流中的障碍性表现，也是语言语误的差异性表现，而并非是跨文化交际中的动机问题。

① 胡囡囡. 跨文化交际中的语用失误研究［J］. 山西青年，2019（05）.

1. 话题选择不当

语言交流的过程是一项艺术的过程，在此过程中所涉及的不仅仅是语言的随意任用，而是要有加以选择的过程，之所以要进行选择，主要是因为在面对不同的事物、不同的人物、不同的场合中需要有不同的语言性选择应用，而即便如此，在选择的过程中也会带有变异性，这主要是由于双方不同的文化语境所导致的，更细化来讲这是与个人喜好、背景、习惯等紧密相关的，而这往往是导致交际中产生语用失误的根本原因。此外在跨文化交际中，有一个非常值得注意的地方就是关于话题的自由性与非自由性。例如，在西方国家，女孩子非常介意自己的年龄、收入等问题的提问，认为这些都是关于个人隐私性的问题，是属于非自由性话题，而这些在我们国家却是随意可问及的问题，属于自由性话题。如果不能够很清晰地意识到这一点，就会导致由于文化的差异性而产生不必要的误会。

2. 使用语言意义对应而施为用意不同的言语表达方式

由于受到潜意识母语文化的影响，在我们进行跨文化交际的过程中往往会从本土语义出发，将本土语义中的一些东西强加到交际过程中。然而，如果将它套用到与外国人的语言交流中，他们往往会认为这是带有个人隐私性的问题，会感到不愉悦。

3. 使用施为用意相同而表达方式不同的言语行为

不同的语言有各自不同的文化背景，对于不同地域的语言表达规则性我们应该有清醒的认识，对于权衡其中的表达含义也应加以考量，而并非随意性的，带有本土意味地去了解。对语用规则的认识、衡量标准与表现形式都会具有差异性。这种差异性既是语言表达的宽泛范畴，又是最容易引发不同表达含义的表达方式。

4. 根据母语特定行为的常规做出不得体的反应

语误研究更多是将两种不同文化的用语并放到一起进行比较，来显现出两者之间的差异性。例如，在我们通常情况下会将一些形容词用在我们的日常交际中，就如同我们在彼此见面过程中的寒暄，说：你最近又胖了，你孩子太可爱了，白白胖胖的。这在我们的日常交流方式中非常普遍，然而如果我们将这种惯用的母语特定行为应用到跨文化交际中，就会引发不必要的误会。因为外国人更注重饮食方面的健康，他们对于白胖一词很忌讳，往往会将这一形容词汇归类到贬义的含义里面。在用到礼貌用语时，会分为一种是非对应的，另一种是部分对应。那么在具体的对应性中就会经常出现具有本土意味的回答方式。

因而，在跨文化交际过程中要注意跨国间的文化规范，对其本土性的语言方式、语义表达方式要加以了解，这是避免产生语用失误的重要因素。此外，还应正确运用对方的语义结构，不是而非要将本土母语语言结构强加到其中，还要有正确的运用交际能力、语言组织能力以及语句组织能力。

关于跨文化交际语用失误研究不仅仅是作为语言上的方法来进行归纳总结，它更多的是想通过此项研究来避免在跨文化的交际过程中出现过于直接、粗俗、尴尬和令人不愉快的言语，从而导致交际的中断。正确了解文化差异、语境差异，学会站在文化的角度来权衡彼此所要表达的语义，对于学习者而言，也是提高跨文化交际能力、避免语用失误的最好方法之一。①

① 霍冀娇. 跨文化交际语用失误研究［J］. 赤峰学院学报（汉文哲学社会科学版），2016，37（11）.

（三）英语专业教学中语用失误的避免

对语用负迁移问题的研究其根本目的是为了交际的顺利进行。由此可见，从语用负迁移的角度对跨文化交际中出现的语用失误进行探究，对于提高外语学习者的跨文化交际水平有着相当重要的意义。

1. 加强文化的交流，减少母语负迁移的干扰

在外语的学习和教学中，要强化学习者对本民族语言文化的学习，增强其文化素养。只有在对本民族的语言文化有了比较深入的了解之后，才能更好地去掌握目的语文化，才有了两种文化对比的基础；只有对目的语文化进行强调，才能对本民族的文化有一个更为深刻的认识。这两者是相辅相成并相互促进的。另外，要广泛地阅读具有丰富文化内涵的外国文学作品和报纸杂志等，从中汲取文化知识，拓宽自己的文化视野。在掌握了本民族语言文化和目的语文化之后，把两种语言文化进行比较，在对比中把握文化的共性和不同特点，从而使外语学习者提高自己的文化认知能力，减少负迁移的干扰，提高学习者的表达能力，最终使跨文化交际顺畅进行。

2. 培养学习者的跨文化交际的意识，减少语用失误

培养跨文化交际的意识，可以有效地提高外语学习者对文化差异的敏感度，有助于交际的顺利完成。培养学习者的跨文化交际的意识，既要重视对语言知识的掌握，又要注重对交际能力的培养。在现代信息技术的辅助下，可以模拟出语言文化的习得环境，让学习者在潜移默化中体验多元文化，感悟文化差异，了解其他国家的文化禁忌、风土人情，了解他们的日常交际习惯，熟悉外语思维方式，逐渐减少因负迁移而造成的语用失误。①

3. 鼓励学生设法营造语言文化运用环境，与本土人建立学习伙伴关系。

很多学生反映自己没有语言环境，无法深入了解外语文化。针对该问题可以鼓励学生应用当前流行的手机 App 软件，很多软件都有文化版块，详尽介绍文化知识。这些软件设计新颖，从视觉角度就能吸引学生的兴趣，提高学生关注度。另外，这些软件内容丰富，分类较多，学生可以根据个人的兴趣爱好及薄弱点选择喜欢的内容进行学习。

还有很多 App 都有外国本土人登录，学生可以自己寻找学习伙伴，进行英语学习，真正的在说外语的过程中了解文化差异，体会文化内涵。②

① 陈培. 跨文化交际中的语用失误分析［J］. 长江丛刊，2018（23）.

② 曹南. 浅析跨文化交际中的语用失误及对策［J］. 魅力中国，2018（37）.

第四节　关联—顺应模式在英语专业教学中的应用

一、关联—顺应模式解析

（一）话语产生机制—关联假设

人类总是从所处的外部世界不断获取信息，从认知的角度出发，人们不仅能够直接从相关环境中获得信息，还有能力对所要处理的信息进行想象、推理和猜测。即人类有对外部世界的事物进行认知表征的能力。关联理论基于一个简单的理论假设：由于长期生物进化的结果，人类的认知只倾向于处理最关联的输入认知资源，这是关联的第一原则。

由于所处的物理、社会和文化世界不同，个体的认知能力是不相同的。因此，人们不可能共享认知语境，而只能“互明”（mutual manifest）某些认知资源。所谓“互明”，即能够通过感知或推理得到语境资源。“互明”比“互知”对说话人和听话人的要求低得多。一件事实可以不用“互知”就能“互明”。所以，在话语交际中，交际者只要能从认知语境中推导出合适的语境事实，交际的成功就有了保证和基础。这些事实可以包括双方的各种期待、设想、信念、记忆等。

交际是一个明示推理（ostensive-inferential）的过程：说话人必须首先对听话人的认知资源做出合适的估计，然后再选用恰当的话语方式（用此方式明示），让听话人从中通过推理，找到正确的语境并推导出说话人意义。交际的过程是“非对称性的”（asymmetrical）。交际是否成功主要在于说话人是否能对交际语码和听话人的认知语境做出恰当的假设。交际双方所“互明”的认知语境内容复杂庞大，说话人是遵循什么样的原则来对听话人的认知能力和资源做出正确估计呢？关联理论认为这完全由认知关联原则决定。所谓关联原则，即每一个明示刺激（ostensive stimulus）都传达出最佳关联假设：明示刺激具有足够的关联性，值得听话人付出努力进行加工处理。

明示刺激与说话人的能力和偏好（preference）相一致。说话人在对听话人的认知语境做出估计时，只选择那些他（她）认为与最佳关联原则相一致的、符合听话人认知能力和资源的语境假设。关联假设是支配话语方式选择的标准。关联理论从认知的角度解释了话语方式选择的机制。它的理论解释性较强，被广泛运用于语言学各个领域的研究。关联理论在以下几个方面被广泛运用：语义、会话含义、语法（包括连接词、时态、语态、否定、情态动词、名词词组、副词等）、文学文体学、文本分析、隐喻、反语、幽默、翻译、语调、礼貌、跨文化交际等。

关联理论偏重于理论的解释，但在描述话语使用的具体规律方面，其描述的充分性十分不足。的确，说话人的关联假设决定话语方式的选择。但说话人的关联假设具体是什么？它和具体的语境是什么样的关系？关联理论中的说话人只是一个孤立的个体，而不是一个处于社会规约和文化中的社会主体。关联理论无法对不以交流新信息，而是以为了维护或加强社会关系，为了行使权利等为出发点的会话做出说明。另外，说话人根据关联假设所选择的话语方式千姿百态，它和语境假设的关系是什么？话语方式应该从哪个层次进行描述？关联理论对上述问题都无法做出具体的说明。

（二）语言的顺应理论

语言顺应论（Adaptation Theory）是一种语用综观论，从宏观的、全新的角度观察和理解语言研究的各个层面。

顺应论认为使用语言的过程就是不断进行语言选择的过程。对语言的使用可从四个方面进行解释和描述：语境关系的顺应（contextual correlates of adaptability）、语言结构的顺应（structural objects of adaptability）、顺应的动态性（dynamics of adaptability）和顺应过程的意识程度（salience of the adaptation processes）。

（1）语境关系的顺应

语境关系可分为交际语境（包括物理世界、社交世界和心理世界）和语言语境（又称语言信息通道）。语境不是静态的，而是在使用过程中由说话人和听话人动态创造和调控的。

（2）语言结构的顺应

人们使用语言进行交际时需要根据交际的进展对语言的各个层面做出选择，包括语言、语码、语体、话语的构建成分、话语和语段以及话语的构建原则。

（3）顺应的动态性

语言使用的顺应过程的中心问题就是意义的动态生成过程，这一过程的动态性从三个方面得以体现：时间维度、不同语境对语言选择的制约和语言线性结构的灵活变化。首先，无论从微观的角度，如交际者记忆信息、安排交际内容，还是从宏观的角度，如语言的变迁等，语言的使用都与时间有着密切的关系，是语言随着时间变迁而做出的动态顺应。其次，由于交际是在人与人之间发生的，因此，交际者对话题的兴趣、选择说话的内容、说话的方式等都影响着顺应的动态性。再者，既然语言使用是在时间中发生的，那么语言具有一个和时间相关的特征：线性。语言的线性特征对交际中的许多现象，如句子的词序安排、话轮转换、语码转换等都有制约作用。但是线性并非完全决定语言的使用形式，因为交际者可以在不同的语境中灵活地使用语言的各种形式，动态地生成意义。

（4）顺应过程的意识程度

意识程度指的是交际者在选择和使用语言做出顺应的过程中涉及的认知心理因素。在言语交际中，社会和心理因素结合而成社会心理，可以对交际者如何使用语言做出解释。一方面，和语言有联系的社会因素都必须经过认知处理才会对语言行为产生影响；反过来，没有受社会因素影响的抽象认知是不存在的。

在社会心理因素的共同影响下，交际者选择语言做出顺应的意识程度会有所不同。有些语言的选择是语言使用者自动的、无意识的行为，而另一些则带有强烈的动机，受到使用者的主观意识、交际目的等因素的制约。

在言语交际中，交际者在选择语言做出顺应时表现出来的自我意识反应是一种元语用意识。元语用意识有助于交际者在语言顺应过程中调整自己的话语，协商话语意义。

综上所述，顺应论认为用语言表达意义是一个动态的语言选择的过程，交际者的语言选择反映出他的语言顺应意识程度。意识程度的不同会导致语境和语言结构之间关系的变化，从而影响意义的理解和表达。顺应论展现了语用学研究的社会和认知视角的结合，从跨学科的角度为语言意义的研究提供了新思路。

（三）关联—顺应模式

按照关联—顺应模式，语言使用的过程是一个顺应关联的过程。即语言的选择和运用是说话人寻求关联顺应关联语境的过程。它包含以下几方面的内容。

话语交际目的在于寻求最佳关联。

说话人的关联假设决定话语方式的选择。

关联假设是说话人对符合关联原则的语境顺应的结果。

关联顺应是一个语境成分（物质世界、社会世界和心理世界）和语言结构（音位、重音语调；词汇结构和内容；句式的长短；命题结构和内容；篇章结构和内容）相互顺应的动态过程。

关联顺应是策略选择的过程。

上述几方面相互联系并相互影响，其具体内容如图所示。

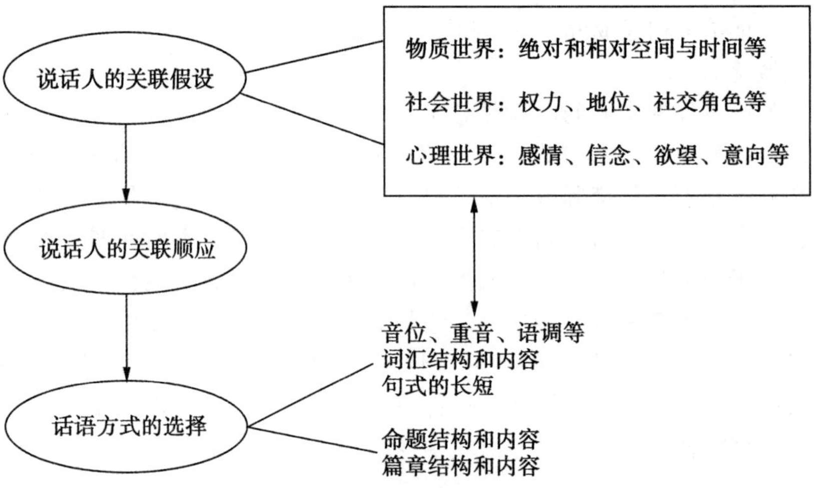

图 话语使用的关联—顺应模式

从上图可以看出，话语产生的机制是认知关联。一方面，说话人所发出的话语（明示行为）必须能够取得足够关联，值得听话人的处理努力。另一方面，所发出的话语还必须和交际者的认知能力和喜好相一致，保证取得最佳的认知效果。为了取得最佳关联，说话人要对听话人的认知资源和推理认知能力进行假设和估计。

关联假设是对外部世界进行的表征，表征的对象主要来自于说话人对听话人所处的具体语境进行顺应的结果。这个顺应的过程也是寻求关联的过程。面对具体语境（物质世界、社会世界和心理世界）中纷繁复杂的因素（绝对和相对空间与时间；权利、地位、社交角色等，以及感情、信念、欲望、意向等），说话人只能顺应那些符合关联的成分。

顺应语境，寻求关联的过程是一个动态的过程，语境永远是个变量。

说话人找到符合关联原则的语境因素，形成关联假设。正是这一假设决定了话语方式的选择。在形成关联假设的同时，也是说话人形成交际策略的过程，决定说多还是说少，以及交际的目的和所达到的效果。选择的结果可以在语言结构的各个层次上表现出来：从语音、音位到词汇内容，句式结构，句子长短，命题内容以及篇章结构等等方面。

关联—顺应模式克服了关联理论描述性不充分的缺点。在说话人的关联假设和具体的语境因素及其成分之间找到了结合点。使关联假设的抽象性得到了具体化。在强调认知的同时，还兼顾了物理和社会以及文化因素对话语选择的影响。另外，关联假设的结果——话语方式的选择也在语言结构的各个层次上得到了细致的描写和说明。关联—顺应模式也克服了顺应理论解释不充分的缺点，从认知关联的高度解释了顺应的机制。此机制有坚实的认知心理以及生物进化论的基础，其解释的普遍性远比顺应理论中所谓的"意识"要深刻和广泛。

二、关联—顺应模式在英语专业教学中的应用

(一) 对语言现实的关联顺应

对语言现实关联顺应的教师语码转换是指完全基于语言内部原因引发的语码转换现象。例如：

When talking about the weather, we may mention the "solar terms", "节气", which also can confuse the foreigners. Such as, "惊蛰" "雨水",

上例中在谈及文化中的"节气"等词汇时，由于英文中没有对应词汇，教师的语码转换选择是对学生语境资源评估后形成的关联假设决定的，即教师认为 solar terms 会造成学生理解障碍，而通过语码转换这种明示行为能达到既方便又省力的最佳语境效果。

(二) 对教师角色的关联顺应

教师角色通常有宏观社会角色和微观课堂角色两部分。就社会角色而言，教师形象是受人们尊重的，其言谈举止应符合特定社会文化、习俗规约的要求。教师对一些禁忌和不雅的词汇会采取回避态度。例如：

Oscar Wilder was an Anglo-Irish playwright, novelist, poet, short story writer... And, ... he suffered a dramatic downfall and was imprisoned after being convicted in a famous trail for homosexual acts.

我们知道，在有些国家对 homosexual 这个问题是颇有争议的。

上例中，教师先用英语介绍了王尔德后又转换到汉语，在谈及 homosexual（同性恋）一词时，却又转用了英语。这里教师语码转换的选择过程即是对其宏观角色这一关联语境的顺应过程，也是在教师认为语码转化可作为一种明示行为达到其避开这类尴尬话题的假设基础上进行的种策略选择。另外，教师在课堂中还常扮演不同角色以体现教师不同的言语意图。例如：

Now, I'll play the second time for you, please listen carefully and try to tick the right ones.

(noticing two students in the back row are whispering). 后面的同学注意听，别说话了，有问题吗？

上例中，教师在用英语发出指令时发现有学生说话，未注意听其指令，便转而用汉语对学生进行提醒。这种情形下，教师语码转换的选择则是对其作为管理者这一最佳关联语境顺应的结果。教师认为选择语码转换这一语言形式能以付出最小努力，却让学生明白其言语意图（提醒他们参与到课堂活动中）。而学生的沉默也说明学生也能利用相关联的语境信息进行推理，推断教师使用语码转换这一形式的含义所在。

（三）对心理意图的关联顺应

教师的心理意图常不仅决定其说什么，还决定其怎么说，即如何来构建话语以达到其教学或交际目的。在英语课堂上，除了帮助学生理解外，如果为了强调、唤起学生注意力或营造轻松幽默的气氛等目的，教师有时会把语码转换作为一种有效的教学和交际策略。例如：

T1：Look at Paragraph 2, Line 3. "We toured a Civil War battlefield and stood on the little hill that fifteen thousand Confederate soldiers had tried to take on..." 注意这一句 46-word sentence. What's the object of "take on"?

T2：Here, "be born to do something." For example, "A Bao" was born to sing. "A Bao" was born to sing，是不是？他的嗓音比帕瓦罗蒂还高八度，是吧？

Ss：(Laugh)

很明显上例中 T1 的"注意这一句 46-word sentence"，这一语码转换话语的选择是为达到强调的目的而有意选择的一种策略。T2 的语码转换的方式则达到了营造一种轻松的学习氛围的效果。由此可见，教师上述课堂语码转换行为正是在确保教学效果的心理意图下引发的，是对其心理意图这一最关联语境的顺应结果。

关联一顺应模式反映的是说话人的话语产出过程，即由"意"到"言"的过程。恰当的话语产出过程也必然是一个说话者成功选择讲话策略的过程，其间包括语境成分和语言结构的动态循环。这种循环以关联为目的，以顺应为手段，以恰当的话语产出为客观结果。而在课堂这一特定语境中，教师语码转换这一话语形式的选择则是根据其"意"一实现特定教学目的和交际意图，在不同意识水平的基础上做出商讨型的语言选择，是对诸如语言现实、教师角色和心理意图等具体语境因素进行动态关联顺应的结果。

第三章
基于二语习得理论的高校英语专业教学研究

21 世纪以来，教育事业飞速发展，课程教育改革随之推进，对我国相关高校英语教育提出了更高的要求。在这样的背景下，应积极改进英语专业教学的方式，科学运用相关的高效教学理论。其中，二语习得理论就是一种良好的教学工具。本章主要从二语习得研究入手，分析了母语在二语习得中的地位、学习者个体因素与英语学习，同时探讨了语言迁移与英语教学，并对二语习得理论与英语课堂教学进行了系统论述。

第一节 二语习得研究

一、二语习得研究的意义

1. 二语习得理论关注学习者，使研究英语教学的角度发生了转换

传统的外语教学的研究重点往往放在如何教的问题上，即侧重教材的编写、教学方法的设计等，而对于如何学及学习主体的特点总是重视不够。二语习得的研究促进了人们对学及学习者的研究。埃利斯（Ellis）认为[①]，第二语言习得研究的主要目标是描述学习者如何获得第二语言以及解释为什么学习者能够获得第二语言。它强调以学习者为中心，对学习者进行全方位多角度的分析与研究，对学习者的内部因素（包括学习者语言的描述、错误分析、习得的发展方式、学习者语言的可变性以及学习者的语用特征）、外部因素（第二语言的输入与习得的相互作用、社会地位、民族、性别等）及学习者个人差异（年龄、生理、情感、认知方式、学习策略等）进行深层次的研究。20 世纪 80 年代，我国教育界大力提倡以学生为主体，广大的英语教师也积极地进行探索，但发表的研究性文章却主要围绕“如何教”而展开。二语习得研究理论的引进，给了英语教学新的视角，研究的对象开始从教学法逐渐过渡到学习者。二语习得理论认为教师应该以所教对象及他们的学习过程和学习特点为基础来组织教学。[②] 在外语教学中，学生是学习的主体，当然有其共性。但学生作为个体，也有其个性。其主观因素和情感因素都是教学

① 杨连瑞，张德禄．二语习得研究与中国外语教学［M］．上海：上海外语教育出版社，2007：31.

② 朱春丽．二语习得视域下英语教学与应用研究［M］．北京：九州出版社，2018：67.

中不可忽视的问题。

2. 二语习得研究尊重科学，有助于科学的外语教学观的形成

当代的外语教学必须以科学的教育理论为指导。研究表明，传统的“填鸭式”外语教学只能让学习者死记硬背，难以取得好的效果。只有根据学习者的身心特点，根据第二语言习得发生发展的规律进行教学，才能大面积、大幅度地提高教学质量。因此，当代外语教师的重要任务就是除了要掌握精深的外语语言知识和技能外，必须了解第二语言习得的知识，掌握第二语言习得的规律。只有这样才能在教学过程中自觉运用第二语言习得的规律，不断改进外语教学，提高外语教学水平，发展学习者的外语能力。例如，教师在了解了母语对第二语言的积极影响和消极作用后，在教学中就可以充分利用母语对第二语言的积极作用，促进正迁移的发生；同时当母语和第二语言规则不一致时，就应帮助学习者明确两者之间的差异，防止负迁移的出现。

我国外语教学的传统观念认为，语言错误是需要彻底根除的学习障碍。这主要受行为主义学习观的影响，认为错误是对刺激所作反应的一种偏差，应通过新的刺激来对正确的形式加以强化。① 但是，认知主义观点认为，学习者的错误恰恰证明了学习者是一个灵活的有分辨和判断能力的决策者，在学习和交际过程中善于不断调整其目标和达到目标的手段。② 科德（Corder）认为学习者的语言偏误反映了学习者当前所掌握的语言体系，对我们了解学习者的语言发展具有积极意义。③ 中介语理论认为，学习者的语言错误反映了学习者在目标语基础上构建起来的语言体系，这一体系具有过渡性，处于不断的变化之中。对于中介语现象，教师应认识到这是学习者学习外语过程中的正常现象，是学习者主动向目标语靠拢的发展过程，不应把学习者出现的错误当作消极因素，相反，应鼓励他们应用所学得的语言。④ 因此，二语习得理论改变了英语教师对学生所犯语言错误的看法。

3. 促进相关学科的发展

语言教学的复杂性决定了任何其他学科的知识都可能对语言教学产生影响。我们所能涉及的是与外语教学密切相关并直接产生影响的因素和学科。

外语教学的内容是语言，如何教语言必然涉及人们对人类语言和语言活动本质的认识。因此，把人类语言和语言活动作为研究对象的语言学、人类学和社会学，自然就成了外语教学参照的主要学科。语言的学习本质上是一种认识活动，涉及思维、记忆、认知等心理过程，因此，研究重点是人类语言习得和使用过程中的心理机制的心理学、心理语言学与外语教学的特殊关系。外语教学作为一种教学活动，是教育学研究的对象，但其自身的特点又对教育学有着特殊的要求。一个国家的语言政策、对教育机构的行政管理以及师资的培训、大纲制定、教材编写、外语测试等都对外语教学活动的成败有着重要的影响。

第二语言习得理论研究是在应用借鉴语言学、神经学、认知科学、社会学、统计学

---

① 杨连瑞，张德禄. 二语习得研究与中国外语教学［M］. 上海：上海外语教育出版社，2007：32.

② 束定芳，庄智象. 现代外语教学理论、实践与方法［M］. 上海：上海外语教育出版社，2008：64.

③ 李庆云. 翻译教学法研究［M］. 哈尔滨：哈尔滨工程大学出版社，2015：37.

④ 杨连瑞，张德禄. 二语习得研究与中国外语教学［M］. 上海：上海外语教育出版社，2007：33.

等学科研究成果的基础上形成的一门学科，具备了自身的研究目标、研究内容和研究方法，形成了一套完整的理论体系。第二语言习得理论的不断发展和完善，势必对其他相关学科的研究和发展产生影响。第二语言习得研究成果可进一步地证实语言学家所提出的语言普遍规律和心理学家对个体习得风格差异的观察成果，可给人类学家提供探索人类文化共性的信息，可为神经语言学家提供有关“脑半球侧化”（lateralization）的信息，人类理解第二语言的规律可以帮助机器翻译，有助于计算机科学的发展和人工智能的研制等等。总之，第二语言习得研究成果有可能为最终揭开人类的语言和认识之谜做出自己的贡献。

二、二语习得研究的局限与展望

（一）研究的局限性

1. 理论研究总体看来进展力度不够

理论研究系统性稍弱；在理论建设方面，涉及具体方面的微观研究较多，缺乏宏观理论建构的研究；理论的独创性不强，有些还停留在对某些理论原则的阐释评述层面上，在结合中国的实际现状建立中国的语言教学理论方面，还未形成自成一体的理论体系。

2. 二语习得的研究方法不够全面

首先，以数据材料为基础的量化研究少于以访谈、观察等材料为基础的质化研究，这对研究结论的推广和普及产生了一定的制约作用；其次，验证性研究不够充实，对研究步骤描述不够详细，难以重复；再次，静态共时研究与动态研究结合不够充分，如何对二语能力形成和发展的实践更具有指导作用将是下一步研究的一个重要方向。

3. 二语习得研究学科定位模糊

学界对其学科定位尚未达成共识，这势必会影响学科的建设与发展。课堂二语习得研究成果中某些观点的学术价值与应用价值无法并存，外语与第二语言教学具有完全不同的特点。本书对这两种情况并未做出详细的阐述，而在实践教学中这些都是需要考虑的问题，甚至可能是非常重要的因素。

（二）研究的展望

（1）二语习得多学科性的前景使得二语习得研究和其他学科合作的领域得到扩大。目前二语习得研究已与哲学、语言学、心理学、教育学、社会学、认知心理学等社会科学进行交叉融合，今后存在着和神经系统科学、神经生物学等自然科学融合的趋势，二语习得研究的视角将得到进一步扩大。随着多学科的介入，学者们应更加敏锐地捕捉二语习得研究跨学科的融合方向，将各学科中有价值的成分借鉴吸收，纳入体系，理论研究必将有所突破、创新和发展。同时，二语习得的理论体系和研究方法除了对二语（外语）教学及其改革继续起到重要的启发和指导作用外，对人类在语言普遍性规则、认知发展、语言发展、生理发展、社会语言问题及文化普遍性等问题上正在产生积极、广泛和深远的影响。因此，二语习得应用研究的范围也将得到拓展。

（2）国内二语习得研究方法将得到越来越多的重视并得以完善。哲学、数理统计、统计分析、认知科学、计算分析等方面的知识和方法都将被广泛运用到二语习得研究中，使研究方法更加科学和丰富。要想全面、深入地认识二语习得的本质，必须多种方法有机结合。同时，要进一步普及和提高研究方法意识，最根本的方法是在高校加强现有研究方法课程的教学。

（3）汉语界和外语界在二语习得研究上将会出现沟通、融合的趋向，这为二语习得共性的研究提供了思想和人力方面的基础。未来我们渴望看到国内汉语界和外语界二语习得研究相互兼容、交叉互补、团结协作、携手共进的可喜局面，渴望看到两界学者联合召开的学术会议和携手合作的研究成果。

（4）中国的二语习得研究将逐步融合到国际性研究当中，在研究领域和研究范式上进一步同国际接轨，从而在整体上接近国际研究水平，与全球范围的二语习得研究发展潮流同步，并在不久的将来有望在许多重要研究课题上站在本学科的前沿，取得更加令人瞩目的成就。

第二节　母语在二语习得中的地位

一、母语习得、二语习得与外语学习

1. 母语与外语、第二语言

一个发育正常的儿童最初习得的语言被称为母语，它通常是抚养人所使用的语言，一般情况下与儿童的民族、国籍不一定有必然联系，但与社会环境、家庭环境密切相关。如果儿童生活在双语或者多语的环境里，那么该儿童也可能同时获得两种或更多种语言。母语通常是指本民族的语言，与外族语或外国语相对应。对多数人而言，母语也是出生后最先习得的语言。在这种情况下，第一语言往往就是母语。一个人在获得母语后，有可能再学习一种或数种语言，这个过程称为第二语言习得或外语学习。

外语是指社会环境中非普遍用于交际的、外民族语言。学习外语一般为了与说该语言的外国人交际，或阅读该语言的书面材料。在我国，除了少数民族语言以外的，其他如英语、法语、德语、日语等语言都是外语。第二语言不是一个国家的本族语，但作为交际媒介普遍使用（如用于教育或作为官方语言），通常与其他语言同时使用。英语在斐济、新加坡和尼日利亚等国家是第二语言。近年来国外有些心理学语言学著作及二语习得研究并不区分外语与第二语言，常统称为广义的第二语言。埃利斯认为需要有一个中性词（neutral）或上义词（superordinate terr）来涵盖众多母语以外的语言，因此第二语言就成了非本族语、狭义第二语言、外语、第三语言等的总称。[①]

以上这种语言的学习可能以两种形式出现，一类是通过正规的教育、教学实现，另一类通过自然的实际活动实现。正是后一形式造成了习得与学习，第一语言习得与第二

① 肖建芳. 当代国际双语教学模式概论［M］. 广州：广东人民出版社，2011：26.

语言习得的混淆，因为在这个过程中呈现出某些与儿童母语习得过程的共同点。

2. 习得与学习

习得是指学习者通过大量接触和使用目标语而潜意识地获得该语言。在这一过程中，学习者关注的是语言的意义而不是语言的形式。学习则是学习者为了掌握目标语而有意识地学习和研究该语言。在这一过程中，语言形式是学习的核心。

另外，把外语学习过程等同于母语习得过程是不现实的，因为儿童和成人无论在生物学基础、认识能力、社会能力，还是在学习任务、学习方式和学习目标等各个方面都相差甚远。母语习得是儿童生长发育和社会化的一部分，而外语学习则一般是在学习者母语习得已完成之后进行的。所以母语习得意义上的“习得”在外语学习过程中是不存在的。第二语言习得在其真正意义上应包含有意识的学习和无意识的习得两种基本概念。因此，第二语言习得研究不仅立足于非正式的学习环境，而且还应把重点放在正式的学习环境即课堂教学之上。对于任何一个学习者来说，这两种过程都是必不可少的，并且往往是交织在一起的，界限很不明显。

3. 第二语言习得与外语学习

在我国，除了少数民族学习汉语和汉族人学习少数民族语言时可以把对方的语言称作第二语言外，中国人在中国境内学习的其他国家的语言一般情况下都应称作外语。不过在考虑从宏观上建构第二语言习得研究的学科发展时，人们把中国人学习外语、外国人学习汉语、少数民族的人学习汉语都作为第二语言习得研究的主要内容。

李哲认为，第二语言和外语两个术语的区别是相对的，因人因时因地而异，我们应该根据语境和其他背景知识做出判断。① 在中国，除了少数民族学习汉语和汉族人学习少数民族语言时可以把对方的语言称作第二语言外，中国人在中国境内学习的其他国家的语言一般情况下都应称作外语。区别第二语言与外语对引进国外外语教学理论及我国的外语教学有着非常重要的意义。

第一，第二语言和外语在学习环境方面存在着差异。第二语言在一定的地域内作为学校教育用语或社会交际用语而发挥作用。比如，在美国和英国，对一些移民和外国学习者来说，英语是他们的第二语言；在亚洲的新加坡和印度等一些国家，英语被当作官方语言或者是学校的教育用语，因此英语也是一种第二语言，同时，由于该语言可能是官方语言的一种，新闻媒介、官方文件、广告、生活环境等等为学习者提供了一个比较真实和自然的语言环境。外语则不具有教育用语和社会用语的功能，学习者一般是在学校的课堂中学习这种语言。比如，在亚洲的中国和日本，英语就是一种外语。就学习环境而言，这一区分具有研究上的意义，因为两者在学习的内容和学习的方式上具有显著的差异。然而，语言的社会环境和教育环境是如何以及在多大程度上影响语言学习的过程和决定语言学习的结果，还是一个有待进一步探讨的问题。在第二语言习得研究领域也有不少人对这两个术语不加区分。在本书的讨论中，如果不是强调语言的学习环境，这两个术语可以相互替换。

第二，两者学习过程的情感因素方面存在着本质区别。由于第二语言在本语言社团的特殊地位，学习者往往有强烈的学习愿望和动机。例如，由于英语在印度和一些非洲

① 李哲．第一语言习得和第二语言习得比较研究［J］．外语与外语教学，2000（6）．

国家是一种影响择业和晋升的重要因素，学习者的工具性学习动机就很强。而外语的学习，其动机表现得就不那么强烈，主要是工具性动机（instrumental）。就情感因素而言，外语学习者受该语言国家的文化、历史等影响，不过，这种因素对外语学习的促进作用会受到限制。

第三，两者在语言输入方面存在不同。第二语言学习者多是在自然的语言环境下习得语言的。即使学习者是通过课堂教学学习该语言，教师的语言水平、同学的语言水平等都给他提供了较理想的“可理解性输入”（comprehensible input），其中包括“针对外国人的谈话”（foreigner talk），“教师语”（teacher talk）、“同伴语”（peer talk）等；而外语学习者则不同，他一般不可能得到 foreigner talk 之类的输入，由于外语教师语言水平总体上不能与第二语言教师相比，teacher talk 的质量和数量都不如第二语言教学课堂，peer talk 在很大程度上也受到限制。外语课堂的输入主要是讲授性和操练性的，话题的控制权不在学习者手中，这种输入方式有着较强的计划性。

第四，由于以上种种原因，第二语言和外语学习者所能掌握的语言程度（attainment）就大不一样。第二语言学习者往往能达到 native like（与本族语者相似）的程度，特别是在言语表达方面，而外语学习者就很难达到相同的程度。

另外，由于第二语言、外语与母语之间的关系不同，母语知识对另一种语言知识的习得的影响也不一样。欧美国家与亚洲国家在学习第二语言及外语时，其文化背景、语言技能等对学习者所产生的正负迁移现象相差甚大，掌握语言的熟练程度也大不一样。因此，我国外语教学界必须从中国外语教学的具体情况出发，在建构自己的外语教学理论体系时对国外的第二语言习得理论应该采取慎重的态度，在吸收和借鉴过程中应充分考虑到中国的国情。

二、母语与二语习得

究竟母语在二语习得中处于什么样的地位，起到怎样的作用呢？结合英语教学的实际经验，本书认为，任何人只有掌握了一门基础语言后，才有可能真正习得新的语言。事实上，母语所形成的习惯并非总是干扰二语习惯的形成。在二语习得过程中所犯的错误，并非全因为母语的干扰。从心理学的角度来讲，习惯是可以有意识地培养的，却难以有意识地忘记，或不使用已有的习惯。英语思维的形成是长期英语学习积累而获得的结果，并不是掌握英语语言的一种途径。所以，在语言学习过程中没有必要忘记本族语和已有的思维习惯。二语习得者掌握目标语并形成新的思维习惯，是可以通过重复学习或者反复操练加强刺激与反应的关系来实现的，现实中许多学习者也正是通过寻找，并创建机会来有意识地操练与掌握目标语的。

教学实践证明，大多数学生课外阅读的主要是英文书刊或报纸，阅读的目的主要是应对四、六级英语考试，几乎或很少读中文的经典书籍，所以往往在英汉翻译练习中错误百出。① 而母语与已有思维习惯能够在一定程度上促进目标语的习得和新的思维习惯的养成。而且，由于不同语言和思维之间的共性，二语习得者的语言能力很大程度上取决

① 朱丹. 浅论母语在二语习得中的地位与作用［J］. 上海青年管理干部学院学报，2010（3）.

于母语的迁移即正迁移。所以，决定二语综合运用能力的因素主要基于其母语语言的水平。

所以，想要真正掌握一门外语，具备良好的母语功底是相当重要的。虽然母语不是二语习得中唯一或最重要的决定因素，但是二语习得者会有意无意地运用母语知识来学习二语，从而更好地运用二语。同时，母语对二语习得最明显的影响表现在语音语调方面。然而母语不是一个对二语习得产生负面影响的因素，而是一个积极促进的因素。随着学习者二语知识熟练程度的积累，母语对二语习得的影响就会渐渐弱化。许多外语界的杰出学者，他们的中英文功底都是出类拔萃的，其原因正在于此。

第三节 学习者个体因素与英语学习

一、语言潜能

（一）语言潜能的界定

语言潜能（language aptitude），也称作语言学能。语言潜能就是学习外语所需的认知素质，或是学习外语的能力倾向，即一种固定的天资。[①] 有这种天资的人，在语言学习方面可能会取得更快的进步。这一解释似乎让我们看到了“素质”和“能力”的某种联系。的确如此，素质和能力存在着密切的关系。素质是一种内在的潜质，而能力是形成一定素质的前提。素质通过能力作用于外界，当我们积极努力提高学生外语素质时，也就是要力求培养学生的语言能力。语言潜能正是就学生的认知素质来预测其学习外语的潜在能力。

（二）语言潜能的构成因素

卡罗尔（Carroll）运用多元回归分析对语言潜能进行了分析，提出外语学习能力应包括四种独立的能力：语音编码能力、语法敏感性、归纳性语言学习能力和联想记忆能力。语音编码能力是输入处理能力；语法敏感性是从语言材料中推断语言规则的能力；归纳性语言学习能力是有关语言材料的组织和操作能力；联想记忆能力是对新材料的吸收和同化的能力。[②] 这些能力在整个外语学习过程中贯穿始终并起决定性的作用。学生都不同程度地具备这些能力，其中有些学生可能某项能力强，而有些学生某项能力弱，各有优势和劣势。

斯凯恩（Skehan）认为，把语言潜能看作有三个组成部分更为恰当：听觉能力（auditory ability）、语言能力（linguistic ability）以及记忆能力（memory ability）。[③] 斯凯恩

① 严明. 英语学习策略理论研究［M］. 长春：吉林出版集团有限责任公司，2009：40.

② 杨连瑞，张德禄. 二语习得研究与中国外语教学［M］. 上海：上海外语教育出版社，2007：133.

③ 范琳. 二语习得与外语教学研究［M］. 北京：中国海洋大学出版社，2007：52.

的听觉能力与卡罗尔的语音编码解码能力基本上一样，其语言学习能力把卡罗尔的语法敏感性和归纳性语言学习能力综合在了一起。斯凯恩扩展了记忆能力的概念。这三个构成因素与信息处理阶段有关：语音编码解码能力与输入处理阶段有关，语言分析能力与中心处理阶段有关，而记忆能力与输出阶段有关，其关系非常密切，决定了语言流利程度和信息提取，从而使实际交流成为可能。

（三）语言潜能理论在英语专业教学中的应用

根据学习者不同的语言潜能采用与之相匹配的教学法进行教授，可收到良好的教学效果并使学习者从语言学习中获得更多的自我满足。如何根据学生的不同特点进行教授，使其获取更好的学习效果是潜能研究者一直关注的问题。斯凯恩（1998）认为在教学方法上有两种方式可使学生与教学方法相匹配从而达到调整的目的：潜能—处置相互作用方法和诊断性方法。①

1. 潜能—处置相互作用方法

潜能的结构与潜能—处置相互作用（Aptitude Treatment Interaction，简称 ATI 研究设计）相互衔接得非常好，这个研究旨在探索不同的教学法对特定类型的学习者是否更有效。此类研究的假设条件是，没有一种最好的、特别行之有效的方法，但某一特定的方法与特定的潜能层面相结合，可创造一种最佳的学习条件。这类研究中的不同寻常的一个研究是由韦舍（Wesche）在加拿大公共服务委员会（Canadian public service commission）完成的。研究者根据其不同的潜能层面，将学习者进行了分类：一组被认为有较好的记忆力（相对其他能力而言），另一组被认为具有较强的分析能力（当然，也是相对其他能力而言）。这两组中的某些成员根据其特长选择与之相匹配的教学法进行教授，另外一些成员不与恰当的教学法相匹配。教学法与之相匹配的学生学得特别好，不匹配的学生则较差。另外，潜能研究不必停留在一个完全统一的整体水平上，以潜能层面为基础的信息对于设计有效的介入（Interventionist）学习技巧是至关重要的。此外，潜能研究应该跟发生在教室里的事情相联系，因为这些活动如果遵循“因材施教”的教育原则，就应该尝试去选择最好的方法，更好地把信息传授给学生，而对学生语言潜能的分析是达到这一目的最基本的努力。韦舍发现学习者与恰当的教学法相匹配会带来更好的学业成绩，并获得更多的自我满足，表明潜能—处置相互作用研究的巨大效用。②

2. 诊断性方法

常用的测试形式包括潜能测试（aptitude test）、成绩测试（achievement test）、水平测试（proficiency test）和诊断性测试（diagnostic test）。事实上，用第四种测试形式与另外三种进行对比是大有益处的，因为诊断性能力测试（找出能力方面的弱项）和诊断性成绩测试（识别未学区域）可以探明问题之所在。以此类推，用诊断性潜能测试来找出将要学习某种语言的学生可能的弱项，在课程开始讲授之前就掌握学习者一些基本信息，可依据这些信息选择适合的教授方法。比如，语音解码能力在语言学习的早期阶段特别重要，但往后其重要性逐渐减小。存在的危险是听力弱的学生会落后，在学习非常重要

---

① 杨连瑞，张德禄. 二语习得研究与中国外语教学［M］. 上海：上海外语教育出版社，2007：139.

② 朱春丽. 二语习得视域下英语教学与应用研究［M］. 北京：九州出版社，2018：185.

的开始阶段便逐渐跟不上学习的进度。通过潜能测试可预先知道学习者的语音解码能力，那些听力弱的学生可接受预先补课，使他们克服相对持续时间短暂的特定弱点。换言之，潜能的诊断性测试有助于学习者摆脱不利的处境，如若不然，其潜能可能无法得以实现。

综上所述，学习者的语言潜能确实存在差异，而这些差异应该作为选择不同教学法的依据。本书认为，在英语专业教学过程中可根据不同类型学习者的特点进行因材施教，以期收到事半功倍的效果。对不同语言潜能的学生，教师可顺其自然，针对不同的学习任务，在不同场合注意发挥学生各自的长处。对于分析型的学习者，要培养其对语言流利程度的关注，使他们不会因为过分关注形式而影响思想的表达。对于记忆型的学习者，重点是要限制把交际结果放在一切之上的自然倾向，引导他们把注意力集中在语言的复杂性和准确性上，这可以通过减少认知负担（cognitive load）或者通过增加语言聚焦来实现。不管怎样，教师对学生语言潜能的了解并在教学过程中考虑这一因素是完全必要的，这会对学生的学习起到促进作用。

二、学习策略

（一）语言学习策略的内涵

学习策略就是为有效学习所采取的措施。这一定义强调了两点：第一，使用策略的目的在于提高学习效率；第二，策略的实质是学习者的行动而不是想法，可以是外部活动，也可以是内部活动。

（二）学习策略培养

有关学习策略教学的途径和方法，主要有以下几种模式：

1. 学习策略教学的课程模式

课程模式指编制各种学习策略教材，通过设立专门的学习策略培训课程，向学生传授学习策略，从而提高包括智力发育迟滞者在内的所有学生的学习成绩。[①] 学习策略教学的课程模式能够系统地向学生传授学习策略和技能，但是这种模式容易使学习策略教学与具体学科知识教学相脱节，难以使学生在学习情境中领会、掌握和转化所学策略。因此，学习策略教学的渗透模式便应运而生。

2. 学习策略教学的渗透模式

这种模式指将学习策略技能，通过学科知识这一载体，渗透在课堂教学过程之中，使学生在学习各种知识的同时，学习和掌握有关的学习策略知识和技能。近几年来，学习策略研究已由理论研究过渡到策略技能的开发研究和具体应用研究上来。迄今为止，已有数千种范围和类型各不相同的学习策略，其中包括迁移性较大的如何复习、如何记忆、如何思维、如何提问等方面的策略，也包括如何阅读、如何作文、如何进行句式变换、如何列式并计算等具体学科的特定学习策略。然后将这些具体策略结合教材内容，渗透在课堂教学和学生学习过程中，这样便于学生学习掌握。

① 范琳. 二语习得与外语教学研究［M］. 北京：中国海洋大学出版社，2007：61.

这种模式使学科知识传授与学习策略教学紧密结合起来，便于学生领会、掌握和转化所学策略。但由于缺乏学习策略与各学科知识有机结合的教材，因而学习策略教学难免有主观性和随意性，易受教师实际水平的影响。

3. 学习策略教学的交叉模式

交叉模式是以上两种学习策略教学模式的有机结合。在教学过程中，先教几种专门的学习策略，随后将学习策略结合具体学科内容进行教学渗透。这样，既汲取了以上两种模式的长处，同时又舍弃了它们的短处，可以获得最佳的教学效果。这种教学模式越来越受到人们的关注。

第四节 语言迁移与英语教学

一、语言迁移解读

（一）语言迁移的内涵

就语言迁移现象而言，其研究已经引起了语言研究者的广泛关注。这些有关语言迁移的含义和定义的一些片面认识或误解，正是人们对这一问题研究不断深入的表现。这些片面认识或误解不但不会成为研究的阻碍，相反，却提供了反思的素材，促进了对这一问题进行多元化思考事实上，就语言迁移含义这一问题而言，存在着几种较为有影响而且较为合理的观点。因此，将就这些较为有影响而且较为合理的观点做简要的评析，从而帮助学习者更好地认识语言迁移的本质。

首先，可以从交际的角度解释语言迁移。科德的研究就完全从交际的角度解释语言迁移现象，把语言迁移看成是一种交际策略——借用（Borrowin）。他主要强调借用只是一种语言行为，而不是一个学习过程或语言结构特点。学习中的语言迁移属于结构迁移，由于反复借用成功，借用的语言形式终于进入了中介语语法。但是，他否认学习者的母语知识可以直接迁移到中介语里，这一观点有些偏颇。因为，有研究表明，不同母语背景的第二语言学习者都会犯与其母语相似的迁移错误，这就是说，母语对中介语的直接影响也是同时存在的。①

其次，可以从心理的角度解释语言迁移。费尔奇（Faerch）和卡斯珀（Kasper）就把语言迁移看作是一种语言心理过程。他们认为，学习者在激发自己的母语去使用中介语或理解外语的时候，有两种可能出现的情况：②

一种是所谓的交际中迁移（Transfer in communication）。即迁移只作为一种交际过程（Procedure），对学习者掌握目标语的规则作用不大，因为这些被激发起来的母语规则不一定会被学习者保留在自己的中介语里面。也就是说，这种迁移只在说话和理解言语时

① 袁利. 语言迁移与二语习得的反思与研究［M］. 西安：世界图书出版西安有限公司，2018：4.

② 袁利. 语言迁移与二语习得的反思与研究［M］. 西安：世界图书出版西安有限公司，2018：4.

发生，学习者利用母语去实现暂时的和个别的交际目的，或帮助理解目的语的意思。

另一种情况是，学习中的迁移（Transfer in learning）。它与交际中的迁移不同之处在于：学习中的迁移不是在说话和理解话语时发生，而是早在这之前已经发生，已经固化在学习者中介语制中并形成了某种规则。

最后，可以从认知的角度解释语言迁移。沙赫特（Schachte）从认知的角度，把语言迁移现象看作语言学习过程中的一种制约作用（Constraint）。她认为①，学习者先前获得的知识在学习者对目的语进行假设时产生制约。任何学到的语言知识都是先前的知识，都可能在第二语言习得过程中发生迁移。这些知识不仅包括母语知识，也包括有关其他语言的知识、学习者已掌握的外语知识，以及学习者对目标语的看法。在第二语言学习过程中，学习者对目标语做出某种假设，在检验假设的过程中发展其中介语。先前获得的各种语言知识对假设都有约束作用。因而，沙赫特是从认知的观点，来理解语言迁移的。

以上提到的几种观点分别从交际、心理和认知的角度，对语言迁移的含义做出了合理的解释，有助于更好的理解语言迁移的含义。但是这些学者都未能对语言迁移做出准确的定义，到目前为止，奥德林（Odlin）对语言迁移的定义应当是较为全面，也得到广泛接受和认可的。

就语言迁移的含义这一问题，应用语言学家奥德林曾在他的专著《语言迁移——语言学习中的跨语际影响》一书中指出：语言迁移是目标语和其他任何已经习得的（或没有完全习得的）语言之间的共性和差异造成的语际影响。根据这个定义，奥德林认为，语言迁移是一种跨语际影响（Cross-linguistic influence），这种影响正是来自目标语和学习者已习得或尚未完全习得的语言间的异同。②

但同时，他也指出，语际影响的存在应当毫无疑问，但这种影响如何起作用却有些模糊。他认为，影响可能源于学习者自觉或不自觉地对母语和目标语某些成分做出的判断，而这些判断不一定符合实际情况，做出这些判断的条件也不为他人所知。③

尽管奥德林对此定义并不十分满意，将其称之为工作定义（Working definition），但这一定义不仅将传统语言迁移研究中所指的来自学习者母语的影响概括出来，而且将学习者已经习得的任何其他语言的知识对于新语言习得的影响也包含了进来。事实上，这一定义已在研究中得到广泛使用。对这一定义的接受和认可，为学习者进一步研究和探讨语言迁移打下了基础。

（二）影响语言迁移的主要因素

1. 影响语言迁移的语言因素

在语言迁移研究当中，尽管很难量化各种因素对迁移程度的影响，但是，两种语言各自在语音、词汇、句法和语用方面的形式差异程度，对语言迁移有直接的影响，这一点，是毋庸置疑的。在诸多层面中，语音方面的语言迁移较为显著，就这一点而言，第

---

① 鲍秀梅. 浅析语言迁移与英语教学［J］. 教育教学论坛，2011（12）.

② 奥德林. 语言迁移——语言学习中的跨语际影响［M］. 上海：上海外语教育出版社，2001：42.

③ 袁利. 语言迁移与二语习得的反思与研究［M］. 西安：世界图书出版西安有限公司，2018：5.

二语言学习者的“外国腔”便是最好的说明。导致“外国腔”的主要原因可能就在于母语和目标语在语音上存在差异，或者两种语言表现出不同的发音特征，从而导致了母语对目标语在语音方面的迁移。

就词汇而言，母语和目标语的亲缘关系，尤其是同源词的大量存在似乎可以极大地促进第二语言词汇的习得。但是，许多研究又证明了另一个毋庸置疑的事实，即学习者会受到母语的影响而使用了母语中符合语法，但目标语中不可接受的词汇搭配。

在词法方面，母语迁移可能在“零对比”的情况下（第二语言的某范畴在母语当中没有对应项），表现得更为明显。例如，英语名词的时态需要助动词，以及动词的屈折变化来体现，而汉语则一般通过使用“着、了、过”，或相应的时间状语来体现时态，而没有相应的动词的曲折变化，这种语言差异引起的迁移，也是不容忽视的。

母语迁移在句法上的体现，也是比较明显的。比如，英语是一种典型的右向分支（Right-branching）的语言，而汉语则恰恰相反，经常采用左向分支（Left-branching）的结构。

语言迁移不仅会体现在微观的纯语言的层面，也会发生在语用和语篇的衔接手段上。就礼貌的表达方式而言，汉语中一般使用“请”来表达礼貌，所以，学生用英语表示礼貌时，常用“please”，而很少使用英语其他诸如“Would you please...”或“Do you mind if...”等礼貌表达式。在语篇的衔接手段上，如汉语中表示转折关系多用转折连词“但是”，因此，在学生的英语作文中会更多地看到“but”一词的使用。然而，语篇上的迁移研究目前还很少，但是，跨语际的语篇差异和跨文化的语用差异，对语言迁移的影响，的确是不容忽视的。

2. 影响语言迁移的非语言因素

（1）语言意识因素

语言迁移会在语言的各个层面上都有所体现。但是，有些研究表明，语言迁移在语法方面的表现很可能要强于其他方面，这种强弱的差异主要归因于学习者在语言意识方面的差异。在第二语言习得过程中，多数学习者在培养自己的语言意识时，可能会更多地关注语法，而对语音、语篇或语用等方面重视不够。因此，学习者在语法上的较强语言意识，就有可能使得学习者在语言的实际应用中，更加注重语法的正误，因而在语法方面母语迁移的作用受到了抑制。值得注意的是，只有当母语的语言意识强于第二语言的语言意识时，母语迁移才有可能发生；如果第语言的语言意识强于母语的语言意识，母语迁移就可能会受到抑制不过，这两种意识在学习者的大脑中并非泾渭分明，而可能会交织在一起，并与跨语言的差异意识等因素相互作用而共同影响母语迁移。

（2）社会语言因素

第二语言学习者学习和使用目标语的环境和社交场合，以及学习者在交谈中发话人与受话人间的关系等，都会影响学习者的母语迁移。

就社交过程中的社交场合而言，与“非焦点场合”相比，负向语言迁移更可能发生在社交中的“焦点场合”。焦点场合（Focused contexts）指在较为正式的场合下，交际参与者成为“焦点群体”，因此，他们会更注意维护目标语的标准性，而将使用母语形式视为有损自身形象；而非焦点场合（Unfocused contexts）指非正式或自然场合，这时，交际参与者构成“非焦点群体”，因此他们可能不大关注目标语的标准性，而是自由地借用母语以增进交流和理解。就母语迁移而言，在焦点场合，母语负迁移的可能性要小于非焦点场合。例如，在英语课堂上，学习者的负向迁移就不如在课堂外那么普遍，因为在前一种情况下，学习者形成了一种“焦点群体”，因而更加注重第二语言的规范，尽量避免母语负迁移造成的错误，即便错误出现，也可能会得到及时纠正。然而，在课堂之外这种非焦点场合下，中介语的使用就会出现，学习者也会较多地求助于母语，这时负向迁移出现的可能性就会相应增加。

此外，社交过程中，语言迁移的出现也可能受到交谈中受话人因素的影响。同时，说话者根据受话人的不同而对不同的语言进行迁移，这个现象说明，说话者希望保留其母语特征，以显示自己是这个集体的一员，即一种“集体一致性”的体现。由此可见，第二语言学习者学习和使用目标语的环境和社交场合，以及学习者在交谈中，发话人与受话人间的关系等社会语言因素，都会影响学习者的母语迁移。

（3）标记性因素

早期的行为主义理论指导下的对比分析假说，把第二语言习得过程中的困难和中介语的迁移性错误全部归咎于目标语与母语之间的差异，因此提出通过语言差异的对比分析预测中介语错误和负迁移将要发生的区域。对比分析假说将“差异”与“困难”等同起来的做法，似乎有些过于绝对化和简单化。事实上，语言迁移的中后期研究发现，在第二语言习得的过程中，除了语言差异外，语言的标记性对语言迁移也产生，极大的影响。标记理论的基本观点认为，某些语言特征与另一些较为“基本”的语言特征相比，更加特殊。

（4）其他因素

除了上述诸多因素，学习者的个性特征和年龄，以及母语水平，也会影响学习者的语言迁移。就个性特征而言，学习者因不熟识目标语的语言结构而产生一定的焦虑情绪，这时，母语迁移的可能性会倍增；如果从学习者认同心理的角度分析，母语迁移也会受到学习者对目标语语言结构规范性认同过程的影响。简单来说，学习者越认同目标语，就越不可能发生母语迁移。从学习者的年龄来说，成人在发音上自然会远远大于儿童受到母语迁移的影响。

另外，语言迁移也会受学习者母语水平高低的影响。普遍来说，学习者的母语水平越高，其正迁移发生的概率越大。再者，教师是否针对学习者目标语和母语之间的差异加强教育，辅导材料和教材中是否详细介绍了语言文化差异的相关知识，以及课堂练习形式等，都会导致压抑或者加强母语迁移的发生。

二、语言迁移对英语专业教学的影响

（一）词汇层面

英语的词汇极为丰富，一词多义、一词多性的现象非常普遍。二语习得者在处理和运用英语时，很容易受母语的影响，因而出现各种词汇的错误，如词性错误、词汇搭配错误、词义误用等。比如，中国式英语表达常把“笔记本电脑”（personal computer）说成“notebook computers”。由于英汉两种语言在可数名词与不可数名词的划分上有差异，学习者常犯以下错误，把“一个女警察”（a policewoman）说成“a woman police”；“几本书”用 some book 而不在 book 后加 s。

尽管英语和汉语属于不同类型的语言，它们在动作动词的语义学范畴词汇化上却表现出许多共同点。这两种语言的词汇化模式基本上相匹配，而且是一种持续的、系统的对应。所以语际词汇的相似性在二语词汇习得中具有正面作用，学习者的母语和目标语在类型学上互不相关的情况下，正迁移也可以发生。

（二）句法层面

英语属于印欧语系，汉语属于汉藏语系，两者在句法结构方面差异较大。英语的语序多为主语+谓语+宾语，而汉语的语序多取决于句子的意义，因而主语与动词的次序比较灵活。句法的差异造成了语序、表达结构和关系从句等方面的句法迁移。比如，中国学生习作里的错句，按汉语语法规则把句子“我昨天去超市买东西”翻译成“I yesterday go to supermarket to buy things.”汉语没有严格意义上的形态变化，而相对来说，英语的语序、形态的变化比汉语丰富和复杂，英语学习者往往会在省略、一致、词序、回避、重复等方面犯错误。

句法的负迁移还表现在连词的使用上。汉语句法结构中常有“因为……所以……”“虽然……但是……”等一类的连词短语，而在英语句法结构中却不存在这种连词并用的情况。中国学生受汉语影响而出现了连词并用的负迁移现象。例如，“Although he is young，but he is fearless.”中就出现了由于汉语负迁移的影响而造成的连词并用错误，此句应为“Although he is young，he is fearless.”。

（三）语用层面

由于中西方文化习俗的差异，中国学生在用英语进行交际的过程中，会受到汉语和中国文化的影响，误用汉语的语用规则，出现语用迁移现象。比如，我们生活中常见的寒暄、致谢、抱歉、谦让等都带有一定的民族文化模式。比如，中国人在交往过程中，往往会问及对方的年龄、职业、收入婚姻、家庭状况，但如果向外国人问“How old are you?”或“How much do you earn every month?”，对方会认为是在粗暴地干涉他们的个人隐私，从而造成不快。再比如，西方人一般将别人的赞美视为对自己能力的肯定，在交际中趋于接受，一般会说“Thank you”，而中国人却一般比较含蓄、谦虚，不正面承认。

三、语言迁移对英语专业教学的启示

既然语言迁移在第二语言习得中起重要作用，并且又不可能消除来自母语的干扰，那么在语言教学中，教师应该通过教学使母语的干扰降到最低限度，并促进母语的正迁移，以提高英语专业教学的成效。

（1）在教学方法中注重对语际共性和异性的平衡。在第二语言习得中语际共性促进第二语言的学习。因而，在英语专业教学中，教师采取的方法应注重平衡对语际共性和异性的讲解。在一个更加平衡的教学方法中，教材不但要注重语际异性，而且要同时注重语际共性。这不仅是可行的，也是可取的。可行性表现在无论学习者的母语和目标语在类型学的差异有多大，语际词汇共性都会出现并在语言学习中被广泛地应用；可取性是指如果教师更加详细地分析两种语言子系统，例如，分析语际的共性，就可以增强学习者的学习信心和学习动机。但如果只强调两种语言的异性，学习者就会形成一种错误的概念，认为母语在外语学习中只能起到阻碍作用。

（2）减少汉语的使用比例，营造英语交际环境，强化英语交际。英语教师在有限的时间里要减少使用汉语，给学生创造更多的联系和使用英语的机会，减少过多使用汉语而造成对学生英语思维的负迁移干扰，注重学生英语思维和交际能力的培养。教师尽可能地给学生提供听、说的实践机会，通过大量的英语练习使学生逐渐习惯英语的表达形式，自觉克服来自母语的不良影响，养成用英语进行思维和交流的习惯，提升用英语进行理解和表达的能力。

（3）在鼓励学生学习英语的同时，要求他们不要忽视母语知识和文化的学习，提高学生对文化差异的敏感性，提高他们的跨文化交际能力。训练学生形象思维、逻辑思维、判断分析、综合概括等方面的认知能力，从而相应地促进学生英语学习能力的提高。

（4）加强英汉两种语言的对比分析教学。虽然对比分析理论不能解释学习者在学习英语过程中所产生的全部错误，但仍然有它的可取之处。他们倡导的对比两种语言之间的异同可以促进教学和预测学习中的困难，对英语专业教学仍然有一定的启示作用。学习一种新语言首先就是学习一种新的语言形式系统。教师可以有意识地、系统地对比中英两种语言在语音、词汇、语法以及功能上的异同，以促进正迁移，减少负迁移，帮助学习者更好、更快地掌握这种新的形式系统。在语音教学过程中，教师可以让学生对比汉语拼音与拼读英语单词的异同，引导学生辨别哪些音是英语独有的，哪些音是英汉都有且无差别的，哪些音是英汉都有、但有细微差异的，从而减少汉语语音系统的干扰。比如，我们可以明确告知学生/r/是英语独有的，/m/，/n/是中英共有的，但发音有差异，提醒他们注意这种差异性，减少学习上的困难。在语法教学过程中，可以将中英两种语法做全面的对比，找出其异同，提醒学生注意两种语言间相似中的细微差别以及不同之处的巨大差异，从而减少汉语语法系统的干扰。

第五节　二语习得理论与英语课堂教学研究

一、第二语言习得研究结论与课堂教学

第二语言习得研究者曾结合课堂教学做过一些实证研究，例如对比浸入式学习者（通过学习课程内容来学习第二语言的学生）和语言课学生（通过语言形式讲解学习第二语言的学生）的学习效果。莱特鲍恩（Lightbown）曾指出，涉及课堂教学的变量太多、太复杂，很难策划实施。[①] 但是，这类研究成果与描写性研究、假说验证研究相比，更贴

① 于晶．大学英语课堂环境构建理论探究［M］．长春：吉林人民出版社，2017：187.

近语言课堂，似乎更有应用前景。下面，我们根据莱特鲍恩（1985）、克拉申等人关于对课堂教学有参考价值的发现，进行分析和说明。①

（1）成人与少年均能习得第二语言，更不用说儿童（所谓“习得”指的是将语言规则内化）。少年与成人相比略占优势，少年时期似乎是学习二语的敏感期。这对不同年龄开始学习第二门语言者无疑是一种鼓舞。

（2）熟练不一定能生巧。学生经常会忘记反复练习过、以为已经掌握的形式和结构。学习新的语言形式不是简单的形式添加过程，新形式有可能导致整个中介语系统的重构（restructuring）。

（3）知道（显性知识）不一定等于会用（潜意识地运用知识），会用也不一定等于知道。学生有时明明知道某项规则却无法在交际活动中加以利用。掌握一门新的语言显然涉及学得与习得、隐性知识与显性知识、自动性知识与控制性知识、交际系统与认知系统、与语言有关（language specific）的认知结构以及问题解决型（problem solving）认知结构。容易引起较大争议的是这些二分式知识系统的组合方式及相互作用的方式。

（4）孤立的纠错往往无益于改变语言行为。首先，差错的出现通常不是孤立的，而是语言系统的一部分。消除差错等于重构系统。其次，有些差错属于发展性差错，是中介语发展中不可避免的现象，反映学习者在重新构造中介语系统。最后，纠错行为靠不住，一是课堂上无法给每一个学生纠正每一个错误，二是纠错者也不一定清楚地知道学习者犯错的真正原因。

（5）迄今为止，语言学家的分析、教师的课堂解释、教材的展示均无法充分揭示复杂的语言系统，不完整的知识传授是无法造就知识系统完备的学生的。因此学生的学习任务极为艰巨，知识的完备主要靠学习者自己。

（6）语言习得遵循一定的结构序列，即某些结构的习得早于其他结构。教学不一定能改变结构的习得顺序，即使知道学生先习得什么结构也不能说明应该先教什么结构。此外，二语学习本质上是一个内在的自我调节过程，且因人而异，教师和教学大纲均无法制约学习过程。

显然，我们无法期待二语习得研究告诉我们应该有什么样的教学内容，或告诉我们如何实施课堂教学，但是我们也许可以从中看出什么样的教学可能不妥当，例如过多的课堂纠错不但没有教学效果反而增强了学生的学习焦虑。

课堂教学也没有必要坐等二语习得研究新成果的出现。据我们所知，源于20世纪60年代英国语言教学革命的交际教学法，在尚无可靠二语习得研究成果的情况下，根据语篇分析、交际能力观、教学经验等得到发展，被称为目前教学方法中最有效的一种。另外，二语习得研究成果在课堂教学中的应用一直受到多方制约，如研究多涉及有限的语言方面、对认知过程了解甚少、学习策略的研究数据不足、对个体变量的作用了解甚少、对社会环境变量的作用了解不够、研究方法的开发不够、验证性重复研究有限等。

二、语言的可教性问题

虽然二语习得不直接研究教学法问题，但是二语习得研究者试图直接或间接地揭示

① 刘友春. 外语教学与二语习得的关系研究［M］. 延吉：延边大学出版社，2018：118.

语言学习的本质。无论采用什么样的教学方法，走进课堂的教师都无法回避“语言是否可教”“什么内容可教”“什么时候可以教什么”之类的问题。当然，实施语言教学的悠久历史本身就暗示着语言是可以通过教学传授的。

讨论语言是否可教的关键是我们对教学的理解，下面归纳出四种对教学的理解。

（1）如果把“教”严格限制在通过讲解语言材料、有意识传授知识和技能上，就可能发现不少形式或规则不容易变成显性知识来教。能明确讲解的抽象规则更是有限，甚至可以说，被语言学家和教师准确分析的语言规则极少。这种“教”注重显性知识的传授过程。

（2）如果把“教”界定为创造有利于语言学习的条件、帮助学生掌握知识和技能（教师不一定在教学结束后立刻考查学生的学习效果），那么语言可不可教的问题就不那么突出。教师总是寄希望于在潜移默化中提高学生的语言运用能力。这种“教”注重隐性知识的传授过程和条件。

（3）多数情况下，人们对教学的理解是综合的授课与学习，教学通常包括教师讲解显性语言知识（显性方式）、引导学生发现规则（隐性或显性方式）、组织学生进行仅注重意义的交际活动（隐性方式）、要求学生背记语句或课文（隐性方式）要求学生讲出自己所理解的规则（显性方式）、要求学生进行规则操练（隐性或显性方式），等等。一堂课包含学习隐性知识的引导活动和学习显性知识的分析活动。这样的课堂教学很难做出不同类型教学活动的效果评估。

（4）如果把“教”理解为“教会”，即指学生掌握了传授的知识或技能才算教会，那么课堂教学中确实存在不少学生没有掌握教学内容的现象。这是一种注重结果的教。

三、课堂交际任务的实施

关于可教性假说的研究结果表明，学生不是教什么内容就学会什么内容。[①] 况且，课堂上什么时候该教什么内容，谁也弄不清楚。迄今为止，二语习得和语言教学研究还没有得出任何可信的内在教学大纲，也没有一个可以推广操作的自然习得顺序或语言发展路径。但积极参加课堂交际活动从几个方面有助于学生发展第二语言：增加课堂上的语言运用时间、减少单纯听他人说话的时间、避免有害的焦虑感和拘束感、增加教师个别指导的时间、创造积极宽松的学习环境。

克拉申的输入假说不认为语言运用能导致语言习得，把输出仅当成习得之果，斯温（Swain）反对这样的观点，认为二语习得仅有可理解输入是不够的，还必须有可理解输出。[②] 埃利斯采用注意式交际任务（Focused Communication Tasks）进行教学实验，发现突出某一语言特点、引起学生注意语言形式的交际活动在教师的引导下促使学生运用更准确的语言，促进二语习得，从而证明了可理解输出假说，即输出有助于习得。[③] 本书认为，严格地讲，可理解输出不会直接导致中介语的变化，但它能间接地促进二语习得：

（1）检查尚不完整的中介语知识结构，使学习者寻求有益于弥补中介语缺口的输入；

---

① 王钰．二语习得与外语教学［M］．天津：天津大学出版社，2014：169.

② 刘友春．外语教学与二语习得的关系研究［M］．延吉：延边大学出版社，2018：123.

③ 王钰．二语习得与外语教学［M］．天津：天津大学出版社，2014：169.

（2）盘活已经掌握的中介语知识，确认其正确性；

（3）发现存在问题的规则并对其进行修正；

（4）增加运用语言的胆量和经验，进一步获得可理解输入。

福斯特（Foster）的研究发现，二人小组的课堂活动（尤其是双人讨论疑问句这种语法结构）比多人小组更利于促使学生交谈。①

但是课堂交际活动中，总体上许多学生并不愿意开口交谈，原因有两个：

（1）一旦出现交际困难就试图解决，降低了交际任务的实施速度，令人产生沮丧的感觉；

（2）向对方表明自己没有听懂意思，往往使自己显得能力低下。

福斯特建议学生采取以下行之有效的交际策略：遇到理解困难时暂且假装已经理解，等待以后进一步澄清疑惑。这样的处理能给交际双方带来愉快的感觉。

格林（Green）则发现，四人小组最适于进行流畅的交际，而且交际的成功主要在于会话参与者对话语过程所做的努力；同一小组中性格内向者深感外向者的压力，容易丧失信心，有信心者则感觉不到进步，易产生厌倦感。②

无论是二人小组还是四人小组，要使讨论取得效果，同一小组的成员最好是语言能力和性格类型接近的学生，交际任务最好能引起学生对某些语言形式的注意。反之，语言水平相差太远的小组成员中，高水平者受益过小，容易失去交际兴趣；低水平者虽然受益，但也可能跟不上高水平学生的交际速度，同样也会失去兴趣，乃至信心。

我们必须特别对待课堂环境下的二语习得研究结果，不能机械应用二语习得理论和所谓的“结论”。以语法教学为例，虽然讨论语法问题能促使学生学习这些语法形式，但是这样的交谈不同于自然交际活动。自然交际活动设计难、实施难，学生的语言表现很难做到与二语习得实验研究中一样。鉴于此，福斯特认为，（课堂）二语习得研究没有体现师生的现实世界，某些观点只有学术价值而无应用价值。③

教师在课堂教学中应用二话习得研究成果时应该结合英语专业教学的实际情况，不可人云亦云。经反复论证具有普遍意义的，不妨用来指导教学；探索性的结论则只宜小范围试用，以免造成教学质量下滑。

① 刘友春. 外语教学与二语习得的关系研究［M］. 延吉：延边大学出版社，2018：123.

② 朱春丽. 二语习得视域下英语教学与应用研究［M］. 北京：九州出版社，2018：132..

③ 肖云南，戴曼纯. 二语习得研究成果在课堂教学中的应用问题［J］. 外语界，2004（3）.

第四章
基于系统功能语言学的高校英语专业教学研究

系统功能语言学认为语言是一个多层次的系统，它涉及语音学、语法与词汇、语义学、语言变体、语言变迁以及语言发展史等领域，它认为语言是有规律的资源。英语教学是功能语言学最主要的应用领域，功能语言学对高校英语专业教学产生了巨大的影响。本章将对系统功能语言学进行概述，阐释系统功能语言学思想及其对语言教学的指导意义，探讨系统功能语言学重要理论对外语教学方法的影响，研究系统功能语言学在英语专业教学中的应用。

第一节　系统功能语言学概述

一、系统功能语言学的基本概念

系统功能语言学由“系统语法”和“功能语法”两个部分组成，但不是这两种语法的简单总和。这两种语法是一个完整的语言理论框架中的两个不可或缺的部分。

系统语法或系统语言学是用来解释语言的内在联系和说明语言是与意义相关联的可供人们进行选择的若干子系统组成的系统网络，又称“意义潜势”。语言系统的表现方式为选择关系（即聚合关系)，故选择是第一性的；结构是一系列事件组合关系的最高抽象，因而是第二性的，是各种选择的结果；语义是一定语境下的选择，即说话人在表述其语义时，不可避免地要在语言的各个语义功能部分进行相应的选择，而这种选择恰恰取决于使用语言时的特定语境。内容决定形式，形式则由实体来体现。

功能语法则着重强调语言是社会交往的工具，认为：语言系统是人们在长期交往中不断实现其各种不同语义功能的过程中逐渐形成的。因此，当人们在语言系统中进行选择时，必然会依据其所要实现的功能而进行有目的的活动。

系统功能语言学派认为，语言作为人类社会活动的产物承载着各种不同的功能，即“纯理功能”或称“元功能”。纯理功能由概念功能、人际功能和语篇功能这三个部分组成：

（1）概念功能

概念功能主要是通过及物性系统和语态的表现形式得以体现。及物性系统是指人们在主客观世界中所经历的“过程”，在各个过程中所涉及的“参与者”和相关的“环境成分”；语气是交代某一过程首先与哪一个参与者建立联系。语态分为“中动”和“非中动”两大类，其中非中动语态又可以进一步划分为主动和被动两种类型。

（2）人际功能

人际功能通常体现在语法中的语气系统、情态系统和语调系统。语气系统主要通过言语功能提供、命令、陈述、提问来体现。语气与言语功能之间的关系密不可分，即使语气与言语功能之间并不总是一一对应的关系。

语气结构主要由两个部分组成：语气和剩余成分。语气包括主语和限定成分两个部分。它们体现语言的直陈特征。主语和限定成分的次序在直陈句中起着十分重要的作用：主语在前，限定成分在后，体现陈述语气；主语在后，限定成分在前，体现非疑问语气；特指成分作主语时，主语在限定成分之前或其他成分作主语时，主语在限定成分之后，体现特殊疑问语气。

情态通常由 will、could、probable 等情态成分来体现，以表明说话者对其命题的肯定程度。其他的肯定方式有频率和概率。语调通常对语气和情态起辅助作用，它和语气系统和情态系统密切相关。语调分为五个单主调（升、降、低平、升降、降升）和两个复合调（降—低升和升降—低升）。

（3）语篇功能

语篇功能主要由主位结构（或主位一述位系统）、信息结构（或已知信息一新信息系统）和衔接体现，这三种功能紧密结合组成了一个完整的语义系统。因此，系统功能语言学研究的任务在于揭示人们是如何根据社会文化语境在语言系统中通过意义潜势的选择来实现各种功能的。

二、系统功能语言学的主要特点

（一）系统功能语言学的影响力较大

韩礼德（Halliday）创立的系统功能语言学是极具影响力的语言学流派之一，其影响力在欧洲、大洋洲和亚洲较大。在亚洲以中国为最。自从方立、胡壮麟等学者 1977 年将系统功能语言学介绍到中国后，系统功能语言学在中国有了长足的发展。其原因在于，随着中国的改革和开放，很多大学的图书馆都购置了系统功能语言学方面的图书；出国进修、访学的教师和学生回国后介绍、宣传和研究系统功能语言学；韩礼德等系统功能语言学家来中国传授自己的思想与成果。

（二）系统功能语言学的研究领域较广

系统功能语言学研究的范围包括语音学、音系学、词汇学、语法学、语义学、语用学、语境研究、文化研究、语料研究等。而其他语言学理论研究的范围较窄，如转换生成语法研究的范围是句法学和音系学；语用学研究的范围是语义学、语言运用、语境和文化。

（三）系统功能语言学的实用性较强

系统功能语言学可应用于外语教学、翻译研究、语篇分析、文体分析、计算机应用、文学分析等，具有较强的实用性。

第二节 系统功能语言学思想及其对语言教学的指导意义

一、系统的思想对语言教学的指导意义

韩礼德系统的思想源于瑞士语言学家索绪尔（Saussure）所提出的语言系统的概念。索绪尔把抽象的“语言”看作语言系统即共时的自成一体的系统，而把“言语”看作是个人的表述。[①] 但系统功能学派赋予“系统”新的定义。

系统功能学派认为，语言既是一种社会符号，也是一种符号系统。语言不应被看作是对一个集合的规则解释，而应被看作是用意义的潜势来解释；语言系统可以被解释为一种可进行语义选择的网络；语言的每一个层面都有属于自己的系统表示其语义潜势。

根据系统的观点，在语言教学中，教师可把英语当成一个系统来进行教学，以培养学生选择“意义潜势”的能力。学生可以根据语境，合适地使用语言，合理地进行选择，而不是一味地在合乎语法与不合乎语法的条条框框中纠结。如打招呼的方式有多种多样，回答的方式也多种多样。为此，教师在向学生讲授这些选择本身的同时，还应教会他们如何根据合适的情境做出正确的选择。打招呼的正式和非正式、亲密和非亲密的表达方式不可混淆，否则会被认为不礼貌，造成语用失误、交际受阻。

与此同时，教师在语言教学中应有意识地了解学生的需要，了解他们的“潜势”发展程度，并根据学生的需求和实际情况设计教学内容。由于学生有个体差异，教师在讲授同样的知识与技能时，应采用不同的教学方法促进学生的“潜势”发展。

二、层次的思想对语言教学的指导意义

韩礼德层次的思想得益于叶尔姆斯列夫（Hjelmslev）的观点，即语言的各个层次间是相互关联的。语言是一个多层次的系统，在语言内有三个基本层次：音系层、词汇语法层和语义层，在语言外有语境层和实体层。语言的每个层面都与意义相关联；“体现”关系存在于语言的各层次之间。如对语义层的选择可以由对词汇语法层的选择来体现，对词汇语法层的选择可以由对音系层的选择来体现；每上一个层次影响和控制下一个层次，并由下一个层次来体现，而每下一个层次体现和表达上一个层次。

语言和它的语境有五个层次，它们之间的关系为体现的关系，即上一个层次由下一个层次来体现：文化语境由情景语境来体现，情景语境由词汇—语法来体现，词汇—语

① 吴军俐. 功能语言学与外语听说和阅读［M］. 昆明：云南大学出版社，2015：13.

法最后由音系系统（口语）或拼写系统（书面语）来体现；就体现的观点而言，语言还可以被看作是由一个系统代入另一个系统，然后又代入另一个系统的一个多重代码系统；层次的概念可以延伸到语言的外部。

根据该理论的观点，鉴于学生的学习需求、学习方法和学习风格存在差异，教师在语言教学中应选用适合于各种需求的教学方法，而不是局限于一种方法，或者一味地寻找最好的方法。同时，无论在教学内容上，还是在教学方法上，都不能只注重一个层次。如在教学内容上，不能因为重视词汇而忽略语音、语法或者因为重视词汇、语法而忽视语义和语用；在教学方法上，以社会文化为基础的教学理论，如交际法、情景法等；以心理学为基础的教学理论，如视听法、暗示法、商讨法等。

上述方法之所以曾经流行过一段时间，又不时兴的原因在于它们没有关注到语言的三个层次，而是片面地强调语言的某一层次。例如交际法虽然对培养学生的交际能力有益，但它忽视了对学生词汇—语法层的培养；情景法虽然为学生创造了合适的交际场景和典型的交际语言材料，却忽视了对学生语言形式的培养；视听法、暗示法、商讨法等虽然对培养学生在词汇—语法层上的语言应用能力有所帮助，但缺乏交际环境及意义选择的合适性的指导和实践。

这些方法的实施导致学生在“意义潜势”选择过程中往往不尽如人意，因此，教师在教学中应在提高学生语言表达意义和用语言做事的交际能力的同时，采用将音系层、词汇语法层与语义层这三个层次的教学相结合的三位一体的英语教学模式，以提高学生的英语综合知识和技能。

三、元功能的思想对语言教学的指导意义

元功能思想是对语言所完成的具有无限可能性的功能的抽象概括。概念功能、人际功能和语篇功能是一个统一的整体，不分主次。元功能思想对语言教学具有重要的指导作用。在分析小句意义时，既侧重分析概念功能、人际功能或语篇功能，也可以将三种功能作为一个整体进行分析。值得注意的是，虽然它们各自反映小句的不同侧面，但是三种功能所表达的意义是相辅相成的，是不可分割的一个整体意义中的三个有机部分。

例如：在“Mary has broken the vase.”这个句子中，从概念功能看，Mary 是动作者，has broken 是过程，the vase 是目标，及物性结构通过动作者—过程—目标等语义功能标记来表达说话人对客观世界的反映和认识；从人际功能看，Mary 是主语，has 是限定成分，broken 是谓体，the vase 是补语，语气结构通过主语—限定成分—谓体—补语来表达说话人向听话人提供信息；从语篇功能看，Mary 是主位，has broken 是述位，通过主位结构中的主位—述位的语义标记来表达信息传递。由此可见，小句中的这三种不同的功能构成了三种不同的结构。

概念功能是语言对存在于主客观世界中的经历和体验的表达。在语言教学中，对概念功能中的及物性分析有助于学生辨别表面形式相同而意义不同的语法结构，弄清问题的本质。如：

（1）He placed the TV set carefully on the table.

（2）I left all my papers on the table.

从表面上看，这两个句子的结构相同，但根据系统功能语法的及物性分析，on the table 在第一句中充当的是“环境成分”，但在第二句中充当的是“过程”的参与者，表“处所”，这是 leave 这个“过程”要求的，而 place 这个“过程”则不要求。

人际功能指的是人们在日常生活中，通过语言与其他的人建立和保持人际关系和社会联系。具体地说，就是用语言表达自己对主客观世界的看法和对事物的推断，就是用语言影响别人的态度和行为。情态是人际功能的主要实现手段①，人际功能由语法中的情态系统和语气系统来体现。

情态系统属于语言系统中的一个重要的语义子系统，它用于表达肯定与否定这两个极点之间的中间程度或状态。该系统由情态意义和情态形式两个子系统组成；情态意义由情态和意态两部分构成。情态指的是说话者对信息的可靠性和有效性所做的判断；意态指的是说话者从义务或意愿的角度对提议的有效性所持的态度。当小句以命题的形式出现时，意义的归一度表现为“肯定”和“否定”，它属语言的概念功能，肯定表示“这是”，否定表示“这不是”。如：John is a doctor.（表肯定归向极，可能性的终极），而 John is not a nurse.（表否定归向极和无可能性的终极）。

情态可由“概率”和“频率”两个级阶来表体现。不同值的概率可由 possibly，probably，certainly 等词来表示。如：

（1）That's possibly Jane.（表示概率中低量值的可能性）；

（2）That's probably Jane.（表示概率中中量值的可能性）；

（3）That's certainly Jane.（表示概率中高量值的可能性）。

不同值的频率可由 sometimes，usually，always 等词来表示。在命题中，意义的归一度表现为“规定”和“禁止”，规定表示“做此事”，禁止表示“不能做此事”，如“You may take everything you like.”

意态由“义务”和“意愿”两个级阶来体现。前者由 required，supposed，allowed 等形式表示从小到大量值的强制性程度；后者由 determined，keen，willing 等形式表示从小到大的意愿程度。

由此可见，英语中的概率、频率以及意义的归一度可以表达不同程度的情态意义，以及说话人对所说内容的不同程度的倾向和态度以及断言、犹豫和承担责任等人际意义，进而实现了不同的人际功能。鉴于情态和意态的表达方式具有灵活性和多样化的特点，在进行情态系统的教学时，教师应采取多种方式使学生弄懂各种情态类型的表达方式是很有必要的，它有助于学生学会根据情态的量值选择适当的表达形式，从而准确地把握情态意义。

值得一提的是，即使是高量值的情态动词也不如极性形式肯定。例如：“That's certainly Joe.”就不如“That's Joe.”更肯定；“It always fogs in London.”也不如“It fogs in London.”的不变性强。

系统功能语法可以弥补传统语法仅仅局限于情态助动词所表达的意义和形式的不足，扩展了传统语法中情态的范畴，它认为情态是一个语义范畴，其意义既包括传统语法所认为的情态助动词所表达的意义，还应包括故意的、假设的、潜在的、怀疑的等；情态

① 王健坤. 功能语言学理论与应用［M］. 哈尔滨：哈尔滨工程大学出版社，2011：66.

表达方式除传统语法常用的情态助动词外，还有情态形容词（certain，probable 等）、情态副词（not，never 等）、情态小词（perhaps 等）、形容词性谓语、名物化。因此，在英语情态系统的教学中，教师不应当仅仅局限于情态动词，还应通过教学活动和实践提高学生对情态系统的形式与意义是如何有机结合的有一个全面的认识，从而学会根据交际意图和交际情景得体地进行选择，同时有效地理解说话者或作者所要表达的人际意义。

传统语法简单地将情态意义分为道义型和认知型情态两个部分，这种划分过于单一、狭窄，不利于学生根据交际意图和交际情景，理解和选用一词多义的情态系统。如在“You may go to the cinema.”和“I can't find my watch. It may be in your pocket.”中，may 分别表示道义性的允许和认知的可能性。同样，must 既可以表示道义上的允许，也可表示推测的可能性，如“You must be here before eight o'clock.”和“This must be your room.”该例说明，同一情态词可以有两种情态意义有时会造成一些多义现象，因此，仅从情态助动词的形式和意义上，学生无法识别两种含义的差别。

传统语法将句子分为内容部分和情态部分，这种划分情态动词的意义的方式，往往忽视了使用中的情态意义以及语境在情态系统中的重要作用，致使学生对英语情态系统的认知和使用极为有限。系统功能语法还认为，情态状语的用途与情态动词所表达的意义可以重合，因此它们的地位和作用是同等的重要，如“My classmates must have known.”与“My classmates certainly knew.”

情态意义与语境密切相关，一旦脱离了交际语境，就很难把握情态成分的具体意义；学习和掌握情态动词的不同含义及用法，根据具体情景选择适当的情态成分能更好地表达自己的言语和交际意图。功能语法认为，情态表明说话人对所谈主题的态度与感情，语气是指动词的某种形态，也与发话人对事物的看法或态度有关。因此，情态和语气关系密切，所以学生应在教师的指导下，学会运用语气系统表达言语功能，学会根据交际双方的关系和具体的交际语境，选择适当的语态成分。

教师在情态系统的教学中，应强调言语功能和情态意义的有机结合，强调在语境中理解情态意义的重要性，强调语用意识，使学生了解英语情态系统的结构特点，使学生学会如何在具体的交际语境中表达情态意义，提高学生运用情态成分的能力，增强他们的语用能力，而不是抽象地描述情态成分的意义或一一列举情态成分的意义及用法。

语篇功能指的是在语义层中，把语言成分组织成为语篇，并根据交际语境组织信息传递信息的功能。具体来说，语篇功能指的是语篇的完整性、一致性与衔接性。它可以集中体现概念功能和人际功能，即将说话者的态度、情感以及他们的社会角色、关系联系在一起。衔接手段、主述位结构及信息结构是体现该功能的三种方式，也是语篇意义得以完整实现的重要因素。语篇功能的思想为以篇章为单位的语言研究提供了理论指导。

信息结构和主位结构皆与信息传递密切相关。传统的语法教学过于偏重句子结构的教学，因而很少从信息的角度考虑或考察句子结构的信息组织功能。因此，在英语教学中，教师可通过主位结构分析，使学生了解信息的出发点，掌握语篇的组织模式及其传递信息的方式，探寻语篇发展的逻辑线索，从而掌握有关中心内容的信息在语篇中的分布情况，并从中体会某些句子在细微语义上的差别，正确地理解语篇，同时还可以通过变换主位使他们掌握信息组织的不同方式，提高他们组织信息的能力。

教师在英语听力教学中，可以引导学生充分利用已知信息，通过合理预测获取有效的信息，同时运用信息结构知识把握说话者声调和重音所要传递的重要信息，学会根据语篇中的声调变化来理解说话者的信息中心，以便准确理解说话者的思路和意图。

衔接手段在语篇构建和语篇理解中起着重要的作用，衔接手段可以分为语法衔接和词汇衔接。正确使用衔接手段一方面可以增强语篇的连贯性，另一方面可以把握语篇发展的脉络和信息之间的联系。因此，教师在教学中，应引导学生辨认和理解英语语篇中的语法衔接手段，学习和掌握语法衔接手段的意义和功能，让学生把握信息之间的联系；培养其语篇连贯的敏感度，实现其对语篇意义的准确理解和把握。

教师应帮助学生了解英语词汇衔接的特点，了解作者是如何通过词汇的选择使语篇衔接自如、流畅；教师还可以结合课文讲解词汇衔接手段的作用和意义，加深学生对各种语义关系的认识和理解，通过语境和上下文，科学地学习和记忆词汇；训练学生在语篇理解中有意识地对语篇的词汇衔接进行词汇衔接链分析，有助于他们能快速、准确地找出中心主旨，理解作者的意图。

四、功能的思想对语言教学的指导意义

功能思想隶属于语义分析，它是形式化意义潜势的离散部分，其表达格式为词汇语法中的成分或结构。功能的思想与纯理功能的思想有关。纯理功能思想表述的是抽象的语义关系，功能思想则强调语言结构是能标记语义功能的功能成分的表达格式。语言形式在很大程度上是由语言的功能来影响、控制、选择的。

例如，“Mike Smith presented beautiful music at the concert.”从概念功能看，Mike Smith 是动作者，presented 是过程，beautiful music 是目标，at the concert 是环境；从词汇语法看，Mike Smith 是名词词组，presented 是动词，beautiful music 是名词词组，at the concert 是介词词组。

又如，“John beat his nephew.”从及物性结构看，John 是动作者，beat 是过程，his nephew 是目标；从语气结构看，John 是动作者，beat 是过程，his nephew 是目标。及物性结构表明了说话者对客观世界的看法和认识。从语气结构看，语气由 John（主语）和 beat（限定成分）构成，his nephew 为剩余部分，语气结构所表达的功能是交际双方的角色关系；从主位结构看，John 是主位，beat his nephew 是述位；从信息结构看，John 是已知信息，beat his nephew 是新信息。

主位结构中的主位—述位和信息结构中的已知信息—新信息等语义功能标记都是表示某一具体功能和整个交际过程的关系。由此可见，语言内部词汇语法体现意义的功能。语言具有多意义性，因此，语法具有多功能结构，如及物性结构、语气结构、主位结构等。语言结构是一定数量的功能成分的组合。语言系统是建立在一系列基本功能的基础之上的。

及物系统包含动作者、过程、目标等功能成分。教师在及物系统教学中，应将重点放在功能和意义上，同时将功能与结构有机地结合在一起，以培养学生用英语对各种过程进行编码的能力。及物系统也是语篇教学的一个重要方面。因此，教师在教授及物系统时，可将各种过程与一定的语篇上下文结合起来。通过对相关语篇中的主要过程的分析，提高学生的功能意识，以便更好地把握语篇的概念意义。

语气系统包含“语气”和“剩余成分”等功能成分。在教学过程中，教师可从言语功能的角度运用交际活动进行语气系统的教学，也可从结构的角度培养学生正确使用和理解语气的能力；教师还可教授学生学习如何结合语境来判断不同的语气类型及其言语功能，以加深学生对语言功能的认识；教师应指导学生学习正确地划分构成某个语篇的各个小句和小句复合体的主位和述位，使他们能够快速而准确地找出说话者的起点是什么以及说话者想要传递的信息与哪些内容有关。信息系统包含“已知信息”和“新信息”两个功能成分，在言语交际中，新信息往往是信息的焦点。信息系统与上文和语境的关系十分密切。

五、语境的思想对语言教学的指导意义

语境思想源于英国人类学家马林诺夫斯基（Malinowski）。马林诺夫斯基认为一种语言基本上植根于说该语言的民族的文化、社会生活和习俗。[①] 离开情景语境，人们则难以正确理解语言，语言就无意义可言。弗斯（Fith）继承和发展了马林诺夫斯基的语境理论，并将情景语境概括为适用于各种事件的纲要式的结构成分。

韩礼德进一步完善了马林诺夫斯基和弗斯所提出的情景语境的思想。他把语境划分为语言语境和非语言语境，前者由篇内语境和篇际语境组成，后者由情景语境和文化语境组成。后来，他又把语境进一步概括化，提出了一个概念框架，即三个变项（话语范围、话语方式和话语基调），分别与语言的三个纯理功能相对应，是决定对三种意义进行选择的手段。

语境思想表明，语言是一种有规律的资源[②]，人们可以用它来说明语境中的意义。语言之所以被看作意义潜势系统是因为语言是自然存在的，而不是界定完善的系统，也不是所有合乎语法句子的总和，人们必须在语境中对此进行研究。

语言是在语境中产生的，也是在语境中应用的。语境在语言教学中起着十分重要的作用。因此，在教学过程中，教师将语境纳入整个教学过程中，同时在适当的时机向学生传授有关语境理论的知识，使他们了解语境的类别和特点；并学会利用语境，学习语言和运用语言，如根据语境正确理解多义词和多音词，推测生词的含义；利用语境来认识语篇、分析语篇和正确理解语篇，探寻学生正在学习的语篇与他们已经学过的语篇之间的联系。

六、盖然的思想对语言教学的指导意义

韩礼德认为语言的众多事实是盖然性的，而不是肯定和否定的；语言学研究不是双分的，而是多分的、多层次的、多级别的。[③] 因此，对语言的认识不再是“是”和“不是”，而是在多大程度上“是”，在多大程度上“不是”，即引入盖然的概念和模糊的概念来认识和分析、解释和评价语言。

近似的或盖然的思想源自信息理论。在语言使用过程中，近似的或盖然的现象是由语言的基本特征所决定的，因为语言是约定俗成的，同时又是在使用中不断变化的。基于盖然的思想，不同的人在不同的语境中对词汇选择、句法选择以及文体风格选择的差

---

① 温晓亮，江晶瑶，柴冒臣．语用与认知语用学研究［M］．长春：吉林大学出版社，2017：31.

② 许丹丹，陈蕊．功能语言学与英语教学研究［M］．长春：吉林大学出版社，2019：6.

③ 吴军俐．功能语言学与外语听说和阅读［M］．昆明：云南大学出版社，2015：24.

异可以由语篇中出现的频率来体现。

例如，从英语中选择表示“电梯”的词汇时，有的人会使用“elevator”，有人会使用“lift”。又如，有人喜欢用“sidewalk”一词表示“人行道”，也有的人喜欢用“pavement”一词表示；在拼写表示“中心”的英语词汇时，有人好用“center”的拼写方式，也有人好用“centre”的拼写方式。基于上述情况，人们在选择词汇时，可以根据相对频率，了解和掌握其使用范围。

基于盖然的思想，英语句子“Do you have...”“Have you...”“I have to go”就是一个突出的盖然率问题，上述句法在形式上的差异是由于语言使用者或使用地域等因素不同而产生的，所以上述句法选择与其意义上的差异无关，人们不必挖空心思地去寻找满意的答案。然而，句法选择差异即句法在形式上的差异会导致意义上的差异，词汇选择上的差异会导致正式程度、熟悉程度以及意义上的差异。

在英语应用文中，辞退信的被动语态和复数人称的使用频率相对较高，原因在于写信者不愿承担责任；而感谢信中使用主动语态和单数人称的频率相对较高，原因在于写信者要表达自己的感激之心；又如对同一个陈述而言，人们既可以用主动语态，也可使用被动语态，还可使用近似值标明。语篇的文体风格选择是由不同的词汇选择与句法选择来实现的。由此可见，盖然的思想为语言中某些难以解释的现象提供了理论依据。

近似的或盖然的思想还告诉我们，只有学会精确地区别语义与特定情景语境的关系，才能掌握不同形式项目的使用，因此要学会精确地区别语义与特定情景语境的关系。例如，从整体上来说，主动语态的近似值高，但是在科技论文中，被动语态的出现频率相对较高；在生物和生物化学语篇中，完成式出现的频率相对较高。

基于盖然的思想，我们可以按精密度的阶，采用由一般逐步趋向特殊，对每一个选择点上的可选项给以近似值的方法，对一个项目进行分类时。如疑问句可进一步分为是非疑问句和特殊疑问句，同样精密度的概念也适用于语义层；如在及物性系统中，六个过程（即物质过程、心理过程、关系过程、行为过程、言语过程和存在过程）中的每种过程又可以根据参与者角色的特点分为若干过程；如心理过程又可进一步分为感觉过程、反应过程和认知过程。

由此可见，在语言教学中教师可以做以下三个方面的尝试：第一，可以利用盖然的思想，让学生学会理解句法选择与词汇选择的差异和功用。第二，运用盖然的思想，对学生作文的文体风格选择是否达到语篇目的，实现语篇意义进行评价，为学会深层次地理解语篇和创作语篇做好铺垫。第三，利用盖然的思想，对学生翻译中的文体对应问题进行评价。

第三节　系统功能语言学重要理论对外语教学方法的影响

一、系统功能语言学理论对交际教学法的影响

系统功能语言学理论对交际教学法的发展产生了深远的影响。交际教学法是一种以

培养学生语言交际能力为目标的外语教学法，该教学法把语言看作是交际的工具，以意念、功能为大纲。在交际教学法中，学生是交际活动的中心，教师是课堂交际活动的激发者和协助者、学生实践活动的参与者和鼓励者、学生表现的观察者和研究者。系统功能语言学理论是交际教学法产生的三大理论根源之一，它对交际教学法在英语专业教学中的应用具有指导作用。韩礼德把语言看作一个“意义潜势”，是一个多层次系统，这个意义潜势体现“行为潜势”，在语言上由社会和情景来体现。为此，交际教学法认为语言是一种行动或者行为系统，在使用语言时，应把社会环境、情景语境纳入考虑范围。

语言功能分为概念功能、人际功能和语篇功能。在交际教学法中，功能语言观可以解释各种各样的语言现象，可以揭示语言运用的功能特点以及形式与功能的关系。两个结构相同的句子在概念意义上、人际意义上可能是相同的，但在语篇功能上，或语篇功能的某些方面也许会有所不同。

交际教学法强调人是如何通过使用语言来完成其功能的，因此，教师在平时的教学中，应把培养学生的日常交际能力放在重要的位置上，例如问候、表达歉意、邀请、拒绝、请求、抱怨等，换言之就是和其他人互动都是要通过人际功能来完成的。而人际功能又是通过语气、情态和语调来实现的，所以人际功能理论为交际教学法提供了理论依据。

韩礼德的语域理论和衔接理论是用于语篇分析的，因此，在运用交际教学法时，可把语义特征与情景语境特征结合起来教授形式特征，以便从中找出语言形式特征的交际功能；教师还可教授学生衔接理论方面的知识，并通过实例教授学生句子是如何通过衔接组成语篇的。在语言交际中，要实现有意义的交际，每个语段不可避免地会呈现一定的新信息，这种新信息为学生做进一步选择提供了基础。选择的观点被看作是韩礼德的语言观的中心。语言交际的过程就是从语言系统网络中进行选择的过程；语言交际的基础就是从各种不同的选择集中及时做出合适的选择。

交际教学法不但要为学生的语言交际提供可以在实际交际中做出选择的选择集，而且要为他们提供如何在系统中进行选择的训练方法和技巧。为此，系统功能语言学可以对交际教学法进行指导的意义在于：第一，尽可能多地为学生提供一些在实际交际过程中进行选择的选择集；第二，有针对性地对如何进行选择进行训练。

因此，英语教师在教授某个词汇或语法项目时，应把该项目与它隶属的系统结合起来进行教学，而不是孤立地教授这个项目，甚至必要时还可提供与之对立的选择项，使学生对整个系统有个完整的了解，而不仅仅是对某个单独的项目的理解；教师还可以通过例证和模拟实践的训练使学生学会在该系统中进行选择的方法和技能。如，教授 respect 这个单词时，可同时教授同根形容词 respective，respectful，respectable，它的反义词 disrespect 以及形式相近的单词 aspect，inspect，prospect，suspect，expect，unexpected 等。然后通过实例和情景的创设，让学生学会如何在上下文中进行正确的选择。

二、语域理论指导下的特殊用途英语教学

系统功能语言学激发了特殊用途英语教学理论和方法的产生，其理论基础是功能主义语言观。特殊用途英语指的是与某种特定职业或学科相关的英语，其课程是根据学习

者的特定目的和特定需要而开设的，如航海英语、财经英语、商务英语、旅游英语、法律英语、医学英语等。按学科门类，可分为科技英语、商务英语、社科英语。

特殊用途英语教学的主要特征为：（1）对学习者的需要分析，即学生学习语言后，会用它做什么以及学生如何做才能达到所需目标；（2）教学内容涉及专业知识或职业和专门知识；（3）确定学习者需要达到的水平或能力；（4）确定教学材料和方法。

作为一种语言教学，其主要教学要求是通过对语篇的分析，使学习者掌握其语言特征（语法结构、词汇选择、语气情态、文体风格等）和语用功能，从而达到运用特殊用途英语的教学目的，因此特殊用途英语教学更加注重学生语用能力的培养。

系统功能语言学是以语言功能（语言的用途，如何实现其用途）为中心的语言理论，它非常重视结构与功能之间的紧密联系。系统功能语言学用语言的纯理功能来描述语言，即通过意义方式来解释语言事实的抽象功能，并从社会语境出发，观察语言如何作用于社会语境，且受其制约。在系统功能语言学中，语域理论研究并揭示了语言将随着情景变化而变化的现象、一般规则以及语境对语言的制约规律，目的是使语言使用者了解和掌握语言特征是由哪些语境因素所决定。

系统功能语言学认为语场、语旨和语式是决定语言特征的情景因素，意义系统中概念意义、人际意义和语篇意义通常同时体现在词汇语法层上，所以语境的这三个组成部分中的任何一项的改变都会引起语义的变化，导致语言的变异，继而产生不同的语域。

如语场的变化会产生不同学科或领域的语域（旅游英语、法律英语等），其语域之间的区别主要表现在对概念意义的不同选择上，在词汇语法层面上，表现在对词汇、及物关系、语态、语言结构等不同的选择上。交际关系的语旨的变化，会产生正式程度、礼貌程度、非个人化程度和可接受程度以及不同的口气和态度的语域，其语域之间的差异主要表现在对交际意义的不同选择上，在词汇语法层面上，表现为对语气、情态系统以及表达态度意义的词汇的不同选择上。语式的不同会产生渠道、媒介以及修辞方式有所不同的语域，其语域之间的差别主要表现在对语篇意义的不同选择上，在词汇语法层面上，表现在对主位结构、信息结构以及衔接连贯不同的选择上。

综上所述，语境三因素共同作用，制约着人们对词语和语义结构的选择以及语言的概念功能、人际功能和语篇功能。因此，在各个语域中，语言的结构、语言使用的语境和语言的功能是互相联系、密不可分的。

语言教学的主要目的是发展学生的“意义潜势”。因此，在特殊用途英语教学中，教师应以语域理论为指导，把特殊用途英语教学当作体现不同语域特征的情景教学，发展学生根据不同的语境运用语言的能力。无论是教授词汇和语法结构，还是进行语篇分析都应注重语域特征，使学生掌握得体的语言特征；同时教师应有意识地培养学生的语域意识，使他们了解不同国家的文化特点及其表意方式，使用得体的语言进行有效的交际。语域理论有助于解决学生在学习特殊用途英语中所遇到的实际问题。

三、系统功能语言学理论对体裁教学法的影响

（一）体裁教学法的基本概念

以体裁为基础的教学法即体裁教学法，是 20 世纪 80 年代中期逐步发展形成的一种语

言教学方法，它的理论基础是体裁及体裁分析理论。其宗旨在于通过体裁知识的介绍，使学生了解不同体裁的语篇具有不同的语篇特征、不同的交际目的和不同的语言特色，培养他们的体裁意识，使他们能够更好地理解并创作出符合特定体裁惯例的语篇。体裁教学法适用于英语听说教学、阅读教学、写作教学、翻译教学以及专门用途英语教学，而且适合不同年龄及层次的学习者。

体裁教学法指的是在课堂中运用体裁和体裁分析理论，围绕语篇结构而展开的一种教学活动的方法，其目的是在教学实践，让学生体验并了解不同体裁的语篇具有的不同交际目的和篇章结构；让学生体会并认识到语篇是一种语言建构，也是一种社会的意义建构，不同体裁的语篇有其各自不同的使用场合；让学生在掌握语篇的图式结构的同时，明晰语篇的建构过程，学会理解和建构属于某一体裁的语篇。了解不同体裁约定俗成的规定性特点可以使学生有效地获取所需信息，可以为他们学习撰写这一类体裁的语篇奠定基础。

体裁教学法主要分为三个流派：

1. 用于专门用途英语和学术用途英语领域的“体裁教学法”

此流派有其特定的交际目的和实现其交际目的的一系列步骤。因此，在语篇的组织结构、交际目的和要实现的社会功能方面等有其特定的体裁特征。该流派受新修辞学派的体裁观的影响，在教学中采用的是以体裁为基础的教学实验和以体裁分析、摹仿分析、小组讨论、独立分析、深入分析、摹仿写作等主要教学步骤的教学方法组织教学。所以，用体裁教学方法分析专门用途英语的语篇，有助于学生掌握这种体裁的语篇布局的机制及其文体特征。

2. 澳大利亚学派使用的“体裁教学法”

它主要用于中小学和成人教育的语言教学，目的是通过教师和学生共同参与一系列教学活动，如范文分析、摹仿写作、独立写作等，使学生掌握特定体裁的语篇图式结构和教学计划要求的各类体裁的写作能力。

3. 新修辞学派的“体裁教学法”

该流派从社会情景角度出发，重点分析语篇所能实施的社会行为和目的，达到帮助大学生和从事某一职业的新人了解特定体裁的社会功能及其使用场合的目的。

这三种流派的体裁教学法各有侧重，实施的具体步骤也不尽相同。在教学实践中，前两个流派已将体裁教学法用于写作课和阅读课的教学，并把写作教学作为其实验重点。

（二）体裁教学法的教学理念

体裁教学法的教学理念强调在阅读过程中，教师要参与到学生的学习中去，并起到指导者的作用，教师应给学生提出明确、具体的要求，让学生明确在阅读中的任务，以提高其阅读教学效果。教师在阅读过程中有针对性地指导，能够防止学生阅读的盲目性。教师在运用体裁教学法进行阅读教学时，应引导学生学习如何针对不同体裁文章的语篇结构特征，采用不同的阅读方法，快速掌握文章的主旨大意的同时，不能忽视语言知识点的教学。

（三）体裁教学法的语言学理论依据

体裁教学法深受系统功能语法的影响。它是在系统功能语言学的理论框架上发展起来的，它涉及语域理论、语篇体裁理论和体裁分析理论。系统功能语言学家认为，文化、社会和语言的关系是密不可分的。[①] 从本质上来说，语言是一套社会符号系统，一个可供人们选择用来制造意义的资源；语篇通常发生在一定的社会文化环境之中，是语境作用的产物。因此，某一文化和社会环境中的行为方式、信仰和价值对具体的语言使用和整个语言系统都会产生影响和制约作用。同样，语言使用也反过来建构社会文化语境。

系统功能语言学的语篇体裁理论能够帮助我们对语篇进行宏观上的分析，以揭示语篇的内部组织机制，说明语篇的宏观结构，它还有助于进行语篇分类，使看似杂乱无章的语料系统化；而系统功能语言学的语域理论不仅有助于我们从微观层面上对语篇进行分析，以揭示词汇—语法选择与语篇语义的关系；有助于我们了解特定语篇产生的背景，对语篇的深层意义合理推理，并逐渐学会从社会情景角度分析语篇建构的得体性。

语言、语域和体裁三者属于不同的层面，他们之间是体现关系。体裁是通过语域实现的，而语域则是通过语言实现的。不同的语境产生不同的体裁，语域因不同体裁而有所不同，相应地，语言特征和功能也有所不同。

第四节　系统功能语言学在英语专业教学中的应用

一、系统功能语言学在英语语法教学中的应用

语法教学是英语专业教学中的一个重要组成部分，它是语言学习者运用语言进行交际的重要基础。系统功能语言学为语法教学开辟了新的教学模式和教学方法。传统语法教学采用刺激、反应和强化等方式训练学生的语言能力，强调通过大量的句型练习和学习相关的语法结构来掌握语法知识；传统语法教学注重句子的正确性，认为语法教学就是灌输语法规则和机械的句型操练。

因此，教师在英语教学中，也是一个语法项目接着一个语法项目地对学生进行训练，按部就班地传授语法规则知识，然后模仿例子进行训练，这样做不仅使学生难以学会怎样在语境中利用其学到的结构进行有意义的交流，而且使学生的语言创造能力和语言学习的主观能动性受到了遏制；传统语法大多局限于句子结构层次上，因此语法教学的着眼点是语言的形式，而不是语言的功能和意义。

教师在英语教学中，很少把语法结构与语篇整体、文化语境和情景语境结合起来进行教学，致使学生很少能够把所学的语法知识运用到语言交际中；传统语法忽视了口语和书面语在形式上和功能上的差异，难以培养学习者在自然语境中进行口头交际的能力，

① 吴军俐. 功能语言学与外语听说和阅读［M］. 昆明：云南大学出版社，2015：32.

致使学生说出的口语往往是文绉绉的。

语言是一种社会符号系统。[①] 语言与社会之间的关系是密不可分的。因此，它依赖于存在的社会文化环境。语言是一个交际系统，语法分析的目的是让语言学习者了解和学习语法是通过怎样组织结构，让语言的使用者进行有意义的建构和交换的。因此，系统功能语言学视角下的语法教学目的是使学生清楚地认识语法的功能资源，如语法结构和结构成分的功能及其在语境中的意义。

语言是人类最重要的交际工具，其原因之一在于它的系统性。语言的系统性表明它具有极强的规则性。语法是语言的组织规律，它赋予语言以结构系统。[②] 语法规则是语言的重要组成部分。传统语法关注的是语法结构的形式及其相互关系。英语初学者掌握句型结构、打好语言基础是很有必要的，但是若过分关注语言形式，将语言视为孤立的语法知识点而忽视语言功能和语言意义，死记硬背语法规则的做法是不可取的。

系统功能语言学注重意义的表达以及语言的运用。因此，语言的三种功能（概念功能、人际功能和谋篇功能）是在同一个层次上的，并且同时存在于同一句法结构中。在语言交际中，人们会通过概念功能来表现事物和过程，通过人际功能来进行语言交流，通过语篇功能来组织信息。

由此可见，语言形式不是任意的，而是受到意义支配并反映意义的。在交际中，人们选择何种语言形式取决于其所要实现的社会语义功能。因此，系统功能语言学主张通过意义来描写语法的原因在于语言形式是意义或功能的体现形式，是将意义现实化的机制。

系统功能语言学理论指导下的语法教学，可以最大限度地把语法教学与学生交际能力的提高结合起来，促使学生把他们所学的语法知识尽快转化为语言能力，即它可以使学生明白自己要做什么，清楚自己所从事的活动，知道自己所从事的活动要表达什么意义，并能根据意义选择合适的词汇和语法以及语音和文字特征。

因此，根据语言的三个元功能（概念功能、人际功能和语篇功能），语法教学内容应包括教授学生如何根据语言的及物性系统和词汇表达事物和过程，体现概念意义，培养学生的认知能力；根据语言的语气和情态系统以及语调，表达语言交际中的交际角色和言语功能，表达其对所表达命题和提议可能性、出现频率、义务性和意愿性的判断，体现人际意义，培养学生的交际能力；根据语言的主位系统、信息系统和衔接系统来表达语言组织信息的功能，体现语篇意义，培养学生组织语篇的能力。

语法教学是交际语言教学的一个重要方面，让学生学会如何运用所学语言进行交际是何等的重要。因此，在英语专业教学中，教师应该引导学生学会如何根据所表达的意义从多个系统中做出选择，并将所有的选择同时实现为语法结构，摒弃以往的那些单纯以结构为纲、脱离语境和语言使用的实际而进行句型操练的做法，使语言形式和语言功能在英语教学中并重，把语法与不同的意义、语境和文化等因素结合起来，以提高学生运用语言的实际能力。同时，可把语法和语篇有机地结合起来进行教学。

系统功能语法认为语篇是获取信息的基本单位，语法和语篇之间是一种体现关系，

---

① 吕红周. 符号·语言·人 语言符号学引论［M］. 天津：南开大学出版社，2016：178.

② 宛鹏云. 新世纪英语教学与创新研究［M］. 北京：光明日报出版社，2016：99.

语法有助于推断语篇的语义结构及其语篇所表达的意义系统，如：

①He sent a birthday present to me.

②He sent me a birthday present.

从传统语法教学的角度，①和②这两个句子的意义完全一样（他送给我一份生日礼物），句子的结构也完全一样（主语+谓语+宾语+宾补），它们都符合语法规则。然而从语篇的角度来看，①和②这两个句子的语篇语境是不同的。因此，它们所传达的信息是有区别的。①应该是 Who did he send a birthday present to？的应答，he 为信息焦点；②应该是 What did he send you？的回答，a birthday present 为信息焦点。由此可见，情景语境决定语篇结构，语篇结构是意义结构的体现。

语篇思想有助于确定句子成分的结构层次、句子的结构意义、语法关系、交际功能及其有效的使用，同时对判断句子结构在实际运用中的适合性至关重要。句法分析是为意义服务的，而不是无目的地为分析句法而分析句法。语篇思想在句法中的应用有助于学习者准确地掌握句子的交际功能，提高语篇理解能力，恰当地选择和正确地使用句子结构以达到交际的目的。

在语篇中学习语法形式，有利于学生记忆该语法形式，体会在什么场合里使用该语法形式，同时教师可为学生提供语境或由学生自设语境或师生共创语境，让学生在一定的语境中体会和学习如何有效地使用该语法形式。教师可结合语篇分析时态，让学生清楚地认识到时态选择与整个篇章类型和作者的写作意图有关；在语篇中分析时态，还可以使学习者理解时态在篇章中的作用以及作者所强调的重点。

以新闻报道为例，如果是叙事性的新闻报道，作者通常会使用表示过去的时间词来充当支撑该事件的重要时间框架，然后用一般过去时进一步对事件进行阐述，为了使其报道更为生动、直观，作者还可以使用含有一般现在时的直接引语；如果是关于当前形势的新闻报道，作者通常会用一般现在时进行陈述，同时还会使用一般过去时介绍相关的背景信息。如将两篇新闻报道所用的时态进行对比，我们就可以清楚地知道作者在什么场合下，为了达到什么目的而选择哪些时态，我们还可以通过时态看出作者强调的重点是什么，过去、现在还是将来，以了解时态的准确意义。

二、系统功能语言学在英语听说教学中的应用

听说教学在高校英语专业教学中占重要的地位。传统的英语听力教学，过于强调语篇中的词汇和语法，而忽视了语境和意图在听力理解所起的重要作用，导致学生难以把握语篇的整体意义；传统的口语教学注重语音、语调的训练和大量的句型操练，甚至将书面语的模式强加于口语，因而忽视了语言形式与语境的有机结合。口语和听力都是口头语言的表现形式，前者为输出过程，后者为输入过程。

听力是在口语交际过程中，听话者根据所听到的声音和语言形式来判断所交流的意义，以及发生交际事件的文化语境和情景语境的过程，而口语则是讲话者根据情景语境表达适合语境的意义，讲出适合语境的话语的过程。根据系统功能语言学理论，语境可以分为两个类别：文化语境和情景语境。讲话者要说出得体的、合乎情景的话，听话者要听懂别人的话，都必须得到相关的文化知识的支持，否则即使听清楚了每一个单词和

每一个句子，也无法理解讲话者的话语中所要表达的意义。

同样，讲话者若无法说出适合语境的话语，就无法达到交际的目的；讲话者若对情景语境判断失误，必然导致所说的话语令人不知所云；听话者若不能正确理解情景语境，就无法正确地判断讲话者的意图和目的，就不能正确地理解语篇。由此可见，听说教学与语篇的语境知识和意义的交流密切相关。

在听说教学中，教师在教授学生有关语言的形式和意义特征的同时，应鼓励他们学习社会文化知识和交际规则知识。具体地说，就是通过听英语广播，通过阅读有关文化和语言的语篇、角色扮演等手段掌握一般常识知识和相关领域的专业知识；教师应引导学生在情景中学习语言的作用，学习如何根据语境说出得体的话语并根据语境理解说话者的意图。

听力是一个解码的过程，它要求我们将音系特征和词汇语法特征与语境（文化语境和情景语境）结合起来领会语篇的意义。因此，在听说教学中，教师应该教会学生学会利用它们来解码。具体地说，就是努力使学生学会如何在语篇中，理解语言形式所表达的意义，找到语言形式的预示和非语言特征手段所表达的意义等，并在英语教学实践中，训练学生的敏感程度和反应能力。

说话是一个编码过程，它要求我们通过音系特征和词汇语法特征把其意义表达出来。然而，说话的过程要求我们用语言准确、流畅地表达意义，同时语境、语域、语类、交际意图等也会对我们使用语言起到制约作用。因此，在口语教学中，教师应采用适当的教学方法使学生学会如何根据语境讲合适的话语，准确地表明自己的交际意图，学会选择恰当的语言特征和非语言特征来表达意义，使语篇结构合乎语类结构，语篇上下文之间、语篇与语境之间衔接顺畅。

在口语课堂上，教师应以学生从事实际的口头语言交际为主，采用多种教学方法（如模拟、角色扮演、相互交谈、课堂讨论、交际角色的转换等）完成语言的训练，并创造机会让学生多说有意义、有价值的话题，而不是走形式和走过场，同时教师应尽量减少解释和知识传授的时间，把时间让给学生，引导学生把所学到的知识融入语言实践中。

三、系统功能语言学在英语词汇教学中的应用

根据系统功能语言学的观点，词汇是语言系统中的一个重要的子系统，其内部成分之间具有相互联系的特性。著名语言学家索绪尔认为，语言是一个系统，它的各项要素都有连带关系。① 因此，任何系统的组成要素之间的关系都是互相联系、互相制约和互相依存的。在英语词汇教学中，教师应有意识地关注词汇之间的各种系统内的关系。

第一，可以利用词汇之间的同义关系。

词汇之间的同义关系是通过不同的词语表现出来的同义关系。如，同一个客观事物或现象，通常可以用不同的词汇来描述或修饰。policeman 和 cop 是同义词，都指“警察”，虽然它们的词汇意义是相同的，但是它们的风格有所不同，policeman 为一般用语，而 cop 为俚语。

① 熊仲儒. 英汉致使句论元结构的对比研究［M］. 上海：上海外语教育出版社，2015：23.

同义词有在任何上下文中都可以相互替换的绝对同义词，如 word-formation 和 word-building，我们使用时通常只会二选一；同义词中还有具有共同基本意义、又在意义和用法上有细微差别的相对同义词，如 pretty，beautiful，handsome 和 attractive，以及 thin 和 slim 等。英语中有大量的相对同义词，其价值在于它们之间的那些细微的意义和用法上的差别。充分地利用这些细微的差别，有助于提高我们的语言运用能力和语言表现力，有助于提高我们对语篇的理解能力和欣赏水平。

同义词中还有意义完全相同，但是存在着地区上的差异的同义词。如本族词与外来词混合而成的同义词。本族词源于盎格鲁-撒克逊语的词汇，外来词源于法语、拉丁语、希腊语等词汇。以 world（本族词）和 universe（外来词）为例；又如，由于地理和文史方面的原因，英国英语所使用的词汇和美国英语所使用的词汇构成的同义词，以 flat（英国英语所使用的词汇）和 apartment（美国英语所使用的词汇）为例。

第二，可以利用词汇之间的反义关系。

可分级反义词之间可以有表示不同程度性质的词汇，即中间值，如 rich 和 poor，它们之间有 well-to-do；young 和 old，它们之间有 middle-aged；large 和 small，它们之间有 medium；hot 和 cold，它们之间有 warm，cool，等等。

互补反义词，如 married 和 single；male 和 female，它们之间不能加入其他词；逆向反义词，它们的语义既互相对立又互相依存，如 husband 和 wife，buy 和 sell；有的同义形容词，有不同的反义词，如 tall 和 short，high 和 low；一个多义词有不同的反义词，如 hard 和 easy，soft；一个多义词可能有几个反义词，如 advanced（先进的）和 background（落后的），advanced（高级的）和 elementary（初级的）。英语中的反义词十分丰富，若使用得恰当，可以增强语言的表现能力。学生可通过词与词之间的反义关系寻找反义联想。

第三，可以利用上下义、整体与局部关系。

英语词汇不是一个一个孤立地储存在人们的记忆中，而是分门别类地储存的。其中有表示类概念、可起支配作用的、概括而抽象的上义词，和表示种概念、受支配的、具体的下义词。如 vegetable 为上义词，potato，tomato 等为下义词；color 为上义词，purple，blue 等为下义词。还有与下义词貌似一致而实际是不同的局部词，它是一种局部与整体的关系，如 body 为整体词，head，neck，arm，leg 则构成了一组共同局部词。

帮助学生掌握和记忆词汇的意义关系，同时恰当地使用同义词、反义词、局部词，可以起到衔接上下文和避免不必要的重复的作用，使语言生动具体、丰富多彩的功能体现得淋漓尽致。

语言和语境是相互关联的有机整体。① 语言是人们的行为的方式，它不能独立于语境而存在。在日常交际中，人们交际的不是语言，也不是语境，而是语义，但是语义的传递既需要语言，也需要语境。因此，语境与语义之间的关系非常密切。词的语境可由五个部分组成：第一种关系指某个词中，音节与音节之间的关系；第二种关系指不同的词缀会引起词性及词义发生相应的变化；第三种关系指词与词之间的语义关系；第四种关系指词与其使用时的语境之间的关系；第五种关系指词与其民族文化之间的关系，文化的差异会导致词汇的文化内涵不同。

① 唐雪凝. 对外汉语语用的多维度研究［M］. 北京：中国海洋大学出版社，2007：69.

教师可利用语境关系来组织教学，使学生知道英语单词的重音位置十分重要，其表义功能不容忽视，否则重音读错会令人费解或引起误会；让学生自然地理解词义，借助构词法知识记忆单词，并通过构词法的学习扩大词汇量；了解词汇在特定语境中的具体用法，准确地掌握词的各种意义，而不是孤立地记忆单词；由于文化背景不同，词汇的意义有可能不同甚至截然相反。教师在英语专业教学中应融入目的语国家的文化背景因素，使学生逐步学会正确地理解和恰当地使用这些词汇。

搭配也是词汇衔接的重要手段之一。搭配包括了跨句或跨段的词项习惯性共现，所涉及的词项之间可能存在若干种不同的共现模式和语义关系，它不同于传统的一般意义上的语法搭配，比如动词与介词、副词的搭配等。因此，搭配是从语义角度出发的词汇间的选择。词汇搭配关系是一种意义组合，它常出现在围绕某一话题展开的语篇中，与该话题相关的词项在语义上相互搭配，共同呈现在语篇中。因此，这些词具有连句成篇的衔接力。

语篇的衔接，从而为主题的连贯打下了良好基础。词汇搭配是词汇教学的重要环节，词汇搭配的掌握对语篇的建构和解读至关重要，因此，学生应清楚地认识和理解构成横向组合关系的同义词的词义和搭配用法，它们是篇章词汇搭配学习的基础；教师在词汇教学中，应有意识地在语篇、语境中教授词汇搭配。在强调习惯搭配关系，尤其是在习语掌握的同时，加强语篇层面的搭配教学。

教师可有意识地要求学生就所学课文说出篇章主题和段落的主题，然后围绕这些主题来寻找那些能够表现它们的词汇以及与之相关的搭配，并列出某些关键词的共现词项，归纳或总结表达某一话题最常用的词项等；或针对某个特定的主题，让学生学会自己去收集总结与之相关的词汇，以提高他们对搭配的理解和掌握，帮助他们在构建语篇时，用词更加地道，更加得心应手。学习、掌握和运用语篇层面的搭配关系，有利于学生拓展词汇知识，理解篇章主题和文章的脉络以及作者的意图和思想。

四、系统功能语言学在英语阅读教学中的应用

（一）语境理论与英语阅读教学

阅读教学是高校英语专业教学的重要内容之一。然而，以单词、语法、文章翻译为主的传统教学模式，忽视了语言实际能力的培养，阻碍了阅读教学目标的实现。系统功能语法认为，语言是一个语义系统网络，并通过概念功能、人际功能和谋篇功能提供意义潜势，而这三个纯理功能又受制于情景语境和文化语境。语言交际是通过语篇实现的，而不是通过孤立的句子来实现的。语篇应该被视为一个语义单位，它表达的是意义而非形式。

语篇是一定语境的产物，语篇创造了语境，语境也创造了语篇，意义是在两者之间的摩擦中产生的。阅读的过程是解读语篇的过程，对语篇的语境缺乏正确理解，就难以真正理解作者的写作意图和主题意义。根据系统功能语言学理论，语境由文化语境和情景语境两部分组成。情景语境中话语范围、话语方式和话语基调这三个语境因素共同作用，制约着说话者对词语和语义结构的选择。

因此，教师在阅读教学过程中，可以通过分析话语范围、话语方式和话语基调三个情景语境变量在语篇构建中所起作用，让学生解读语篇；学生只有通过大量的阅读，才能建立起尽可能多的语境模型，提高自己以语篇预测语境和以语境预测语篇的双向能力，激活自己头脑中相关的情景模型。学生在阅读的过程中，可以通过语篇的意义，推测语篇的语境，同时也可以利用语境因素，准确地理解语篇的意义。要透彻地理解语篇的意义通常要经过从语境到语义，再从语义到语境多次反复才能做到。

教师在设计阅读教学方案时，应考虑这些不同因素的作用。教师可以尝试让学生根据语境，推断类比或比喻句的含义，要求学生通过文章上下文判断语篇主要情景和作者的语气态度等，以提高学生的语境意识；教师通过预设问题，要求学生预测语篇的主题、预测可能出现的话题、文章可能涉及的内容，激发学生对阅读的期待，同时提高学生对语境的重构能力和对共有知识的快速反应能力；加强学生对作者所设置的语境的认识，引导他们在阅读中学会如何与作者交流，激活他们与作者的共识，同时积极寻找有利于理解的语境进行有效的阅读。

值得注意的是，要理解作者的暗含意义，合理分析和评价所读内容，除了有语言知识和了解情景语境外，还应具备一定的社会文化、语言背景知识，因为它们对于理解语篇深层意义具有至关重要的作用。表面语句不连贯或不是很连贯的语篇，无论是听者还是读者只要激活相关的文化语境图式，就有可能推导出语言的意义，明确指示词的所指，对作者省略的信息进行填补、延伸或重构，建立语篇连贯性，从而对篇章做出符合作者意图的解读，达到成功交际。

学生在阅读中，一旦遇到涉及历史、文化、政治、经济、宗教、风土人情等不甚了解的情形，往往难以真正理解篇章的内涵，有时甚至可能产生误解。所以，学生只有对语篇中所呈现的情景语境和文化语境有所了解，才能有效地进行语篇解码，才能真正理解篇章的真实意图。教师在组织教学时，必须要考虑学生的知识结构，在学生阅读之前或之后可根据具体情况为学生提供理解语篇所需的背景知识及文化知识，或给学生布置学习相关背景知识的作业，或课前让学生自行查找的途径，以帮助学生建立背景知识，为准确理解篇章内涵做铺垫。

同时，教师在平时的英语阅读教学中，应引导学生重视语篇中的社会文化背景知识的学习，挖掘关键词的社会文化意义。教师可有针对性地结合课文中的某些重点词汇，加以诠释、分析，指出其文化内涵以及其运用的文化规约，引导学生在学习语言的过程中，逐步掌握其文化内涵，以激发学生的学习兴趣，拓宽文化视野，培养学生的文化语境意识。

教师在解释语言难点、语法结构的同时可引导学生通过阅读与文化背景和社会风俗习惯有关的书籍、报刊了解英语国家的历史地理、风土人情，体会英语国家的风土人情、言语行为，了解东、西方文化的差异，包括英汉两种语言的形式、内容系统和语用条件的差异，有效地培养和提高学生对文化差异的敏感性和适应性。

加强文化知识的输入是扩大学生的知识面，缩小作者与学生间的文化差异的一个途径。综上所述，学生在阅读学习的过程中融入了语境意识、文化背景意识，必然会将注意力从语言的表层意义转移到对整个篇章结构脉络、文章内容的整体把握和对作者意图的全面领悟，理解文章的内涵，有效提高阅读理解能力。

（二）语篇分析与英语阅读教学

衔接、连贯、句际关系、语境分析、篇章结构分析是语篇分析的基本内容。语篇分析的目的是引导学生利用已有的语音、语法、词汇等语言知识和背景知识，从语篇的整体出发，对文章进行理解、分析和评价。语篇分析重视语言形式、语言功能以及文章所涉及的文化背景知识和相关知识。语篇分析可以提高学生理解语篇的能力，增强学生分析问题的能力，提升学生的语言交际能力。

在英语阅读教学中，利用语法分析理解语义，注重句法结构的阅读教学模式，在英语学习的初级阶段有其一定的合理性和必要性，即有助于学生理解词义、掌握基础语法知识和遣词造句的基本原则以及夯实语言基本功。然而，单纯地以词、句为单位进行阅读往往容易忽略篇章的整体意义，忽略文章的主题思想和情景语境，致使学生对所读材料的内容只见树木不见森林，即使每个句子都读懂了，也不能理解语篇的主旨大意和作者的写作脉络，这种阅读教学模式不利于学生的创造性思维，也不利于激发学生学习的积极性。

以语境和功能为主的教学方法，虽然注重对语义的理解，知识面的扩大，语境特征的掌握，但是不利于夯实学生的语言基本功。因此，需要有一种将语言形式、语言功能、文化背景知识和相关知识集于一体的教学方法来指导英语阅读教学。为此，有必要将语篇分析引入阅读教学的过程中。

语篇分析是系统功能语言学有别于其他语言学流派的重要特征。语篇分析强调从语篇的整体出发，注重句子和段落之间的逻辑性和关联性，注重理解、分析和评价语篇。它以语篇为基本单位，基于对语篇的整体内容的理解，解释词句，分析人物性格、事件的起因、文章的中心思想和写作技巧。

语篇分析的基本内容可以分为微观结构分析和宏观结构分析。微观结构分析包括识别关键词的词义；运用构词法、语境等猜测词义；弄清句法结构，看其结构是并列的、条件的，还是转折的；掌握语法手段、词汇衔接、逻辑联系语等篇章联结的基本手段；分析句子与句子之间、段落与段落之间的逻辑衔接关系；它在学生理解语篇整体意义的基础上，让他们有意识地识别主要信息和次要信息。宏观结构分析指的是对篇章的高层次语义结构的分析，它包括分析连接整篇文章的构造顺序以及不同体裁文章的构成特点等。

语篇分析理论是语言教学研究的重大成果之一。将语篇分析理论运用到阅读教学中，可以激发学生的学习兴趣，帮助学生理解文章的框架结构、作者的意图以及语篇段落间的深层意义，把握文章的内容，从而有效地提高阅读教学效果和学生的自主阅读能力。

目前，对功能语言学在高校英语专业教学中的应用研究的确为以后的教学实践提供了可供选择的思路和方向，但是该教学思路到底会通过何种方式才能顺利地付诸实践、取得预期的效果还有待深入研究，实用层面上的实证研究还需要进一步加强。

第五章
基于结构主义语言学的高校英语专业教学研究

结构主义语言学认为语言是一个由各种结构成分组成的系统。对语言本质的理解不同直接影响着语言教学，而以不同的语言理论为基础会形成不同的教学法，指导语言教学。本章从结构主义语言学的角度出发详细探讨了高校英语专业教学问题。

第一节　结构主义语言学概述

一、索绪尔与结构主义语言学

瑞士语言学家索绪尔（Soussure），是现代语言学的奠基人。尽管索绪尔是由于在历史比较语言学，特别是在印欧比较语言学中做出重大贡献而在语言学界崭露头角，但真正使他享有“现代语言学之父”这一美称的，却是他在1906—1911年期间为日内瓦大学的学生开设的“普通语言学”课程。1913年索绪尔去世之后，他的两位同事根据学生所做的笔记和他所留下来的讲稿整理出了《普通语言学教程》这部不朽的著作，并于1916年出版。

索绪尔主张把语言和言语这两个不同的概念区分开来。他认为语言是抽象的语法规则系统和词汇系统，它潜存于人们的意识之中，是社会产物，不从属于某一个人。① 言语是说出来的话或写出来的文章，因此运用同一语言的人很少有同样的言语。言语是由个人通过运用语法规则将语言单位组织起来的结果，因此言语是语言的具体体现，而语言则是对言语的抽象。虽然言语是可以直接接触到的素材，但语言学的研究对象却应是语言。

他主张将内部语言学和外部语言学区别开来。索绪尔虽然承认社会史、文明史等因素与语言发展有很大的关系，但认为这些因素不会触动语言的内部系统。研究语言内部系统的内部语言学完全没有必要知道语言是在什么条件下发展起来的。因此在他看来，语言学就是一门研究语言内部系统的科学。

---

① 安玉青，李丽辉，徐梅玲. 语言学与英语翻译研究［M］. 北京：光明日报出版社，2016：24.

他主张将共时性的研究同历时性的研究区分开来。在他之前，人们研究语言往往是纵向地追溯语言的历史，从历史的角度来解释语言现象，甚至有人认为唯有历时性的研究才是科学的。索绪尔认为对语言进行共时性的研究，即对语言做出静态描写也是一门科学，而且还优于历时性的研究，因为对说话的大众来说，历史变化是很少在考虑之列的。

索绪尔认为语言符号在构成关系系统时存在于两种关系之中，即组合关系和聚合关系之中。组合关系与语言成分的线性排列次序是一致的，而聚合关系则是以语言项目中一定成分的选择为条件的。①

索绪尔认为语言是形式而不是实体，也就是说语言是一套规则体系，而不是具体的材料。② 规则体系是相对固定的，约定俗成的，是语言学的研究对象。

索绪尔对现代语言学的贡献还在于他确立了语言学作为一门独立的学科所必需的特点。索绪尔对共时语言学的发展做出了不可磨灭的贡献，后来涌现出的各种学说和流派都直接或间接地受到了他的这些观点的影响。

二、结构主义语言学流派

结构主义语言学形成了三大学派，分别为布拉格学派、哥本哈根学派和美国描写语言学派。

（一）布拉格学派

布拉格学派又称“结构—功能学派”或“功能学派”。狭义的布拉格学派是指20世纪20年代后半期以来，参加布拉格语言学会以及在学术观点、学术活动上跟这个学会有密切联系的一批语言学家和文艺理论家。广义的布拉格学派则包括参加捷克斯洛伐克语言学会等语言学团体，继承布拉格语言学会传统的当代语言学家。其先驱者是马泰休斯（Mathesius），成员主要有雅可布逊（Roman Jakobson）、特鲁别茨柯伊（Trubetzkoy）等。

布拉格学派在第一届国际语言学会议上，第一次把他们的音位学的观点公之于世，引起很大的反响。该学派集体观点的全面叙述见于他们在第一届国际斯拉夫学会议上所提出的《论纲》。《论纲》强调语言是一种功能体系，评价任何语言现象都应从它所达到的目的、所起的功能着眼。

布拉格学派接受了索绪尔的基本理论，承认语言是一个符号系统，但不把语言形式与超语言因素截然分开，重视语言的共时研究，但并不把它与历时研究割裂开来；他们还接受了俄国语言学家库尔德内（Courtenay）的功能观，对语言进行结构与功能相结合的研究，因而自称为结构—功能学派。

该学派在理论和方法上的贡献大致可归为以下几点。③

第一，提出语言是多功能的结构体系。《论纲》写得很明确：从功能观点出发，语言是为一定目的服务的表达手段。根据语言行为与超语言现实的关系，语言的功能可区分

① 韩宝育. 语言学概论［M］. 西安：西北大学出版社，2007：20.

② 白雅，岳夕茜. 语言与语言学研究［M］. 昆明：云南大学出版社，2010：33.

③ 叶宝奎，陈明娥.《语言学概论》学习参考［M］. 厦门：厦门大学出版社，2005：22.

为交际功能和诗歌功能，前者是针对表达对象而言的，后者是针对表达本身而言的。

第二，建立了音位学说。反映布拉格学派音位观的代表作是特鲁别茨柯依的《音位学原理》。在此书中音位体系被定义为能用以区别词汇意义和语法意义的音位对立体的综合。此作对世界各国音位学的研究都有很大的影响。以后，雅可布逊又通过实验和对历时音位学的研究，对布拉格语言学会早期的音位理论进行了某些补充和发展。

第三，把音位学的概念、类型学的原则应用于语法研究。雅可布逊、特伦卡（Bohumil Trnka）、斯卡利奇卡（Vladimir Skalicka）认为语法平面的基本单位是形位（morpheme），形位在一定场合下也会出现中和现象。形位学上的对立也有偶项特征，但不对称，一个强（有标记项），一个弱（无标记项），可以通过对语言符号的不对称性来分析语法意义。

第四，提出“语言联盟”的理论。他们认为，邻近地域的语言，由于相互影响，常常获得一些共同的或相似的特征。所以某些语言的共同特征不一定都是来源于语言的亲属关系。

第五，提出了句子的实际切分说。实际切分的主要成分是“表达出发点”和“表述核心”，即现在通用的“主位”（theme）和“述位”（rheme）。

第六，提出要加强对标准语理论、术语和功能语体的研究，以指导整个语言文化工作。

第七，提倡把最新理论运用于从中学开始的语言教学。《论纲》第十章就提出了这一见解。

战后，布拉格学派认为：正确理解语音外壳和意义的关系、语言功能特征与结构特征的关系，以及语言体系开放性特征等问题，仍是语言学理论发展的基础；应该把对上述问题的研究成果充分地运用于本族语的分析，以促进语言文化的发展。他们在语言研究中还发现了语言存在着中心区和边缘区，结构规则在中心区表现得十分明显，而在边缘区则显得模糊。当前布拉格语言学家们对语言形式与超语言因素间的关系也给予了足够的重视，并主张在语言学研究中运用电子技术，因而，在数理语言学等方面的研究中也取得了一定的成绩。

布拉格学派接受了索绪尔关于语言是系统的思想，特别致力于音位系统的研究，建立了音位学说。它的另一个特点是不仅研究内部语言学，对广义的语言学问题也很感兴趣，运用语言学理论研究文学作品及外部语言学的其他各领域。

（二）哥本哈根学派

哥本哈根学派又称丹麦学派。这是受到索绪尔语言学思想影响而出现的世界三个结构主义语言学的主要流派之一。代表人物有叶尔姆斯列夫（Louis Hjelmslev）、布龙达尔（Viggo Brondal）、乌尔达尔（Hans Jorgen Uldall）等。

该学派的理论叫作“语符学”。20 世纪 30 年代初，叶尔姆斯列夫和乌尔达尔研究语音学和音位学的理论，提出了“音声学”理论，接着又把它发展成为一般性理论。为了强调跟以前的语言学不同，他们把自己的理论定名为“glossematics”（语符学）。

这一学派以索绪尔的语言系统的学说为基础，着重进行语言形式的研究。它特别注重语言的组合关系，这是这个学派区别于布拉格学派的一个主要方面：它把语言理论看成一个“纯演绎系统”，采用“假设—推理”法对语言进行分析，不大涉及具体语言事实的研究，因而其影响面比较小。布拉格学派和哥本哈根学派共同汇成欧洲结构主义语言学，它区别于美国的结构主义语言学。

该学派发展了索绪尔的“语言是形式，而不是实体”和“语言是价值系统”的论断，主张把语言从物理方面的声音和心理方面的语义中抽象出来，并且排除语言对社会的依存和语言历史演变因素的制约，以便集中研究语言的内在结构。①

哥本哈根学派试图通过成素和关系来说明语言的内在结构，对语言的表达平面和内容平面以及这两大平面之间各个形式要素的依存关系和网络做出理论的解释。语符学十分抽象，试图实现人文学科和精密科学的结合。该学派的理论为韩礼德所欣赏，在 20 世纪 70 年代后期的著作中，韩礼德（M. A. K. Halliday）曾多次引用叶尔姆斯列夫的观点。叶尔姆斯列夫逝世以后，该学派逐渐衰落。

（三）美国描写语言学派

美国描写语言学派又称美国结构语言学，是结构语言学中发展最完善、最重要的一个学派。它是 20 世纪美国的一些学者在对美洲印第安语的调查和研究基础上逐步形成和发展起来的。20 世纪 20 年代—20 世纪 30 年代，哲学中的逻辑实证主义和心理学中的行为主义在美国盛行，这种哲学背最和印第安语的研究相结合，使美国的结构语言学呈现出鲜明的特点。

这一学派的先驱是博厄斯（Franz Boas）和萨丕尔（Edward Sapir）。博厄斯 1911 年为《美洲印第安语手册》所写的序言可以说是美国从事人类学的语言学家对印第安语调查和研究的初步理论总结，其中特别强调了语言描写的一条原则，即对语言事实要做客观的描写，不要用其他语言或者传统语法的框框去套，为了描写不同结构的语言而应当创立新的概念和方法。萨丕尔在 1921 年的名著《语言论》中把语言研究与人类心理、社会和文化联系在一起。他们二人都强调尊重语言事实，主张记录口语作为研究素材，然后对它们的结构做客观的共时的描写。

1924 年在博厄斯、萨丕尔、布龙菲尔德（Bloomfield）等人的倡议下成立了“美国语言学会”，该学会可以看成是美国描写语言学的摇篮。1925 年，该协会出版了会报《语言》杂志。这个学派最重要的代表人物是布龙菲尔德。20 世纪 20 年代，这一学派只具雏形，理论上还不是很成熟，直至 1933 年布龙菲尔德的《语言论》出版，其才形成了自己独特的理论和方法。他们把语言看成是一系列代替实际的刺激和反应的行为，在语言的分析中着眼于可以观察到的言语素材，主张依靠形式特征来描写语言结构，反对用非语言学的标准（特别是心理因素）来分析语言，在共时描写中完全排除了历史因素。② 这些论点产生了巨大影响，在语言学以后二三十年的发展中一直以该学派的理论为指南。可以说从 20 世纪的 30 年代起这一学派进入了“布龙菲尔德”时期，也有人把这一称为“布龙菲尔德学派”。

1934 年，派克（Pike）、奈达（Nida）、弗里斯（Fries）等人开始举办“语言学暑期

① 金铠，田慧芳，唐希. 英汉词汇模式对比研究［M］. 成都：西南交通大学出版社，2014：19.

② 刘国辉. 历史比较语言学概论［M］. 成都：四川大学出版社，2000：167.

学院”。他们主要继承萨丕尔的学术传统。派克在结构分析中区分“位”和“素”，并且试图把它们运用到人类一切行为的分析中去。这一学派的后期重要成员有哈里斯（Haris）、威尔斯（wells）、布洛克（Bloch）、特雷格（Trager）、霍盖特（Hockett）、格里森（Gleason）等，其中最重要的人物是哈里斯。1951 年，哈里斯出版了《结构语言学的方法》一书，标志着该学派的理论和方法研究进入了一个新时期。哈里斯把数理逻辑的方法运用于语言学，主张排除意义标准，把分布和替换看作结构分析的主要原则和方法。这一学派被称为“后布龙菲尔德学派”。

总的看来，这个学派具有以下显著的特点。①

（1）注重口语的描写和共时的研究。这是这一学派的传统，因而他跟欧洲传统的语言学主要着眼于书面语，以及 19 世纪的历史比较语言学以历时为主的研究有明显的不同。

（2）注重形式的分析，回避意义问题。从经验主义的立场出发，这一学派在结构分析中主要根据可以观察到的语言形式进行，不考虑语言以外的事实。由于忽视意义，这就使他们对一些同形异构的歧义现象难以解释。

（3）在结构分析中主要运用分布和替换的方法，以便从一堆言语素材中切分出独立的单位并加以归类。

（4）对句法结构进行层次分析，这是分布和替换的方法在句法研究中的具体运用，并由此发展出直接成分的分析法，即把句子或词按层次区分出它的组成部分。

（5）建立语素音位这个新的单位，这是在语法和语音结合的基础上建立的一个新的单位。它是由出现于某个语素变体的一组音位所组成的语音单位（如英语名词复数的词尾-s，-z，-iz 是由不同的音位组成的同一个语素音位）。

（6）强调验证。这一学派认为语言研究必须根据话语的素材，采用严格规定的步骤对这些素材做形式的分类，而且分析的结果必须经受验证。因此，它也被称为“操作主义”和“分类主义”。

“结构主义语言学”虽然在很长的时间内是语言学界的研究主流，但是由于只重视结构和结构关系，忽略甚至否定实体和实体的意义，导致了不可克服的缺陷和矛盾，也就受到了很多人包括投身于和来源于“结构语言学”研究的认知语言学家的批评。②

三、结构主义语言学的贡献与不足

（一）结构主义语言学对世界科学发展的贡献

结构主义语言学对世界科学的发展产生了不可估量的影响，形成了世界范围内的结构主义思潮、席卷世界的主宰思想体系。世界范围内结构主义思潮的出现，推动了自然科学和人文社会科学的各个学科领域向前发展，使许多学科提高了科学水平，向各自的绝对真理迈进了一大步。

结构主义对世界各学科发展的贡献，不完全在于产生了许多学科的结构主义学派，主要是它为科学研究提供了一个全新的方法论，开拓了人们的研究视野，提供了人们观

---

① 马庆林. 美国结构语言学与现代汉语语法比较研究［M］. 西安：陕西人民出版社，2003：210.

② 宋英杰. 语言学重点难点探析［M］. 成都：西南交通大学出版社，2014：246.

察客观对象的崭新视角，发展了人们的思维方法。在此基础上，结构主义语言学的方法论便产生了系统论，进而有了信息论和控制论，即所谓的老三论。受老三论的启发和对老三论的否定，产生了新三论：协同论、突变论和耗散结构论等方法论学科。为此，结构主义语言学也具有一定的横向科学的性质，与数学、哲学一起成为整个科学体系的领先科学。

（二）结构主义语言学的不足①

1. 理想主义色彩太浓

结构主义语言学把任何一个语言系统都看成一个纯粹的完全符合规律的系统，这种认识带有浓厚的主观主义色彩，与现实语言实际是不相符合的。

2. 共时静态描写的缺陷

索绪尔和结构主义语言学都不仅把语言系统理想化，还把语言系统看成是共时的、静态的。索绪尔只承认语言的共时态是系统，不承认语言的历时态是系统，美国描写语言学只对语言的共时态进行语法描写，这是一种十分片面的做法。

3. 形式和意义的关系处理不当

索绪尔谈到语言是一个符号系统时，对“符号”这一概念一直建议用双向结构来理解，即符号是由能指和所指结合在一起构成的。能指指的是语言的形式；所指指的是语言的意义。正确的语言分析应遵守这一根本法则来进行，可是由于人们一般地把“符号”仅仅理解为能指，后起的结构主义语言学在语言的研究上也就跟着偏离下去了。

20 世纪 70 年代以后，整个结构主义思潮，随着科学的发展，已经显得很陈旧了，他自身也由结构主义发展到自身的反面——解构主义流派。

第二节　结构主义语言学与转换生成语法之间的差异

一、转换生成语法概述

20 世纪 50 年代后期，一位用结构主义方法研究希伯来语的学者——乔姆斯基（Chomsky）发现只按分布和替换原则对结构成分进行分类的方法有很大的局限性，他逐渐建立了名扬四海的转换生成（Transformational-Generative，TG）语法。1957 年出版的《句法结构》标志着乔姆斯基革命的开始。

（一）天赋假设

乔姆斯基认为语言是某种天赋，儿童天生就具有一种学习语言的能力，叫作“语言习得机制”（Language Acquisition Device，LAD）。这是一种能让他们学习语言的独特知

① 王丽波. 我国语言教育的两次转向研究［M］. 北京：语文出版社，2013：138-139.

识。他指出，儿童生来就有基本的语法关系和语法范畴的知识，而且这种知识是普遍性的。[①] 研究语言能够有助于揭示人脑的本质。这种研究语言的方法是对心理学上行为主义和哲学上经验主义的一种反应，使语言学成为心理学的一个分支。

乔姆斯基的天赋假设（Innateness Hypothesis）是建立在他自己的观察之上的，即一些重要的事实不能用别的方式来解释。第一，儿童学习母语非常快而且毫不费力。考虑到小孩子智力尚不成熟，还不能学习任何其他科学知识，那么他们学语言的速度的确令人吃惊。儿童习得母语都是在完全没有正式、明确的讲授下进行的。输入的是零碎的语料，但输出的却是完美的语言系统。第二，儿童学习母语的环境差异，很大。他们也许很擅长于不同的事物，但是他们在第一语言习得上差异极小。第三，儿童在有限的时间里掌握了语言的全部语法，不但能造出并理解自己听到过的句子，而且能造出以前从未听过的句子。儿童所掌握的与其说是个别的句子，毋宁说是一套规则。所有这些都表明，尽管婴儿出生时不懂语言，但他们与生俱来就有逐渐学会语言的能力，就像他们天生就有能力学会走路一样。

（二）什么是生成语法?

乔姆斯基用生成语法（generative grammar）一词来简明地表示“一套用来给句子进行结构描写、定义明确严格的规则系统”[②]。乔姆斯基认为“任何一种语言的说话者都掌握并内化了一种有生成能力的语法，这套语法能够表达他的语言知识”[③]。于是，生成语法试图明确说明说话者实际了解掌握什么，而不是他依据他掌握的东西去说什么。

生成语法不局限于对个别语言的研究，而是要揭示个别语法与普遍语法的统一性。它并不以描写某一具体语言为目的，而是把它作为一种方法来探索语言的普遍规律，以期最终揭示人类认知系统和人的本质规律。为了达到这个最终目的，乔姆斯基提出三个不同的层面来评价语法，即“观察充分性”“描写充分性” 和 “解释充分性”。在第一个层面上，语法能够对原始的语言材料做出正确的解释。在第二个层面上，语法不仅应该能正确解释原始的语言材料，而且要正确解释说话人和听话人的内在语言能力。在第三个层面亦即最高层上，得到充分描写的语法应该揭示语言能力，还要把它与普遍语法联系起来，以与人脑的初始状态联系起来并揭示人类认知系统。在成功描写许多语言并概括出人类语言的普遍特征之后，才能探索包含普遍语法的人脑之初始状态。在一定意义上讲，语言学家进行的工作恰恰与儿童习得母语的程序相反。儿童从普遍语法发展个别语法，而语言学家则要从个别语法中发现普遍语法。

转换生成语法不但能描写句子的表面结构，还能解释句子的内部语法关系，因此比直接成分分析更接近语言的真相。

（三）有限状态语法、短语结构语法、转换语法

在古典理论中，乔姆斯基的目标是把语言学变成一门科学。这套理论有三个特征：

---

① 吕兴玉. 语言学视阈下的英语文学理论研究［M］. 长春：东北师范大学出版社，2017：80.

② 支永碧，王永祥. 英语语言学概论自学指导［M］. 苏州：苏州大学出版社，2009：80.

③ 井凤芝，郑张清. 语言学［M］. 昆明：云南人民出版社，2012：192.

（1）强调语言的生成能力；（2）引入了转换规则；（3）语法描写中不考虑语义。

乔姆斯基提出了三套语法：有限状态语法、短语结构语法、转换语法。

1. 有限状态语法

有限状态语法是一种最简单的语法，它用有限的装置生成了无限的句子，但是句子结构都很简单。

2. 短语结构语法

乔姆斯基认为必须制定出一种语法，只用有限的几条规则就能生成语言中所有合乎语法的句子，而不生成任何不合语法的句子。那么，语法就被看作是一个用有限规则生成无限数量句子的系统，并且这些规则要满足以下要求。

（1）生成性：规则能自动生成合乎语法的句子。

（2）简单性：规则要用符号和公式来表示。

（3）明确性：一切表述应严格准确，不能模棱两可。

（4）穷尽性：规则要概括所有语言事实，不能有遗漏。

（5）回归性：规则要能重复使用，以能生成无限数量的句子。

这就是所谓的短语结构语法，也就是乔姆斯基提出的第二种模式。它只由一些传统的成分结构分析形式化之后得到的短语结构规则组成。短语结构语法比有限状态语法具有更大的生成力，因为它可以处理后者无法处理的句子。

3. 转换语法

乔姆斯基的转换语法理论在很大程度上借鉴了他的导师哈里斯提出的“转换”概念，以及研究逻辑句法的哲学家卡尔纳普（Carnap）提出的“形成规则”（Rules of Formation）与“转换规则”（Rules of Transformation）。转换句法理论的特点在于将句子结构看作动态过程，将结构转换看作句法运作的主要手段。[①] 转换语法理论的提出，解释了句法结构不同的句子在语义表达上的区别与联系。

乔姆斯基把转换规则区分为两种：强制性的和可选择性的。助动词转换和小品词转换是强制性转换，而否定转换、被动转换等是可选择性转换。句子类型之所以不同，就在于它们经过了不同的转换过程。[②]

生成语法理论也许能够解释每个句子的结构，却无法解释为什么这些结构不同的句子能够表达相近的意思。转换语法的提出，弥补了这一理论缺陷。它将现成的某个或某些句子看作结构转换的对象，通过一定的规则加以改造，产生了新的句子。

与生成语法理论相比，转换语法的长处在于它能通过动态视角，更有效地描述句子结构，更贴切地解释语义。不可否认，通过转换形成的新句子也要符合或借助生成语法，因此句子的派生过程既包括生成，也包括转换。于是，乔姆斯基后来又提出了转换生成语法理论。

（四）转化生成语法

在对转换语法的研究过程中，乔姆斯基发现了句子结构的动态运作，并开始关注句

① 都建颖. 第二语言习得理论入门［M］. 武汉：华中科技大学出版社，2013：42.

② 吕兴玉. 语言学视阈下的英语文学理论研究［M］. 长春：东北师范大学出版社，2017：84.

子之间的结构关系和语义关系：通过生成和转化规则，一个基本事实可以派生出多个句子，这些句子的句法结构不同，所表达的语义也不同，然而彼此之间却又存在内在联系。乔姆斯基由此断定，一个句子有两层结构，即深层结构和表层结构。语义是深层结构，语音是表层结构。后经修改，乔姆斯基认为实际形成的语音表达和语义表达都属于表层结构，而深层结构则是说话者本身想表达的意思，根据乔姆斯基的转换生成语法理论，人类语言系统可以用图 5-1 所示的理论模型来描述。

1957 年至 1965 年，以《句法结构》和《句法理论面面观》为标志，乔姆斯基建立了完整的转换生成语法理论体系。如图 5-1 所示所示，经过修正的转换生成语法体系更为复杂，包括词汇、句法、语音和语义四个子系统。这些子系统有各自的规则和顺序，却又相互联系，在这些规律和顺序的共同制约下，人类语言系统只能生成符合规范且语义正确的句子。

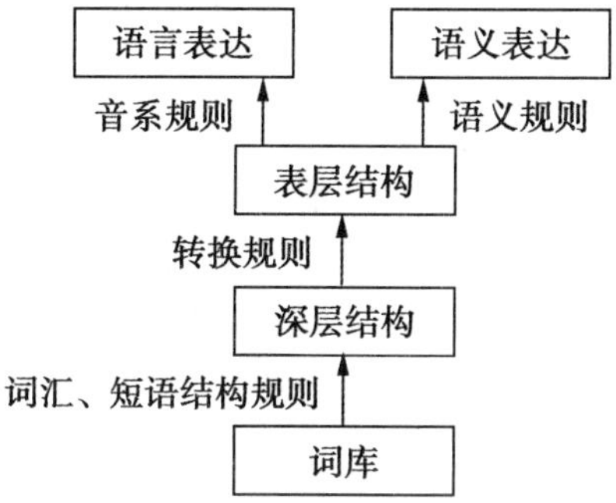

图 5-1　乔姆斯基转换生成语法理论模式

二、结构主义语言学与转换生成语法之间的差异探讨

（一）产生背景上的差异

早在两千多年前，欧洲就已经出现了关于语言学的研究记录，传统语法在欧洲一直占据统治地位，而在美国，其影响却不是很大。在美国，最早对语言学感兴趣的是人类学家，他们发现印第安人的土著语言没有任何的文字记载，如此特殊的文化使美国的语言学家忙于记录和描写这些奇特的语言，因此无暇将它上升为理论。

博厄斯是调查墨西哥以北美洲印第安人土著语的发起人。在博厄斯的《美洲印第安语言手册》中，他认为描写语言的关键内容在于：语言的语音、语言传递的语义空间、表达语义时的语法形成。他认为所有的语言学都有自己独有的语音系和语法规则。他所主张的描写语言的方式，使美国描写语言学得到了长足的发展，并且对语言学家也造成了重要的影响。这是美国描写结构主义出现的萌芽。

转换生成语法是由乔姆斯基创立的，他认为语言学研究需要以结构主义理论为基础。随后，他又提出只按分布和替换原则对结构成分进行分析的方法有很大的局限性。在其观察过程中，乔姆斯基逐渐建立了著名的转换生成语法，《语法结构》的出版标志着乔姆斯基革命的开始。乔姆斯基认为所有语言的传递者都把握了一种生成性的语法，并且把它进行了内化，该语法模式可以传递他的语言知识。所以，生成语法需要传递者把握实际的意义，而不是根据他们所把控的东西去表达。生成语言的范围不只是停留在语言研究的范畴上，它还要揭示个别语法和普通语法相互融合的部分。它不是对某种语言进行描写，而是以此为线索和方式去寻找技巧和规律，从而表现出人类的认知系统是发展规律。

（二）哲学和心理学基本内容的不同

美国结构主义和乔姆斯基的转换生成语法的主要不同表现在理论基础上，一个是经验主义，一个是理性主义，它们分别主张的是行为主义和心灵主义。其中，美国结构主义学派的代表人物布龙菲尔德就是其中的显著代表，他认为心理学是语言学的基础，而且所谓的心理学中具有实证论的特点，属于行为主义的一部分。行为主义作为一种研究方式，其理论的关键在于以人类没有认识到的事物为基础，站在行为主义语言观的层面去探索，认为儿童获得语言的过程是“刺激—反映—强化”，人类的语言则是“刺激—反映”。

布龙菲尔德对行为主义进行了深入探索，并且其探索成果对语言学的研究有着深远的影响。布龙菲尔德的原则是：首先，当人们受到相应的刺激后，他会用他的语言对另一个人进行反应；第二，劳动分工和劳动分工基础上的所有人类活动都是在语言的基础上进行的；第三，说话人和听话人身体间有相应的距离，主要是以神经系统为桥梁进行连接的，其中声波的作用最为巨大。

乔姆斯基与布龙菲尔德不同，他认为语言学研究比较注重信仰理性主义和心灵主义。而则理性主义者不重视经验而主张推理，认为推理才能获得世界真知。心灵主义侧重认知心理学，反对任何形式的经验主义。

理性主义在知识来源的问题和知识转换方法的问题上，与经验主义完全不同。心灵主义在哲学上致力于研究心智的领悟和思考的过程，侧重于研究认知心理学，反对经验主义，比如布龙菲尔德的行为主义。

乔姆斯基认为语言方面的研究可以表现出人脑的真实反映。人类最基础的知识是以理性分析为基础产生的。行为主义对行为和心理方面的差别不认同，其所认为的知识是以经验为基础产生的。乔姆斯基认为人是对语言的创造，语言不是固定不变的，而且这种创造性是与生俱来的。

（三）语言观上的不同

哲学基础的不同使得二者在语言观方面也存在不同。结构主义站在行为主义的层面上来看，认为语言是以语言符号为基础而产生的行为反应。而以美国结构主义为核心的博厄斯认为没有理想的语言，人类的语言种类比较多。民族不同，相应的语言构造也不同，语言都具有独特性，需要以它本身的面目去描述，所以语言的描述也各不相同。这种观念使得语言相对论开始出现，这与乔姆斯基提出的语言普遍性形成了对照①。

另一美国结构语言学家布龙菲尔德认为，“语言是最简捷、最基本的社会生活要素，

① 宋宣. 结构主义语言学思想发微［M］. 成都：巴蜀书社，2004.

每个说话者所说的话都是其他人话的组成部分。”他是早期生活中重复的语境形成复杂的习惯。结构主义认为假定的语法范围不要通过意义来确定，是以分布为依据的，结构主义语法在语言中的描写不是以规定的法则为准的。

乔姆斯基认为人类的语言有着共同的规则，这种存在于语言中的语法规则是内在的而且是一定的。世界上的不同的语言可以按照头脑中设定的参数分类。由此看来，小孩学习语言只需要必要的项目（单词、语法、语系和习语）来决定合适的参数设置。

（四）语言研究目的的不同

结构主义语言学家认为，研究的主要任务就是描述语言。语言是以文化为基础产生的，所以文化的把握需要以语言为基础。大多数的语言学家对印第安的语言把握不够全面，所以他们需要根据语言的原来特性描述语言结构系统，这是语言研究的主要目的，也是掌握当地民族文化的开端。结构主义者认为，语法需要对语言构造进行全面的描述，不应该像传统的语言一样去规定语言使用规则。

乔姆斯基认为，语言理论需要把语言中潜在的、直观的语言知识和语言能力传递出来，并分析其原理，对于隐藏的句子也要进行分析。在乔姆斯基的观念中，语法对语言现象进行收集和划分，并未对语言内部的规则进行研究，语言理论的本质不是叙述所有的事情，而是对事情进行规律揭示。乔姆斯基认为，语言理论具备解释性，需要逐步推算出来。

（五）方法论上的不同

转换生成语法和结构主义有着明显的不同，二者的转换方式不一样。布龙菲尔德认为：“语言学中最有效的方法就是归纳法。”① 结构主义学派受行为主义的干扰，认为能够被观察的数据才可以证明或是排斥一个理论，只有对说话者自然出现的语言进行观察后所产生的描述才是准确的。所以，结构主义比较注重对语言模式的分析，其研究的主要方式是归纳法，结构主义语言学是把描述方式进行融合，是语言结构的简化，不是对语言实质的研究。

和结构主义不同，乔姆斯基提倡假设—演绎法。这种假设—演绎的方法包含两方面的意思：一是语言学家认为语言结构的假设存在普遍的语言理论，这种观念在一些语言中得到了认可；二是各个语言的语法都是以普遍的语言理论为基础所产生的假设。

美国结构主义语言学和转换生成语法在很多方面都存在着差异。结构主义语言学理论系统比较完善，对语音和语素的研究比较全面，但是在句法方面的探索还存在不足，转换生成语法是语言学的发展，对语言理论的解释更加细致，但是它所使用的演绎法不是以归纳为基础的，还存在一些不足。作为语言学的革命，转换生成语法强烈地反对结构主义。但是，乔姆斯基的理论是在前人的基础上发展起来的，这点是毋庸置疑的，其中也包括结构主义。这两种语言学流派都致力于研究语言的本质，因此对语言学的发展有着深远的影响。

---

① 吴刚. 生成语法研究［M］. 上海：上海外语教育出版社，2006.

第三节 结构主义教学理论分析

一、论教学目的与任务

布鲁纳（Bruner）认为，“教育的最一般的目标就是追求卓越性。这个词不仅意味着教育成绩优异的学生，还意味着帮助每一个学生获得最好的智力发展。”[①] 由此可以看出，他强调学校教育是发展智力的一种十分重要的途径，有助于人们运用智慧去探求广泛而未知的世界。具体到教学目的，不仅要使学生了解知识本身的性质，还要反映知识的获得过程。

布鲁纳在多年的研究中，不仅以大量的实验和科学理论强调学校教学应以培养学生的智力为首要目的，而且把儿童智力是否得到很好的发展同一个国家在世界上的生存实力联系起来，深刻指出，“如果促使所有的学生充分利用他们的智力，就将使我们这个处于工艺和社会异常复杂的时代的民主国家，有更好的生存机会”[②]。

布鲁纳重视学生智力的发展，对教学中达到发展智力的目的还规定了具体任务。第一，调动学生良好的学习动机，增强学生运用思维解答问题的信心。在布鲁纳看来，知识的获得是积极的过程。学习者要通过将新获得的信息纳入已有的认知结构的联结过程，不断地去构造新知。因此，他所强调的动机和信心，实际上就是学生将自己视为知识获得过程中的一个积极的参加者的迫切愿望。第二，培养学生观察与想象客观事物和完成象征式操作的各种技能，鼓励学生发现他们自己的假设的价值和改进的可能性，帮助他们认识实验和各种假设的意义。第三，要使学生养成“自我推进”的能力，充分发挥学生的主动作用，允许学生自己运用问题研究的方式，直接处理以往通过教授来掌握的教学内容，促进学生认识的发展。第四，“发展理智上的忠诚”。这种忠诚是指学生们热切希望运用某门学科的仪器和材料，去检查和纠正他们解决问题的办法、思想和见解。总之，教学就是要帮助学生提高对知识的掌握、转换和迁移的能力，使学生获得最好的智力发展。

二、论学科结构课程

（一）注重学科的基本结构

要促进受教育者智力的发展，首要解决“教什么”的问题，即课程和教材问题。为适应现代社会知识和信息加速增长的需要，布鲁纳从改革教材的“质”入手，强调学科结构的教学；成为现代教育有影响的教学理论之一。

① 续润华. 外国教育史导论［M］. 哈尔滨：黑龙江人民出版社，2016：271.

② 孔云. 经典教学理论与课堂教学应用［M］. 北京：海洋出版社，2018：25.

1. 什么是学科的基本结构

布鲁纳在《教育过程》一书中写道："不论我们选教什么学科，务必使学生理解该学科的基本结构。"① 教学与其说是单纯地掌握事实和技巧，不如说是教授和学习结构。这里所说的"基本结构"，就是指最能反映学科本质的统一的观点，或是一般的、基本的原理和规则。在每一门学科中都存在着某些"广泛和强有力适应性的观念"，这些观念形成学科的结构体系，它们不仅能解释这门学科中某种特定的客观事物，还规律地反映出这门学科中一般的客观事物。学生一旦获得这种观念，就能够理解事物是如何相互关联的，能够不断地扩大和加深知识。作为要学习的结构的实例，他列举了生物学上的"向性""连续性"；数学上的交换律、分配律、结合律和语言学上的句型、句式。布鲁纳认为，任何学科领域中的结构，不是固定不变的，某一学科结构也不是只有一个模式。然而，基本结构越是能归结为定义、原理和法则，越是有利于学生的理解和应用。

2. 学科基本结构的教学价值

布鲁纳在《教育过程》一书中，从五个方面论述了学习学科基本结构在教学上的意义。

（1）掌握基本原理能更容易地理解学科。如果每一学科是按照其含有的基本原理作为结构来构成，那么，它具有的基本观念对整个学科内容起着统率作用。理解了这些观念，自然也就容易理解从属于这门学科的各种知识和技能。学习者通过掌握学科的基本结构，将新问题与已有的概念、原理相比较，就能更容易地理解学科中新的或特殊的现象。

（2）学科的基本结构有助于记忆。布鲁纳指出，"高明的理论不仅是现在用以理解现象的工具，而且也是明天用以回顾那个现象的工具。"② 因为，学科的基本结构舍弃了使人容易发生混乱的繁杂的实证性知识，具有"单纯化"的特征，便于学习者记忆。在他看来，"详细的资料是靠表达它的简化方式来保存在记忆里的。"一旦把各种事物纳到结构化的范型之中，记忆就容易保持。

（3）能促进知识技能的"迁移"。布鲁纳指出，"不教以学科的基本结构，要使学生从已知推断未知就非常困难。"因为，以基本概念和原理概括化了的知识相比零乱的知识的学习，在新的情境中有更强的迁移力。掌握了基本概念和原理，就可以举一反三，触类旁通，从而大大加快学习者的认知步伐。

（4）有利于激发学习动机和兴趣。布鲁纳认为，学习的动力乃是对所学材料的兴趣，而不是诸如等级或往后的竞争便利等外来目标。使学生对一个学科有兴趣的最好办法，是使这个学科值得学习，也就是使获得的知识在超越原来学习情境的思维中运用。而掌握了学科的基本结构就能够使学生在新的情境中运用自如。

（5）能够缩短知识层次间的距离。从小学到大学的教学进程中，存在着教学内容的脱节现象和教材不能反映学科领域的最新成果等问题。这些问题可以用教学中强调结构的办法来弥补，可通过探求本质结构，以克服教学内容的陈旧落后状况，以适应现代科学技术发展的水平。而"高级"知识和"初级"知识间的概念和原理，只是由于学习者

① ［美］布鲁纳. 教育过程［M］. 邵瑞珍，译. 北京：文化教育出版社，1982：3.

② 韩和鸣. 苏霍姆林斯基的教学方法和艺术［M］. 郑州：河南大学出版社，2008：148.

能力的差异在量的规定性上有所不同，其根本性质是一致的。建立“基本结构”可使两者距离接近。

（二）强调螺旋型课程的实施

教学的首要任务，就是把人类丰富的知识遗产转化为适合个体认识发展的形式。而如何有效地组织教材，布鲁纳主张发展一种螺旋型的课程。他认为任何知识通过一次学习便掌握的事例是罕见的。当某一种题材包含了许多一连串彼此相关的事项时，这种情景尤为突出。要真正牢固地掌握知识的结构，就必须使不同水平的知识，与不同年级学生的不同能力的认识水平配合起来，将同一题材每次都以新的观点反复多次地开展学习，直至学生掌握了与这些观念相伴随的完全形式的体系为止。这样有助于学习者有效地掌握知识和技能，有助于知识的巩固，也符合人类认识能力发展的一般规律。

布鲁纳提出螺旋型课程具有连续性和发展性的特征。所谓连续性，即知识层次由下而上的一贯通达，有利于沟通中小学和大学同一学科的概念，减少完整理解概念的阻碍。所谓发展性，即知识结构的阶段性上升非常明显。当后一阶段上升遇到困难，或是螺旋间的区分不显著时，通过前一段的学习，可避免出现阶段发展的停滞。

布鲁纳认为，儿童的认知发展经历着动作式再现表象、影像式再现表象和象征式再现表象三个阶段。如杠杆原理，对处于动作式再现表象阶段的儿童，可以通过演示身体运动保持晓跷板平衡来教；对于年长一些处于影像式再现表象阶段的儿童，可利用一张画有平衡杠杆的图片来教；而对于更大一些的处于象征式再现表象阶段的儿童，则可用语言和数据演算的形式来教。因而在布鲁纳看来，教材中知识的组织也应分成动作、影像和象征三种水平。同一原理在不同年龄阶段的教材中，应随年级的升高在抽象程度更高的水平上反复出现，从而呈现一种螺旋式上升的趋势。只有这样，儿童对于学科基本结构的把握才能随年龄的增长而不断加深。

三、论教学原则

（一）教学原则提出的前提

布鲁纳关于教学原则的理论，是在构建教学论的过程中提出来的。因此，了解布鲁纳的教学原则，首先要了解他关于教学论的思想，特别是对教学论的性质及任务的基本认识。

布鲁纳认为，研究学校的教学规律，除学习理论和发展理论之外，还需要教学理论。前者是描述性的，指明有关教学的现象问题。而教学论所关注的是怎样更好地学会人们想教的东西，它所关注的是促进学习而不是描述学习。由此，他指出教学论是一种规范的理论，它为评估教学提供标准，规定促进教学进行的概括性准则，并说明达到这些准则的条件。根据教学论性质的规定，教学论要完成以下四项基本任务：必须探明唤起学习积极性的最佳经验与情境；必须探明达到最优理解的知识结构化的问题；必须探明显示教材的最优程序的问题；必须探明教学过程中采用的赏罚的性质及过渡的问题。

为了将教学论每一项任务的研究成果有效地反映到教学的具体活动中，布鲁纳根据上述四项任务，引申出教学的四个原则，即动机原则、结构原则、程序原则及反馈原则。并指出不论是编写教科书、拟订学科计划、从事单元教学，还是教学中的师生对话，都应遵循这些原则，接受其指导。

（二）教学原则

1. 动机原则

学习动机就是激励人去学习的内部心理状态。它表现在个人学习或解决问题时所选择的探索活动上。动机分为外部动机和内部动机。外部动机是由外来的奖惩、竞争、谴责等因素引起的动机，它持续的时间短，只是临时起作用。内部动机是由对学习材料本身感兴趣而引起的积极心理状态，它比较稳固而持久，且比较强烈。这种动机又分为求知欲（好奇心）、求成欲（胜任感）和互助欲（互惠心）。布鲁纳认为，教学应当根据探索活动的三个方面：激发、维持和定向，来形成和培养学生的内部动机，使学习和问题解决的活动积极主动地进行。

2. 结构原则

布鲁纳认为：“任何概念或问题或知识，都可以用一种极其简单的形式来表示，以便使任何一个学习者都可以用某种可认识的形式来理解它。”[①] 在他看来，知识具有层次结构，它反映事物本身之间的联系或规律性。掌握知识就是学习事物是如何相互关联的。掌握某学科的结构，就是掌握构成该学科的哪些基本概念、原则和方法。学生掌握了某学科的结构，也就获得了运用该学科基本概念的能力，能把它们作为认识和攻克其他问题的基础。所以，不论什么学科，务必使学生理解该学科的基本结构。

3. 程序原则

布鲁纳认为，教学活动的程序影响着学习者的知识获得和能力发展。因此，教学理论应当探讨如何设计最佳教学程序，而教师则应认知选择最佳教学程序。他根据大量的实例指出，不存在对所有学习者都适用的一种教学程序，任何具体的程序均决定于许多不同的因素，包括学生过去所学的知识、智力发展的阶段、教材的性质以及个人智力素质的差异等。因此，要求教师在设计最佳教学程序时，必须具体地考虑上述诸因素，并以经济有效的观点做出安排，使教学规则既遵循儿童智力发展的进程，又有利于加快儿童智力的发展。

4. 反馈原则

反馈原则又称强化原则。布鲁纳认为，反馈是教学过程中必不可少的一种积极评价。通过反馈可以使教师了解教学效果，有利于发现存在的问题与不足，进而进行矫正和改进。通过反馈可以使学生知道自己学习的结果，有利于学生明确自己的学习活动是否正通向既定的目标，并不断地矫正或确定下一步的学习活动，从而强化有效的学习，使整个教学过程得以顺利进行。

强化分外在强化和内在强化两种。外在强化通常是指学生受教师或者父母控制的奖励和惩罚，它能使某种特殊行动激发起来，具有促进有计划学习的效能，但它无益于学生长期的学习活动。内在强化是通过“内部省察成败的方法”，去获得并运用矫正信息的

---

① ［美］布鲁纳. 发现学习思想与教育论著选读（下）北京：中国环境科学出版社，2006：42.

强化形式。随着学习者成长，学习行为逐步受到认知结构的控制，加强这种强化会发挥越来越大的作用。布鲁纳认为内在强化要优越于外在强化，但在通常的教学中不能单纯地肯定或否定某一种强化形式，必须适时适度地取得两者的平衡，并以更多的内在奖励取代外在“诱因”，最终使学生形成有益于学习的长效动力。

四、论发现法

布鲁纳在强调掌握学科基本概念的同时，还要求教学采用一种最能使学习者有效地掌握学科结构的基本方法——发现法。发现法虽然不是布鲁纳首创，然而他是对发现法进行全面研究，较为准确地抓住“发现”的实质，并将其广泛传播开来的第一位学者。

（一）发现法的重要性

布鲁纳认为，学习一门学科不仅是“学会什么”，更重要的是“知道怎样处理”，即“学会如何学习”。他指出：“我们教一门学科，并不希望学生成为该科目的一个小型图书馆，而是要他们参与获得知识的过程。学习是一种过程，而不是结果。”① 在布鲁纳看来，学习的过程就是一个探索知识的过程。因此，应该把发现法作为儿童教学的主要方法，以鼓励儿童去发现知识的奥秘，去掌握学科的结构。

（二）发现法的基本含义

布鲁纳认为，“发现法”并不像一些人认为得那样高深莫测，它不是指科学家的发明创造，而是学生按自己的方式而不是照书本的样子，把获知的事物组织起来的一种活动。它是以发展创造性思维为目的，以学科的基本结构为内容，以不断发现为步骤的一种学习方法。他认为，发现不限于寻求人类尚未知晓的事物，还包括用自己的头脑获得知识的一切方法或形式。在教学过程中，他大力提倡发现法教学，实际就是要求教育者不仅要传授学科结构的知识，还要培养学生探究问题的精神以及独立解决问题和预见未知的能力，引导学生自己对提出的课题和教材进行分析、综合、抽象、概括，最终得出原理。

（三）发现法的功能

1. 促进智力的发展

发现法教学大大增加了学生处理和运用知识的活动量，提高了智力活动和心理运算的作用，对学生的智力发展有明显的促进作用。布鲁纳指出，亲自发现的这种实践，可使人按照一种促使信息更迅速地用于解决问题的方式去获得信息。从而避免了学生盲目记忆现成知识，提高了学生将所掌握的材料按照一定联系组织起来的能力。

2. 激励学习的兴趣

发现法本身具有刺激学生“发现的兴奋感”的作用，它可以使学生体味到学习中的乐趣，享受某种愉快的感受，从而将外部动机转化为内部动机，增强对学习本身的兴趣。通过发现法教学，学习者会经常感到许多复杂的知识被简化为一般知识，这就给他们在

① 孔云. 经典教学理论与课堂教学应用［M］. 北京：海洋出版社，2018：31.

情感上很大的满足和愉快。学习者也会因为某种新的发现，产生一种自信感，从而激励了他们对新知识的再学习。

3. 学会发现的探究法

布鲁纳认为教学的总体目标是把学生作为科学家、学者来培养。这就要求学生通过教材的学习，掌握一种对待困难和问题，进行调查研究所普遍适用的方法，这就是发现的探究法。通过发现法教学，可以帮助学习者掌握这一方法，人们只有通过练习解决问题和努力于发现，方能学会发现的探究方法。学生一旦掌握了“发现的探究法”，会对他们将来可能遇到的任何工作都有益处。

4. 有助于保持记忆

布鲁纳强调记忆应具有某种“再生力”，它使学习者在没有外来的提示和帮助下，能够灵活运用知识。而发现法教学是使学习者自身能够发现知识、组织知识并活用知识的学习过程。通过这一过程所形成的记忆，就会因具有极强的“再生能力”而长期保持下来。

（四）发现法应注意的问题

1. 鼓励学生积极探究

教学过程也是一种探究的过程。因此在安排教学时，一定要调动学生主动地、积极地思考，鼓励学生。但教师首先应使学生认识他们是能够靠他们自己的努力学会运用他们的头脑的，以提高他们探究的自信心。其次，要提供学生自由思索的机会。此外，还要耐心等待，直到学生对问题经过深思熟虑之后，再给予新的启示或解答。

2. 激发儿童学习的内在动机

布鲁纳认为，内在动机是儿童学习的推动力，应启发儿童把学习与日后的生活联系起来，以发现为奖励，自主地学习，让他们逐步培养形成学习的行为和习惯。

3. 注意新旧知识的一致性

布鲁纳认为，相邻的概念具有“隐约的相似性”因素，从而使它们之间存在“隐约的”联系。教师应善于利用知识的这种特点，在传授新知识时注意启发学生找到新知识和他们已有知识之间的联系，将新知识纳入已有的知识结构，这样就可以使新知识也成为学生自己的。

4. 培养学生运用假设、对照的技能

布鲁纳指出，让学生通过假设、对照去解决问题是发现法的要素之一。他认为教师在教学中向学生提出问题时，既可以向他们提供解决问题的选择假设，也可以让他们自己在探索过程中构造假设，并检验假设。这是探究性思考和解决问题的一种重要方式。布鲁纳说：“通过引导儿童探索对照物，儿童就更加可能按照一种方式去组织他的知识。这种方式可以帮助他在需要发现的特定情境中有所发现。”①

5. 重视教学步骤的安排

发现法具有极大的灵活性和自发性，但不是盲目的、随心所欲的活动。它是由一系列发现行为所组成的动态体系，需要细心组织“发现”的过程，有计划地安排发现法教

① ［美］布鲁纳. 布鲁纳教育论著选［M］. 北京：人民教育出版社，1989：350.

学的步骤。布鲁纳认为发现法教学的基本步骤是：提出使学生感兴趣的问题，或让学生在疑问中提出自己的问题；将确定的问题分解为几个具体的小问题，提出解决问题的各种假设和答案；协助学生收集和组织有关资料，以供给发现和解决问题；组织学生审查这些资料，从中引出结论；引导学生进行分析，证实结论，最后使问题得到解决。当然，上述基本步骤并不固定，教学必须根据不同问题、不同学习情境，灵活设计和安排与其相适应的步骤。

6. 重视直觉思维的运用

传统的教学往往只注意发展学生分析思维的能力，把直觉思维看成是“徒有形式，而无内容”的思维方式。发现法教学重视两种思维的共同发展，因为发现行为不是单纯地分析思维。在发现、分析和解决问题的过程中，常常是由直觉思维“猜测”出正确的答案，然后才由分析思维去检验和证明。所以直觉思维可以发现分析家们所不能发现的问题。

布鲁纳指出，儿童在学习中倾向于运用直觉的思维方式，教学必须采取适当的方式来帮助儿童改进这种倾向，以便加速从发现中学习的过程，而不能抑制这种倾向。他要求教学首先要给直觉思维以合理的地位，鼓励儿童大胆地猜测。同时还要对学生的直觉思维加以训练，组织学生有目的地进行猜测，使他们掌握直觉思维的方法。

第四节　结构主义语言学在英语专业教学中的应用

一、结构主义语言学对英语专业教学的启示

传统英语专业教学是围绕如何“教”而展开的，很少涉及学生如何“学”的问题，以至产生了以忽视“学”为代价的灌输式教学，使学生处于被动地位，从而影响学生的创造力培养。学生与教师的主客体关系一直是纳到教师讨论的重点，事实上，二者的关系是互动的，是可以相互转化的。

（一）“填鸭式”累积学习方式向情境式建构的转型

“填鸭式”是中国学者对现行教学方法呆板的一种形象化的比喻，纵然有些夸张，也是对现行教学的一种生动性的刻画。从结构主义理论可知，某一事物的记忆与整个事物所处情境或周围的环境有关，也可以解释为，事物所代表的符号是否被编辑成串刻写在大脑的软组织上。由于对于学校的学习来说，大多数的知识获得是在脱离具体环境下来实现的，并且，学校的间接经验的获得也不允许学生有大量的时间来获得直接的知识体验，这促使学生走向“考试机器”的边缘。情景式构建教学方式的提出使得大多数学生从硬性记忆转向记忆网络填补，在实践教学应用的过程中，学生通过将自己置入教师预先布设的场景进行系统化学习，这有助于他们形成一个个微观的体系，每个微观体系连接在一起就能实现知识的条块状，当他们想用这些知识时，他们就能及时从记忆库存中

加以提取。因此，通过以英语知识为载体进行情境的设计就成为英语准专业课程的重要准备阶段。在实际英语专业教学中，教师把情景的控制当作教学的重点内容来把握，可使呆板的硬性记忆活化，也能调动学生们的学习兴趣，使其进行积极主动的自我学习。

（二）网络视频教学与传统教学的结合

网络媒介的传播作用力在当前社会是任何一种文本所不能比拟的。教学学界的人们也发现这一历史性的变化，将网络媒介的认知和建构理论结合了起来，因此，我们可以在英语专业教学中引入网络媒介。

网络教学的多感官性，以“学生为主体”教学思想的展示，在很大程度上给学生的个人发展提供了一定的空间，能够促进学生的个性化、多样化发展。在当今这个网络快速发展的时代，只要教师稍加引导，学生就能很快融入其中。学生可以利用网络视频感知社会需求，摄取外界知识，也可以利用网络了解一些有关英语专业研究的前沿动态。并且，可能通过庞大的网络技术可以搜索自己所需的一切知识。通过查找、获得相关知识，其可对原有的知识体系进行补充或重建，这非常有利于其后续新知识的学习。

在新时代的英语专业教学中，学生对网络的依赖远远超出教师的想象，因此，教师可以将网络教学和传统教学结合起来，使学生在时间分配上获得有机的相互补充，英语知识体系在整体上也能进一步得到完善。因此，在结构主义的指引下，通过与现代媒介技术的结合，利用信息传播的快速性，教师可为营造轻松、自然的环境，再这样的环境中学习，学生必将构建较为牢固的专业英语知识体系。

二、基于结构主义语言学的英语专业阅读教学策略

（一）英语阅读基本结构教学

所谓结构教学就是秉承索绪尔提出的结构观念，把英语文本当作阅读教学中的基本元素系统，分析其内部各种结构关系，从而确定该文本意义。英语文本可以是一句话，一段落，更可以是一篇文章，在阅读过程中，教师不仅要帮助学生掌握基本的句子内部结构关系、句际关系、段落结构、篇章结构等层次性关系，还要分析其中的联结手段，这种联结手段不仅存在于句子、段落、篇章之中，还包括语言内部要素与外部符号的连贯。

1. 基本句型结构

关于句子类型分类，各派语言学家都有自己的看法，其中有从句子简易程度来分，有从交际功能来分，有从词类来分，等等，唯有夸克（Quirk）按句子组成成分所起的语法作用而划分的七种句子类型得到多数人的认同。这七种类型是：（1）SVC，（2）SVA，（3）SV，（4）SVO，（5）SVOC，（6）SVOA，（7）SVOO。在英语阅读过程中，可以让学生以这七种基本句子类型，对英文句子，特别是对较长的句子进行简化练习，找出句子主要框架与各成分之间的关系，从而帮助学生理解意思。这一基础工作非常重要，因为现在进入英语专业的大学生搞不清主谓宾的人大有人在。

在理清基本句子结构框架后，解读其主要要素的指向性（deictics）对阅读理解至关

重要。所谓指向性，是指语言要素表达出来的说话人与所叙述的时间、地点、事件在时空上的关系。语言要素的指向性可分为三类：（1）人称指向，如“I”“we”主要指说话者，“you”则指听话者；（2）时间指向，如：“last year”“next month”等；（3）地点指向，如“here”“there”“this”“that”等说明了说话者与所指对象之间的远近关系；有些动词也有指向性，如：“come”“go”“bring”“take”“fetch”等等。理解以上指向性要素的确切所指是读懂句子的基本功，因为这些所指要素中包括了整篇文章的基础细节，反之，只有明白句子的指向性，才能理解文章中的细节。这一工作的完成是做阅读理解中指代题和细节题的前提，因为这类题目主要是针对时间、人名、地名、物名等基本数据提问。

句子的结构性不仅体现于语言要素的指向性，还表现语言要素的联结手段上。联结手段可以分为两类，一类是有连接词手段；另一类为无连接词手段。有连接词手段主要是通过连接词来连接语言要素，如“and”“or”表并列，“that”“when”“where”“if”“though”“because”等等表从属关系。这些连接词表明了句子要素之间各种关系，对理解句子的意思至关重要。句子成分也可通过其他手段连接，如标点符号，如：I sold desks，books，pens and pencils. 了解标点符号的用法对句子的理解有帮助，如斜线符号“/”表选择，而破折号“——”则表引出补充内容或强调，如“I will scratch your back—if you scratch mine”这里的破折号强调了“I will scratch your back”的先决条件。当然句子成分之间仅以空格相连也未尝不可，如“He thinks it is true.”中主句与宾主从句的连接。虽然无连接词，但弄清二者之间的关系对理解这句话的意思是必不可少的。

2. 基本段落结构

句子的理解是读懂段落的基础，因为后者的基本单位是前者。句子是如何组成段落的？段落的结构性首先体现在句子与句子的关系上，即句子间的连接手段。对此，我们也可以分成两类，有连接词和无连接词手段，但具体内容与句内联接手段有所不同，如句内从属连词 when，where，if，since 等等一般不用于句间连接上下句。句间连接词与句内连接词一样，对于理解句子间的逻辑关系，甚至于全段的表达思路至关重要。

在阅读教学中，我们应帮助学生借助连接词来阅读段落。英语中这类连接词很多。如表示先后次序的列举词（组）有：first of all；first（ly），second（ly），third（ly），next，finally 等等；表示类似关系的有：similarly，likewise，in the same way，in like manner，equally important 等等；表进一步说明的有：moreover，what's more，not only... but also，apart from，in addition，besides，again 等等；表示相反或转折的有：unlike，nevertheless，however，on the other hand，on the contrary，instead，in contrast，different from 等等；表举例说明的有：for example，such as，as an illustration，that can be seen in，let's take... for example，for instance，say 等等；表目的的有：for this purpose，to this end，with this objective；表因果关系的有：so，thus，therefore，eventually，consequently，hence，for this reason，accordingly，in this way，as a result 等等；表解释的有：in other words，namely，that is（to say）等等。

以上这些关联词（组）体现了段内句间的逻辑关系，关系段落结构，是理解段落大意的基础，在阅读过程中同样不可忽视。也表达了一定的句间关系，另外，非连词连接词手段如指称手段：She dictated the letter. He wrote it. 省略手段：Did he arrive here at seven? No，(he arrived here) earlier (than seven). 替代手段：Why doesn't he use his own radio? He doesn't have one. 共指手段：There is an apple on the desk. The apple is hers. 这两句中的“apple”共指同一对象。逻辑手段：The door was open. He walked in. 等等。

以上的连接手段为连句成段，构成整体段落打下基础，因为段落就是通过一定手段组织起来能表达一定意思的语言单位。一般来说，一个段落由其表达主要思想的主题句（topic sentence）和其他起着描述说明解释论证等作用的句子组成。抓住了主题句，基本上就得到了该段落的大意。主题句通常位于段首，比如在论证性和说明性的段落中；有时也可位于段尾，如在推理性和归纳性段落中，往往要经过一定铺垫后，方显山露水，姗姗来迟；有的主题句也可出现在段中，经过少量铺垫，然后出现，这种情况一般适用了反驳别人观点的文章。当然有的段落没有主题句，这时通读全段，弄清句间关系和段落结构对于理解段落大意尤为重要。总之，看清段落结构特征对阅读理解十分有益，特别对回答练习中的主旨题有帮助。

3. 基本文章结构

主题句和联接手段的概念同样适用于分析整篇文章的结构性特征，从而有助于学生对文章的总体的深入的了解。句间连接手段也服务于段落连接。总之，借助于这些联接手段，我们可以很容易地帮助学生把握段落之间的脉络与层次，最终理解文章的全部意思，因为在一篇正规文章中，各段落之间就像句子之间一样都存在着一定的逻辑关系。比如，在议论文中一阐明理由的段落无外乎在解释上一段落中的事项，或是为了下一段落做出某种结论而铺垫；而在记叙文或说明文之中，作者也会依赖于这些联接手段从时空角度组织段落关系。

抓住文章的主题句，也是了解文章中心思想的关键所在。文章的主题句可能在开头段，结尾段，中间基某段或隐藏于字里行间，需要我们仔细思考。教师可根据典型的文章结构，如议论结构、叙事结构、描写说明结构等帮助学生寻找主题句。找到文章的主题句再加上各段的主题句。全文的主旨大意就迎刃而解。大多数情况下，文章主题句与文章开头和结尾具有密切的关系。主题句可以直接地出现在文章开头，开门见山地提出主题思想，紧扣主题，并从多视角围绕此中心展开论述，也可以作者先引出相似或相反的观点或概谈事件的大环境，然后间接地推出主题句；另一方面，文章的结尾也常常是主题句栖身之地，因为文章的结尾往往是全文的高潮，它通常归纳全文的中心思想，或以此为论据推出新的观点。文章结尾的形式可能会多种多样，如与文章开头呼应的结论式或以问题结束的发人深省式等，但其功能大体相似：即突现主题。对文章开头的分析可以帮助我们了解文章的主题与思路，而对文章结尾的分析则进一步加深对文章的结论的印象。因此，在阅读中，文章的开头和结尾应紧密结合在一起，这样，才能更好地帮助学生了解文章中心思想。

总之，在分析整篇文章结构时，教师应把重心放在文章谋篇布局的整体思路上，例如：文章是怎么开头的，怎么结尾的，中间是怎么过渡的，文章主题句所在段落的位置以及各段落之间的相互关系等等，只有这样，我们才能帮助学生宏观地把握文章主题，不至于一叶障目，不见森林。把握住文章整体结构，主题思想和作者的思路，对完成阅读理解练习中的推理题和主旨题有帮助。

4. 文化背景结构

文章的结构性不仅表现在文章内部符号之间，即词、句、段之间，还体现在文章内符号与文章外符号的关系上，即语言符号与其所指称的现实世界和人类思维之间的联系。换言之，语言符号与非语言的文化符号构成了一个更大的结构系统，对语言符号的解读离不开文化符号的解码。

语言是文化的一部分，是文化的外衣，语言与文化之间密切关系已是一个不争的事实，所以，阅读理解的过程就是读者的通过解读语言符号进而学习文化符号的过程，就是读者的文化背景常识与文本之间交汇的过程。

众所周知，影响学生阅读理解的一个重要原因是缺少相应的文化背景知识，因此，我们外语教师不仅要传授给学生地道的英文表达形式，更要使其了解相应的文化背景知识，因为英语语言中包含丰富的文化内涵，有时并不是仅靠查字典能解决问题的。如 He has blue blood. 理解成“他的血是蓝色的”则不对了。它的文化内涵是“出身贵族”。再如：“Achilles heel”是个典故，来自荷马史诗《伊利亚特》意为“唯一致命的弱点”；词汇、词组、句子是文化的载体，文章作为整体更是文化的缩影，在讲解英文作品时教师应该将文化知识的讲授融到文章内容的讲解中，使学生对文章的了解更深入。由此看来，教师在帮助学生掌握英语语言本身的同时，指导学生有意识地学习和内化英美文化，即将文化知识教学与语言规范学习有机统一起来，对加强学生的英美文化知识能力，提高英文阅读水平是大有裨益的。

（二）“专题—模块”教学模式在英语专业阅读教学中的应用

基于结构主义语言学的“专题—模块”阅读教学模式旨在梳理四年专业教学大纲的基础上，从跨学科的视角，按照专题和模块把教学技能和学生的人文素养结合起来。具体而言，教材的内容在遵循真实性、应用性和实践性原则的前提下按照专题划分，其中涵括人文社科及专业领域的众多话题，如 philosophy、linguistics、aesthetics、ethics、culture、history、literature、arts、religion 等。

低年级阅读课程涉及的各专题内容以概念性、普遍性为主，重在语言技能的培养和通识教育的灌输。随着年级的升高，所涉专题可有适当的增补，但在语言难度加大的基础上重在提升学生对各主题深入而又系统的思考及辨析。通过四年的专业学习，使学生不仅能通晓语言专业的基础知识，还能在自由驾驭语言的基础上对各领域都有较深入的了解，并具有自己独到的见解。该模式强调课堂教学与课外实践的有机结合，教师重在启发、引导，为学生留有足够的思维空间，使学习成为自主探索、实践和创新的过程。具体而言，阅读系列教材每册中各主题内容均从三大模块展开。

1. 基础模块

在保证所需掌握的语言技能基础上通过数篇不同体裁、不同角度、不同难度的同主题文章引出相关概念及理论，并通过探究式任务要求学生随堂总结、分析阅读内容，并于课后收集、阅读相关资料。如，在学习 linguistics 时，通过教师的引导，学生对该主题可能涉及的范围进行预测，并根据既有的知识试释相关术语及理论。教师只适当提醒和引导学习小组协作完成如下综合研究型任务：What is language? What makes language change? What do all languages have in common? To what extent are social class differences reflected in language？此“头脑风暴”（brainstorming）的目的就是激起学生对主题的兴趣，引发其好奇心和求知欲，激活其既有的背景知识，为专题阅读做准备。对一时有争议的问题或理论，要求学生单独或小组合作调查研究完成，下一课时让学生就研究结果进行陈述和讲解。

该模块通过让学生阅读相关文章，在此基础上查阅跨学科的相关英文资料并以一定的形式呈现出来，在扩充人文知识的同时培养了其分析、综合、提出及解决问题的能力。这种概念性、综合性的问题旨在帮助学生正视自己可能存在的与专题内容相关的错误概念或盲区，其作用是鼓励学生重视人文知识及全球与社会的时事知识，同时有助于教师及时发现学生困难所在，以相应调整课堂计划，为学生在课堂上的主动参与创造条件。

2. 提高模块

在语言技能加深的基础上，同样通过数篇不同体裁、不同角度、不同难度的主题文章加深学生对该专题的认识和理解，拓宽获取知识和技能的渠道，调整学习策略和态度，培养批判性思维能力和自主学习能动性，培养学生“用自己的眼光看世界”。例如，在学习 culture 时，可以使学生尝试重新审视“文化是一个民族的精神支柱”“言论自由就可以解决思想自由”“市场经济必然导致诚信缺失”及“只要实现了公平竞争，就一定能够解决贫富差距问题”等观点和提法。通过一定的阅读背景和适当的引导，鼓励学生结合自己的所见所闻多角度看问题，从而使其在理论与实践上把握问题的实质，开发批判性推理思维的技能，对自己已有的成见、确信的东西与思维模式做一番清理，并对这些已有的成见、确信的东西与思维模式进行必要的修正。

当然，教师要善于设疑，启发学生尝试从题目、词句、感情基调、写作意图、语言运用等各个角度进行深思，提出质疑。但批判性思维不仅是以批判的眼光看待事物，更包括鉴赏。故教师应一方面引导学生鉴赏文中的精妙词句及严谨逻辑等；另一方面则从自己的立场、观点和价值观出发，对文章或作品做出能动的赞成、反对、同情、接受或排斥等。

3. 实践模块

教学方法的改革不能从根本上完全脱离英语专业教学大纲，所以该模块主要针对英语专业四级和八级考试中所涉及的语言和知识点进行专题实践和练习，注重英语运用能力的提高。同时，每个主题阅读单元完成后，教师均可根据主题内容设计辩论活动，以使学生对该主题进行更深层的思考，理解主题的多层面观点，同时增强师生、生生间的互动。辩论的话题可源于教材或与单元主题相关的时事热门话题。学生可自愿形成正反方，并根据自己收集到的资料先在组内交流，商讨对方可能提出的观点及如何反驳。这种思考和辩论既有助于巩固学生所学的知识和技能，又为最终建立稳定的批判思维体系奠定坚实的基础。

主题单元的最后还可邀请学生上台推荐或小组讨论其收集到的相关主题英文资料。为使自己的发言更具说服力，学生会主动对所搜集的资料进行“选择”和“有效整合”，并做出分析、解释、推论、说明或自我校对。该“隐形”学习过程无疑会引导学生逐步提高其批判性思维及跨文化交际的能力。写作的过程能最有效地测出批判阅读能力，所以教师可在上述各项活动基础上补充推荐相关的文章或书籍，要求学生从中选取一定数量的适合自己阅读能力的文本，并在课后微信群等公开的师生互动网络平台讨论其中的语言点及作者观点，并在此基础上阐述自己的看法，完成相应的读书报告。

转变传统教育观是培养批判思维能力的前提，阅读中引导和鼓励学生设疑、质疑及合理的课堂教学设计是培养批判思维能力的关键，而科学合理的评价方式是培养学生批判思维能力的保障。传统的评价体系中教师热衷于学生对活动的参与热情，关注学生活动的外显状态，很少考虑学生在活动过程中的思辨内容，也不重视过程中给学生留有一定的思辨空间，其结果便是对学生外显活动评价很多，而对其思辨内容评价得少。为加强学生的思辨意识，教师应把形成性评价、诊断性评价和终结性评价有机结合起来，贯穿到整个教学过程，对学生课堂活动的参与度、课外学习的能动性等做出评价的同时，结合学生自我评估、同伴评估及教师评价等，从而使评价变成激励、反思和教育的过程。把更多的关注放在学生在学习过程中的发展和变化，讲求动态与静态评价机制的结合。

第六章
基于心理语言学的高校英语专业教学研究

心理语言学运用是指综合运用心理学理论以及语言学理论进行实践的一个过程，从而来研究学习、语言和心理的相互作用，它们之间存在的潜在关系，进而利用它们之间的相互关系来达到一定的目的。高校的英语专业教学的目标不仅仅是理论教学，更为重要的是将英语这门语言类学科的特色发挥出来，将英语专业知识能够用于实践当中，因此在高校英语专业教学中利用相关的心理语言学原理也有一定的实践性和合理性，所以本章对心理语言学在英语专业教学中的应用进行研究。

第一节　心理语言学概述

一、心理语言学的内涵分析

心理是指生物对客观物质变态世界的主观反应。心理现象包括心理过程和人格。人的心理活动都有一个发生、发展、消失的过程。人在活动的时候，通过各种感官认识外部世界和事物，通过头脑的活动思考事物的因果关系，并伴随着各种情感体验。这一系列心理过程分为三个方面，即认识过程、情感过程和意志过程。

心理学研究涉及知觉、认知、情绪、人格、行为、人际关系、社会关系等许多领域，也与日常生活的许多领域——家庭教育、健康、社会等发生关联。心理学尝试用大脑运作来解释个体基本的行为与心理机能，也尝试解释个体心理机能在社会行为与社会动力中的角色；同时它也与神经科学、医学、生物学等有关，因为这些科学所探讨的生理作用会影响个体的心智。心理学最重要的应用是在教育方面。①

心理语言学（Psycholinguistics）是研究语言活动中的心理过程的学科，它涉及人类个体如何掌握和运用语言系统，如何在实际交往中使语言系统发挥作用，以及为了掌握和运用这个系统应具有什么知识和能力。认知心理学是20世纪50年代中期在西方兴起的一种心理学思潮，20世纪70年代成为西方心理学的一个主要研究方向。它研究人的高级心

---

① ［瑞士］皮亚杰. 人文科学认识论.［M］. 郑文彬，译. 北京：中央编译出版社，2002：148.

理过程，主要是认知过程，如注意、知觉、表象、记忆、思维和语言等。语言是人类认知能力的一种体现，所以心理语言学必然要强调其认知基础。语言学和心理学都是以认知为基础的。

20 世纪哲学发现了语言的思想本体性，语言不再是思想载体而是思想本身。[①] 从信息加工的观点来看，心理语言学研究的是个体言语交往中编码和译码的过程。由于研究对象的特点，它与许多学科有密切关系，如心理学、语言学、信息论、人类学等心理语言学成为一门学科的标志是 1953 年在美国印第安纳大学举办的心理语言学讨论会，以及 1954 年奥斯古德和西比奥克在此基础上合编的《心理语言学—理论和研究问题概述》。心理语言学在 20 世纪 50 年代的理论基础主要是行为主义心理学，认为语言的学习就是不断地刺激、强化，儿童对语言的学习就是不断地对环境刺激做出反应，反复强化，形成语言习惯，从而形成语言行为。

乔姆斯基 1957 年提出生成语法理论，引起了心理语言学对人类利用语言时的心理过程的讨论，研究的问题主要是语言运用的模式、语言结构和语义的储存与记忆以及人脑对各种句子的处理。1959 年乔姆斯基撰文指出，虽然通过实验能够有效地支持对动物的行为进行刺激、反应和强化的解释，但是人类语言本身非常复杂，很难确定应该刺激什么和使什么发生反应，因此行为主义心理学关于语言的解释含糊不清，无法说明问题。此后，心理语言学开始检验乔姆斯基的理论是否适用于心理学和实证语言学中心理实际的研究和试验。多数心理语言学家认为语言结构和使用它的人的心理实际结构之间存在着某种对应关系，但不一定一一对应。

二、心理语言学的研究方向

心理语言学有两个主要的研究方向：行为主义的研究方向和认知心理学的研究方向。在 20 世纪 50 年代，心理语言学主要受行为主义心理学和描写主义语言学理论的影响，当时的心理语言学家用行为主义的观点来解释心理语言现象。他们认为言语行为和人的其他一切行为一样，也是对刺激的反应，是联想的形成、实现和改变，是借强化而获得的。这样，心理语言学的理论基本上是行为主义学习理论在言语活动中的具体表现。心理语言学受现代语言学理论的影响很大。特别是在乔姆斯基的生成转换语法产生和盛行之后，心理学界对行为主义的语言学习理论抨击增多，认为行为主义不能解释言语活动中的许多现象。

人们掌握的不是语言的个别成分，如音素、词和句子，而是一套规则系统，因此，言语活动不是对刺激的反应，而是由规则产生和控制的行为，它具有创造性。他们还认为心理语言学研究的重点不是人类各种语言的不同结构，而是存在于各种语言底层的普遍规则，研究这些普遍规则可以探知其是如何转化为某一种特殊的语言的。

心理语言学研究的问题包括言语的知觉和理解、言语的产生、语言的获得、言语的神经生理机制、各种言语缺陷、言语和思维以及言语和情绪、个性的关系等等。这些问题的解决对学习理论、思维理论、儿童心理发展理论的研究都会起很大的作用，对工程

① 高玉．“话语”视角的文学问题研究［M］．北京：中国社会科学出版社，2009：13.

心理语言教学、言语缺陷的诊断和治疗、电子计算机的语言识别等人工智能的研究也都有应用价值。

心理语言学的研究在美国开展得比较广泛。俄罗斯、英国、法国、德国、荷兰等欧洲国家也都有心理学家从事这方面的工作，其特点是力图把心理语言学的研究与该国的心理学传统结合起来。心理语言学的研究工作在我国主要是在儿童的语言获得方面。由于汉语和其他国家的语言有很大的不同，在中国开展这方面的研究具有更大的理论意义和实践意义。

三、心理语言学的研究方法

心理语言学的研究方法在很多地方借鉴了心理学的心理测量（Psychometrics）方法。这种方法主要是测量知识、能力、态度和个性的倾向。心理语言学对其所研究的对象，如语言的习得、学习和使用的心理过程所提出的种种理论都必须经过系统的自然观察（Natural Observation）或实验方法（Experimental Methods）的验证。

自然观察是心理语言学所采用的第一种方法，因为有些言语行为是自然产生的，只好在它出现的时候加以观察，例如儿童怎样学讲话，人们在使用语言时怎样讲错话。自然观察的特点是：（1）不干预性（Noninterference），观察者对所观察的对象必须进行客观的记录，不能带有任何主观成分。（2）寻找事物的模式（Pattern），从个别的、随机的行为中找出事物的客观规律。（3）直观性（Directness），直观比臆断可靠，但很多心理活动不能直观，必须根据其外部行为来推断内心活动。（4）收集数据旷日持久，要花费很多时间和精力才能找到事物的模式。

实验方法是心理语言学更多地采用的第二种方法。实验方法也就是自然科学所采用的方法，它和自然观察不同，主要体现为控制（Control）的理念和方法。实验方法要求有实验组（Experimental Group）和参照组（Reference group）进行对比观察。任何一种行为（例如词汇量的增长）都是各种因素相互作用的结果，为了弄清楚这些因素的不同作用，我们就必须把各个因素控制起来，即让它们在实验组和参照组里基本一样（例如想控制性别，就让这两个组的男女比例一样），而专门操纵（Manipulate）某一个因素，即对它进行系统的改变，例如年龄这个因素有不同的水平和发展阶段：儿童、青少年、中年人、老年人，就可以通过实验方法比较不同组别的词汇量增长的情况。

第二节　心理语言学与英语专业教学的关系

一、横向看心理语言学与英语专业教学的关系

我们需要首先明确的一组概念是：二语和外语（英语）。二语、外语是和一语、母语对立的概念，它们常常被当作同义词使用。具体来讲，二语是和母语在同一国家或地区内习得并使用的非母语语言，常常是该地区的官方语言或至少是该地区被认可的语言之

一，因此二语常常是参加本国或本地区政治经济生活或接受正式教育的必备条件。外语则不同，其学习环境和使用环境都不同于母语，学习外语的目的是为了和以该语言为母语的外国人打交道、阅读以该语言书写的各种文献、出国旅游等等。英语对于一些海外华人可能是二语，但对于国内几乎所有的中国人来说就是外语了。从学科名称上看，“外语”从属于“二语”，因此关于外语教学的很多文献往往来自二语习得这门学科。因此，我们在谈心理语言学与外语教学的关系时常常需要借助二语习得中的研究成果，尤其是那些把英语当作外语来学习的研究成果。

心理语言学是外语教学的基础学科。外语教学的根本目的是帮助学习者掌握一门外语，希望达到和母语一样的流利程度。要达到这样一个目的，研究语言使用和语言习得的心理过程是必不可少的，而这正是心理语言学的研究领域，所以心理语言学是深入研究外语教学的必要条件。正如施特恩（Stern）所说：“没有关于语言学习者和语言学习过程的心理学理论就很难想象我们该如何进行语言教学。”① “语言教学理论离不开语言使用和语言学习这些心理学的概念，有关语言使用和语言学习的心理学的思考本身就是任何语言教学理论的核心部分。”② 施特恩用下面这个图（图 6-1）表示外语教学和各个相关基础学科的关系。

该图显示，(1) 心理语言学等各基础学科（第一层）通过外语教学的理论（第二层）对外语教学的实践（第三层）产生影响；(2) 这种影响是双向的，外语教学的实践反过来影响外语教学的理论，从而影响心理语言学等各基础学科；(3) 心理语言学和外语教学的关系往往不是直接的透明的关系，往往需要考虑“外语”“教”“学”“各种背景情况”等因素，首先形成外语教学的理论。

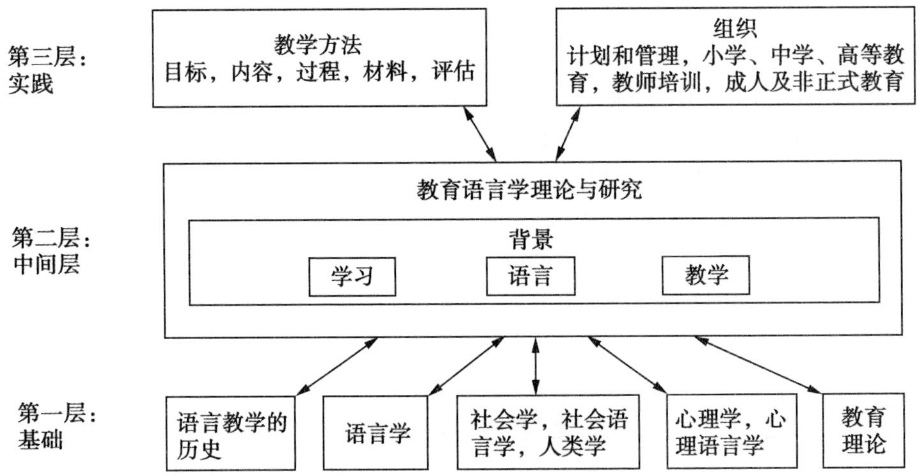

图 6-1　外语教学与各相关基础学科的关系

心理语言学对外语教学有指导作用，原因主要有二。第一，外语教学离不开心理语言学有关人类如何学习的理论。心理语言学从人类的一般认知原则、大脑的生物机制、

① 王铭玉. 现代外语教学多维研究［M］. 上海：上海外语教育出版社，2015：7.

② 王铭玉. 现代外语教学多维研究［M］. 上海：上海外语教育出版社，2015：7.

学习策略等角度探讨语言学习（主要是母语习得），这和其他与外语教学相关的基础学科不同，其作用因此是不可替代的。比如在外语学习的关键期问题上，心理语言学所提供的生物证据和看问题的角度都是独一无二的。第二，外语教学要想上一个台阶，必须考虑语言使用中“在线”（on-line）、“实时”（real time）的语言处理，因此离不开心理语言学有关语言信息处理的理论。比如在口语表达这个问题上，在回答说话人如何一边进行言语计划一边执行言语计划这个问题时，心理语言学就会考虑工作记忆资源有限这个因素，而这是现时语言处理的关键因素。

上述施特恩的研究（图 6-1）为我们提供的是一个总体的轮廓，但外语教学的内容是具体而明确的。为了深入说明心理语言学和外语教学的关系，我们设计了一个更加详细的关系图（图 6-2）。

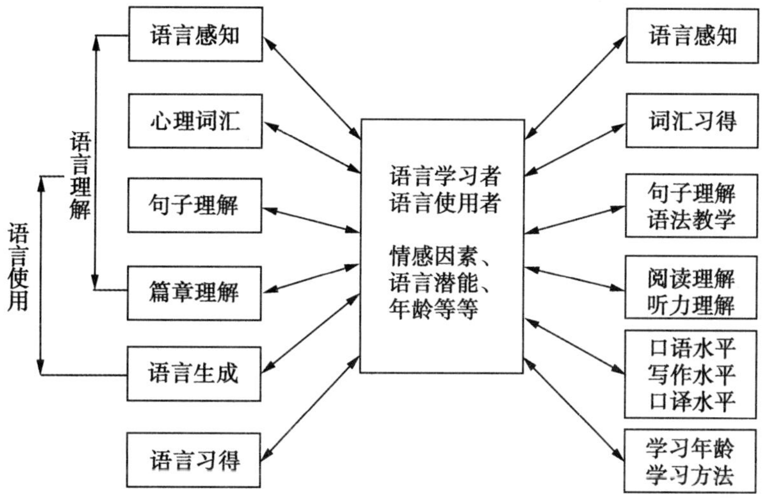

图 6-2　心理语言学和外语教学的关系

该图有这样几个考虑：（1）心理语言学的核心问题是语言使用的心理过程，在语言使用的两项内容中，语言理解的研究是语言生成研究的基础，而且研究成果最多，所以我们在本书中突出语言理解的研究；（2）尽管心理语言学和其他学科如语用学等有相重叠的研究课题，但心理语言学突出语言使用和语言习得的心理过程，这就是说，心理语言学强调语言使用者和语言学习者的各种因素；（3）外语教学的内容很多，影响外语教学的学科也不少，但我们这里的主题是心理语言学和外语教学的关系，或者说是心理语言学对外语教学的指导作用，所以我们所选的外语教学内容主要以心理语言学的相关内容为线索；（4）外语教学同样对心理语言学有反馈作用，这种反馈作用同样也离不开语言学习者和使用者。

实际上，图 6-2 为我们提供了一个本书的写作提纲。但我们首先应该注意的问题是，心理语言学和语言教学有相当长的相互影响的历史，它们在某些具体的问题上已经是你中有我、我中有你了，这种重叠关系将在具体的问题中有所体现。另外，心理语言学仍然是一门发展中的科学，我们不能指望从中寻找到一个一劳永逸的关于语言教学的理论。

二、纵向看心理语言学与英语专业教学的关系

从历史上来看，心理语言学对外语教学所产生的影响主要体现在它的“中间地带”和“实验场地”的作用上。心理语言学处于心理学和语言学的中间地带，在成为独立的学科之前就已经有了相当长的孵化过程。在这漫长的过程中，心理学的理论在外语教学界的讨论实际上就是心理语言学的课题，心理语言学因此在这方面就成了心理学的理论应用于语言教学领域的实验场地。

外语教学中最早盛行的翻译法（the translation method）以心理学上的机械主义为理论基础①。机械主义认为，所有的语言都有一个共同的起源、共同的语法、共同的词汇概念；语言之间的不同在于发音和书写的不同，因此外语教学应该采取对比对译的翻译法。

外语教学中影响深远的直接法（the direct method）以现代实验心理学奠基人冯特（Wundt）的联想主义（associationism）为理论基础。② 我们的知识都来自感性的经验。人出生时一无所知，只有通过零星的感性经验，逐步建立联想（associations），才积累起知识。感觉之间的联想可通过诸如重复率、感觉强度、感觉的相似性这些因素来建立。冯特在《语言》一书中断言：“语言心理中起主要作用的不是思维，而是感觉，……最强有力的感觉是由音响表象所引起的。”③ 基于这些认识，直接教学法仿照幼儿学习母语的过程来设计外语教学过程，提出以模仿为主、以口语为基础的直接联系的学习方法，目的在于培养语感、强调直觉。帕尔默（Palmer）是直接法的重要代表人物之一。他坚信语言学习最好的方法就是那些最终能够形成习惯、能够导致“自动的”无意识的使用语言的方法，而不是那些导致形成概念和系统思维的方法。④ 语言学习的过程就是形成联想的过程，就是建立词、句和思想、行动、事件之间的联想的过程。

兴起于20世纪40年代美国的听说法（the audiolingual method）在心理学上以行为主义（behaviorism）为理论基础（在语言学上以结构主义为理论基础）。在行为主义者看来，冯特的联想主义理论和内省的研究方法太主观，不可靠；而语言行为和其他的行为一样，无非是对环境中的刺激做出反应，因此只能靠外部观察来研究。华生（Watson）提出的行为主义心理学公式是：刺激—反应（stimulus-reaction）。斯金纳（Skinner）的新行为主义增加了强化（reinforcement）的作用，可归结为：刺激—反应—强化。⑤ 外语教学中的听说法把语言习得的过程看成是一个习惯形成的过程，而这种习惯形成的途径就是不断重复“刺激—反应—强化”这一程序的机械性训练，重复和模仿因此是听说法的精髓。由于要在外语刺激和反应之间建立最直接的联系，母语因此在外语的学习过程中受到排斥或限制。

创始于20世纪50年代法国的视听法（the audiovisual method）在心理学上主要以行为主义为理论基础，同时借用了格式塔（Gestalt）心理学和认知心理学的原理。视听法和

---

① 朱纯. 外语教学心理学［M］. 上海：上海外语教育出版社，1994：1.

② ［美］维吉・布洛克. 教练技术［M］. 北京：北京联合出版社，2016：54.

③ 张萍，张君. 外语教学法流派理论与实践［M］. 沈阳：辽宁人民出版社，2017：13.

④ ［英］A. P. R. 豪厄特，［英］H. G. 威多森. 英语教学史［M］. 北京：商务印书馆，2016：378.

⑤ 李春苗，等. 企业培训设计与管理［M］. 广州：广东经济出版社，2002：28-29.

听说法一样，把外语学习的过程归结为“刺激—反应—强化”的过程。但视听法强调图像（视觉）和声音刺激（听觉）的相互联系和相互作用，认为通过视觉和听觉来理解语言材料是以整体结构的形式实现的。这正是受格式塔理论影响的结果，因为格式塔理论认为，知觉本身有一种整体性；整体不等于部分之和。[①] 作为格式塔理论的一个具体应用，视听法主张用整体结构的方法教授词汇，并要求学生整体地理解语句的意思。实现视听法的理想途径就是语言实验室。高档的语言实验室配有主动比较型的录音机，学生可以边听、边模仿、并录音，然后把主带上的录音和自己的录音相比较，找出差别后再继续重复边听边模仿的过程，直到自己认为理想为止。另外，认知心理学把言语交际看成说话人和听话人编码和解码传递信息的活动过程；视听法因此强调信息的直接传递，排除母语或文字的中介作用。

兴起于20世纪60年代的认知法（the cognitive approach）以认知心理学为基础。认知心理学认为：(1) 行为主义从老鼠的学习行为上所推导出来的“刺激·反应”理论不能推广到人的身上，人类的行为要复杂得多，有本质上的不同；(2) 人类的语言依赖于结构（structure-dependent），不同于简单的“刺激”或“反应”。发生认识论认为，掌握新知识是一种智力活动，而每种智力活动都包含一定的认知结构。[②] “基本结构”（概念、规则、原理等）在知识的学习过程中至关重要，有助于对本学科的进一步理解，有助于知识的记忆和迁移。“发现式学习”鼓励学生通过对所学对象的观察、分析、归纳等逻辑思维活动自己发现学习的规则和原理。语言学习最主要的不是模仿，而是掌握规则（主要是语法规则）；只有掌握了规则，才能听懂或说出以前从未接触过的句子。所有的这些认知心理学的理论都对外语教学产生了深远的影响，其结果是：外语教学强调语言规则的系统掌握，强调对语言材料的深入理解，这就是和听说法或视听法完全不同的认知法。

发展于20世纪70年代的功能法（the functional approach）或交际法（the communicative approach）主要以心理语言学和社会语言学的一些理论为依据。心理语言学这时已经成为一门独立的学科，对语言使用和语言习得的心理过程有了一定的了解，但对于各个具体的研究问题，各种理论模型并存，在语言教学中的应用也很难归结成某一种理论或某一种方法。总的来说，在外语学习方面，心理语言学的多数研究认为，人类思维有着共同的一般意念范畴，因此可将常用的意念项目作为语言教学的共核。这种共核可为制定具体的教学大纲提供依据。功能法的出发点是在交际活动过程中表达意念。

总之，从历史上看，心理学的理论应用于外语教学领域的实验和讨论构成了心理语言学孵化阶段的重要内容，促使了心理语言学的正式诞生。心理语言学正式诞生之后的大量研究成果对外语教学有直接的指导作用，这种作用有些已经被外语教学界认识到了，有些仍然处于待发现之中。

---

① 杜士英. 视觉传达设计原理　升级版［M］. 上海：上海人民美术出版社，2018：70.

② 张艳玲. 英语教学的理论、模式和方法［M］. 青岛：中国海洋大学出版社，2018：45.

第三节　心理词库与英语专业教学

一、心理词库的含义

心理词库也被称为“内部词库”或“心理词典”，它是词汇知识在永久记忆中的组织和表征形式，是储存在语言学习者心中的随时可以激活的词汇集。这是心理学家们在研究词汇理解时提出的一种假设。这种假设认为人脑的词汇记忆就像一本词典，其中含有很多词汇条目，每个词条包括发音、写法、语义、语法功能以及语用等项目。词汇的识别由感觉信息输入一个词，就是这个词的特征在心理词典中激活相应词条的过程。这个过程就像查字典一样，我们按一定的规律从词典中找到一个词，并读取相应的信息。

二、心理词库的特点

心理词库具有与传统纸质词典不同的特征。

（一）个性化

传统纸质词典是人为的结构体，按照字母的顺序排列词语，而心理词库却是一个个性化的虚拟的认知结构，词语的排列不完全是建立在语音或字母拼写的基础上，认知个体可能根据自身的体验，在心理词库中安排词语的顺序，或增减相关的内容。例如，在语音方面，一般的纸质词典会提供某个词目的固定读音，但人们却可以运用自己的心理词库精确地分辨出不同说话者对同一单词的发音差异。心理词库中语义的组织安排也因个体而异。一般纸质词典中的词目信息按照字母顺序排列，这种做法在无形中割裂了语言中词与词之间的自然语义关系，违背了语言相互联系的自然规律，有时反而成了学习过程中的一个障碍。例如，skip，leap 和 jump 是语义上的近亲词，但纸质的词典按照字母的顺序将其分别排在不同的地方，割裂了它们之间语义上的自然关系。这显然是违背了二语习得的规律，在一定程度上增加了学习者的记忆负担。但学习者可以将这样的关系以语义场的形式建立在各自的心理词库中，成为永久记忆的一部分。这就更有利于学习者从一个语义场中获取对一个词的理解，并达到准确使用的目的。心理词库中的词条包含更多的细节信息，同时与其他词条有着种种的关联，因此语义层次更复杂。这些储存在心理词库中的词汇按照一定的语义关系体现在各种各样的语义场中，而语义场也不是单独词语的集合，而是词汇根据某种意义或语境以场的形式彼此连接在一起的。

（二）容量大

从内容上来看，心理词库的容量大，而且和个人的认知体验密切相关，具有即时更新的特点。一般纸质词典始终会受到篇幅的限制而力求简明扼要，而心理词库的容量可以说是无限的。仅从词汇量来说，各个心理词库容纳的词汇量是有差异的。心理词库不仅包括比纸质词典丰富得多的语言学内容，而且包括百科知识的内容，包括个人的经验。所有这些内容都在不停地更新，有新词的习得，有旧词的遗忘，更有学习者随着认知阅历的增加对旧词内容的不断补充和丰富。而一般的纸质词典限于人力、时间等问题无法做到即时更新。认知语言学强调的是人类认知的体验性，人类对某种事物的认识从来不是一蹴而就的。词汇的习得也是同理。对一个词的认知从来不是一次学习就能达到的，是要通过多次接触，反复再认、重现，逐渐更全面更熟练地掌握词的各方面特征。我们对词的认知总是处在“完全不知”到“完全了解”之间这个“连续体”的某一个位置。因而任何人任何语言的心理词库都不是一次形成就固定不变的，而是在学习中一直不断变化、发展和丰富起来的。学生词汇习得的过程就是其心理词库不断更新的过程。

例如，在《现代大学英语》(第二版) 第一册第五课 The Nightingale and the Rose 中，学生接触到了词汇表中的 daffodil。但在该文中，daffodil 只是一个配角，学生可能只获取该词的读音与中文意义。但到了《现代大学英语》(第二版) 第三册第三课 A Dill Pickle，当学生再遇到这个词的时候，会发现这个词贯穿了整个故事。而此时，学生获知的信息会包括 daffodil 的花语，花语在希腊神话故事中的起源，以及该词对故事主人公性格的体现。由此，学生对词汇的了解逐渐加深，更加丰富与全面。而这种即时的知识更新是一般的纸质词典做不到的。

(三) 速度快

从使用角度来看，心理词库从长时记忆中的提取速度非常快，只是和人脑的神经反应密切相关。正常人在交际过程中说话的速度为每分钟 125~180 个词，这就意味着人们每秒提取的词是 2~3 个，并且是在使用过程中能根据上下文来选择合适的词。这说明学习者心理词汇的质量在很大程度上影响了他们在使用过程中的流利性和正确性。词汇的提取就是从心理词库中激活某一词项的心理表征的过程，主要涉及词汇的识别和输出的过程。影响心理词库激活水平的因素很多，除了学习者自身的心理特点之外，还包括以下四个因素。

(1) 词频效应因素——学习者对高频词的反应快于对低频词的反应。

(2) 词汇歧义因素——学习者会在不同的词义之间进行选择，这就直接影响到心理词库的激活速度。

(3) 词素结构因素——对于含有多个词素的词来说，学习者的反应速度也是不一样的，高频词一般是整词记忆，直接被激活，而低频词和带词根词缀的词是被分割储蓄分别激活的。

(4) 词汇性因素——对词汇是否正确的判断也会影响对词库的激活，对学习者来说，拒绝一个看起来像词的非词要难，而拒绝一个根本不像词的非词就很容易。由此，在学习者心理词库中，identity 被激活和提取的速度一定慢于由多个词素构成的 unidentified，对来自法语的词汇 mermoires 的不完全符合英语发音的反应一定慢于对符合发音规则的 memory 的反应。

三、二语心理词库的构建

众所周知，加强记忆，减少遗忘是提高学习者英语专业学习效果的一个重要因素。

记忆活动的顺序是注意、观察、分类联想和重复。为了降低遗忘，这一过程就必须循环下去，实现“识记—保持—再现”：从心理学角度来看，遗忘是正常的。我们要努力做到的是在认识某一词后，能将其长时间保持在大脑中，以便用时再现。这就需要我们不断地和遗忘做斗争。遗忘规律如下。

（1）无意义的东西比有意义的容易忘记。

（2）所学新知识、新技能建立的联系越多，越不容易忘记。

（3）新知识、新技能开始时忘得快，越到后来忘得越慢。

（4）零散的知识比经过归类的容易忘记。

以上四条遗忘规律，除了第三条外，都在强调在词汇学习和记忆中存在着某种或某些联系。这是因为词汇就像人一样，不是孤立存在的，每个词都有它的亲戚朋友，这就构成了错综复杂的关系。学习单词很大程度就是学习它所处的各种关系。我们识记和储存单词、回想单词，靠的就是为该词营造一种语境或框架。

心理词库是个性化的词库，教师不可能在课堂上为不同学生建立相同的词库，但教师可以引导学生从不同方面展开联想，帮助学生建立自己的词库。

首先，教师在课堂上要在音、形、义上“三管齐下”地帮助学生认知词汇。对一个词汇的认知仅看词义是不够的，语音也同样很重要。因为语言是有声语言，如果未掌握语音就既不能听懂，也不能读出，更不能说话。在词的拼写以及使用中形态的变化也应该比较熟悉。词汇之间的联系不只是词义，语音上以及拼写上的相似，都可以成为联想的基础。学生读音的偏差以及拼写的失误都有可能造成词汇网络的错误搭建，最终影响词汇的提取。

其次，教师要引导学生多角度理解词汇。揭示词义的方式很多，教师要告诉学生不可拘泥于单词的中英文对照词义，而应该采取构词分析、同义词、反义词、图式等联想手段构建相关语义场，以便更全面、更深刻地理解一个词的含义。教师在课堂上的讲解毕竟有限，对词汇的习得主要还是要靠学生自主学习完成。在习得的过程中构建语义场乃至心理词库可以充分反映学生学习的主动性和作为认知主体的能动性，可以在很大程度上反映学生对词汇的接受和产出能力。

最后，教师要培养学生的隐喻思维。隐喻作为人类认知世界的重要手段，在于它是人类联想的主要机制。隐喻思维不仅可以帮助学生打开语义联想的通道，而且可以使学生从偏重语言形式即字面本身的分析转向对语言、社会和文化的积极认知，从而在隐喻概念化过程中实现对词汇的联想加工和词汇语义的深层理解。

既然心理词库是个性化的词汇心理表征，它不是千篇一律的。每位学生对词汇的组织方式都会有所不同，这跟学生自身的认知条件息息相关。学生在建立个性化的心理词库时要做到以下几点。

首先，学生要养成随时记录单词的习惯。词汇习得分为刻意学习（intentional learning）与顺带学习（incidental learning），前者是指学生刻意记忆单词，如通过背词汇表或做词汇练习来记单词，而后者是指学生在完成其他学习任务时，其注意力并非在单词上，却顺带习得了单词。因此，刻意学习时，学生的注意力集中于语言，而顺带学习则是以传达信息为注意的中心。在刻意学习中，学生会更有意识地记录单词，关注单词本身，如利用词汇表记忆单词。这种词汇习得的方式符合学生的心理需求，从语言学和心理学的角度来说，是一个很实用的词汇学习方式，能让学生在短期内学得大量的词汇。这种方法有利于考试，但遗忘率也较高。这是因为，词汇表一般按语音编排，割裂了词汇间的语义联系，不利于记忆。而顺带学习词汇通常是在有语境的阅读、观看影视资料或实时交流中发生的。这种方式强调了词汇间的关联性，符合词的认知特点，而且可以很好地发挥学生的联想与推理能力，对学生长期的思维发展来说是值得肯定的。但这种方式的学习过程比较缓慢，而且容易出错，对词汇的保持没有太大的帮助。因此，到底哪种方式能更好地促进学生对词汇的习得是语言学家长期争论的问题。实际上，这两种方式各有利弊，而随时记录单词的习惯可以将这两种方法扬长避短，发挥其在词汇习得中的积极作用。在刻意学习时，记录单词应该侧重将单词纳入已有的知识体系中，建立相关语义场或将新单词纳入已有的语义场，通过确认该词在心理词库中的节点以及与其他词的联系来记忆。这样的方法可以弥补词汇表对词汇语义的割裂。而在顺带学习的情况下，随时记下不确定的词汇，在猜测和推理发生之后再回顾在某一阅读语境中或交际环境中出现的词汇，以确认猜测和推理正确与否，巩固顺带学习的成果。俗话说“好记性不如烂笔头”，随时记录单词的习惯可以为记忆单词这种心理行为提供一种物理的、机械的手段，促进词汇记忆的有效进行。

其次，学生要有时常更新词库的习惯。学生在记下单词后就已经形成了自己的心理词库，但这个心理词库是要及时更新的。更新心理词库包括在已有的心理词库中添加新的词汇，增加新的节点和新的关系网，也包括对已有的词的扩展与深入。例如，在《现代大学英语》（第二版）第一册第五课 The Nightingale and the Rose 中，用 flutter，soar，sweep 及 sail 来表示 fly，此时，在教师的提示下，学生要发挥想象，体会这几个动词所体现的“飞翔”的不同状态，并可以将其纳入已有的与 fly 有关的语义场中，丰富 fly 语义场。随后，在《现代大学英语》（第二版）第一册第六课 The Green Banana 中，学生会碰到 steep 这个词，表示“陡峭；急剧升降”。此时，学生可以将 steep 一词增加到与 soar 关联的语义场中，soar 这个节点拓展出节点，表示词汇间横聚合关系的关联示意。庞大无形的心理词库由此可以更加丰富、扎实和深化。这个方法应用到个别人，其表现也各异。其具体原因有：每个人的机械记忆能力不同，不同的人对英语单词之间的联系分析能力不同，已熟悉、已记住的英语单词的数量和范围不同，以及对词义的联想能力不同。我们强调建立心理词库的重要性，并不是记忆现成的联想内容，更不是规定联想的方式，而是充分发挥学生的主动性和创造能力。因此，学生一旦养成随时记录词汇的习惯，其词汇记录本就成了他们抽象的心理词库的物理化体现，也就成了真正的实实在在的属于学生自己的一本个性化的纸质词典了。

构建心理词库符合词汇在大脑中的存储方式，符合人类认知方式，可以充分发挥认知主体的主观能动性，因此可以有效地帮助学生自主习得词汇。同时，二语词库和一语词库之间也存在关联性。这些研究成果告诉我们，在指导学生建立心理词库的时候要注意以下几点。

第一，建立心理词库是单词记忆的辅助手段，它与机械记忆是辩证统一的关系。这样的联想记忆容易记忆、难度小、趣味性强，但机械记忆则有快捷、简便的优势。对外语知识积累很少的初学者来说，联想记忆不可能成为重要的记忆方法，还是应该以机械记忆为主。但对于英语专业的学生来说，已经有了一定词汇量的积累，有可供联想的基础词汇，构建心理词库可以更有效地帮助学生深度掌握词汇。但即使这样，仍不能忽略机械记忆的作用。两者要相辅相成，才能达到更好的词汇记忆效果。

第二，对不同的词汇，对学习的不同阶段的词汇记忆策略里有所区别。在二语习得的初始阶段，要更重视翻译对等词的记忆，这有利于学生利用一语词汇的形式表征与共享语义表征的强联结达到对二语词汇的认知。而对于处于较高层次学习阶段的英语专业学生来说，词汇习得策略应根据词汇特性而做动态调整。对于意义比较单一的词汇或专业词汇，可以选择较为机械的记忆，以求在短时间内获取更大的词汇量。但在对一般词汇，常用词汇，尤其是一词多义的习得上则要更多地选择语境化联想策略来习得。第三，词汇联想应该多管齐下。学生不仅要关注词义、语音、词形，甚至句法也都是联想开展的切入点。各种语义场的类型可以为词汇联想提供方向。在进行联想时，避免望文生义的联想，联想过后还要进行确认。例如，在某些情况下，词缀加词根衍生出来的词汇会出现转义，这种转义有时不符合常规，极易误解。在交际发生后，要再次确认利用该语境猜测的词义正确与否。似是而非的联想可能会导致大范围的词汇关联的错误搭建。联想过后的确认很关键。

总之，二语心理词库的研究为外语词汇教学与习得提供了很多值得思考的借鉴。如果学生能够发挥联想的作用，多写、思考，在词汇习得时就会得心应手，从而使得外语学习得到长足的进步。

四、影响词汇提取的主要因素

（1）词频（word frequency）

词频就是指某个单词在一定范围的语言材料中被使用的频率。无论对于母语还是第二语言，人们对心理词汇中高频词的提取速度远远高于低频词，简言之，人们对低频词的反应慢，对高频词的反应快，这一现象叫作词频效应（frequency effect）。心理学家认为，词频效应是词的新近性（recency）造成的。[①] 新近性是指最近听到或读到过的词。新近性是对每一个个人来说的，词的频率效应只是一种现有的、暂时的状态，词频效应并不是静止的，而是动态的，一个低频词经过重复出现或使用后也会产生高频词的效应。心理学家发现，词频与认知和记忆有密切关系，相对于低频词，高频词认知的阈限低，更容易被激活和提取，因此在口语表达中，人们使用的词汇大多是常见的高频词。[②] 德国心理学家艾宾浩斯（Ebbinghaus）的遗忘曲线也表明，短时间内对所学知识的再认可以大大降低遗忘率。[③]

（2）词汇歧义（lexical ambiguity）

词汇歧义指同一个词具有一个以上的意思，也就是英语中的一词多义现象（polysemy）和同形异义词（homonym）。如英语的 match 既可以指“火柴”也可以指“比赛”和“匹配”。当遇到多义词时，词汇的多个意思一般情况下同时被提取，但语境能够很快决定保留哪个意思，也就是说，当上下文明显偏向词汇的主要意思时，则首先提取

① 沈娜，张小艳．英语词汇与词汇教学［M］．成都：电子科技大学出版社，2017：56.
② 常琳．心理词汇研究视角下的大学英语词汇习得［J］．沈阳师范大学学报（社会科学版），2012（2）.
③ 李美华．心理学与生活［M］．长沙：湖南师范大学出版社，2017：130-131.

主要意思。语境分为“语言语境（linguistic context）”和“非语言性语境（nonlinguistic context）”，前者指书面语中的上下文和口语中的前言后语，后者指是交流过程中某一话语结构表达某种特定意义时所依赖的各种主客观因素，如交际者的身份、文化背景、交际方式、交际内容等非语言符号。许多实验证明语境对心理词汇的提取有很大影响，这种由语境来决定心理词库中的词汇提取的现象称为语境效应（context effect）。语境的作用实际上是人脑利用记忆储存的信息进行自上而下概念驱动加工的结果。研究发现，阅读水平低的学生语境效果更大，更需要借助语境认知词汇。

（3）语义启动（Semantic priming）

语义启动实际上是一种词汇判断任务，语义启动也被称为语义效应（semantic effect）。研究发现，在需要受试者做出判断的目标词如（nurse）前面增加不同的启动词（如 doctor）会缩短对目标词的反应时间。此结果表明，人们在提取有语义联系的词（safe/dangerous；teacher/student）比无语义联系的词（如 student/television）要快，因此，有语义关系的启动词或明确语义范畴能够缩小受试者搜索目标词的范围，从而缩短反应时间。

五、心理词汇理论对英语专业教学的启发

（一）词频效应对英语专业词汇教学的启示

在英语专业学习阶段，很多英语专业学习者由于对词汇的遗忘率过高，导致英语学习事倍功半。受词频效应的启发，一方面，教师要重视教材中词汇的重现率，并以此对教材及其他学习材料进行取舍，保证刚学过的单词短时间内的必要重现。另一方面，在授课过程中，教师通过听、说、读、写等实践活动使新单词在短时间内不断再现，同时在学习新词汇时，建立与旧词汇的联系，做到旧词汇的及时重现。比如，教师在讲授新词“postpone”时，可以用学过的词汇对新词汇进行解释：“delay to a later date or time.”用英语解释英语既可以培养英式思维，避免母语的干扰，又可以对旧词汇及时复习，使词汇在短时记忆中得到巩固，在长时记忆中得到夯实。在英语写作当中，很多学生所用的词汇大部分还是中学阶段的基本词汇，因此在组织学生词汇使用方面，教师应注重语言表达的丰富性，即在表达同一个意思时，教师应选择一些口语表达中频率相对低的词汇来丰富心理词典的输入，如在表达“get”时，适当选择“acquire，obtain，gain”等意义相近的词替换使用。另外，为了丰富词汇知识，学生要养成日常泛读的好习惯。

（二）词汇的语义教学

根据心理词汇的语义效应，有语义关系的词更容易被提取和记忆。在词汇教学中，教师注意培养学生的语义场（semantic field）意识，建立词义关系和范畴，将单词归类在不同的语义场内。语言中的词汇并非孤立地储存在人的记忆中，而是分门别类地储存起来，某些词可以在一个共同概念或核心词汇的支配下，结合在一起组成一个语义场，形成记忆中的词汇集合，只要记起其中一个词汇，就会联想到其他的词，从而取得事半功倍的效果。由于英语专业教材中附在课文后的单词数量多并且比较零散，相互之间缺少

语义联系，如果将单词重新做一个归类和整理，不仅可以减小记忆负担，还会帮助学生高效地构建心理词典。比如，教师可以将与法律相关的词汇整理在一起，想到法律（law），会激活很多与之相关的词汇。平时做到及时测验，教师给出一个启动词，让学生想出可以被激活的其他词汇，通过这种测试方法可以及时了解学生近期的心理词库的构建情况和复习情况。另外，为了避免母语文化负迁移对词义的影响，教师在教学中也要注意强调英汉两种语言在词义上的关系，因为两种语言中多数的对应词是部分对应词，即一种语言的某个词的某一个或某几个词义与另一种语言中的某一个或某几个词义相同。比如，汉语中的“老”和英语中的“old”就是一对部分对应词。两者都表示人和事物存在的“长、久”，即“老的”“陈旧的”“原有的/从前的”，如“老房子”“老朋友”可以分别翻译成“old house”“old friend”，但是，汉语中的“老”还另有“最小的”的含义，因此“老闺女”不能翻译成“old daughter”而是“the youngest daughter”，在表达“有经验”时，汉语中用“老”，而英语中的“old”则没有“有经验的”的含义。因此，了解英汉语言中词义之间的这种关系，对学习和领会英语的词义、提高学习者对知识的实际应用能力，是有一定指导意义的。

（三）语境教学

根据心理词库组织的激活扩散模型和语境效应理论，存在于心理词库网络中的由语义关系互相连接的每个节点所对应的词，在提取时所筛选出的意义由语境决定。很多实验表明，有效的语境教学可以帮助扩大和巩固英语专业学习者心理词库的语义网络。英语中存在着大量的多义词，在阅读和听的过程中英语专业学习者会不同程度地受到一词多义现象和同音/同形异义词的干扰。传统的教学试图将词汇的各个义项在讲解一篇课文中一次性地灌输给学习者，不仅增加了学习者的记忆负担，也容易使学生在阅读中不能快速有效地提取词在特定语境中的含义。因此，结合语境，有效地扩展词汇的意义尤为重要。英语中的一些积极词汇通常有两个或两个以上含义，在学习者掌握了某个词在课文中的含义后，教师可以结合与学生密切相关或感兴趣的话题将词义进行有效扩展。如“account”这个词在课文中除了有动词“解释”以外，针对金融类专业的英语专业学习者的具体专业领域，教师可以将“报账”的含义也同时强调出来，并向学习者提供方便记忆的例句，帮助学生将词汇的基本意义向专业领域扩展。另外，由于词的搭配意义可以限制人们理解词义的主观随意性，因此，教师授课时可以结合词的搭配意义，引导学生根据搭配词加深对词义的理解。比如，“slippery”在课文中修饰“floor”时，表示“滑”，当修饰对象发生变化时，词义也会发生变化，“slippery customer”表示“狡猾的顾客”。在阅读中，教师要培养学生的猜词能力，提供足够的语境让学生根据上下文进行猜测，以避免歧义。

第四节　心理语言学在英语专业教学中的应用

一、心理语言学在英语专业听力教学中的应用

（一）心理语言学与英语专业听力教学

从心理语言学的角度来讲，听力是将知觉和语言结合起来产生的一种复杂的心理过程，听的过程就是一个听者对所听到的语流进行分析，从语流中提取有效信息的过程，要对这些信息进行整合，就必须建立在一定的心理基础和语言知识水平上。心理语言学基础上的听力主要包括两个方面。第一个是听力理解过程中的心理语言模式，听力理解一共有三种模式，其一，自上而下模式，指的是听者运用自己的思维图式、背景知识等从听力材料的篇章结构中获取信息，对听力材料进行理解。其二，自下而上模式，指的是听者运用自己的感知对听力材料进行理解的过程。其三，互动模式，指的是听者将听力理解看成是自己的大脑在记忆和理解听力材料的过程。第二个过程是听力理解的心理过程，指的是听音过程中对信息进行处理的过程，人在听音的时候会接受很多信息，对这些信息进行处理，是感觉记录器、短时记忆、长时记忆相互转化的过程。感觉记录器就是对语言进行选择性听和辨的过程，然后将自己听到并且接收的信息传送到短时记忆和长时记忆中，短时记忆在听辨过程中十分关键，除了具有短时间记忆的功能之外，还具有信息处理的功能，通过听者积极的心理活动，能够将这些信息处理成为对听者有帮助的信息。而长时记忆则是知识存储的过程，是在人们的大脑中所形成的一种长时间的记忆，比如在不断学习的过程中所累积的知识，如语法规则、算术规则等，这些知识被用来解释各种新的知识，从而将新的知识加入长时记忆库中，丰富记忆库中的知识。

（二）心理语言学下的英语专业听力教学改革

1. 强化学生的英语专业听力练习

听力是一个复杂的、系统性的心理过程和思考行为。从当前大学生的英语专业学习情况来看，听辨能力薄弱是很多大学生面临的问题，听辨能力指的是学习者将自己所听到的语言信号分解成语言单元并且抓住有意义的重点词语的能力，当前很多学生的听辨能力比较薄弱，体现在词汇和句法两个层面上，在听音的过程中不能很好地辨认出词汇和句法的含义，从而导致学生对整个听力内容都感到模糊。从心理语言学的角度来讲，结合听力理解过程开展自下而上教学，可以强化学生的听力能力。教师在教学过程中要给学生提供丰富的听力材料，尤其是要加强对听力材料中的关键词汇、关键句法的训练，让学生可以听取相关的或者相似的音节、词汇。由于很多学生容易混淆单词的发音，所以对文章的理解有误，所以在教学过程中可以首先加强基础教学，将国际音标作为听力训练的材料，让学生首先对国际音标的准确发音有所了解。其次，可以加强对学生的发

音训练，模拟标准的国际音标发音进行练习，强化学生的语音意识、辨音能力，当听到一个单词的时候能够准确地判断出其含义，而不是误理解成其他的单词，而且能够抓住文章中的关键词汇，将其折射到整篇文章上，从细节推敲整个文章的大致含义。总之，在听力教学过程中要强化细节，又要强调整体篇章结构，从发音到词汇的含义，再到整个句子以及篇章内容的理解，层层递进，以此为基石出开展听力训练。

2. 丰富学生的英语专业听力材料

学生的塑造性很强，而且随养学生的认知能力不断提升，他们对外部世界的认知也越来越清晰，但是由于很多学生对一门新语言的背景知识以及文化知识的了解不够，因此导致很多学生即使听懂了部分听力材料，也只是知其然，不知其所以然，处于一知半解的状态。因此，在英语专业听力练习过程中，丰富学生的听力材料，是提高其听力水平的重要途径。单一的材料只会束缚学生的认知能力，在教学过程中，除了利用听力材料培养学生的预判能力、推理能力，还应该要增加多种类型的听力材料，比如增加其他国家的背景文化、科技、教育、医疗、艺术等领域的内容，丰富学生的认知领域。同时，也要加强对不同的听力题材的应用，除了简单的对话，还可以加强对新闻、演讲、陈述等题材的应用。在听力训练过程中，需要继续强化学生对背景知识的判断和理解，另外还能通过不同的题材交叉训练，帮助学生掌握听力基本技能。另外需要注意的是，在选择听力材料的时候，要对材料的难度进行控制，教师要对学生的听力水平进行了解，不能盲目选择，可以首先在课堂上做几份听力测试，对学生的听力水平有一个大致的评估，然后选择难度适中的听力材料。对于基础水平不同的学生，也可以安排有难度差异的材料，因材施教，有针对性地开展听力训练，提高学生的学习积极性，不会出现因为听力材料太难而气馁或者因为材料太简单而自负的现象。

3. 加强英语专业听力练习中的知识储备

英语专业听力不仅是听一则材料、理解材料和分析材料的过程，而是要从听力材料中学习知识、提炼知识、储备知识的过程。在英语专业听力练习过程中通过对知识的内化理解，可以形成思维图式，从而在下一次听力练习或者在与其他人进行对话的过程中可以加强对这些储备知识的应用，提高语言理解能力。从心理语言学的角度来讲，一个人的心理过程的形成是需要时间的，因此听力课程需要设置科学的时段和时限，如果听力课程的时间仅设置为一个学期或者一学年，时间太短，无法满足学生的听力学习心理需求。从这个角度来讲，听力课程应该是贯穿学生的整个学习阶段的，通过长期训练，可以提高学生的语言能力、对各种知识的理解能力以及对语言文化的理解水平。同时还应该要反复训练，经常对以前所听过的同类型的材料进行重复收听，调动学生的思维图式以及知识储备库中的资源，并且形成新的知识，充实知识储备库中的内容。鉴于当前高校语言教学现状，可以将听力教学从常规的语言教学课程中独立出来，在学校内部开设独立的视听说课程，这是语言教学过程中的一个创新实践，颠覆了传统的语言教学模式。

二、心理语言学在英语专业阅读教学中的应用

（一）影响学生阅读能力提升的因素

学生由高中进入大学，英语能力参差不齐。由于英语大多是从初中开始要求的必修

课程，如果没有正确的引导，加之应试的压力，很多学生从初中到大学的这个较长的学习时限中，没有从中体会到英语学习的真正乐趣，更多的是将它看作是任务来完成，从而忽略了阅读在英语学习中的重要性。另外，教师在教学过程中，“重精读、轻泛读”，将阅读课的大部分时间用于处理词汇、句法等方面，而没有注重背景知识在学生阅读过程中所起的重要作用。学生本身对阅读不够重视，加之不适当的教学方法导致他们在阅读上存在障碍。具体体现在这几个方面：（1）词汇量不足，词汇记忆方法不得当；（2）阅读量不足，课外阅读缺乏，阅读能力差；（3）阅读习惯差，或“指读”，或“唇读”，或“回读”“重读”，或“译读”，或遇生词即查字典，造成阅读速度缓慢；（4）背景知识欠缺，无法建构图式框架，望文生义；（5）阅读教学停留在对表层信息的理解，忽略语篇结构和语篇语义的完整性，使学生产生语篇障碍；（6）阅读目的不明确，动机不强，阅读主动性差。

（二）利用心理语言学理论提高高校英语专业阅读教学效果

从心理语言学在阅读领域的发展看来，高校英语专业阅读教学不仅是一个教授信息的过程，而且是解释信息的过程，我们理应从传统的教学观念中解放出来，打破以往传统的重词汇、句法的教学模式。

1. 阅读的心理语言学模式。阅读的心理语言学模式主要包括概念能力、处理策略和图式知识。图式知识和阅读能力在阅读教学的心理语言模式中，主要是依靠处理策略影响阅读效果。在阅读过程中，学生主要经历两个阅读过程，一个过程是将阅读的信息从书面转移到大脑，另一过程则是新的知识在读者大脑中透过已有的知识和概念得到吸纳和消化，从而完成对新信息的加工。这两个过程相互依存，互为补充。读者在前一过程中对新信息进行寻找和挑选，在后一过程中，读者的头脑在固有知识的引导下，对新信息进行对比和综合，从而完成对新信息的验证、补充和分析，完成对阅读内容的理解。

2. 运用心理语言学理论提高高校阅读教学效果。心理语言学尝试从知觉、动机、记忆、智力等角度去解决关于语言习得和语言能力培养的问题。这些理论合理应用在阅读教学中有利于提高阅读教学效果。

（1）激发学生的阅读积极情感，加强阅读内在动因。心理语言学家认为在语言习得的过程中，那些带着积极情感学习的学生比缺乏热情和情趣的学生学得更加轻松和迅速。由此可见，积极的情感和兴趣对阅读过程将起到有效的推动作用。Goodman 认为阅读是一种积极的心理过程，提出了“自上而下”的模式。他认为阅读的过程就是一个体验、预测、确认和修正的过程。他的观点对我们的启示则是，阅读者应该有选择性地接受阅读篇章中的信息，在阅读过程中，发挥主观能动性，主动预测文章的大意，而教师应该激发学生的阅读兴趣，引导学生在快乐的情感中进行阅读活动。在阅读课堂中教师应该做到以下几点：①改变在教学中“以教师为中心、以教师为主体”的传统教学模式，将课堂转变为学生为主动参与者的轻松开放的课堂教学模式。教师在课堂中应尽力调动学生的学习兴趣，通过诙谐生动的教学语言，亲和、平等、热情的态度积极地引导学生，同时，教师要注意采用灵活多变的教学方式，激发学生的创造力、求知欲及自觉性等内在心理因素，最大限度地提高学生的阅读能力。②教师在备课时也要注意挖掘文章中不同角色的性格特点，指导学生在阅读时能进入角色内心，投入情感。同时，教师在教学过程中也要善于挖掘文章的背景信息以及其中所包含的文化内涵、思想感情，以情启智，使学生在阅读中能产生共鸣，激发学生的学习和探寻欲望，促使其逐渐养成主动学习的习惯。

（2）明确阅读目的，增强阅读动机。在传统阅读教学模式中，由于缺乏阅读的目的性，教师又多是阅读的主导者，将本应该属于学生去积极寻找、主动思考、努力解答的问题和信息由教师代替完成。学生被剥夺亲自理解、分析判断、推断对比、评价总结的机会，就很难尽快培养高效的阅读能力。由此可见，阅读目的在阅读过程中发挥着至关重要的作用。缺失阅读目的，将无从确立阅读策略和阅读技巧。情感是语言过滤器，学习者的动机会将部分外界语言输入筛选出去，降低语言学习的质量。因此，学生的阅读动机和阅读效率具有正向的影响关系。

（3）扩大词汇量，巩固语言基础。人脑中存在一套处于巨大网络中的多条目词汇体系，网络中词汇间的距离越短，词汇之间的关系也就越近，激活越快。实验表明：词频效应和语境效应（上下文效应）是词汇识别的重要因素。词频高的词更容易被提取，于读者而言，将低频词变成高频词可以通过增加词汇重复出现的次数来实现。语境效应在阅读理解中则是指上下文语境。结合上述几个因素，教师在阅读教学中应做到以下几方面：①打破孤立学习词汇的方法。教师在实际教学中可以依照词汇间的各种关系帮助学生记忆词汇，如词汇的同义关系、反义关系、上下义关系等；另外帮助学生掌握一定构词法，如通过添加常见词缀构成的派生词，使学生在掌握常见词缀含义的同时能够更容易掌握派生词的含义，从而在阅读当中能够根据自己已有的词汇量联系上下文更准确地猜测生词的含义。②增加词汇出现的次数提升学生的词汇量。教师应该让学生在课上和课后阅读大量与课文内容尽可能相关的材料，增强阅读的趣味性，提高新词的出现频率，从而摈除传统阅读课中的枯燥性，提高学生对阅读的兴趣，让学生愿意主动去学习和记忆应该掌握的知识和词汇。

（4）注重背景知识的传输，构建图式框架。理解就是选择能够说明输入信息的图式与变量约束的过程。阅读过程是在新信息与图式逐步匹配的过程中完成的。因此，读者对文章背景知识了解得越多，头脑中的图式就越丰富。而当读者在语言能力相对薄弱的情况下，可以借助背景知识更好地解决词汇和句法方面的问题。构思图式分为形式图式和内容图式两种。形式图式主要指读者对整体篇章框架结构的认知。文章类型不同，其篇章结构模式也不尽相同。如果读者能从篇章模式把握整体框架，即便没有逐句阅读整个文章，也能了解作者的写作思路，从而了解文章的内涵和意义。内容图式则包括与文章相关的文化背景、政治历史状况、当地风俗等方面。语言和文化是密不可分的，当读者与作者具有相同或相似的内容图式时，文字带来的障碍往往可以轻易克服，而且随着读者对内容图式的深入了解，也加深其对文章的理解。因此，教师在阅读教学中应当注意扩大选材面，选取涵盖政治、科技、文化、娱乐等不同题材的文章，可以拓展学生的阅读面，丰富学生的内容图式。

（5）通过语篇线索，引导学生对文章更好地认知和理解。根据心理语言学理论，语篇线索是学生正确理解词汇、句子以及语篇的基础和依据。句子只有用在语篇中才能发挥交际功能和价值，才是作者表达自己思想的最好的通道。因此，只有当读者正确理解了文章的语篇结构，理顺了段落间的逻辑关系，才能正确地理解文中的词汇和句子。遵循这一原则，教师在阅读课程中可以采用以下的教学手段：①要求学生仔细阅读首段和尾段。特别注意每一段的主题句，并引导学生找到其中的连接、过渡方式。段落间的连接与过渡方式主要有连接词、表替代重复意义的词或词组、平行结构以及表示强调意义的词或词组。②讨论段落大意，同时预测下段的内容，然后阅读下段，检测预测正确与否。然后再重回原段落，利用语篇结构理解段落中词汇及句子的意思。因此在这部分，教师要注重引导学生注意主要段落句子间的连接词，掌握一段句子间内在的关系，这样能帮助学生有效了解段落文字的大意。

（6）阅读策略。阅读策略是指读者在阅读过程中所用的技巧和方法，包括略读、详读、预读、寻读、推测上下文含义等。在阅读课中，学生主要集中在词汇语法的学习、篇章结构的分析，而对阅读策略的学习和训练则不太重视，经过长时间的教学发现，培养学生对不同阅读材料的阅读策略和技巧的实践，可以很大程度地提升学生的阅读能力与知识的学习。这种方式不仅可以提高学生的语言应试能力，也能帮助其提高阅读效率。

第七章
基于社会语言学的高校英语专业教学研究

语言是一种社会现象。一方面，社会的发展会引起语言的变化，另一方面，人们可以从语言的变化探究社会的变化。本章首先分析了语言的社会本质与语言测试的社会性，接着分析了社会语言学的相关基础知识，进一步分析了社会语言学的跨学科理论，最后分析了社会语言学在高校英语专业教学中的应用。

第一节　语言的社会本质与语言测试的社会性

一、语言的社会本质

语言的社会本质语言是一种社会文化现象，其概念具有抽象的内涵和具体的外延指示范围。从语言的起源与语言哲学的视角来看，语言是符号形式和社会本质的统一。这从根本上决定了对语言和语言现象及其相关问题的研究，应当具有社会维度或最终以其社会性所统辖。

（一）语言的基本概念及其功能

1. 语言的基本概念

“语言是一种表达观念的符号系统”①，同时，语言又是“一种社会制度”②。语言是社会活动的产物，是社会实践的工具和表达方式。语言学“属于全部人文事实中一个非常确定的领域”③。简言之，语言是人类特有的符号系统，是人在社会里的行为；行为有多少种，语言功能也就有多少种。语言的社会性本质，决定了语言与语言测试的社会学视角。

关于语言的定义，历来众说纷纭，大概是由于人们的关注点与侧重点各有不同使然。简言之，语言是言语交际的一种手段，是一种有目的的行为；语言的外在形式是一种符

---

① 索绪尔. 普通语言学教程［M］. 高明凯，译. 北京：商务印书馆，2014：24.
② 索绪尔. 普通语言学教程［M］. 高明凯，译. 北京：商务印书馆，2014：24.
③ 索绪尔. 普通语言学教程［M］. 高明凯，译. 北京：商务印书馆，2014：24.

号。语言是社会性的，是约定俗成的，是使用者有了广泛共同理解基础上才能进行的行为。

2. 语言的功能分析

就学界主流的研究来看，我们可以总结语言的主要功能有以下几个方面：第一，语言的信息功能是语言最基础的功能。运用语言记录社会事件，是社会基本需求和社会发展的前提。这是语言产生的主要依据和根源所在。第二，人际交流功能是语言最重要的功能，人们借以建立并保持其社会地位。这一功能与话语情景言语者的言语态度相互作用而密切相关。人际关系功能范畴很广，经常被以不同术语表达以强调其不同侧面。第三，语言的行事功能主要用以改变人的社会地位。需要说明的是，这一功能的用语通常较为正式，具有仪式化的特点。这一功能进一步拓展为对现实事件的控制，使得受话人感觉到影响其行为的力量。第四，情感功能是语言最强大的功能，在改变人的具体情感状况方面至关重要。第五，言语的社会交际功能。这一功能是指有助于定义并保持人际关系的表达方式，诸如社会与地域方言的转换。第六，元语言功能为用于描述语言本身的功能，语言成为“非限定的自我反身”。语言使得人类能够提出并思考语言本身的内涵。此外，语言的功能还有经常被人忽略的“娱乐功能”。所谓语言的功能，大部分是在一定社会环境中，对一定的社会群体发生作用，故此成其“社会功能”。

语言的功能是语言存在的依据。这在语言学的各分支中有不同的体现，如宏观语言学中的社会语言学更是直接体现这一点。社会语言学包含了语言的社会功能及其使用者的社会特征，需求发现解释与限制语言行为的社会规则与常规以及面向语言的行为。

（二）语言研究的社会学语境

既然语言的本质属性是其社会性，那么对于语言及其相关问题的观察就不能不从社会视角出发，以社会学的相关理论与核心问题构建语言研究的语境与研究方向。我们将以此重构语言测试社会学的理论框架。这里主要涉及语言学与语言哲学、测试学与语言测试、社会学与教育社会学等。

我们必须首先强调，语言本质上是社会性的，而语言测试则是一种社会制度。社会制度的功能是整体内的部分活动对于整体活动所做的贡献。功能主义认为，必须尽可能彻底地调查社会生活的各方面内容，以建立起它们之间的相互关系。任何类型的文化及其实在产物和人类历史上所创造的任何社会制度，都是一系列人类历史事件过程的结果。我们的研究目的并非对测试与社会关系的断章取义甚至附会，而是作为一种社会制度，通过考查语言测试主体、内部要素之间，及其与相关社会环境之间的具体关系构建，反观测试自身在广阔的社会图景之中的功能及其解读。

研究语言就应该研究语言在社会中的运用，研究语言与社会结构的关系。人们普遍认为，社会环境下的语言研究必须研究社会，才能突破局限。因为语言问题是伴随着诸多社会因素存在的，涉及诸多相关的社会问题。由此，产生了语言社会学。语言社会学则是从社会视角出发，联系社会语言来研究社会本身的一门学科。“社会语言学这一学科的内容却并不是新的”①。国外一般将民族、地区、阶层、社会身份、职业不同所引起的

① 许国璋. 论语言和语言学［M］. 北京：商务印书馆，2001：89.

语言差异构成社会语言学的研究对象。

语言社会学所涉及的诸多问题中，有两个方面需要强调。第一个问题是语言作用和语言发展中外部和内部因素的相互关系，研究语言系统发展过程中的外部和内部因素的相互关系。不同历史阶段的社会条件下，文化接触的类型也不尽相同，其过程也有本质差别。语言学的外部社会因素具有多样的发展过程。这些因素可以粗略地分为两种，一种直接影响语言，一种间接作用于语言。语言社会学第二个同等重要的问题是语言在社会中的地位问题。历史条件对语言的发达程度有一定影响。

菲什曼（Fishman）的《语言社会学》建立了语言社会学的基本框架。就社会语言学的对象而言，菲什曼认为，人们使用语言就必然经常按共同的行为准则建立相互之间的身份关系。[①] 语言社会学的目的在于考查这种关系，即社会语言学所谓的"语言使用和语言行为的社会组成"。社会语言学的研究内容包括语言使用和语言态度等方面。

社会语言学的研究领域有两个方面。一是描述在使用同一口语的文化共同体内部，共同体成员如何使用语言，即为"描写社会语言学"：人何时何地为了什么，如何或怎样使用了什么样的语言。另一领域是动态社会语言学：说明语言使用和语言行为的社会组成出现差异变化的原因。

此外，应用语言学的研究课题对社会语言学也均有其现实意义。社会语言学的应用决定于对语言做出足够的分析，同时决定于应用时的社会环境。对于我们的研究而言，尤为关注语言政策和语言社会环境此外，我们这里的研究必须结合教育社会学。教育社会学主要运用社会学的原理来建立自身的理论依据和方法论，据此研究作为社会现象的教育问题，通过对作为社会事实的教育进行客观分析。客观上，教育社会学是教育学和社会学相交叉的一种应用学科，其目的是研究解决教育社会问题并提出具体方案。教育社会学的研究取向转变，赋予了研究者新的研究视角和问题意识。研究教育社会现象必然涉及教育的社会和个人价值，这就应该确立这种现象具有社会和个人双重价值，采取"以人为本"的研究取向。

语言学研究需要和社会各方面结合，而不能局限于本学科规定的范围之内。语言本质与语言学的发展任务，要求我们在语言学的研究中必须选取新的研究视野，采用跨学科的研究方法。其方法论应当吸收社会语言学、人类学、民族学、实验心理学的相关理论为参照，也要运用社会学等相关学科的社会调查法、实验观察法、数据统计法和文献分析法等基本方法。在社会学研究的方法论中，诸如陌生人视角、群体性视角、透视视角等对我们研究大有裨益。陌生人视角要求研究者不是从狭隘的个人经验出发，不抱有先入为主的观念而要有社会学的想象力，将研究活动置于广阔的社会背景中，对熟悉的社会现象用新的眼光进行观察。群体性视角要求将问题置于群体结构中，研究群体的区位环境对个体的影响，将特定行为放在群体的背景中进行解释。透视性视角要求透过表面的复杂的现象，观察事物和人们活动的内幕，由此观察社会的另一个侧面，从而掌握事物真实的、实质的因素和事物的规律性。其中，尤以群体性视角值得我们借鉴。社会的最小单位不是个人而是群体。任何个人都不是单独存在的。只有在群体中人才能体现出它的类属性，即人的本质属性，它不是体现在人的生物性特征，而是体现在社会性特

① 朱力．独辟蹊径的社会学视角——社会学方法论浅探［J］．江苏社会科学，1998（2）．

征中，这种社会性特征在具体的社会生活中就表现为人的群体性。语言与测试行为都不是单独的个体行为，因此，对其现象的观察就不得不将其置于特定的群体环境中，研究其相互之间的联系，或从诸多主体行为的联系中解释其规律性。而对于具体的研究方法而言，对语言与测试现象的研究应该摒弃单纯的现象实证研究，而应当在实证的基础上透视测试现象的本质。

语言测试的研究应当引入人文主义社会学。人类具有独一无二的社会性质，这使得社会科学的研究对象与自然科学存在本质差别。其中，社会学研究与哲学、历史等人文学科有着显著关联。在社会学理论发展史上，人文主义社会学强调构成结构性整体的整体特征及其功能，更加关注作为实践主体的人与社会结构之间的关联性及其构成方式，更倾向于着重于人类行为及其意义的解释。人文主义社会学旨在发现富有创造性的思想和观念，更加深刻地理解社会生活。

值得一提的是，社会学思维的转向正好契合语言及测试研究的社会学视角。传统的实证主义社会学在主观同客观的二元对立关系上倾向于形而上学，并且实证主义社会学排斥价值判断。实证主义的根源来源于自然科学和经验哲学，实证是后者的根本方法论。孔德首先提出社会学的“实证主义”，奠定了现代社会科学的基础，使社会学从此独立于思辨哲学而成为独立的研究领域。20 世纪 80 年代初期，以定量为特征的抽样问卷调查引入我国，定程度上改变了国内长期以来仅采用以定性为特征的社会调查方法的传统。“20 世纪九十年代以后，社会学研究方法的运用越来越广泛，除了传统的问卷调查、社区研究、个案研究、参与观察、统计资料分析外，社会学者还采用了诸如焦点小组访问等方法。”① 人类社会有着不同于自然界的特殊性。现代社会学具有实证研究的传统，但随着其理论及其研究范式的演变，社会学又不单纯是一门实证科学。反实证主义的研究方法逐渐在社会学中取得重要的地位。同时，必须强调的是，实证研究不是简单的经验性研究，而是一种特定研究范式和方法论之下的科学研究方法；具有较高的理论层次。这一研究范式以“假设—检验”模式为基本特征和主要方法。反实证主义批判为传统的实证体系增添了新的理论范式，使得社会学的实证传统更加丰富多样。反实证主义者往往只是反对机械照搬自然科学中的单纯数量分析方法。以经验事实为依据的实证原则本身并没有受到质疑。

社会学以传统形而上学思维方式为研究理路，社会科学研究将社会生活进行一系列本质概念和结构模型的抽象概括而纳入其研究的客观对象范畴。胡塞尔、海德格尔的社会学通过在主体间关系的构建来看待人类世界。这实质上是从人际关系的视角理解人类世界的新思维方式。这种社会学思维方式引起了一系列社会学理论变革，社会学的知识基础也随之发生了转移。现实世界充满意义和价值，而现代社会科学以自然科学和社会科学知识为基础难以回答这其中的一系列问题。理解意义、评估价值是文史哲等人文学科的专长，社会学只有引入人文学科的理论与方法才能解释真实世界的内涵。“社会学随着思维方式变革、理论视野和知识基础转移，它的研究方法也由科学的认识方法转为人文学科的理解论方法。认识是主体对客体的反映、认知和概括，而理解则是主体与主体的沟通、体验、评价和共识。认识论方法形成的概念框架是观念论和本质论的，而理解

① 风笑天. 社会学方法二十年：应用与研究［J］. 社会学研究，2000（1）.

论方法形成的概念框架则是语言学和生存论的”①。

自20世纪60年代以来，社会学实现了语言学转变，语言问题成为当代社会学研究的基本内容。语言问题的引入突出了语言交往在社会生活中的地位，促进了社会学研究在思维上的转变和生活世界的理论变革。后结构主义社会学中，语言学问题已经成为当代社会学的主题。语言问题成为社会学的研究话题，开始于韦伯将解释学引入社会学。除了理论与社会现实之外，思维方式变化对社会学的语言学转向产生了至关重要的影响。人际关系一直是社会学的理论视野中的核心内容之一，而以什么样的思维方式看待社会与人际关系则是一个关键问题。以主体间关系的视角观察社会现象，与传统的主客体审视有本质区别。语言是主客观的统一，语言不能作为单纯的客观来认识。由前文对语言哲学的历史回顾可见，语言的解释与理解，其意义是由语言行为参与者共同赋予的。需要说明的是，语言社会学或语言测试社会学是以语言与语言测试为对象研究社会学，这与我们的研究重点是不同的。我们的关注点正好相反，我们更侧重借鉴社会学的语言关照，反观语言有语言测试现象，而将主体间关系和主客体关系相结合作为我们的视角。

具体而言，社会学视角的选择更为直接的原因源自国内当前英语教育中存在的困境。人们很早就认识到测试会影响教学，因此很重视测试对教学的“反拨作用”的研究；后来，人们又提出开发一个测试项目不但要考虑反拨效应、还要考虑测试对社会的“后效”，这也是必需的，因为语言测试作为一种社会活动，既受各种社会因素制约，又对社会产生影响，而这种影响又会进一步制约测试实践。对测试的反拨作用和后效进行研究非常重要，但是我们也发现，目前存在一种把考试的反拨效应和后效问题泛化的趋势，即认为一切后效都由考试造成，一切后效都要由考试负责。……考试发生在一定的社会环境中，并不是在实验室试管中进行的。所谓后效，只有在考试结果被实际使用以后才会发生，而如何使用考试结果，其本身就是一种社会性的决策，并不是单纯的测试学术问题，其过程也远非语言测试工作者所能介入或控制。……要求测试来承担切责任，既不符合事实，也不可能解决问题；找不到问题的症结所在，不但不能对症下药，还可能造成更多的问题。另一种观点是，仅仅把考试看作一种评价手段，在没有找到更好的办法之前，与主观评断相比，考试只是一种必要的、“两害相权取其轻”的权宜之计。其实这是一种非常消极的看法，不利于正确处理各方关系……②

社会学具有其自身的理论方法与研究范式，具有其独特的范畴和问题意识与其他以社会为客体的社会科学有本质不同。“社会学以现代社会为研究客体，具有很强的现实性；社会学把现代社会看作一个有机的整体，研究现代社会的全面发展规律，具有整体性特征；社会学把现代社会看作一个多系统、多层次组成的社会综合体”③。

社会学对某一具体研究对象进行分析的一个重要方法，是将研究对象置于相应的时空背景之中。从这一视角出发，不难发现当前英语教育存在的主要问题。一方面，现有英语教育缺乏地方性特点。英语教育受到不同的文化、社会以及历史原因的影响，在不同的地区应该具有地域性特点。然而，我国当前的英语教育对于中国的具体国情与我国

① 刘少杰. 社会学思维方式的变革［J］. 吉林大学社会科学学报，1998（3）.

② 杨惠中. 有效测试、有效教学、有效使用［J］. 外国语，2015，38（1）.

③ 刘金初. 社会学研究对象新论［J］. 湖南师范大学社会科学学报，1997（1）.

广泛存在的各种区域差异缺乏重视，缺少真正的地域特色而不符合具体的实际的需要。另一方面则表现出了明显的时代性缺失。现有的英语教育受制于传统思维和文化的束缚。首先需要说明的是，从表面上看，传统思维和文化对英语教育的影响虽然在一定程度上体现了地域性特点，但是这种地域性的体现是与英语教育应当具有地域特征相违背。这方面主要表现为，教育形式与内容，以及测试手段的滞后性与脱节。

语言测试社会学语境的选择源自语言测试社会学视角缺失带来的理论逻辑问题和社会学核心问题提供的可能性与方法。语言学转向把社会学引入了一个交往世界或对话沟通世界。作为研究者或观察者，我们必当预先通晓社会学自身所特有的研究视角和方法，才能发现社会事件的本质所在，因此，必须在这一视野之下重构语言测试的理论结构。这种重构就是要联系语言和语言测试相关的社会因素，将语言和语言测试现象同社会环境与相关社会环境联系起来，观察语言测试内部各要素作为整体与社会环境之间的关系，或在社会环境之下如何形成一定的结构性整体。

二、语言测试的社会性

以目前国内外的研究来看，语言测试的社会属性主要表现为如下几个方面：

第一，语言能力标准的社会性，而这方面主要表现在对语言能力的社会维度进行定义和描述上。20 世纪 70 年代以来，随着语言社会学相关概念与理论的提出，人们逐渐认识到，语言能力包括两个大的方面。其微观层面包括对语言构成成分及其组合规则的理解和使用；宏观方面包括对相关社会环境和文化因素等外在的影响因素的把握。我们将后者称为社会语言学因素。卡纳尔（Canale）和斯温（Swain）认为交际语言能力包括语法能力、社会语言能力、话语能力和策略能力①。斯温强调“社会场景”在语言交际中的决定性意义，交际语言能力本身就应当是社会场景中恰当做出语言选择并使用语言进行交际的能力；“社会语言能力”包括语言在其使用环境中的得体性和交际个体的能动性。而人的能动性是相关的语言行为人在不同的社会环境下进行历时性活动所形成的。社会语言能力是“对语言使用的社会文化条件的把握”。这一定义具有深刻的意义，社会语言能力构念被扩展到对不同文化的礼貌规则、社会群体之间的关系等社会文化。这实际上包括语言测试文化上的可行性，具体包括对社会关系的语体标记的理解和掌握，对方言和语言变体及语域差异的敏感性。这种对语言能力社会维度的阐释体现了社会语言学中的语言功能性原则、语言变异原则和社会文化原则。

第二，测试研究与开发过程具有社会性，这其中尤以公平性问题最为突出。语言测试的社会维度在测试研发环节主要体现为不同社会场景下的语言使用能力测量的路径与手段等方式以及测试整个过程的公平性问题。语言使用能力测量的复杂性就在于语言使用与特定的社会场景关系复杂。测试“行动中的语言”必须在测试的每个阶段都对语言能力的社会维度有适当的测量。斯温强调交际语言测试以“语言使用能力构念（constructs of language use）”为核心，测试的任务在于对于现实世界中不同社会场景下的语言使用任务进行测量。

---

① 郑砚. 社会维度与学习效果公平性的实现 语言测试的社会性问题研究［M］. 西安：陕西师范大学出版社，2018：26.

构建公平的测试评分标准体系，对社会语言能力和语言使用策略能力进行合理测评，也是交际语言测试面临的重要问题。语言测试的社会性与测试真实性有关。交互性是语言能力社会维度测量的核心问题。巴赫曼定义了心理认知视角下语言交际中的“交互”概念，将考生与测试任务或考生自身各种能力之间的“个体内交互”作为其核心内容。斯温将交互性的概念扩展至社会语言学角度的人际间的互动。

然而，构建公平的评分标准体系，建立实现对双向互动的测评模式，历来是语言测试界的难题。公平性是语言测试社会维度的一个重要方面，首先体现在测量公平上。杨惠中将测试公平性分为测量有效、测量误差小、分数具有可比性和可解释性等。试题对于多元语言背景考生、不同社会群体尤其是少数民族群体的考生在考试材料选择和题项设置方面应该做到“无偏性”。斯温也认同测试交互对象的性别、职业、经历、文化及语言背景等差异危及测试公平性。多样性是语言及其使用的本质，测试设计者与实施者不应以牺牲这一本质特征为代价，即以单一试题模式来实现测试公平。测试内容应当考虑并适当安排不同的文化内容，即建立具有区域差异性的相对公平原则。

测试的使用与社会应用是基于测试结果所做的决策，对各利益相关方会造成不同影响。这是语言测试社会属性的最显著的表现。很多较为正式的语言测试往往影响被试者的人生轨迹，对各类参与主体直至社会不同层面都会产生不同的影响。考试的社会影响日益成为国内外语言测试界研究的重点，很多学者曾做了大量的研究工作，以论证这一问题。

语言测试背后的社会价值与背景在很大程度上决定着测试后果的使用方式、测试开发者和使用者的责任、伦理关系，对语言测评的公平性及测评使用具有深刻影响。

目前，就语言测试社会性的研究主要集中于“主体伦理关系及其相应的责任、国家语言与测试政策以及测试利用控制、反拨效应与测试后效”等三个层面。其中，反拨效应与测试后效是测试社会性的内在基础；测试伦理关系与责任是语言测试社会性的首要内容，其内涵丰富，发挥着十分重要的作用；而语言政策与测试控制是语言测试社会性的外在体现。

总之，得益于测试理论的深入发展和测试实践的多样化，语言测试过程中的伦理问题逐渐成为众多语言学家和学者们关注的焦点。与此同时，测试公平问题也成为一个突出的社会现实问题。考试实践存在于一个大的社会背景之下，是一种社会行为。鉴于测试存在于社会之中，测试组织和测试工作者为了迎合各种相关风险承担着的利益，要承受来自四面八方的压力。一方面，伦理关系与公平性就成语言测试必然的问题。这一问题的研究涉及许多层面，其中，包括测试的权力工具性、测试公平性、行业规范和职业道德考试设计与开发者责任等等诸多方面。语言测试学界对相关责任有不同的看法：或认为测试者应当承担与之有关的所有社会责任；或认为测试者只能在理性限度内承担责任；或认为将所有风险承担者都纳入决策过程，实行风险共担。另一方面，语言测试由重视知识经由重视语言运用技能转向重视语言运用的综合能力，实际运用的行为测试成为新的发展方向，被试者特征对测试行为的影响逐渐成为当前测试界十分关注的问题。被试特征包括文化背景、背景知识、认知能力、性别和年龄等。这两方面问题虽然由来已久，但其关联度日益显著则与现实问题有很大关系，这种关系因被试特征的文化背景等问题而与语言本身的社会文化内容相关联。

第二节　社会语言学解读

一、社会语言学的产生

人们对语言和社会的关系早已有所认识，并且进行了一定的考察。从希腊、罗马和印度的一些哲学家、语法家的文献中就可以找到许多这方面的证据，尽管这些证据还十分零散。整个 20 世纪，人们将语言学视为一门独立学科，追求其一元性、自治性，并且为此做了大量的研究。在这种主流思想的影响下，语言研究脱离了语言使用的社会环境，而只注重研究语言结构。例如，作为现代语言学的开创者，索绪尔（Ferdinard de Saussure）就坚决主张“就语言和为语言而研究语言”，并将和语言关系密切的民族、思想、文化、历史等社会因素归入“外部语言学”中，得出这些社会因素和语言本身的研究并无太大关系。受索绪尔观点的影响，随后的结构主义语言学和转换生成语法学也都以同样的态度看待语言，即将语言看作全体社会成员在说话中统一使用的结构系统，而不是与具体的社会生活物质现实相联系的活动。

然而，20 世纪 60 年代以后，这种语言观开始遭到部分学者的批判。英国语言学家韩礼德（Halliday）和美国人类学家海姆斯（Hymes）等人认为，言语是社会行为，脱离社会去研究语言是危险的[①]。因此，他们主张在社会环境中研究语言，以实际交流中使用的真实语言为研究对象，通过联系各种社会因素来揭示具体语言的特征和一般语言的性质。从此，社会语言学得以兴起。1964 年，第一次社会语言学会议在美国加利福尼亚大学召开。1966 年，布莱特（W. Bright）把此次会议的论文汇集成册出版，这是最早的社会语言学论文集。

二、社会语言学的研究对象

与心理语言学、计算机语言学、神经语言学、民族语言学等一样，社会语言学也是一种跨学科的语言学分支，是一种边缘性学科。因此，语言学家对社会语言学的研究对象有不同的看法。概括来说，这些研究对象大致可以分为以下五类：

（1）各类语言变体的构造特点、社会功能。

（2）因社会、经济、文化、政治、语言接触等原因而引起的语言变化的方式和规律。

（3）社会以及不同集团对各种语言或语言变体的评价、态度以及由此产生的社会效应。

（4）一个国家、地区的双语、多语或多方言等方面的语言状况以及各类言语共同体使用语言的状况、特征。

（5）交际情景与语码选择之间的关系以及语码选择与人际关系之间的相互作用。

---

① 冯小巍. 现代英语语言学多维探索与研究［M］. 北京：新华出版社，2018：155.

三、社会语言学的研究方法

实地调查是社会语言学通常采用的研究方法，这种方法可以通过语言材料的定量统计分析得出概率性的结论。从这一点来看，社会语言学比较接近于社会学、自然科学。

社会语言学研究语言变量与社会变量之间的相关性，研究对象是社会变体，即社会方言，研究涉及社会阶层、性别、年龄等社会变量。首先，要确定社会变量。在确定社会变量后，就是抽样。社会语言学一般采用随机抽样方法，也就是在某一范围内抽取少量样本。与抽样相联系的是适度的结论，也就是说，研究人员要避免过度概括。例如，调查对象是某个高校的学生，那么调查研究的结果就不能超越该范围，得出某地区甚至是全国性的结论。

随机抽样的优点是可以避免研究人员为了得出某一个结论，在抽样时带有偏见；缺点是抽样的结果只是一种概率的统计，因此可能存在误差。而且其操作并不容易，研究人员需要在这些方面耗费大量的时间、精力。

由于随机抽样的缺陷，研究人员在实践中也经常采用非随机抽样的方法从总体中抽取一部分样本作为调查对象。然而，非随机抽样法同样存在一定的缺陷，即无法计算误差和可信度，因此不能够根据样本推断总体情况。

另外，社会语言学还可以通过观察法、问卷法、访谈法以及实验法搜集语料。研究人员无论采用哪一种方法，都需要排除干扰与偏见，保证语料的真实性。在使用问卷法时，设计问卷是一件比较复杂的工作。研究人员应该尽量将问题设计得清晰明确，并且要注意开放式问题的中立性。此外，由于问卷法搜集来的语料只是一堆原始信息，研究人员还需要对这些原始信息进行分类、统计，才能得出结论。在使用访谈法搜集语料时，受访人很可能会由于觉察到研究人员的意图而有意调整自己的语体，这就可能使搜集到的语料失去真实性，因此研究人员在使用此法时应特别注意这一点，尽量使受访人输出其自然状态下的话语。

第三节　社会语言学的跨学科理论

社会语言学是在社会学、语言学、心理学、人类学等多门学科基础上发展起来的，是语言学的一个重要分支。

一、社会语言学与其他学科的交融

学术界常对一个学科属性的表述存在不同解释。自社会语言学诞生以来，其学科属性就存在着多种说法。一些学者认为它是一门交叉学科，另一些学者将它划入边缘学科的范畴。社会语言学是一门新兴的交叉学科，主要基于以下原因。

(1) 从研究范围来看，社会语言学既与语言学的研究内容相关，又涉及语言与文化、人类语言学、社会学、民俗文化学、心理语言学、功能语言学等与诸多领域相关联的研究内容，因而具有较强的学科交融性特征。

（2）与相关学科的研究相比，社会语言学的研究具有鲜明的差异性。虽然语言与社会因素、文化语境、情景语境等相关联研究都属于社会语言学的研究范畴，然而其他学科的研究并不能被社会语言学所替代。

所以，社会语言学借鉴了其他学科的研究方法，其研究对象与某些相关学科具有某种程度的渊源关系，研究内容也与某些学科相关，应将社会语言学看作一门交叉学科。

二、社会语言学的内部关系

在谈及社会语言学的学派时，通常将社会语言学分为社会语言学（sociolinguistics）与语言的社会学（sociology of language）或者微观社会语言学（micro sociolinguistics）与宏观社会语言学（macro sociolinguistics）。这里就对这些类别的内涵进行阐述。

（一）社会语言学与语言的社会学

在社会语言学家沃德霍（Wardhaugh）看来，社会语言学是与社会相关的语言研究，而语言的社会学则是与语言相关的社会研究。换句话说，从社会语言学的角度来看，尽可能多地发现语言是什么，这是进行语言与社会研究的主要目的；从语言的社会学的角度来看，尽可能多地发现什么是社会才是研究的主要目的。

库尔马斯（Coulmas）曾对此展开过专门研究。他认为，将语言的使用解释为一种社会现象是社会语言学更加关心的问题[①]。此外，社会语言学还尝试在语言与社会间建立起因果关系，以便回答一个互补性的问题。这个问题包含以下两个层面。

（1）在语言社区的形成过程中，语言做出了什么贡献？

（2）在语言的使用过程中，社区怎样重塑人们的语言？

一些学者将语言的社会层面上的问题作为研究重心，另一些学者将社会的语言层面上的问题作为研究重心，于是就形成两个侧重点，也就是人们通常所说的微观社会语言学与宏观社会语言学。其中，前者又被称为狭义的社会语言学，后者又被称为语言的社会学。从研究取向来看，方言学家、语言学家以及其他一些以语言为研究对象的学者常探讨微观层面上的社会语言学，而社会心理学家、社会学家更加关注宏观层面上的社会语言学研究。需要特别说明的是，学术界普遍认为，二者之间存在一种相互依存的关系。为了更好地说明语言为什么是一种社会现象，应将二者进行有机结合。

沃德霍还对狭义的社会语言学与语言的社会学之间的辩证关系进行过论证。在沃德霍看来，社会语言学研究应该区别什么是社会语言学或微观社会语言学，什么是语言的社会学或宏观社会语言学。从这一论述可以看出，微观社会语言学就是狭义上的社会语言学，宏观社会语言学就是语言的社会学。

从研究对象来看，狭义的社会语言学与语言的社会学并无明显区别，反而存在较大程度的重合性。但是，若非要对二者的异同进行界定，则从微观与宏观角度进行辨析会使研究目的更加明确，研究对象更加清晰。

---

① 王娟. 社会语言基本理论问题审视及应用［M］. 北京：中国商业出版社，2018：30.

（二）微观社会语言学与宏观社会语言学

1. 微观社会语言学

在库尔马斯看来，与社会相关的语言研究是微观社会语言学的研究对象。具体来说，微观社会语言学更加关注以下两个方面的问题。

（1）人们在交际过程中使用的交际方式、谈话语体（variety）在哪些方面受到社会结构（social structure）的影响？

（2）不同年龄、性别、阶层的人们使用什么样的语言模式？

微观社会语言学的核心问题主要涉及以下几个方面。

（1）语言的使用与变异在哪些方面受到社会因素的影响？

（2）年龄、性别、阶层等社会因素与语言变异、语言模式之间存在什么样的关系？

可见，微观社会语言学从语言的角度来观察社会，围绕语言与年龄、语言与性别、语篇分析、语用、语码转换、语言变异、语言功能、语言事件等展开研究。

2. 宏观社会语言学

社会与语言的关系是宏观社会语言学的研究对象。换句话说，宏观社会语言学就是与语言相关的社会研究，也就是从社会的角度来对语言进行分析。具体来说，其研究内容涉及人们对待语言的态度、社会如何对待语言、多语制、语言社区、语言替代、语言选择、语言政策、语言维护、标准语言、语言规划以及语言与文化之间的关系等。

此外，以下两个方面的研究也属于宏观社会语言学的范畴。

（1）宏观社会语言学对会话结构展开研究，从而发现人们的交际过程是否存在一些普遍规律。

（2）宏观社会语言学对大量语料展开研究，以便得出一些指导性的理论，如语言规划中的语言选择理论。

3. 微观与宏观社会语言学的辨析

从观察视野来分析，微观社会语言学以语言研究为起点，并把各种社会因素都纳入语言结构的基本影响因素的范畴，因此又称“社会语言学本体”，它把社会因素作为一种必不可少的衍生内容，将语言现象列为关注焦点，是从语言学角度展开的研究。宏观社会语言学以社会为研究起点，将语言看作对不同社会组织展开研究的重要因素，因此又称“语言的社会学”，它把语言现象看作边缘产物，将社会看作关注焦点，是从社会学的角度展开的研究。所以，这种分类方法本身就体现了跨学科的性质。正因为存在这种学科交叉性，孰主孰从的问题自20世纪60年代以来一直存在争议。下面就从研究对象、研究重点、研究兴趣等层面来深入分析。

（1）研究对象

从社会语言学的研究对象来分析，存在微观与宏观的区别。前者对各类“社会方言”的成因、构成以及语言使用过程中的各种变体、现象更加关注，主要从结构层面来研究具体的语言问题；后者则主要围绕话语模式的建立、语言政策的制订等展开研究。

（2）研究重点

从研究重点来看，社会语言学由以下两大部分组成。

第一，将“语言”作为研究重点，提示语言的本质，考察社会对语言的影响，即从微观层面来展开研究。

第二，将“社会”作为研究重点，把语言视为一种社会资源或社会问题，即从宏观层面来展开研究。

（3）研究兴趣

微观社会语言学与宏观社会语言学表现出不同的研究兴趣。具体来说，微观社会语言学更加关注微观问题，这些问题常常是方言学家、语言学家以及语言学界的学者们关注的内容；宏观社会语言学更加关注宏观问题，这些问题常常是社会心理学家、社会学家们关注的内容。

总体而言，微观社会语言学与宏观社会语言学具有很强的互补性，要想说明语言是一种社会现象，就必须将二者进行有机结合。

三、社会语言学与语言学、人类语言学

社会语言学与语言学、人类语言学既有联系又有区别。为了更好地把握社会语言学的内涵，对它们之间的关系展开分析就具有十分重要的意义。

（一）社会语言学与语言学之间的关系

社会语言学是一门综合性的研究学科，它吸收了社会心理学、民族学的相关理论，是社会学与语言学相结合的产物，因此二者之间差异与共性并存。

1. 社会语言学与语言学之间的差异

（1）研究对象的差异

从研究对象方面来分析，社会语言学通常要考虑语言的社会语境，但语言学仅考虑语言的内部结构。因此，社会语言学从社会的角度来对语言规则与社会因素的关系展开研究，而语言学的主要目的是解决语言的规则问题。

（2）研究重点的差异

从研究重点来看，社会语言学更加关注语言的使用与变异，而语言学更加关注语言的内在关系，如语音、词汇、句法、形态等。

（3）研究方法的差异

社会语言学与语言学在研究方法上的差异主要体现在以下两个方面。

第一，社会语言学的研究在很大程度上依赖实地调查，语言学家常在别人发现、录制资料的基础上展开研究，因而较少采取观察的方法来获取研究资料。

第二，社会语言学对数据的精确性具有较高要求，因此常采取统计分析与定量分析的方法。相比较而言，由于语言结构具有较强的规律性，因此语言学无须用到统计学，只采取定性分析方法就可以完成研究。

2. 社会语言学与语言学的共性

从严格意义上来看，社会语言学属于语言学的范畴，是宏观语言学中的一个分支，是由语言学派生出的一门新兴交叉学科。因此，社会语言学是在借鉴语言学的理论、方法，吸收其研究成果的基础上发展起来的同时，社会语言学与语言学都将语言作为研究载体。社会语言学在语言学的基础上将演绎与归纳推理相结合，将抽象概括与语言分析、

定量研究与定性研究有机结合在一起来对社会、语言进行多维度的研究，是对语言学的有益补充与积极贡献。

（二）社会语言学与人类语言学之间的关系

人类语言学创立于 20 世纪初，并于 20 世纪 50 年代得到较大发展，其与民族语言学很接近，可以看作一门学科。人类语言学对历史和早期无文字语言的结构以及语言的出现和语言长期以来的分化十分感兴趣，是一门利用人类学、语言学的理论和方法来研究语言和文化关系的边缘性学科。为了对过去的语言进行推测，人类语言学家常将其研究对象与当代语言进行对比。

一般认为，人类语言学起源于 20 世纪初的美国，人类学家博厄斯（Boas）在他的《〈美洲印第安语言手册〉导论》中为人类语言学的理论与方法奠定了基础。由于印第安语是没有文字的土著语言，对其进行客观描写和实地调查是最重要的研究手段。但是，很多人类学家也指出客观描写和实地调查只是研究的途径，而并不是研究的目的。对于人类学家而言，他们是通过运用客观描写和实地调查等手段为其创制文字，并且搜集整理口传文学，考察土著语言习俗等。继博厄斯之后，萨丕尔（Sapir）也在人类语言学领域进行了深入研究。

概括来说，社会语言学与人类语言学之间既有差异又存在共性，下面就来具体分析：

1. 社会语言学与人类语言学之间的差异

（1）社会语言学关注在不同的条件下，人们是怎样使用语言以及语言是怎样变异的；人类语言学则在宽泛的文化与社会语境中对语言的认知、语言在社会结构与文化习俗方面的维系过程中发挥的作用等内容展开研究，因此人类语言学研究的基本取向之是如何对这些问题进行认识。

从本质上来看，人类属于生物物种，人的生命运行遵循生物规律。因此，认识不仅是一种无形的认识过程，更是一种有形的生物运动过程。同时，人类的认知包括对事物的判断与感悟，是人类对知识的体验、认知过程，是人类特有的活动方式。从一个方面来看，认知是整个有机体或者神经细胞在环境中的活动结果；从另一个方面来看，认知可被看作人们所从事的一系列社会活动的结果。

（2）在人类语言学的研究中，语言使用的“意义”这个命题是基本取向，因为人类语言学更加注重在宽泛的文化实践中对语言使用的意义展开研究。

例如，语言中的某种语言现象具有两种非常接近的读音。如果从社会语言学的角度来分析，会发现特定的社会群体成员与不同的语音变体之间存在某种内在联系。这就是典型的社会语言学的分析方法。但是，如果从人类语言学的角度来分析，则会考虑一个更基本或更深入的问题，即当发话人使用不同的变体时，是否蕴含不同语义。当然，答案会因语境的不同而不同。

（3）社会语言学的研究范畴比人类语言学更加开放。此外，语言学范畴之外的所谓“语言的外部因素”被社会语言学最大限度地纳入自己的研究范畴。换句话说，社会语言学是一种全方位、多角度的研究，一切可能将语言与社会文化背景相联系的研究都被它覆盖，几乎涉及了所有与语言、社会相关的方面。

2. 社会语言学与人类语言学的共性

从研究方法来看，社会语言学与人类语言学都属于实证性研究。从理论分析来看，二者都属于解释性学科与功能学派。从学科发展的渊源来看，二者都是由语言学衍生出来的新的交叉学科。可见，社会语言学与人类语言学之间存在着密切的渊源关系，二者的共性主要表现在以下两个方面。

（1）社会语言学与人类语言学都试图从语言与社会文化、语言与社会因素的角度来对语言进行研究，它们的根本目的是揭示语言风格的意义、语域、语言的不同形式、语言的非规范使用或误用、语言使用等问题。语言代码在语言使用过程中不仅代表语言学层面上的符号意义，还往往蕴含着深刻的文化意义与复杂的社会因素，因此社会语言学与人类语言学都在这一方面进行解释与描述。

（2）人类语言学在对社会进行描写时，主要采取功能的方法，而社会语言学也正是以功能为出发点来对语言进行研究。因此社会语言学向人类语言学借鉴了研究方法，或者说人类语言学的语言功能原理奠定了社会语言学研究的基础。

第四节　社会语言学在高校英语专业教学中的应用

一、社会语言学应用于高校英语专业教学产生的影响

社会语言学的出现对英语专业教学有着巨大的推动作用。随着人们对其了解的深入，外语教学研究人员在以下几个方面对英语专业教学进行了改革。

（一）社会语言学对高校英语专业教学目标的影响

传统的英语专业教学把外语作为一种文化修养来教学，并没有明确的目标，出现了学非所用的情况。虽然英语专业教学界的前辈们很早就呼吁英语专业教学目标要具体化，但是英语专业教学的专门化问题也只是在近十几年才受到广泛重视。促进英语专业教学专门化的原因可能有两个：一个是我国英语专业教学时间、教学投入、语言环境。市场需求与教学目标之间的冲突日益明显；另一个是随着语言学与英语专业教学理论研究的不断进步，尤其是社会语言学研究的不断深入，人们对英语专业教学的认识也不断深入。从社会语言学的观点来看，一门外语的培养目标取决于这门外语在本国（或语言集团）的交际活动中的作用和地位。社会语言学认为，即使是讲本族语的人，也只能掌握语言的基础（称为语言共核）。母语习得如此，外语教学更是如此。从社会语言学的使用范围来看，语言存在着专业和非专业的差别，由此而产生的是专门外语的概念。现在处于热烈讨论之中的“特殊用途英语”（English for Specific Purposes 简称 ESP）正是英语专业教学专门化发展态势的具体反映。高等院校各专业的公共英语和英语专业都已逐渐形成明确具体的培养目标，在广泛调查研究的基础上，选择并确定学生必须掌握的语言基本技能、语言题材及交流功能。非英语专业的学生在完成英语基础学习后，要学习与自己专

业相关的英语，而英语专业的学生在高年级时也要根据自己的就业方向，学习相关的专业英语。实际上，中国现在已经有越来越多的高校开始建立综合的培养模式。这也从一个侧面反映出社会语言学研究对英语专业教学目标改革的重要贡献。

（二）社会语言学对英语专业教学大纲的影响

社会语言学研究语言的使用和使用者的有关问题。社会语言学是在考察“谁在什么时候用什么样的语言对谁说话”的问题。社会语言学注重交际功能和交际任务的完成及其效应。实际上，教师开展语言教学的最终目的是培养交际能力，语言教学涉及两个方面，即“教什么”和“如何教”这两个问题。课程设置和教学大纲主要解决教学内容问题，即“教什么”的问题，而教学法主要解决“如何教”的问题。两者共同的作用是提高学生的语言交际能力的保障。外语教学的最终目标是培养学习者的交际能力。然而长期以来，中国的外语教学只重视语言形式，而忽略了交际能力。传统的英语专业教学大纲是语法教学大纲。语法教学大纲只教语言符号系统，不教语言符号系统的使用，使学生不知道在什么场合正确地使用语言结构。后来出现的情境教学大纲按照情境或专题，把相关的语法结构和单词编在一起。较之语法教学大纲，情境教学大纲较实用。一些在交际中常用的结构在许多情境中均可能出现；而有一些概念（如可能性、确切性、怀疑、信念）又不易找到典型的情境。自从 1971 年海姆斯提出“交际能力”的概念以来，外语界把培养学生交际能力看作是语言教学的第一目标。在交际语言教学思想的指导下，外语界涌现出了许多交际语言教学的教学大纲，其中第一个就是威尔金斯的“意念大纲”。根据这种教学大纲，教师所教授的不再主要是词汇的发音、形式和意义，语法结构和形式等，而是这些结构和形式用于什么交际目的，在什么情境中有什么功能，可产生什么交际效应等问题。继威尔金斯的“意念大纲”之后，威多森提出“交流大纲”的概念，以语段为中心设计教学内容问题。也有的教学大纲以语法为基础，意念、功能和交际活动围绕语法进行。专用英语的兴起更使外语教师意识到了教学大纲改革的必要性。

（三）社会语言学对英语专业教学内容的影响

随着指导大纲的改革，教学内容也进行了相应的改革。较之以往只注重语言基础训练，新的教材着重从培养学生的交际能力方面入手，编入一些情景对话，让学生在实际语境中进行操练，培养学生在具体的场合中正确使用语言的能力。此外，专用英语概念的提出，更使得研究人员意识到要编写专用英语教材。

（四）社会语言学对英语专业教学方法的影响

社会语言学家认为外语教学应有一个中心目的：训练学生懂得该说什么，不该说什么；什么时候说才对，怎样说才对。也就是说，要训练学生掌握“说话规则”，于是一种新的教学方法——交际教学法被提出。交际教学法的目的是交际。交际法重点不在于学生获得语音、语法知识的多少，而在于让学生参与到实际的交际中，在实际交际中提高外语交际能力。交际教学法重在给学生营造交际的范围，加强语言的刺激，培养学生的语言使用能力。尽管交际法也存在一些问题，但它使教学由传统的教用法转到教运用，在培养学生运用语言能力方面有很大的进步。

根据社会语言学的观点，任何语言都是特定文化的一部分。社会语言学所关注的是语言的社会属性或称文化属性，即什么样的人在什么情境中讲什么话。交际者之间不同的交际关系也促使交际者讲不同的语言。这样，在语言教学和学习中，教师不仅要教授什么词有什么意义、具有什么功能，而且要根据不同的交际对象讲不同的话，和根据自己的身份和地位讲话。此外，在教授语言、词汇、语法等语言知识的同时，还应该向学生介绍文化背景，并为他们创造语言运用的文化氛围，从而提高学生使用语言的得体性和交际能力。

社会语言学理论把在一定语境中产生的某些意义连贯的话语称为语篇。语篇是一个语言使用单位，是一个语义单位，它是使用中的语言单位，是一种交际活动。黄国文认为，文化语境是语篇在特定的社会、文化中所能表达的所有意义，任何语篇不可脱离特定的文化语境而存在。这样，社会语言学同话语分析和语篇分析一起引发了语篇教学法。此外，外语教学培养学生社会交际能力的宗旨也决定了外语教学要在语篇层次上组织教学活动，即从整体到细节，到语言点的教学模式。教师在教学中首先要将注意力集中在引导学生抓住作者的主要思想，然后讲解和分析词汇。在结合上下文（微观语境）讲解语言点的时候，教师不但要讲解词语的用法，而且要讲解他们的使用，即在实际交际中的运用。另外，宏观语境因素决定了语篇所用的语言和语体（语言使用的正式程度），以及语言形式（口语或书面语）。运用社会语言学理论，教师使学生不但看到了语言的形式和意义，而且看到了语言外的社会因素对语言的影响，这些因素包括语篇在社会交际中有什么交际功能，作者为什么写这篇文章，是针对谁写的，是在什么语境中说的等。这样学生不但得到了语言技巧的训练，而且能有效得体地使用语言。

社会语言学是一门范围涵盖广阔的学问，它通过运用语言学和社会学等学科的理论和方法，从不同角度研究语言的社会本质和差异，对我国英语专业教学有着深远的影响。只有将语言与社会语境紧密结合，才能最终达到语言教学的真正目的。在当今的外语教学中，应以语言在社会中的运用为根本出发点，开阔外语教学的视野，给外语教学以活力。这就要求广大的外语教师和外语教学设计者不仅要重视语言本身，而且要把语言与一些相关的社会因素，如语言的文化背景、语言的情境、民族特点、地域特点等相结合，从而更好地实现外语教学的目标。

二、社会语言学应用于高校英语专业教学的具体教学方法

语言是应社会文化的产生而产生，应社会文化的发展而发展的，因此社会语言学的兴起对大学英语专业教学起到了相当大的促进作用：一方面，其理论对大学英语专业教学的内容和方法有很大启示；另一方面，有些比较现代的英语专业教学方法就是从社会语言学中派生出来的，其对大学英语专业教学的影响是巨大的。这里列举出三种教学方法：交际教学法，语篇教学和文化教学。

（一）交际教学法

海姆斯在20世纪70年代首先提出了“交际能力”概念。根据海姆斯的观点，儿童最早是在社会化过程中习得母语的，其不但知道什么是语法正确的句子，而且知道什么

是合适的句子。儿童习得的这种能力将语言的态度、价值、动机结成一体，并将语言和其他语码关系的能力和态度结成一体，对语言及其使用的态度的内在化特别重要。社会语言学中的“交际能力”概念对第二语言习得有重大意义。

自从海姆斯于20世纪70年代初期提出这一概念以来，外语界把培养学生交际能力看成是语言教学的首要目标。语言学家们普遍认为“交际能力”应该包括四个方面的能力：(1) 语言能力。即语法、语音、词汇的知识。这些语言知识是学习者大脑内在化的结果，而非一些背熟了的规则或单词。(2) 社会语言能力。具体说来，就是使用功能变体和语言功能的能力。(3) 话语能力。具体说来，就是学会怎样用语言来做事。(4) 对应能力。指的是在交际中学会如何应用各种反应策略，例如如何开始一段对话，如何表达愿意（或不愿意）进行对话，对话过程中如何转换一个话题，如何结束一段对话等。正是基于海姆斯的“交际能力”的发展，交际教学法随之诞生了。交际教学法主要不是要学生获得有关所学语言的知识，而是让学生参与实际交际，在交际中提高自己的外语交际能力，课堂上所做的一切都围绕交际任务展开，通过会话、对话、分角色表演、辩论等分组或集体活动完成交际任务。与以往的教学法不同的是，交际语言教学不采用传统的课本，教师的安排也比较随便，学生相互交谈而不只是和教师对话。即使谈话中有错误，教师也不纠正。总之，完成交际任务是主要目的，只要完成交际任务，教学过程就成功了。教师在整个教学活动中，既是组织者，又是参与者。当学生遇到交际困难时，教师要提供帮助，以便于学生完成交际任务。交际教学法同样也运用到测试中，这种考试的目的不仅仅只是让学生得出正确的答案，而是让学生在特定的语境中做出正确的反应。考试的内容通常是设定一个语境：如在一个拥挤的公共汽车上，有几位游客，他们想走到车门口下车，他们要怎么说呢？学生针对这种语境要能做出正确的回答。这种考试可以设计成多项选择，或者是无固定答案，考查学生实际运用语言的能力。

（二）语篇教学法

社会语言学所关注的语言单位是语言的交际单位，而不是语言的语法单位。而语言的交际单位是语篇，也就是说，是一个语篇在一个交际事件中起作用，而不是单个的事件或者词汇。这样，社会语言学同话语分析和语篇分析一起也引发了语篇教学的路子。从语篇教学的角度讲，语言学习和分析的单位不是句子，而是语篇，即使是语法现象也常常在大于句子的语篇中才能体现用法，语法理论必须考虑语篇，而不仅仅局限于句子。语篇研究和教学之所以出现是因为句子语法已不能说明自然语言的许多现象，以句子或句子为基础的句子语法所得出的规则与自然语言的实际观察结果出入太大，一般描写方法不适用于描写语篇语法，况且句子语法不考虑种种交际因素的重要作用。语篇教学可以解决语法教学中出现的一些问题，一些较为抽象的语法概念可通过语言的实际运用来掌握。

语篇教学可以引导学生注重语言的交际功能，掌握说话的正确规则。语言的基本功能是社会交际，是完成社会交际任务。但在传统的教学法中，语言的基本功能被忽视了，而代之以主要教授语言的形式特征，而且教授语言的基本单位通常被限定在句子及其以下的单位上。运用社会语言学理论，教师和学生的视野开阔了。他们不仅看到语言的形式和意义，而且看到语言外的社会因素对语言的影响，这些因素包括语篇在社会交际中有什么交际功能，作者为什么写这篇文章，是针对谁写的，是在什么语境中说的，等等。

（三）文化教学法

任何社会都有其独特的文化特点，并且只有通过该社会团体实用的语言，这种独特的文化底蕴才能够体现出来。换句话说，任何社会团体使用的语言将不可避免地被打上了其社会文化的烙印，并成为社会文化的载体。在大学英语专业教学中，文化教学显得尤为重要。大学生不能单纯地掌握单词和语法，更要具备扎实的文化基础，为将来的就业做好准备。这里提到的“文化”有别于狭义上的概念，更不能与文化知识画等号。依据社会语言学的观点，我们所说的文化指的是一个社会所具备的独特的信仰、习惯、制度以及技能的总体模式。只有正确掌握了英语语言所反应的西方文化背景，学生才能够以恰当的方式进行交流，达到学以致用。然而，由于受客观条件的限制，中国的大学英语专业教学往往缺乏文化背景知识的教学，再加上我们与目的语国家地理位置上存在很大距离，这就造成了文化教学的难度。鉴于此，大学英语教师要担负起将语言知识与文化背景知识相融合的责任，注重培养学生的文化修养，提高学生的交际能力，使大学英语专业教学与当代社会相融合。

语言是一种社会现象，大学英语专业教学离不开社会背景，孤立地只教语言规则，是无法培养学生运用语言交际能力的，只有在教授英语过程中把语言和社会背景有机地结合在一起，才能真正地教书育人，培养符合新时代气质的人才，为社会的发展做出贡献。

三、社会语言学应用于高校英语专业教学的具体策略

（一）提高语言觉悟，抵制语言性别歧视

汉语和英语中都有性别歧视现象。英语女性字词通常带有贬义的色彩，男性字词通常带有褒义色彩。在实际应该运用中性词时，通常把男性作为中性的原型。在语序上，男性在先而女性在后。例如：master（男主人）和 mistress（女主人）已经发展成截然不同意义的词汇，master 现在最常用的意思是大师、硕士、主人，而 mistress 是情妇、主妇。最有说服力的就是，在西方大部分的女人嫁人后要将自己的家族姓氏改为丈夫的姓氏。Mr.（先生）是对一位男子的尊称，Mrs.（太太）则是对一位男子的妻子的尊称，女人的地位依附男人的地位。

语言是反映社会现实的最好例证，从语言可以看出男女地位不平等，女性地位低下权力有限，女性语体是弱势群体使用的语言。但是近几年，社会建构论的学者发现，人在一生中不断进入新的社团，参与新的社会实践活动，他（她）必须不断地通过调整自己的行为使其适应所属社团的要求，从而形成自己的性别特征，正是人们从事的社会实践活动造就了人的性别特征。这就意味着女性群体在社会团体中不断自我建构女性语体，实现社会眼中的从女孩到女人的转变，变成符合社会定义的“女人”。因此，作为英语语言的使用者，英语专业学生应该有语言歧视的意识和觉醒，语言歧视现象是可以通过改革而改善甚至改变的，纵观几十年西方妇女运动、女性主义思潮的成果，出现了 Ms.（女

士），spokeswoman（女发言人，原词、spokesman）等合成词并且已经被新闻媒介所采用。作为英语教师，在高校英语专业教学中应该学习社会语言学知识，自身使用规范的英语词汇，不使用有性别歧视的词语和语句，教导自己的学生也这样做，并树立起反对压制女性社会地位，争取女性合法权益的意识，促进英语改革的实现。

（二）适当使用称呼语，注重社交礼仪

称呼语作为社交礼仪的一部分，越来越多地包含了社会功能和社会意义。影响称呼语的选择因素有年龄、地位、职业、亲疏等等，可分为权势和同等关系。英语和汉语的称呼语有很大区别，应用方面不尽相同，汉语称呼语系统较为复杂，英语称呼语系统又有它自身独特的使用规范。英语姓名结构与中国的姓名结构不同，表现为：本人名+中间名+家姓，并且本人名字有三种形式：全称、简称、爱称。在相互称呼时，又有许多与中文不同的用法：表现为以下几种类型：头衔+姓、Mr. +姓、Mrs. +姓、Miss+姓、亲属称谓+名等。高校英语专业学生应该注意恰当地使用英语称呼语，提高自身的英语专业素质。

在我国的英语课上，大部分学生向教师打招呼：Good morning 或者 English teacher，实际上 teacher 表征的是教师这个职业，而不能用作称呼语来称呼教师，同样道理的还有 architect 和 engineer 等。在学校中，中国的学生和教师社会距离较大，而西方国家的学生社会距离较小，行政职位影响中国学生对教师的称呼，而学术头衔较大程度影响西方国家学生对教师的称呼。在和外国人交流时，不能用本族习惯称呼语来称呼对方，例如小李、老王，如果套用汉语模式就会显得不伦不类。

高校英语专业教学中，教师应注重称呼语的教学。应结合社交语境，向学生输入真实的称呼语，增强学生汉英称呼语差异的意识和敏感度，让学生认识到中西方文化和价值观的差异。在西方对待上级和长辈，不要战战兢兢，要用最自然的称呼语，不要让对方感到不舒服或者觉得你很虚伪。

（三）避免使用禁忌语，尊重他国文化

禁忌语体现一个民族独有的心理与文化，由于阶级或其他历史原因而产生。汉语和英语中都有禁忌语，英语专业的学生应该平等、客观地看待英语中的禁忌语，尊重其他国家的信仰。英语中的禁忌语多与个人隐私、生理、死亡相关。例如，13 这个数字和星期五被西方人所忌讳，所以西方国家重大的活动都不在 13 号举行，欧美的门牌号、车号等等都不用 13 这个数字。

在高校英语专业教学中，教师应该传授相应的知识和文化含义，并通过多媒体的方式告诉学生怎么样用委婉语来代替禁忌语，而不应该觉得它太过敏感而回避禁忌语。应该让学生了解真实的语言交际是什么样的，而不是创造一个远离实际的语境来学习外语。

（四）重视言语交际

传统教学法忽视了语言社会交际的基本功能，主要讲授语言的形式特征，讲授语言的单位通常限定在句子及其以下的单位上，这非常不利于语言使用的规范性、得体性和对学生语言交际能力的培养。学习语言应该学会语言能力；并重视语言交际能力，即社

会语言能力、对答能力、应付能力等。要进行有效交际还得灵活地遵守合作原则和礼貌原则。外语教学中，教师应讲授言语交际相关的具体知识，使学生掌握英语语言交际的基本原则和基本规律，了解英语语言交际的基本礼仪及有关技巧，并借鉴成功的英语语言交际案例，反思失败案例。教师应该重视学生语言形式的正确性以及语言运用的得体性，可使学生学会使用恰当的语言进行交际，在什么场合讲什么话、做什么反应，使英语交际顺利进行。

（五）注意语言变异与语言变体

社会语言学的一大研究重点是与变化发展的社会相关的语言变异和能辨别社会功能的语言变体。使用同一种语言的人因阶层、性别、语域等的差异导致措辞、语音、谈吐等不同。语言变体研究可影响教学内容的选择。例如，阶层变体主要是因社会阶层不同而造成的。英美社会里中产阶级的语言已成为全社会的语言主流和标准，也成为我们课本英语的首选。但语言变体一直处于变化中，美国社会在民权运动后逐渐认可黑人英语。黑人英语随着地位提升而普及，影响力扩大。因而，黑人英语也成为英语专业教学不可忽视的一部分。再如性别变体，因其在英语语音、语法、词汇等方面变化形式多种多样，为避免男女学生互用混淆，教学时也应重点讲解区分。如英语中像“sweet、charming、adorable、divine”这些感情强烈的赞美言辞多形容女子，男性比女性更多使用俚语、禁忌语。还有常见的中国英语，其特点也以规范英语为基础，表达中国社会文化各个领域特有的现象和事物，如“Martial arts（武术）”等。教师在授课过程中可穿插相关内容，既丰富课堂内容，又有助于增强学生用英语向老外介绍中国文化的能力。

（六）重视语言中文化的导入

长期以来大学英语专业教学中存在“重语言、轻文化”的弊端。东西方文化存在差异，语言学习不能脱离其社会文化环境，英语专业教学必须与文化教学紧密结合进行。教师必须教授大量的英美历史和语言文化知识，使学生了解和熟悉英语国家的一些文化背景、社会历史、风土人情和生活习惯等，培养学生的英语背景文化意识。在英语专业教学中，应把语音、词汇、语法等语言知识的讲授与特定社会文化中语言交际规则的讲授结合起来，进行知识文化的渗透，注重对学生语言使用的规范性、得体性的培养。各个民族的文化有可能存在相似之处，这主要是因为不同的民族在发展史中会有相同或相似的生活体验和经历。例如，中外地理环境和历史环境的不同造就的不同之处更多。例如就“Landlord”一词，中国人首先想到的是像恶霸地主周扒皮一类人的形象，而在美国人头脑中可能是旅馆的主人或和善的房东。

第八章
基于认知语言学的高校英语专业教学研究

认知是人类的重要机能之一，其运作主要是基于人类的思维。人类通过自身思维的发展开始创造和使用语言进行交际，从这个意义上说，认知与语言有着密切的联系。具体来说，认知作用于语言，从而促进语言形式的完善与发展。而语言的发展又会带动人类认知的提升。认知语言学就是通过认知的角度对语言进行研究的学科。英语专业教学是培养英语人才的主要途径，其对社会的整体发展有着积极的贡献。但是，在经济全球化和区域一体化的带动下，社会对英语人才的要求有所提升，需要人才具有高度的实用性与创新性。将认知语言学理论应用到英语专业教学中，能够使教师和学生了解人类语言的形成与发展机制，从而优化教学路径，提高学习效率。本章主要论述了认知语言学概述、基于认知语言学的语言习得与教学观、认知语言学对英语专业教学的意义、认知语言学在高校英语专业教学中的应用等内容。

第一节　认知语言学概述

一、认知语言学的定义

认知语言学将语言视为一种认知活动，并从人的角度出发研究语言的形式、意义及规律，是利用人类的经验和感知与概念化外部世界来研究语言学的学科。它强调人类认知能力的参与作用，认为语言无法直接反映客观世界，必须借助认知这一中间层次进行加工处理后方可。

二、认知语言学的性质

语义是认知语言学的中心。概念结构主要体现为语义结构，而语义结构对于词汇结构、语法结构的形成起着促进作用。在认知语言学看来，意义本质上是由人的主观决定的，它并不对语言意义、语用意义、百科词典的意义进行区分，而是侧重于语义背后相关世界的知识体系。

认知语言学是一种解释性语言，而不是描写性语言，目的是为了揭示出语言事实背后所隐藏的规律。其对语言现象的分析主要采用的是主体动态认知过程的二维图式，而不是将语言现象视作抽象符号表示的分节构造。

认知语言学非常重视语言的运用，强调从自然形态的视角把握语言。它认为，语法是在现实发话中自下而上得到的意象图式的庞大网络。语言运用者通过自身固有知识、记忆、状况把握等来激活网络的适当部分，从而实现对实际语言运用的规定。

认知活动是人类存在的共同基础，就这一观点来说，世界上的各种语言都存在某些共性，在这一框架内，由于文化各异，语言选择也会出现各种变体。认知语言学在承认不同的基础上对这些共性展开探讨，倾向于将人类语言的普遍性与个别语言的特殊性相结合。

三、认知语言学的方法

（1）从语音、单词、句子到话语，将广泛的语言现象作为语言研究的数据，采用自然观察法、内省法等方法，对直接反映认知活动的语言现象进行观察，找出语言的规律。

（2）将认知科学的研究理论与成果运用于语言研究中，探究语言结构与认知结构的共同规律。

（3）运用心理学实验方法，如通过阅读理解测试概念隐喻的心理实在性。

（4）广泛使用语料库作为数据，来补充上述内省法与实验法的不足。

四、认知语言学的研究内容

语义是认知语言学的主要研究对象。换句话说，认知语言学从包括词义、句义、语篇语义在内的语义角度来对语言进行探讨和研究。根据认知语言学的相关理论，语义是人的认知活动与认知能力的反映，因此在本质上是主体的、主观的。认知是人对客观世界进行感知和经验的结果，是人与外部世界相互作用的产物。而经验与认知的最基本层面在于范畴化、原型理论与意象图式。而隐喻与转喻主要是探讨不同事物的共同点来对外部世界进行合理解释的一种心理机制，因此这几大层面都属于认知语言学理论研究的重要内容。

（一）范畴化

范畴化是认知语言学中的一个重要概念和理论，是指人类对世间万物进行分类的认知活动。正是因为这个活动，人类才具有形成概念的能力，语言符号才具有意义。同时，范畴化也是长期以来认知语言学的研究焦点。范畴通常可以从以下两个方向进行分析。

①横向关系。横向关系是指范畴内各成员之间是并列的、互不从属的平行关系。横向关系中的重要理论是原型理论。

②纵向关系。纵向关系是指范畴内各成员之间是垂直关系，或称上下级关系。纵向关系关注的是基本层次。

在认知语言学研究中，纵向关系的研究是关注的重点。在纵向层次中，以基本层次为中心，上移则是上位范畴，下移则是下位范畴。因此，从范畴的纵向关系角度，可以将范畴分为三个层次：基本层次范畴、上位范畴和下位范畴。下面就对这三个层次分别进行论述。

1. 基本层次范畴

基本层次范畴通常是指最能满足人类认知和最能彰显文化的范畴。根据这一范畴，人们可以发现事物之间最大的差异。在基本层次范畴中可以发现范畴特性的最理想化结构，还可以发现世间万物之间的联系，因此这个范畴是最基本、最经济的范畴。基本层次范畴包括以下几个方面。

①能够为日常活动提供参考。

②该范畴的名称以可数名词为主。

③构成清晰图像，且最具包容性。

④代表部分—整体信息，且最具包容性。

⑤通过行为间的相互作用从而产生典型范式的最具包容性的层次。

2. 上位范畴

上位范畴具有更强的概括力，但缺乏具有普遍特征的整体形象，其内部各成员之间没有足够的共性去构成一个共同的完型。因此，人们很难通过完型结构来把握上位范畴的各个成员。但是，这并不意味着我们无法认知上位范畴。通常，人们都是从基本层次范畴提取一些特征，用于上位范畴。上位层次范畴的特征包括以下几个方面。

①该范畴的定义特征比基本层次范畴的定义特征少，因为其定义特征主要以基本层次范畴为基础来获取。

②基本层次范畴的中间层次上位范畴与高级上位范畴之间有单一的修饰关系。

③尽管上位范畴中的成员与其临近范畴成员更容易区别开来，但其内部的相似性却比较低。

④该范畴的名称以物质名词为主。

3. 下位范畴

下位范畴是对基本层次范畴的进一步细化。通过下位范畴，我们可以感知基本层次范畴成员之间的差异。下位范畴的形态是典型的复合形式，结构较为复杂。这种复合形式通常由两个层次或多个层次范畴的词汇构成。但是，复合形式的意义并不意味着是简单的组成成分的组合。只有通过观察复合形式的语义框架，才能解释复合形式意义的特征。下位范畴具有很多鲜明的特征，下位层次范畴的特征包括以下三个方面。

①下位范畴是多词素性的，其最普遍的格式为修饰—中心语结构。

②与基本层次范畴相比，下位范畴的范畴性较弱，尽管下位范畴的成员间的相似性很高，但是与邻近范畴成员的区别性却很低。

③下位范畴的信息量比上位范畴的信息量相对较少。

（二）原型理论

认知语言学认为，任何范畴都具有由典型事例到边缘事例的模糊特征。其中“原型”就是典型事例。在认知语言学中，“原型”的认定也非常重要，各种范畴的事物都具有原型。上位范畴的原型来自于基本范畴的事例；基本范畴的原型来自于下位范畴的事例。

某一范畴的成员呈现出典型与非典型的差异，这被称为“原型效应”。一般来说，原型效应表现为如下几种形式。

①相似性评定的非对称性。当对两个事例是否具有相似性进行比较时，说成典型性低的事例 A 像典型性高的事例 B 的人要明显多于典型性高的事例 B 像典型性低的事例 A 的人。

②事例提示。要求被试者举例或者写出某一范畴的事例时，大多会举例或者写出的是典型事例。

③反应时间。向被试着寻求对某一事例属于某一范畴的真伪反应时，事例与反应时间呈负相关，即事例越典型，反应时间越短。

虽然原型存在着个人差异、年代差异、地区差异性，但是其对于范畴所起的作用是不可磨灭的，人们以原型作为认知参照点来建构范畴。

（三）隐喻

隐喻是用一个概念来识解另外一个概念，隐喻涉及两个概念之间的对比。隐喻常常被描述为源域和目标域，源域是人们用来描述经验的方法，目标域是隐喻所描述的经验。

在认知语言学中，隐喻的简单表达式为：X 是 Y，则 X 是目标域，Y 是源域。认知语言学家通常将隐喻分为下面三种类别。

1. 实体隐喻

实体隐喻是指人们通过实际的经验和物质实体为观察事件、活动、情感和思想等实体和材料提供了基本方法。实体隐喻服务于各种目的。实体隐喻可以给非清晰的实体，如山、篱笆、街角等有界的平面，把事件、行为和状态概念化为实体。以涨价经验为例，这种经验可以通过名词“通货膨胀”隐喻为实体。

2. 结构隐喻

结构隐喻表明一个概念是以另一个概念隐喻构建起来的。结构隐喻不仅使我们超越指向性和所指，还可以使我们通过一个概念构建另一个概念成为可能。

3. 方位隐喻

方位隐喻是指给概念一个空间方位，它以连接隐喻两部分的经验为基础，连接动词作为隐喻的一部分应被看作是将两端不同经历连接起来的媒介。

此外，方位隐喻基于人类身体和文化的经验。

（四）转喻

认知语言学将转喻定义为一种认知过程。在这个认知过程中，源域为统一域中的目标域提供了心理途径。转喻有以下两种概念表征形式。

1. 整体与部分间的转喻

整体与部分间的转喻具体包含以下几个方面。

①事件转喻。事件可以隐喻地视为事件的各个部分。

②构成转喻。它涉及构成物体成分的物质或材料。

③压缩转喻。部分替代整体的最后一种转喻是符号形式的压缩。

④标量转喻。标量是事物一种特殊的类，标量单元是类的部分。其中，整体标量替代标量上限，标量上限可以替代整体标量。

⑤事物及部分转喻。此转喻可以分为两个转喻变体。

⑥范畴及属性转喻。属性既可以被隐喻视为拥有的物质（属性是拥有）或转喻地视为物体的部分。

⑦范畴及范畴成员转喻。范畴及范畴成员构成一种关系。

2. 部分与部分间的转喻

部分与部分间的转喻主要包括以下几个方面。

①容器转喻。容器的意象图式情境非常基础和固化，它应在地点关系上被认为是一种转喻。

②知觉转喻。知觉在我们的认知世界里起着如此重要的作用，值得拥有自己的转喻。知觉是有意图的，知觉转喻与行为转喻可以进行交叉分类。

③控制转喻。它包括控制者和被控制者，产生相互转换的转喻关系。

④修饰转喻。它主要用于符号的省略形式。

⑤生产转喻。这一转喻方式涉及生产行为。在行为中，每个参与者使生产行为产生产品。产品的生产是因果行为中突出的类别。

⑥行为转喻。它涉及行为者与谓语要表达的行为间的关系。

⑦领属转喻。领属转喻会产生相互转换的转喻。

⑧地点转喻。地点常与生活于该地点的人、位于该地点的著名机构、发生在该地点的事件、该地点生产的产品和从该地点运输的产品有联系。

⑨符号和指代转喻。它们产生转喻交叉切分实体域。在符号转喻里，词形替代一个相关的概念；在指代转喻中，符号、概念和词形替代外部事物。

⑩因果转喻。原因和结果相互依存，一个隐含另一个。

此外，它们解释了人们因果混淆的事实。理论上，因果转喻会产生相互转换。

（五）意象图式

意象图式是认知语言学家近年来较为关注的热门话题。意象图式经过一定的发展，不断地扩展到一些学科领域的研究中。意象图式理论又不断地扩展到对诗歌的研究、语法理论、数学以及语言的神经理论中。

1. 意象图式的内容

一般来说，意象图式主要包括以下几个方面的内容。

（1）部分—整体图式

该图式涉及生理或隐喻整体与部分的关系，如家庭成员、整体与部分、印度种姓等级等。

（2）中心—边缘图式

该图式涉及生理的和隐喻的中心与边缘，从中心到边缘的距离范围，如个人的知觉范围、个人的社会范围等。

（3）连接图式

该图式由两个或两个以上生理或隐喻连接起来的实体组成，如把灯与墙上的插头连接孩子牵着妈妈的手等。

（4）循环图式

该图式涉及不断发生的事件或系列事件，如呼吸、睡觉与苏醒、循环、每天、每周、每年、情绪的增加与释放等。

（5）容器图式

该图式涉及生理的和隐喻的界限、闭合的区域或容器，或者不闭合的范围或容器，如界限内外的物体、闭合内力的限制、闭合内物体的保护等。

（6）垂直图式

该图式涉及“上”和“下”关系，如爬楼梯、直立、看旗杆等。

（7）标量图式

该图式涉及生理或隐喻数量的增加与减少，如物理数量、数量系统的属性等。

（8）路径图式

该图式涉及从一点到另一点的生理或隐喻移动，由起点、终点和系列中间各点组成。

（9）力道图式

该图式涉及生理和隐喻因果互动关系，如强制图式、阻碍图式、反作用力图式、平衡图式、引力图式等。

2. 意象图式的特点

意象图式的结构具有以下两个特点。

①人的感觉互动的不断操作，通过空间和把握物体的身体运动。

②来自身体经验的前概念图式结构。

第二节　基于认知语言学的语言习得与教学观

一、基于认知语言学的语言习得观

（一）认知语言学下的普遍语言习得观

认知语言学的语言习得观指的是认知语言学家对语言习得的本质看法与认知。通过对不同语言学者的研究，大致可将认知语言学的普遍语言习得观归纳为以下几个方面。

1. 理据性习得观

传统的语言学更注重对语言意义与语言形式两方面的平行学习，而认知语言学则主张模糊语言意义与语言形式之间的界限，将语言习得视为以具体的形义配对项为习得对象的理据习得过程。

（1）语言习得是形义之间配对的理据习得。认知语言学强调语言习得的主要内容是形义配对的理据，认为学习者对语言的学习是通过从语言输入中找出语言形式与意义配对的理据，并从中概括出语言结构的过程，并不是简单、机械地接受形式与意义之间联系的过程。

语言的意义与形式之间的配对理据来源于人类对现实世界认知的概念结构，与人们的认知方式、概念框架和经验结构都有直接关系。因此，认知语言学将语言习得看作是学习者不断对一门新语言的意义与形式的配对理据进行认知、感知的过程。

由于意义与形式之间的配对理据不仅仅出现在短语或词汇层面，还会存在于传统语言学的语法层面，因此通常属于同一语义群的语言成分会出现在一个语音群中，这是形式与意义之间配对最普遍的理据。

认知语言学主张学习者通过习得语言形式与意义之间配对的理据，理解并掌握语言，强调构式的形式与意义的统一表征，批判生成语法学“心智与身体论，反对传统语言习得观的形式与意义的分隔。”认知语言分离的二元学认为语言是人类通过认知对现实世界进行感知的产物，并且语言的意义与形式之间是有理可据的。

（2）具体的形义配对项是语言习得的对象。认知语言学认为，构式是语言的基本单位，所以语言学习也是构式学习，但在语言习得的过程中，构式一般不会在语言输入中直接出现以供学习者理解和掌握，而学习者真正接触的是具体的形义配对项。所以，认知语言学认为学习者进行语言习得的对象应该是具体的形义配对项。

目前，第二语言习得研究中关于构式习得的研究比较少，并且多集中于新造构式习得、习惯用语习得等。这些都证实了第二语言与第一语言在构式习得上有很多的相似之处，但受语言迁移、语言输入和认知发展等因素的影响，二者之间也有很多差异。

儿童或成人即便是在输入相当少量的情况下，也能够掌握新造构式的意义与形式。研究还表明，当示例频率和整体类型频率保持不变时，不对称输入的实验组比对称输入的实验组更能精确地概括构式。因此，在第二语言习得过程中，不对称输入为学习者提供了更多的接触具体形义配对的机会，所以学习者才能更多地归纳和总结出抽象的新造构式。

认知语言学认为，语言输入在语言习得过程中的作用是非常重要的，同时强调学习者对语言意义与语言形式的学习必须是整体性的，认为语言的习得是学习者从多个类似的、独立的具体形义配对项中逐渐概括出抽象构式的过程。

总之，认知语言学认为语言的习得是对具体的语言意义与形式之间的配对理据进行习得的一种认知活动。

2. 洞察性习得观

认知语言学认为语言习得是学习者通过对语言的反复使用和主动参与的洞察性学习。这一看法既强调了学习者对语言知识的实际应用，又强调了学习者在运用知识的同时对新的语言知识的习得。

（1）语言习得是一种洞察性习得。学习者的语言习得是一种洞察性的习得过程。这里的“洞察性”指的是学习者在学习语言过程中所表现出来的主观能动性。认知语言学认为人类的语言是通过人类认知加工概念化的结果，而不是反映客观事物的镜像，它所强调的是人类认知在语言习得过程中的积极作用。

语言知识不仅包括社会文化信息和使用语境信息，它还包括学习者的识解方式对此产生的影响。所以，了解语言学习者的识解对于更好地理解和解释语言习得很有必要，对于正确把握复杂的语言习得过程也很有必要。因此，认知语言学强调语言学习者的洞察性习得，注重学习者在语言学习过程中的主体作用。

认知语言学强调认知主体具有对客观世界进行概念化的想象力和创造性，正是有了人类主体与客观世界之间的互动，才有了概念和范畴的产生。认知语言学认为，人类可以根据自身的认知方式决定在学习语言和使用语言过程中采取何种主动措施。

与“普遍语法”理论相反，认知语言学认为语言习得与学习者与生俱来的语言习得机制无关，而是通过学习者自身认知能力与所处环境的积极、主动地互动构建起来的。认知语言学坚持“以人为本”，在语言习得过程中更注重学习者的主体性，反对因外在的强加因素而忽视学习者的主观认识。在语言学习过程中更加重视学习者的主观能动性。

（2）反复使用是语言习得的方式。人类关于语言的音系、形态、句法、语义等知识结构的形成是在具体的语言使用中逐渐实现的。

认知语言学注重语言使用为语言习得所带来的影响，并认为学习者在对具体语言的使用过程中对其进行不同层次的分类、抽象和概括，进而形成语言知识。也就是说，认知语言学认为，语法知识的习得是学习者在对具体形式和意义配对项的习得和反复使用的基础上，加以抽象和概括而获得的。这里的“反复”指的是构式在语言使用中出现的频率。出现频率越高的语言构式越容易得到共性特征的强化，最终成为语言知识的一部分。所有的语言知识都来源于语言的反复使用。

通过对新造构式习得的研究发现，语言构式的示例频率与类型频率对语言的习得都有直接的影响，对同一类新造构式的反复接触也会对习得效果起到很大的促进作用。

认知语言学认为，对语言的反复使用能够实现特定语言构式的高出现频率，从而使对构式的习得得到强化。语言习得中存在的过度概括化现象就很好地说明了语言知识来自于对语言的反复使用这一观点。

认知语言学将反复使用视为语言习得方式的观点违背了生成语法学和真值条件语义学的相关认识。生成语法和真值条件语义学追求语法形式体现和意义体现的高度抽象化与普遍化，而把很多语法现象和语义现象都看作“边缘现象”，并将其排除在研究视野之外。而认知语言学确立使用在语言习得中的重要地位也是基于学习者习得这些“边缘现象”的研究。不同的是，认知语言学将语言的习得视为自下而上的递进过程，并强调这一过程中语言知识的出现频率及学者对具体语言的使用。

总之，以反复使用为方式的洞察性语言习得既反映了认知语言学中基于使用的习得原则，同时又突出了学习者的主观能动性。认知语言学主张语言知识来自学习者对语言反复的主动使用，反对在语言习得过程中将人类置于被动地位，反对忽视人的认知能力。

3. 概念性习得观

传统的语言学观念将语言看作人类所特有的和独立的认知机制，所以语言的习得也必然会依赖人类所特有的语言习得机制。而认知语言学强调的则是语言学习过程中认知能力的整体性，认为人的语言能力不是简单、独立的认知能力。

语言习得并不是一个完全独立的认知活动，而是要以推理、监控等通用认知能力为基础，对新语言形成认识和感知，在这一过程中学习者需要将输入的语言进行概念化处理，以此产生新的语言知识。因此，认知语言学认为，语言习得的过程也是概念习得的过程。

（1）语言习得是一种概念习得。认知语言学将意义的形成看作“概念形成的过程”，即“概念化”。这就使概念结构、意义与人之间有了紧密的联系。“语法就是概念化”的假设对概念结构做了更为直接的定义，强调人类语言认知能力的主要特征就是经验的概念化。由此得出，语言的习得就是通过对认识世界新方式的学习来形成新的概念结构。

认知语言学认为，语言的习得过程就是一个构建新的概念结构、新的思维模式的过程。当描述相同的语境时，瑞典学习者倾向于使用英语介词 in，而芬兰学习者则更多的使用介词 on。因此，来自不同语言国家的学习者即使习得同样的语言，其对新概念结构的重建也会因受原有概念结构的影响而不能成功。可见，转变思维模式，构建新的概念结构对于成功地学习一门语言是非常重要的。

认知语言学认为语言的习得并不是传统语言学所认为的只是对语言各个不同层面的单独学习，语言习得是一个对概念、意义进行整体性习得的过程。

（2）通用认知能力是语言习得机制。认知语言学认为，人们对语言的习得离不开通用学习机制。所谓通用认知能力是指人的大脑关于客观世界的一切感知，主要包括理解记忆、动觉图式、基本范畴、概念和意义，以及监控、概括、推理、演绎等一系列的心智活动。

语言习得与其他认知活动一样，都是人类对客观世界的感知，所以更需要运用通用认知能力对语言进行认知处理。因此，人们将通用认知能力视为认知语言学的语言习得机制，并认为通用认知能力在语言习得过程中发挥着非常重要的基础性作用。

关于认知语言学的三个基本假设也同样强调了通用认知能力对语言习得的重要性。该假设认为语言不是自主性的认知能力，这句话有两层含义。

第一层含义：语言是人类众多认知能力当中的一种。

第二层含义：语言作为一种认知能力，与人类其他的认知能力关系密切。

由于语言是一种认知能力，所以人脑中对语言知识的获得、运用和语言的构成与其他认知活动相比较而言不存在本质上的差别。此外，语言这种认知能力并不是封闭的、自主的，人类在对语言使用和语言习得等过程进行监控时，还需要运用其他通用认知能力。

不光语言在本质上与人类的通用认知能力关系密切，语言学习也一样会涉及概括、总结和抽象等认知能力。通过对认知语言学的研究发现，通用认知在语言的习得过程中发挥着非常大的作用。

此外，人们在进行语言习得时通常需要借助范畴化、抽象化等通用认知能力从众多的例子当中总结、概括出抽象的、格式化的知识结构，并借此记住具体的语言项目，避免因时间的推移而对单个例子产生遗忘。

认知语言学将人类通用认知能力视为一种语言习得机制，并将语言能力归为通用认知能力的一部分，认为语言学习在很大程度上都要依赖通用认知能力，人们的整体认知能力是非常重要的。

总之，根据认知语言学，语言习得是以通用认知能力为机制的概念习得。语言习得是人类的一种认知活动，是人类以通用认知能力为基础对一门语言的感知，人们通过对所学知识的概念化形成新的语言结构知识。

（二）认知语言学下的学科语言习得观

语言观指的是人们对语言的整体看法与观点，是一个人的世界观在语言观察中的具体表现。明确认知语言学视角下的学科语言观才能更好地理解其语言习得观。下面分别从心理学、社会学和语言学三个视角对认知语言学的学科语言观进行具体的阐释。

1. 心理学视角下的语言观

从心理学视角对语言观进行总结，可以认为语言是一种体验性的概念化意象图式。认知语言学认为，通过人类的认知才能产生和使用语言，语言形式的产生是人类进行认知加工和互动体验的结果。

语言的体验性具体指的是人与现实世界之间的互动，表现在语言的产生与使用两个方面。当人的身体与外界环境进行互动后，就能产生经验性认知，这便是语言。不同的语言表达体现出了不同人观察视角的不同，从而也就产生了对事物的不同认知。

需要明确的一点是，语言并不是人类对现实世界绝对客观的反映，它是不同的人在特定视角下进行的具体体验的反映，是人们对现实进行体验性认知的结果。

人在与现实互动体验的过程中，通过对具体的具有相似关系的多个个例反复感知和体验、不断进行概括而逐步形成基本的意象图式。使用者会根据交际目标的不同激活存储于心智中的不同的意象图式，从而产生不同的语言表达式。

综上所述，从心理学的视角看，语言是体验性的概念化意象图式，这是认知语言学区别于其他语言学理论的重要原则之一。

2. 社会学视角下的语言观

从社会学的视角对语言观进行分析，可以认为语言是一种社会性的交际工具。认知语言学注重语言的交际性，认为语言知识的产生是在交际行为中不断概括的结果。而语言结构的产生在于语言的使用，这就是语言作为交际工具的社会性表现。认知语言学下语言的使用主要包括以下两个方面。

（1）语言知识的形成来源于人们对语言的使用

语言成分能否以构式的形式存储在人的头脑当中成为语言知识，关键在于语言成分在使用中的频率。每使用一次语言成分，人类头脑中与之相对应的意象图式就会被激活一次。当使用频率达到一定要求时，这种语言成分就会被固化，从而形成了形义配对的构式。因此可以说，语言知识的形成离不开人们对语言的使用。

（2）语言知识的目的在于语言的使用

语言是一种交际工具，语言的使用是在交际目的的驱使下进行的言语行为，因此语言知识的目的就在于人们对语言的使用。

一般来说，人类的交际行为都是发生在具体的社会环境中的。不同的语境决定了人们对语言知识的理解和使用。在交际中，交际双方根据不同的构式激活脑海中的百科知识，从而了解交际对方的交际意图，最终顺利完成交际行为。

从社会学的视角来看，语境的社会性赋予了语言同样的社会性，使得语言成为一种社会性的交际工具。语言来源于使用，又作用于使用是认知语言学以使用为基础的语言观，强调了语言的最终目的是交际。

总之，社会学视角下的语言观带有功能性与实用性，展现了语言在社会生活中的应用。

3. 语言学视角下的语言观

传统语言观认为语言是由有意义的语法系统和无意义的语音系统构成的。认知语言学则认为语言的形和义是不能分离的，是形义一体的整体构式。语言学视角下的语言观认为，语言是由构式组成的理据性的符号系统。

构式是语言的基本单位，是语言中形式与意义的基本配对。语言是由构式组成的，这些构式大小不一，有的简单，有的复杂，有的抽象，有的具体。经过不断合并和组装，逐渐形成了庞大的语言系统。

认知语言学将一个在特定语境中所使用的具体的表达式称为“语式”，构式并不等同于语式。构式主要存储于人的心智当中，能够建构实际语句，语式则是由抽象的构式直接实现为具体的言语表达形式。构式和语式具有抽象构式与具体语式之间实现与被实现的关系。

认知语言学认为，当构式之间不存在形式与意义限定要求上的矛盾时，就可以进行自由合并，并产生实际使用的各种语式。

但是需要指出的是，构式的形义关系并不是任意的，需要在一定理据性的解释下进行。于并列结构的成分安排并不是任意的，而需要遵循时间上的先后顺序。当顺序颠倒时，可能是交际者为了实现具体交际目的而进行的改写。

认知语言学视角下的语言观有利于我们对语言本质的理解，同时也利于语言学习与教学的展开。但是，语言的形义关系所呈现出的任意性和理据性并不是绝对的，应该根据具体情况进行具体分析。

综上所述，语言学视角下的语言是由构式所组成的一个理据性的符号系统。

二、基于认知语言学的语言教学观

我们主要讲述基于认知语言学的语言教学的原则：

1. 整体性教学原则

认知语言学认为语言是相互联系的认知整体，人类的认知能力相互作用、协同发展。因此，在认知语言学下的语言教学过程中，也应该遵循整体性教学原则。

随着多元化社会环境的发展以及语言知识应用范围的扩大，对英语人才的素质有了更高的要求。整体性教学原则要求在认知语言学下的语言教学中重视语言宏观层面和微观层面的教学。

微观层面的语言教学指的是对语言音形义等具体知识的教学。宏观层面的语言教学指的是从社会、文化等语境知识以及认知情感等角度展开教学。具体来说，整体性教学原则要求下的语言教学需要注意以下几个方面。

（1）教学展开过程中要重视认知和情感的协调发展。

（2）教学知识的呈现要从不同渠道入手。

（3）教学内容应该和文化相联系，并进行整体教学。

2. 洞察性教学原则

认知语言学强调洞察性在语言习得中的过程，指出这种语言习得过程要比机械性语言习得有更好的学习效果。因此，在进行语言教学的过程中也需要以此为基础，提高教学的理据性教授，使学生知其然并知其所以然，以更加科学的心态进行语言学习。

有理据的东西学起来比没有理据的要容易一些，同时有理据的知识记忆与使用起来也要比没有理据的要容易一些。

理据性的洞察性知识教学对于学习者了解语言的工作方式十分有益，有利于学习者建构与其自身相关的语言学习假设。具体来说，这种教学方式有以下几点意义。

（1）有利于深化学习者对语言知识的理解。

（2）有利于学习者加深语言知识的记忆。

（3）有利于学习者语言与跨文化意识的培养

（4）有利于学习者学习动力与信心的增强。

（5）有利于学习者学习主动性的提高。

3. 三位一体教学原则

认知语言学下的语言教学还需要遵循三位一体的原则，具体指的是语言、文化、思维的三位一体。认知语言学指出语言、文化、思维是三位一体的，因此对其中一方面的分析需要考虑其他两个方面。

在语言教学中，教学者应该重视认知和情感的重要性，体现出学生的主体地位，并加强对学生跨文化能力的提高。

（1）三位一体原则的教学能够加深对惯用语的理解与记忆。

（2）三位一体原则的教学能够提高学生的阅读理解能力。

（3）三位一体原则的教学能够通过分析细节增强学生的语言文化意识。

（4）三位一体原则的教学能够增强学生对多义性的理解能力。

（5）三位一体原则的教学能够增强学生的思维能力。

第三节　认知语言学对英语专业教学的意义

随着英语专业教学的发展，教学中对人才的应用能力和学生的中心地位有所重视，结合认知语言学的相关理论能够提高英语专业教学的质量，促进英语专业教学向实用性、应用性、时代性的方向发展。需要明确的是，认知语言学是一门前沿学科，其仍处于不断发展的过程中，一些理论并不能全面地解释所有语言现象，也不能将其全部应用于英语专业教学的过程中。可以说，认知语言学对英语专业教学有着积极和消极的作用。下面就对这正反两方面作用进行总结，从而提高基于认知语言学的英语专业教学的科学性。

一、认知语言学对英语专业教学的积极意义

认知语言学通过从主体认识外部世界的经验基础和主体认知能力出发更有效地探究语言现象。具体来说，认知语言学对英语专业教学的积极意义主要表现在驱动教学进程、提高教学活力和丰富教学活动三个方面。

（一）驱动教学进程

传统的英语专业教学大多以言语能力为中心展开教学，将其重点放于传统语法与生成语法方面。在这种教学模式培养下的学生在书面语言上的能力较强，但是语言交际性与应用性较差。

虽然教学方法在不断翻新，看似有很多差异，但是从内容上看教学内容没有太大变化，仍旧是传统的教学方式占主体。针对英语语言现象，传统教学方式未能给出合理的解释框架，也未能形成统一的行为规范，对于一些特殊的、例外的语言现象只能要求学生死记硬背。

具体来说，在传统的英语词汇专业教学中，教师按照单词在课文中的义项进行先后顺序教学。虽然教师对一个单词的不同含义进行了多次不同情况的讲解，也会根据词汇含义的频率进行针对性教学。但是从整体上说，学生对词汇的理解仍旧处于分散状态，未能将词汇的不同含义形成相互联系的网络，在记忆方式上也是逐个记忆，浪费了大量时间，同时也不利于词汇的应用。

认知语言学的相关研究能够驱动英语专业教学的进程。通过解释日常语言现象，为这些语言现象提供相关理论依据，有利于传统教学内容的改革。具体来说，认知语言学驱动英语专业教学进程的理论主要有以下几个方面的作用。

（1）认知语言学的教学能够整合学习者大脑中的分散知识，使知识汇聚起来，从而形成完整的知识网络。知识网络的形成，对于促进知识的记忆十分有帮助，同时也便于学生对知识的正确理解，提高了英语知识的记忆效率。

（2）通过整合知识网络还能促进学生后续对知识的提取与应用，能够提高语言使用的便捷程度，促进学习者英语思维能力的提升。

（3）认知语言学的相关理论还能追寻学生学习中犯错误的原因，帮助学生了解语言错误背后的深层知识，使学生的学习既知其然，更知其所以然。

英语中有很多固定表达方式，在具体英语专业教学过程中，教师往往告诉学生只要记住这种使用方法即可，但是学生在整体思维模式的作用下，仍旧可能会出现语言使用错误。不能直接接双宾语的动词主要可以分为两类。

（1）用以转移实在物体的动词，如 contribute，select，obtain，donate 等。

（2）用以转移知识的动词，如 suggest，explain，describe，announce 等。

对这些动词进行研究可以发现，其都是源于拉丁语，音节一般都较长，重音一般落在第二个音节上。

（二）提高教学活力

认知语言学能够提高英语专业教学的活力，主要表现在能够提升传统教学中对比分析的活力。

“对比分析”指的是通过对两种语言进行对比分析，能够了解外语学习中的困难，并对困难进行有效预测。这一观点一经提出，就受到了很多学者在理论和实践上的抨击。但是随着认知语言学的兴起，这个理论又重新回到了人们的视野中。

认知语言学认为人类的语言是对现实世界的认知结果和认知过程的反映。由于人们体验世界、认识世界的方式与视角的不同，因此在脑海中所形成的概念体系与认知结构也不尽相同。外语学习和母语学习带有差异性。一般来说，外语学习要滞后于母语学习。也就是说，在进行外语学习时，学习者已经具备了一定的母语知识和概念系统。因此，对新的语言的学习与接受也会在一定程度上受到母语系统的影响，并需要对新的语言知识进行整合。

大体上说，学习者的母语系统起着一种媒介的作用，这一点并不为学习者所认知。为了让学习者了解目标语的相关概念，教师可以采用对比分析的方式，促进学生对母语的中介作用从“无意识”向“有意识”转变。也就是说，通过认知框架下的对比分析，学习者更能了解语言的概念与范畴，并能对语言知识进行有效重组。这种教学方式更加有利于教学的展开，从而提高教学的活力。

在具体的英语专业教学过程中，教师可以通过对英汉语言在概念差异上的对比分析，激发学生对语言学习的兴趣，同时也能激发学生语言应用的乐趣。长此以往，学生在对比分析的作用下便能摆脱母语概念体系的影响，建立英语识别与应用的概念体系，对后续语言交际能力的提高也大有裨益。

（三）丰富教学活动

认知语言学对英语专业教学的积极意义还表现在对教学活动的丰富方面。

认知语言学重视语言的体验性，认为人的身体是客观世界与人类认知之间的中介。语言学习的过程也带有体验性。在这种理论的依据下，教师可以设计丰富多彩的教学活动。

（1）在英语专业教学课堂上，教师可以教导学生使用肢体动作对语言概念进行解释与体验。认知语言学重视人的身体，认为其是构建语言意义的基础。语言的意义来源于人的体验。在教学过程中，将语言结构以手势和意象的方式进行重现，有助于激发学生对语言的认知，促进对知识的吸收与理解。

具体来说，英语专业教学过程中可以使用肢体动作的内容有很多，如对介词的介绍、对方位的介绍等。同时，教师还可以在教学过程中加人一定的戏剧表演或哑剧表演，使学生在表演过程中了解相关语言内容并了解语言应用。

（2）教师的教学除了可以进行直接的显性教育外，还可以利用学生的主观能动性，促进学生对知识的主动吸收。教师可以通过向学生呈现语言材料的方式，让学生对材料中的语言规律进行归纳与总结。在这个过程中，学生会建立自己的语义辐射网络，探索语言的使用与意义间的关系。

这是一种自我探究性的学习，不仅有利于提升学生的自主学习能力，同时还能使学生意识到自身的学习主人翁意识，增加学生学习，上的积极体验。

相关研究表明，传统以动词为中心、以规则为基础的英语专业教学方式，并不如认知语言学的教学方式有效。认知语言学下的英语专业教学活动可以以动画展示、幻灯片图式等方式展开，从而扩展学生学习的知识意义与核心意义。在具体教学过程中，教师还可以请学生补齐网络图中空缺的核心意义，并使学生解释补缺的理由，从而判断具体实例是否合理。最后，学生在教师的指导下进行讨论与总结。这种教学方式既能发挥教师的指导作用，也有利于学生的主动参与，促进学生自主学习能力的提高，也有利于学生对语义网络系统的分析与建构。

需要注意的是，在进行英语专业教学活动设计时，教师应该按照由易到难的顺序展开。在学生学习的初级阶段可以设计相对简单的交际任务，并让学生将注意力放于外语的语言要素方面。在随后的教学中逐级增加活动难度，促进学生语言能力的不断发展。

在认知语言学相关理论的指导下，可以结合显性教学与隐性教学，注重教学过程的体验性，增加学生对知识的探索兴趣，发挥其主动精神。这样在趣味性的环境下，学生的语言学习也会更加轻松。

二、认知语言学对英语专业教学的消极意义

认知语言学现在处于不断发展之中，在理论上已经取得了明显的突破，为人类认识语言提供了新的视角与手段。但是需要指出的是，认知语言学并不是专门为英语专业教学服务的，其理论并不是全部适合于英语专业教学实践。将认知语言学应用到英语专业教学中既需要了解其积极意义，也需要认识到其消极意义，从而扬长避短，更好地提高英语专业教学的效率。

（一）语言现象解释不完全

需要明确的是，认知语言学现在只能为部分语言现象提供理论依据。也就是说，认知语言学对语言现象的解释并不完全。这种不完全性主要表现在以下两个方面。

（1）虽然认知语言学能够对部分语言现象进行独具匠心的解释，但是这只是涵盖了一部分的语言现象，所提供的解释也十分有限，同时绝大部分的形义配对还带有任意性。

（2）语言的理据表现在隐喻、语音、顺序、数量、隐喻、身体体验等不同方面。在教学过程中，教师和学生很难准确地预测该从哪一方面获得理据，也很难理解这些理据解释的真正内容。因此，对于认知语言学中的理据，在教学过程中要客观对待，秉承实事求是的精神，发挥其在英语专业教学中的现实作用。当遇到缺乏相关理据的语言现象时，教师可以将具体情况告诉给学生，并采用传统的教学方式展开教学。

（二）程序性知识需要实践

基于认知语言学的英语专业教学可以分为以下几个步骤。

（1）认知语言学提供语言理据。

（2）语言理据解释部分语言现象。

（3）学生对语言现象的理据进行理解记忆。

纵观这一过程，语言理据起到的是一种中介的作用，从本质上是一种陈述性知识。语言教学的最终目的是使学生获得程序性知识，从而将语言应用到具体的交际过程中。也就是说，即使学生了解了具体的语言理据，也无法真正做到熟练使用英语。学生应该在理据性知识的基础上进行大量的语言实践，将陈述性知识转换为程序性知识。

随着时代的发展，社会对人才的需求向着实用性、交际性的方向发展。学生既需要了解一定的语言理论，也需要掌握具体的语言技能。只有在语言实践的基础上，才能切实提高自身的语言能力。

（三）不完全适合低水平学习者

基于认知语言学的英语专业教学并不完全适合低水平学生，这就启示英语专业教学者要有选择地教授语言理据知识。具体来说，认知语言学理据并不完全适合低水平学习者的原因主要有以下几个。

（1）进行语言理据讲解需要使用很多专业术语，学习者需要花费大量时间学习专业术语，在此基础上才能进行概念的理解与消化吸收。我国外语课堂教学时间有限，将有限的课堂时间用于专业术语的学习会影响教学进度，同时这些专业术语的学习也不能直接用于交际活动，在一定程度上也会影响英语专业教学的效果。

（2）语言理据知识的陈述带有枯燥性，及时丰富其陈述过程，配以丰富、可视化的工具，也不能改变语言理据的学习过程。这种枯燥抽象的理据学习会挫伤低水平学习者的学习兴趣。

纵观认知语言学对英语专业教学的意义，可知其在英语专业教学中具有重要的指导作用，教师需要在了解其消极影响的基础上，努力扩大积极意义的影响范围，从而促进传统英语专业教学的改革进程。

第四节　认知语言学在高校英语专业教学中的应用

一、认知语言学在高校英语词汇专业教学中的应用

（一）注意意群教学

即使第二语言学习者可以达到本族语言者的流利程度，但还是很容易被本族人轻易识别其不是本国人，这主要是因为第二语言学习者的用词、词语搭配与本族语是不同的。

人的大脑有储存大量词汇的潜力。优选论认为，“清晰性”与“省力性”是人类发音的两个基本规则，这两个规则之间是相互制约、平衡的。在交际过程中，“最大限度交际需要”与“最省力愿望”之间的制约与平衡也是存在的。这些是人脑思维方式的表征，体现了人脑储存知识信息的特征，也就是既要求“清晰”，能有足够的语汇来表达各种思想，又要有“系统性”，以便随时可以调出使用。清晰原则要求人的大脑中储备着相当的词汇，省力原则要求人脑中所储备的词汇要有效压缩，同一单词存储一次，不能重复，可见二者是相矛盾的，这就使词汇往往不是单独存储的，而是以意群为单位存在的，这样方便随时选用。

优选论的核心是制约条件的交互作用，制约条件又具有普遍性和可违反性。因此，就有了可重复存储，也就是一个单词可以在不同的搭配功能中进行重复存储。记忆母语语汇是这样，第二语言学习也不例外，学习者只有在掌握大量的意群的基础上，才能使用地道的搭配、习语来交际。

上述研究成果对高校英语词汇专业教学具有重要的启示。教师不能孤立地进行词汇教学，而应注重与语篇教学进行结合，引导学生从语篇高度对语篇的文体、主体、写作风格、作者意图等有一个大致的了解，在此基础上把握词语的含义与用法，在意群中记忆单词。此外，教师在讲授单词时，还不能忽视句子的作用。这是因为句子中可以浓缩语言环境，展示词语的搭配、习惯用法，将意群提炼出来。教师在讲授单词时，应尽可

能使用高质量的例句，即满足必要性、充分性、有效性的句子。这里的有效性特别体现在需涉及典型的搭配与习惯用法。

（二）利用原形范畴理论教学

根据认知学科，自然范畴包含着原型结构，所以原型范畴理论具有认知属性。人类认知的手段包括低层次范畴、基本层次范畴以及高层次范畴。在高校英语词汇专业教学中，教师可以根据其性质对词汇进行划分，具体分为上位词、下属词以及基本范畴词，引导学生以英语词汇的原型为基础对词汇的意义进行深入理解。

词汇的原型范畴的界限比较模糊，词汇的中心意义是其原型，在界限的范畴内可以引申为不同的词义，这有利于学生更好地理解文章，有利于培养学生推断上下文的能力。

英语词汇可以按其性质进行层次划分，因此在进行词汇教学时，教师应注意引导学生领悟基本范畴词的含义，在理解核心词汇之后，逐渐学习语义更复杂的词汇，从而提高英语学习能力。

学生只有牢记名词的范畴划分，才能把握好原型范畴理论的核心词汇。其中，动植物可以划分为五级范畴，包括科属名词、标名、物种、生物类别、存在形式。在词汇教学中，教师要引导学生掌握这五级基本词汇，然后不断扩展延伸，这是学习好英语词汇的关键。

（三）利用相似性理论教学

能指与所指是索绪尔符号学中两个重要的语言学术语。能指是一种形象，所指表示指代这种形象的概念。相似性理论是将语言内容与形式联系起来的一种介质，介于能指与所指之间。将索绪尔理论延伸之后，可以发现人们对客观世界具有认知性，同时以这一认知为基础产生了概念性的认识，根据学习经验总结出语言结构，将这一理论应用于词汇教学中，有利于提高教学与学生记忆词汇的效率。

语言学中的相似性理论主要有距离象似性、隐喻象似性、借代象似性、类比象似性、提喻象似性、书写象似性、词素相似性等类别，它通过不同词汇的表现形式将语言的特殊性客观地反映出来，对于高校英语词汇专业教学具有重要的启示。

这里以距离象似性为例加以说明。当形容词修饰名词时，名词是中心词，名词前面有多个形容词，这些形容词的顺序就体现了象似性原则。形容词的特性与本质越接近，其离中心词就越近。形容词有主观形容词与客观形容词之分，与中心词距离最近的客观形容词也就越能体现中心词的本质。

距离象似性中形容词的顺序体现了一定的主客观意念，具有认知的特点。同时，“距离象似性是概念距离与语符距离之间的相似性，其通过一种形式影响另一种形式，通过英语表达方式来体现。”

象似性的其他类别也体现了结构的识别性、句子的叙实性、句子与事实之间的可替换性。这些性质可以帮助学生通过对英语单词的词形的分析而对其不同含义进行深入理解，从而促进学生的英语词汇学习。

（四）利用隐喻理论讲解多义词

隐喻思维具有联想的“发散性”“跳跃性”的特点，基于这一特点将词的原型意义向边缘义项进行扩展就形成了多义词。在讲授英语多义词时，教师应注意对学生的隐喻思维进行培养，引导学生对同一个词的多重意义加以联想，进行分类、对比，找出多重意义之间的联系，系统地记忆词汇，提高记忆效果，从而有利于学生对一词多义现象的习得。

隐喻是使词义进行延伸的主要方式。在高校英语词汇专业教学中，教师在对多义词进行讲解时，应从本义出发，引发学生进行联想，主动地思考、探索，从而获得引申意义，这样一个线索清晰的语义网络图就在学生头脑中形成了，从而有利于学生对多义词的学习与记忆。

词汇是语言的基石。语言学习应从词汇学习开始，相应地，词汇教学就具有重要的作用。同时，词汇是借助人的认知机制而形成的，因此教师在词汇教学过程中应改变传统的教学方法，摆脱机械的翻译、解释方式，将认知语言学的相关理论运用于教学中，使学生转变传统的单词学习方式，进而达到良好的教学效果。

二、认知语言学在高校英语语法专业教学中的应用

认知语言学在英语语法专业教学中的应用一直是英语专业教学认知研究的重要方面。认知语言学是在语言学与认知学基础上产生的，其对语法的研究多在意义上，而不是规则上。

（一）形式与意义相结合

认知语言学认为语义是语言最核心的部分，这一观点从语言的实用价值角度来看，是合理的。对于大多数人来说，语言的功能是听和说，而不是对句型的操练。

认知语言学中有一个重要的假设：词库与语法之间的关系是连续体关系，它们都是符号结构，组成一个结合或清单库。这一假设包含了两个方面的含义。

（1）语法同样具有意义，语法的意义更抽象。

（2）词库与语法之间没有明显的界线。

语言教学有两条重要的原则：一是关注意义，包括语言意义与语用意义；二便是关注形式。这就要求在语法教学中要同时注重意义与形式，并将意义放在首要的位置。因此，学生不仅要理解语法规则的形式，还要知道这些形式所代表的意义和目的。在认知语言学中，语法结构具有符号性的特征和意义，语法规则从具体的语法表达式中抽象出来，以构式图式作为形式表征。

（二）突出学生的主体作用

认知语言学认为语言的产生来源于语言使用，因此传统语法教学轻运用重知识的教学模式是无法提高学生的综合英语能力的，这一直是语法教学的误区。因此，要关注学生这一语法学习的主体和语言使用的主体的决定性作用，使他们能够在语言使用过程中

不断选择语言的表达式来表达自己的思想，而不仅仅是掌握了抽象的语法规则，在考试中得到高分，却没有实际的运用能力。同时，教师要改变枯燥刻板的教学方式，考虑学生的兴趣和需求，挖掘语法规则后更深刻的意义，引导学生进行多层次多方面的思考。

综上所述，高校英语语法专业教学是英语专业教学的重要组成部分，提高语法教学的质量对于培养综合性的高素质英语人才具有重要的意义。认知语言学将各种认知能力与经验相联系，应用于大学语法教学中有利于语法教学与实际生活实践相结合，将枯燥的语法规则与学生自身的经验相联系，加深理解和记忆。认知语言学为语法教学的研究和改革提供了新的视角，值得教师和学生更加充分地运用。

三、认知语言学在高校英语阅读专业教学中的应用

随着不同学者对认知语言学的研究不断深入，他们发现其与英语专业教学有着密切的关系，针对具体的阅读教学而言，应该包含概念能力、信息加工方式及图式知识。在当代高校英语阅读专业教学中，教师应该注重这三个层面的培养，从而显著提高学生的英语阅读水平，同时促进其理想的阅读模式的形成。

在具体的英语阅读专业教学中应用认知语言学理论，有助于提高学生对阅读材料的理解和把握，同时对于学生的思维能力和文化素质的提高也有重要意义。具体而言，教师可以从以下几点着手。

（一）阅读材料选择层面的应用

认知语言学认为，语言输入的过程应该符合理解性、数量性、趣味性的原则。英语阅读专业教学是一种非常重要的输入形式，因此将认知语言学的相关原则运用于英语阅读专业教学中，可以收到事半功倍的效果。

1. 理解性

英语阅读专业教学的目的是提升学生的语言理解能力，这一能力的形成和发展并不是一蹴而就的，而是需要教师付出长期艰辛的努力。阅读材料是英语阅读专业教学的重要参考，对英语阅读专业教学而言有着重大意义。

因此，在进行阅读材料的选择时，教师应该选择理解性强的资料，即尽量与学生的认知特点、语言习得水平相符，不应过于容易，也不能太难，最好选择比学生整体认知水平稍高的材料，这样有助于激发学生挑战的兴趣。

2. 数量性

语言的输入也需要数量作为前提。阅读材料具有多层次、多学科性，因此阅读教学过程中应该坚持数量性原则，这对于学生认知语言程度的提高也有着重要影响。就一定程度而言，语言的学习需要机械的、重复的刺激，因此教师要尽量让学生多接触阅读材料。

3. 趣味性

众所周知，兴趣对于人们认识事物、学习知识有着重要作用。在当代高校英语阅读专业教学材料的选择上，教师应该秉持兴趣性原则。也就是说，教师应该根据学生的认知情况、语言水平来选择材料。当学生对阅读材料充满兴趣时，就会对阅读投入更多的

兴趣，调动自己的阅读认知技能，把握材料的中心思想，从而不断提升自己的阅读理解能力。

（二）阅读任务设定层面的应用

阅读教学的过程需要设定一定的目标和任务，才能切实有效地提高阅读教学的效果。

认知语言学的认知监控理论认为，学生的阅读过程需要自己主动地调节和监控。但需要注意的是，学生在不同的语言阶段，对自身的学习情况把握不够透彻，这就需要教师帮助学生设立清晰的目标和任务。

任务的设定可以帮助学生了解自己的进度，同时也便于学生制订自己的阅读目标。当目标达到后，他们就会对自己的阅读充满信心，从而提升自己的阅读兴趣和积极性。阅读过程是循序渐进的过程，因此教师应该根据不同的阶段设置不同的学习目标和任务，使学生不断打好根基，促进自身稳固增长。

（三）具体阅读策略层面的应用

从认知语言学的角度来说，阅读的过程是读者与文本相互作用的过程。阅读的过程带有极大的主观性，需要学生从自身思维出发来理解文本逻辑，提高对整个阅读文本的理解。了解了这一点，教师在具体的英语阅读专业教学过程中需要注重培养学生的理解能力和应用能力。

阅读理解的过程是一个科学分析的过程，学生需要运用一定的阅读技巧来提升自己对阅读材料的理解。认知语言学的相关理论对阅读策略的选择也有重要影响。具体来说，可以从阅读前策略、阅读中策略和阅读后策略分析。

1. 阅读前策略

认知语言学认为，人类的语言思维结构往往是在人的认知经验的依赖下形成的，因此阅读理解的过程中渗透了很多读者的经验。这就提醒教师应该在阅读教学过程中，训练学生的主观思维能力。

在阅读开始之前，教师可以通过如下几种形式来让学生对阅读文本有一个基本印象。

（1）预测文章内容。阅读并不是学生拿到阅读材料就开始阅读，学生可以选择一定的阅读策略进行分析。在阅读之前，教师可以引导学生对阅读内容进行预测，如通过阅读材料的类型、题目、首尾句等的讲解，让学生对文本内容有一个大致的猜测。

（2）速读教学策略。在阅读开始之前，教师可以让学生对文章进行速读，大致了解文章的内容。同时，教师还可以运用提问的形式与学生交流速读的方法和技巧。

（3）了解文章背景。由于英汉两个民族的思维方式、文化习俗等存在明显差异，对英语阅读材进行阅读还需要具备一定的背景知识。因此，教师在教授之前，首先引导学生进行背景文化知识的收集和整理，从而为正式的阅读打下基础。

（4）激活相关主观知识。阅读材料的理解是基于学生的认知水平建立的，学生在阅读时需要调动相关主观知识，只有这样才能加深对文章的理解。因此，教师在教授阅读之前还需要引导学生激活自身的主观图式。

阅读前阶段是阅读的准备阶段，因此需要教师和学生予以重视，做好阅读的准备工作，对于阅读而言十分重要。

2. 阅读中策略

在阅读过程中，学生还需要发挥自己的主观能动性，对自己的意识和思维进行调节与监控。在这种监控下，学生能够认知阅读材料的本质，从而树立阅读材料中蕴含的逻辑关系，把握文章的背景知识，同时还能进行对比分析，找出英汉两种语言的异同点。

具体到当代的高校英语阅读专业教学过程中，教师应该提高学生的文化背景知识，锻炼学生的语篇预测能力，从而提高英语阅读的有效性。

3. 阅读后策略

完成对阅读材料的阅读并不是阅读过程的终结，阅读后的监控和评估也是阅读的重要部分。

在当代的高校英语阅读专业教学中，教师需要培养和锻炼学生的阅读后策略。具体而言，主要培养学生进行自我监控和评估。

（1）自我监控是指学生对阅读错误加以发现并改正。当学生阅读完一则材料之后，需要对文章中理解不透彻或者不理解的地方进行记录和总结，同时寻找相关资料或者寻求教师帮助。

（2）自我评估是指学生对自己的阅读水平、偏好、成绩有一个科学的评估，从而把握自己的学习进度。

自我监控和自我评估除了能够提高学生的阅读主观能动性，还能培养学生的阅读习惯，使学生对自己的阅读进度有一个清晰的了解和把握，从而更积极主动地进行阅读学习。

第九章
基于文化语言学的高校英语专业教学研究

文化语言学研究语言与文化的关系，使语言学研究不止于语言形式，而且也通过语言来研究一个民族文化的过去和将来。文化语言学的内容涉及语言与人性、语言与认知、语言与社会、语言与历史、语言与艺术、语言与思维方式诸方面的关系。语言之中蕴含着文化，而文化的丰富和发展也得益于语言。本章对文化语言学视角下的高校英语专业教学展开了深入研究。

第一节　文化语言学概述

一、文化语言学的学科性质

文化语言学是研究语言与文化的关系—语言所蕴含的民族文化内涵，以及民族文化对语言的存在形式和演变怎样产生影响的一个语言学分支学科。语言学是兼跨文理学科的学问，一方面，它有丰富的自然科学属性，如生理属性、物理属性、数学属性、逻辑属性等；另一方面，它也有丰富的社会科学属性，与社会、民族、观念、道德、意识、行为等都有着密切的联系。文化语言学是语言学众多学科中与人和社会联系紧密且最富人文内涵的一个分支学科。在我国语言研究的历史中，注重语言人文性的研究有着很悠久的传统，但文化语言学作为一个独立学科并产生广泛影响则是在二十世纪八九十年代。对语言与文化关系的理解不同，对语言的文化意义研究的角度不同，也会形成对文化语言学学科性质的不同看法。根据现有的研究，对文化语言学的学科性质可以从下面几方面来认识。

（一）文化语言学是研究语言与民族文化关系的学科

语言的起源、形成、发展及使用，都是紧密依存于社会，存在于使用它的人群之中的。语言是属于社会现象之列的，从有社会存在的时候起，就有语言存在。语言随着社会的产生和发展而产生和发展。语言随着社会的死亡而死亡。社会以外是没有语言的。因此要了解语言及其发展的规律，就必须把语言同社会的历史，同创造这种语言、使用这种语言的人民的历史密切联系起来研究。社会与文化对语言来说，不仅是一个存在环境的问题，还渗透到了语言形成与发展的各个方面。因此，当人们把眼光从语言符号本身移开，就会发现语言不再是符号形式与符号意义的单纯复合体，不再是作为一个纯净的符号存在于社会之中，而是与它所存在的环境紧密联系在一起。语言的背后是有东西的。而且语言不能离开文化而存在，所谓文化就是社会遗传下来的习惯和信仰的总和，由它可以决定我们的生活组织。

一个民族的文化有着非常丰富的内容。它包含着这个民族所生活于其中的整个生态环境。社会文化、政治文化、道德文化、观念文化、物质文化、自然文化、地理文化等，凡是与这个民族的社会活动、生产活动有关的各种因素，都有可能会影响到这个民族所使用的语言。因此，文化语言学就是要对凝结在语言身上的这些文化因素进行细致的分析。具体说来，这种分析主要包括两方面的工作：一是通过对语言状态的分析来观察、分析、了解民族文化的构成；二是在民族文化的背景上来观察语言的存在状态和演变。

文化的存在有着多层次性，既有全人类的文化，也有各个民族、各个社会自己的文化。即使是在同一个民族、同一个社会中，也会因阶层的不同，地域的不同，道德、观念、思想、信仰的不同，而体现为各具特色的不同阶层、不同集团的社会文化、地域文化、观念文化等。文化语言学作为以具体语言为观察对象的语言学学科，所关注的更多的是民族文化而非全人类的共同文化，所以，文化语言学又是一门注重语言个性研究的语言学学科。

（二）文化语言学是阐释性学科

曾有学者对语言学史上的各种学派做过归纳，认为："历来语言学研究的目的，大体上可以分为两类，一是对语言的历史和现状作细致的描写，从纷纭繁杂的语言现象中寻找出带有规律性的东西，二是对挖掘出来的语言规律进行合理的解释，探索这些语言规律的前因后果。前者使人知其然，后者使人知其所以然。综观一百多年来西方现代语言学界相继称雄的各个学派，其主要研究目的基本上都是在描写与解释之间来回摆动。"① 以共时语言系统为对象的结构主义语言学属描写语言学，历史比较语言学、转换生成语言学、功能语言学都属于解释语言学。历史比较语言学阐释了印欧诸语言之间的亲属关系，转换生成语言学阐释了人类如何利用有限的语言符号生成无限的话语的规律，功能语言学则注重语言交际功能的阐释。从研究目的来看，文化语言学也应该属于阐释性的学科，它阐释的是语言所包含的文化意义，而不再仅限于语言结构范围内的形式研究及语义研究。

把文化语言学定位为阐释性学科，这正表明文化语言学更为看重的是语言背后的东西，它就是要通过研究把蕴藏在语言内部、隐藏在语言背后的文化因素挖掘出来。与其他阐释性学科存在明显区别的是，文化语言学的阐释对象是不一样的。历史比较语言学所阐释的是语言之间的历史发展规律，转换生成语言学所阐释的是语言的生理机制，功能语言学所阐释的是语言的使用表达功能，而文化语言学所阐释的是语言与其所赖以生存的人文环境、社会环境之间的联系。

---

① 陈平. 描写与解释：论西方现代语言学研究的目的与方法［J］. 外语教学与研究，1987（1）.

（三）文化语言学是交叉性学科

文化语言学是一门建立在以语言结构系统为对象的结构主义语言学和其他多种人文性学科之间的交叉学科。如果说以语言结构系统为本体的结构主义语言学是狭义语言学，那么文化语言学则属于大语言学、广义语言学的范围。从事文化语言学研究所需要的不仅仅是有关语言符号、结构、系统等语言本体的知识，还需要与这种语言的历史及背景紧密联系的各方面的知识。从这个角度来说，从事文化语言学研究，在社会、历史、文化方面的知识是越多越好，它就是要在狭义语言学与其他人文学科之间找到互动的联系。

例如，汉语方言的划分，按结构主义语言学的研究，主要是根据语言结构的特征来进行的。它与历史上的移民和古代行政区划有密切联系。移民给方言演化带来的影响主要体现在九个方面：（1）移民带来的方言取代土著方言。如果外地来的移民在人数上大大超过土著，又占较优越的政治、经济、文化地位，同时迁徙时间集中，那么移民带来的方言就可能取代土著方言。（2）移民放弃旧地方言改用新地方言。如果移民在政治、经济、文化水平方面的地位远逊于土著，人口相对减少或分散而处于土著的包围之中，那么他们就会逐渐改用新地方言。（3）移民的旧地方言和新地方言相融合。这会在移民和土著势均力敌的情况下发生。（4）移民远距离转移仍保持其固有方言。（5）移民的原方言在新居地演变成新方言。这是因为移民带来的方言在新地扎根，与原居地的方言隔离，演变较慢。（6）移民造成民族错居并引起方言的更替，即某一个民族中的部分成员放弃本民族语言，而改用其他民族语言。（7）移民引起毗邻地区方言发生不同程度的质变。（8）移民的方言冲淡了土著方言的特征。（9）移民的双语现象。到达新地的移民如果在人数上占少数，在经济、文化上的地位相对较低，则不得不学会新地的方言，形成了在社交上使用新地的方言，而在家庭内部或移民内部社区仍使用旧地方言的现象。这些研究，显然是突破了结构语言学的范围，把语言的差异性放到历史发展、社会变迁、人口迁徙、地区政治经济的大背景下来考察，把结构语言学与历史学、文化学、社会学、人口学紧密地结合了起来。

由于文化语言学的这种交叉性，语言学界也就形成了两种不同类型的研究范式，或是站在文化学方面来看待语言，或是站在语言学方面来看待文化。无论是哪种范式，它们的共同点都是将语言学引入到了一个更宽广的人文背景之中，与众多的人文学科融为一体，互为参照印证，这就给语言学研究带来了更为开阔的视野，也给语言学知识的运用带来了更为广阔的天地。

（四）文化语言学是关于语言本体的学科

把文化语言学看作是交叉学科，就意味着它是建立在语言学与其他学科之间，利用多个不同学科的知识生成的带有合成性的一门新学科。而这里又说文化语言学是一门关于语言本体的学科，则说明它对语言结构本身也能做出自己的独到解释，而不仅仅是利用结构主义语言学的理论和成果。现在的许多研究表明，语言的状态并不都是无意识的“约定俗成”的产物，在它的背后，蕴藏着丰富的民族文化因子。它们或是作为影响语言的产生、变迁、组合、运用的因素出现，或是直接以语言的存在形式和结构规律出现，因此，文化语言学也就有责任运用自己的理论来对语言进行重新审视，做出新角度的观察和描写。这就必然会涉及对现有语言知识的重新认识。

因此，要建立语言本体意义上的文化语言学，也需要“结构描写”的意识。因为如果仅仅把文化语言学看作是一门阐释学科、交叉学科，这其实是承认现有的、在以结构主义语言学为基本规范的语言知识基础上进行的研究，即语言描写的任务已经完成了，现在所需要的只是对以前忽视了的语言结构中的文化意义进行挖掘、阐释。实际上，文化语言学出现的重要意义就在于它给人们提出了观察语言存在状态及演变规律的新角度和新理论，它要求做到的不仅是对现有语言知识的补充，还有在对语言文化属性深入认识的基础上对语言知识的重新描写，这就必然会对现有的语言认识带来新的反思，有的甚至是改写。关注语言本体研究的文化语言学给自己提出了更高的目标，它将对语言的本质和现象做出更多，也更为深入的思考。

二、文化语言学与相邻学科的关系

（一）文化语言学与结构语言学的关系

文化语言学是近几十年新出现的一门语言学分支学科，它与 20 世纪世界语言学的主流学派——结构语言学有着明显的不同。结构语言学所依据的是符号学理论，它把语言看作是一种以声音为载体的符号系统，所关注的是语言符号系统的音义结合规律、组合与类聚规律。它以语言本身为研究对象，强调研究对象的纯净性。它所提出的与历时相对的共时观、与言语相对的语言观，都是为了保证对象的纯化。而文化语言学与结构语言学显然是两种完全不同类型的语言研究。它与结构语言学的关系如何取决于它本身采取的是何种研究模式。如果文化语言学采取的是交叉学科的定位，从事的是语言学与其他学科的相互渗透、映照式的研究，那么它与结构语言学就是互补的关系。结构语言学是对语言本体的研究，文化语言学是对语言的应用性研究；结构语言学是主流研究，文化语言学是从属式的边缘性研究。如果文化语言学采取的是语言本体研究的定位，从事的是站在文化的背景下对语言的人文属性进行挖掘，并由此来观照语言状态与规律上的表现，那么它与结构语言学就是以两种不同研究范式对语言本体进行研究的学科。

（二）文化语言学与社会语言学的关系

社会语言学和文化语言学这两个学科有着密切的关系，它们都强调语言与人、与社会的密切联系，都关注着语言与人和社会的互动关系，但它们之间仍有着不同的侧重点和取向性。社会语言学主要研究的是语言在社会中的存在状况，主要关注的是社会现象中与人有密切关系的地域、职业、行业、性别、年龄、性格等因素；文化语言学主要研究的是语言在民族文化中的存在状况，它主要关注观念、信仰、道德、习俗、意识、思维等因素。社会语言学更多关注的是现实性；文化语言学更多关注的是历史传承性。社会语言学关注语言使用、语言变异的研究；文化语言学则更多地把注意力放在语言结构文化背景的阐释上，同时也关注在文化背景下来考察语言的静态结构。社会语言学非常重视语言规划、语言政策的研究；文化语言学较少开展这方面的研究。在研究方法上，社会语言学强调语言的描写与测量，运用实验与计量的方法，已形成了一套形式化、比较完整的操作程序；文化语言学则还主要是用阐释的方法，更多依靠的是研究者本人的语感和历史纵深感。

二者之间的差异如下：（1）社会语言学研究的重点是语言使用的规则，即人们在社会交际中如何使用语言，而文化语言学则要研究它的文化背景。（2）社会语言学只研究当代的语言现象，文化语言学也研究历史上的语言现象。（3）社会语言学并不试图利用语言学知识研究别的人文科学，也不试图借助多种人文科学来帮助解决语言学问题，而文化语言学试图把语言学和别的人文科学结合起来，既从文化学的角度研究语言，又用语言学知识帮助解决邻近学科的有关问题。（4）社会语言学主要是研究比较发达的复杂社会的语言状况，不太涉及文明前的简单社会的语言状况，而文化语言学古今兼及。（5）社会语言学一般是以一个社会内部的言语共同体的语言状况为研究对象，而文化语言学除了研究一个社会内部的语言和文化的关系之外，还要比较不同社会的文化类型和语言类型的异同。（6）社会语言学主要关心社会语言的现状，只是在说明语言的社会变异的前因后果时，才涉及它们的历史，而文化语言学不仅关心语言和文化的现状，而且非常关心，甚至更为重视语言和文化的历史发展过程。

可见，文化语言学与社会语言学在具有不少共性的同时，还存在着很鲜明的个性与不同学科追求。

（三）文化语言学与人类语言学的关系

西方的人文语言学流派在兴起之初就是以人类语言学之名行世的。文化语言学与人类语言学两个学科之间的关系非常紧密，关注的焦点都集中在人身上。但它们也存在着不同之处。人类语言学是从研究当时的美洲土著印第安人开始的，研究者们深入到土著人的生活中，实地考察他们的语言使用、生活习俗，包括部落氏族的人群关系、饮食服饰、居住环境、生产工具、使用器物，甚至起居出行等，一切与研究对象有关的方面都可以纳入研究的范畴。人类语言学带有明显的人类学的痕迹，是人类学的一个下属学科，因此，以活的语言为对象，以了解语言的现状为目的，以实地考察为主要方法，就构成了人类语言学的基本特征。而文化语言学除了活的语言外，还关注语言的历史、语言的书面形态；除了了解语言的现状外，还希望了解语言现状背后的原因；除了实地考察方法外，还使用了许多其他的方法，如参照法、认同法等。

（四）文化语言学与认知语言学的关系

认知语言学是20世纪80年代在西方开始出现的一门新兴学科，它发展迅速。认知是心理学的三大课题之一，涉及人认识事物、获取知识、思维推理的行为和能力等。认知语言学是从认知的角度研究语言，特别注重认知与语言的关系，认为语言是认知世界经验进行组织的结果，是认知的重要组成部分。由于认知活动本身难以观察到，所以，语言成为观察与研究认知的一个窗口，使得认知语言学成为建立在人们对世界的经验以及对世界感知和概念化的方式基础上新的语言学科。认知语言学与文化语言学中的认同派，在语言观上表现出相当一致的看法。认知语言学认为没有独立于人的认知以外的所谓意义，也没有独立于人的认知以外的客观真理。只有认知了的东西才能用语言加以表示，因此，语言表示了的对象才是人们认知了的对象。没有独立于认知、独立于语言之外的东西。这与文化语言学的语言是人认识世界的一种模式、一种世界观的看法是相当接近的。两个学科都不满足于把语言看作是一个静态的、封闭的符号物，而是致力于探讨语言背后的东西，并把这一探求对象与人、与语言的生存环境紧密地联系在一起。

但两个学科仍有着明显的不同。首先，观察语言的角度不同。文化语言学是从文化的角度人手，人和社会在这里都是以虚化了的文化出现，文化是一种看不见、摸不着，却又无所不在，并在不知不觉中规约着人们的东西，而认知语言学是完全从人的心理认知活动来观察语言，视角要单一得多。其次，依据的理论不同，文化语言学是语言学与文化学结合的产物，而认知语言学是语言学与心理学结合的产物，并在发展中形成了自己的一系列基本概念、范畴与方法。再次，源起与发展轨迹也不同。即使认知语言学与文化语言学的认同派在语言与认知世界的关系这点上表现出相当的一致，它们之间也有着差异。文化语言学着重对语言认识世界的模式与特征进行描述，而认知语言学则深入到了认识的形成过程，把语言与认识作为两个先后出现、互为表里、相互影响的事物，并把认知主要放在与人们学习、运用语言有关的认识上。如果再把认知语言学与文化语言学的参照派相比较来看，文化语言学是一门可广泛运用于众多人文学科的交叉学科，而认知语言学则是以语言内部，特别是语义为主要关注对象的语言本体学科。

三、文化语言学的研究方法

建立某种学科的首要基础就是包括该学科的方法论的建设。文化语言学自诞生以来，就特别重视方法的系统化，重视方法论的建设。文化语言学的突出特点是宏观、微观研究并举，多学科交叉融会。文化语言学的研究对象也就决定了它的研究方法必然是多样性的。我们接下来就重点探讨文化语言学重要的研究方法。

（一）文化背景透视法

语言是文化的载体，语言背后有着深刻的文化因素。文化语言学的研究正是要透过语言表象，挖掘其后的文化内容。所以，“文化背景透视法”是文化语言学的核心方法论，并且在具体的理论研究中，收效明显。

（二）语言符号文化读解法

文化符号，专指语言中文化符号。它实际反映出语言作为特定民族文化的载体，对该文化结构以及要点的展现作用。语言的发展伴随着文化的演进，实际上本身也是文化发展的一部分。那么，语言本身也就可以作为体现特定文化的一种符号。

（三）文化差异比较法

文化差异比较法是指立足某一特定文化传统，与其他民族的文化、语言进行比较，从而达到分析本民族文化形成发展根源的目的。通过对语言所涉及的文化因素的比较进行研究，尤其是系统地加以运用，可以算是方法论的一个创新。

（四）学科交叉研究法

语言学的研究在当前的一个迫切的任务就是与其他学科的交叉。吸取其他学科研究方法上的优点与理论成果，必然将丰富语言学研究的思路，促进语言学的进一步深化。举例来说，语言学上的共时描写法、历时分析法，社会学上的阶层分析法，以及历史研究法等，都可以相互借鉴融合。

文化语言学自诞生之日起，就面临着诸多机遇和挑战。身在文化语言学研究领域的学术人无不是需要钻研的勇气，准备好跋涉的艰辛，并带着对事业的信仰，不断向前推进这个学科的发展。不管怎样，一条道路已经开启，等待我们去做的只是从理论上予以更加细致的证明，从实践上获取更多的实证资料，使中国语言学可以在这一领域拓疆开土、充满希望。

第二节　文化对英语专业教学的影响

一、文化与语言教学的关系

语言是文化的一部分，不能脱离文化而存在；同时，语言又是文化的载体，文化要靠语言保存传播和继承。所以文化离不开语言，语言也离不开文化，二者相辅相成，不可分割，而这已成为语言教学的理论基点。

语言和文化紧密地交织在一起，语言即是整个文化的产物和结果，又是整个文化其他成分的媒介。“文化”一词是一个含义极其广泛的词语。从狭义上讲，它指文学、音乐、美术等；而从广义上讲，“文化”是一个社会学术语。人类所有文化及社会现象都可以在语言中得到反映。因此，语言是文化的载体，文化是语言的支撑，语言和文化两者互相依赖，不可分割，它们之间有着极为密切的关系。

（一）语言教学离不开文化教育这一大背景

文化的传载离不开人的交际能力。一般意义上的交际能力应包括至少五方面的内容，即语言（掌握基本的语法知识）、功能（运用听说读写技能的能力）、语境（选择适宜不同语境的话语）、交际者之间的关系（根据对方的身份、地位等选择合乎自己身份的话语）、社会文化知识（语言首先是一种社会实践）。其中，后三者综合起来就是语言的得体性。语言学习者只有了解这些方面，才能在实际跨文化交流中根据话题、语境或文化背景采用得体、恰当的表达方式。这种能力能够反映出学习者对所学语言所代表的文化的了解程度。文化可以解释为社会所做的和所想的，而语言则是思想的具体表达方式。语言是一个民族文化的表现和载体，不了解这一点就无法真正学好这门语言。因此，在进行英语专业教学过程时，除了教授学生语言知识，培养语言技能之外，更应该使其融入英语语言文化教育的大背景。

（二）语言与文化的彼此交融

语言与文化的关系非常密切。语言是文化的符号和载体，不同民族的语言反映和记录不同民族特定的文化风貌；而不同民族的文化，又在某种程度上制约其语言的发展。语言与文化是水乳交融的，任何语言都要植根于文化环境才能生存，所有文化都要借助于自然语言结构才能延续。语言是文化的载体，每个民族的文化在其语言中表现得最为全面和完美。语言总是在文化发展的各个阶段完整地、协调地反映文化，并将其巩固下来，世代相传，成为民族变化与知识的载体和集体经验的储藏器。语言与文化之间的这种关系决定了语言老师也必然是一名文化老师。从严格意义上来说，文化教学又不是一门独立的课程，它是语言教学的组成部分。在目前的英语专业教学中，更多的是进行目的语文化的导入。对此，英语专业教学中应进行双向文化导入，即整个语言教学过程应当成为对目的语和母语文化不断加深理解和认同的过程。

在大学英语专业教学中要注意培养学生的跨文化交际能力。根据此大纲的要求，教师在课堂上除了教授语言知识外，还应适时、适度地导人相关的文化知识，让学生接触和了解英语国家的文化，以达到培养学生跨文化交际能力的目的。因此，在教学中要做到既教语言又教文化，把文化教学置于语言教学之中。

语言不是孤立存在的，它要有能使其生存的土壤。这一点也许可用来解释为什么世界语已出现近一个世纪，仍没能广泛推行的原因。语言深深地植根于民族文化之中，反映着民族的信仰、价值观和习俗。语言是一项社会活动，语言的选择根据社会功能和个人意图而变化，语言必须教会学生如何从一系列方言、语域、交际渠道和风格之中，选择恰当的语言形式来表达自己的思想和感情。①

既然语言与文化同语言教学与文化教学有着如此密切的关系，那么就没有理由只学语言而忽略文化，或者只重视语言教学而忽视文化教学。因此，在大学英语专业教学中培养学生的跨文化意识是非常必要的。

（三）文化教学与语言教学的互补关系

语音、语法、词汇是构成语言体系的三大要素，它们在语言中的地位决定了文化教学只能辅助语言教学。在母语环境下教授英语，语音、语法教学的积极作用是不可忽视的，是培养学生交际能力的重要基础。正因为这样，传统的教学法认为语言教学应围绕着语音、语法和词汇展开，教学的目的是培养学生熟练掌握语言，重视语言运用的准确性。因而在教学活动中，教师习惯于将英语作为知识和技能进行教授，重视语法条目和词汇的讲解，片面地将语言分割成孤立的语言点。结果学生由于缺乏对目的语文化的了解，加之在母语的干扰下，很难达到运用所学知识在不同场合下与不同对象进行有效、得体的交流。因为一个民族的语言总是反映和表达这个民族的文化的，不学文化，语言也是很难学通的。因此，文化教学不可少。在语言教学中同时进行文化教学，对于学生正确得体地使用语言是十分重要的。但是，文化教学是为夯实语言基础、提高交际能力服务的，是为了更准确地理解和更得体地运用外语而采取的一种辅助手段。文化教学旨在加强而不是削弱语言教学，是补充语言教学之不足，而不是取代语言教学，因此不应在教学中占主导地位。

① 孙鹏. 英语教育特色研究 英语“一条龙”教学理论与实践［M］. 成都：四川人民出版社，2009：233.

二、文化在语言教学中的重要性

外语学习由几部分组成，包括语法能力、交际能力、语言的准确性和对本族文化及其他文化的态度转变。无论对于研究者还是普通外语学习者而言，文化能力，即有关风俗、习惯、信仰和意义系统的知识，毋庸置疑地应该成为外语学习不可分割的一部分，许多教师已经把文化教学作为一个教学目标融入语言课程中。在过去十年中已经受到足够重视的交际能力，强调的是“语境”的作用，认为在不同情境中交际者应该得体地运用语言。语境中蕴含着文化规则，发生在具体语境中的交际行为受文化的限制，所以实现有效、得体的交际要求交际者既了解语言的语法知识（语法能力）又能够解读语境中暗含的文化意义（交际能力或文化能力），两种能力相互补充形成交际能力。

当然，我们早已对以“行为主义模式”为中心的语言学习方法进行了批判，在此模式下，语言学习就是句型模仿，语言就是用来表述事件的词和句子的简单组合。在过去二十年中，研究语言与社会的关系成为潮流，导致语言学习由“行为主义模式”和“实证主义模式”向“结构主义模式”的转变。然而，仍然有一些与语言教学的本质有关的信念深植于人们心中，决定了外语课程的方法和内容，这种信念潜移默化地削弱了语言课程中的文化教学，阻碍了学生跨文化交际能力的培养。

把语言仅仅当作一种符号，只学习语法规则无疑是一种错误的观念。在某种程度上，如果只对与语言有关的社会动态给予关注，而不能对社会和文化的结构有深远的洞察力，也可能导致跨文化交际中的误解。所以，外语学习就是外国文化的学习，在外语课堂中应该教授文化，这是毫无疑问的。值得争论的是，“文化”的含义是什么，怎样才能将文化融入语言教学中。文化之于语言学习不是可有可无的第五种技能，附属于听、说、读、写的教学。从学习外语的第一天起，文化就一直存在于背景中，时刻准备着扰乱不设防的学习者，挑战他们认识周围世界的能力，使学习者们意识到他们辛苦学得的交际能力的局限性。

人们正在逐渐意识到文化与语言不可分割的关系。缺失了文化的教学，外语教学就是不准确的，也是不完整的。对于外语学习者，如果他们对于以目的语为母语的人们的生活习惯或是国家状况一无所知，那么语言学习是毫无意义的。学习一门新的语言绝不仅仅是对句法和词汇的简单整合。学习目的语文化的重要性随着语言学习者和外国文化越来越频繁的接触而逐步凸显出来，因为他们在跨文化交流中碰到的很多障碍往往与语言的熟练程度无关。

文化语用失误比单纯的语言错误更容易在跨文化交际过程中造成不良影响。因为受话者很容易发现表面的语言错误，如语法错误、语音不准确等，这种错误一旦被发现，受话者充其量认为说话者缺乏足够的语言知识，可以谅解，甚至会对说话人敢于交谈的勇气表示钦佩。而对于文化方面的语用失误，受话者却不会像语法错误那样看待。如果一个能说一口流利外语的人出现语用失误，他很可能被认为缺乏礼貌或不友好。他在交际中的失误便不会被归咎于语言能力的缺乏，而会被看作粗鲁或敌意。一个人语言能力越强，在交际中出现的语用失误对受话者所造成的伤害也就越严重，成功的交际也就越发不可能。外语水平越高，对文化差异的敏感性也应越高，这样就可以使言语在特定场合下、特定语境中得体，从而减少语用失误。

所以，外语学习者在学习一门语言时不应忽视目的语文化。随着文化在语言习得中的重要性逐渐被肯定，语言教学研究者和工作者开始进一步探讨如何能够有效地在外语教学过程中渗透文化知识，于是就产生了“文化教学”这一概念。第二语言教学的目的主要是培养学生把语言作为交际工具来掌握。寓语言教学于文化背景的目的之一是发现并排除干扰语言交际的因素。不同文化层上的语用失误贯穿于英语学习和使用的每个阶段，因此，不同阶段的语言教学应与不同层次的文化教学有机地结合起来，从而建立一个相应的文化认知系统，以使学生英语水平得到全面提高。

三、文化语言学对英语专业教学的促进作用

（一）文化语言学提出了新的教学理念

在教学过程中，有很多人对如何讲授语言和文化存在着误解，认为语言和文化一直是固定不变和相互独立的，所以可以作为知识和信息被提取出来，教育活动就是教师将这种提取物传递给学习者。这样，英语专业教学只要设置了语言课程和文化课程，就可以实现对语言和文化的教授。这种认识割裂了语言与文化间的联系，很容易导致学生形成语言和文化两层皮的知识结构。

帕尔默的文化语言学将认知理论与文化进行了整合，从而为我们提供了一种新的教育教学理念。在这种理论看来，英语专业教学不能以语言构造和语言规则为中心，而应该以引导学习者理解和认识语言与文化之间的关系作为切入的方式，应该设法提高学习者的语言文化能力，使之结合对文化内涵的理解来实现自己对语言的认识。以文化语言学为理论基础的教学通过认知主体的体验性和语言的文化性两个角度来解释语言，可使学生更容易理解语言产生和运用的理据及其文化内涵，是更科学、更全面的语言教育方法。根据这种理念，我们可以在语言教学的过程中利用语言背后的言语主体的认知机制和语言的文化背景，一边列举语言的意义和其中的相关知识，一边导入语言的文化性来进行教学，全面提高学生的素质和能力，改变学生对相关知识的认识，提高学生自主学习的能力，并促使学生把所学知识加以内化，从而提高学生运用所学知识自主地发现问题、探究问题和解决问题的能力，使学生的综合素质得到提高。文化语言学理论给我们提供了一种新的对语言和文化进行研究的方法，并对教学方式和方法的改革产生了积极的深化和推动作用。它既是对传统语言学研究对象与研究范围的延伸，也是对语言与文化教学实践的一种理论指导。文化语言学以其新的视角为英语教学构筑起了一个能有效地达成英语教学目的的语言与文化教学的平台。

（二）文化语言学对教师的教学提出了更高的要求

首先，是对教师的理论素养提出了较高要求。21 世纪经济一体化和教育全球化给外语教育提出了新的要求，催促教师必须更新教育观念、转变人才培养模式。现在大多数中国学生的英语学习都是在非英语环境下进行的，因而培养学生使之对西方文化有所了解并逐渐形成跨文化交流的意识，即目的语的语言意识和交际能力等，已成为英语教学

的重要途径。因此，作为文化语言学在教学中应用的连接环节的教师对英语教学理念的更新就变得极为重要。教师应认识到对语言与文化的关系进行研究的重要性和必要性，应了解文化语言学的理论和知识，并对文化语言学理论在教学中的应用进行进一步的探讨，以便将语言课程和文化课程按其内在联系有机地结合起来。

其次，是对教师的语言文化素养提出了要求。一个人，其语言水平的高低主要体现在其语言形式和语言内容两个方面，高水平和地道的语言表达取决于他们的文化素养。常用的语言形式毕竟是有限的，但它所负载的文化内容却是无限的。因此，越是高层次的语言表达，其负载的文化内容就越丰富。文化作为一个重要的理论和实践问题，在语言教学中越来越受到重视，这是语言学更趋成熟的标志之一。这样，人们便越来越强烈地感觉到文化对语言的巨大推动作用，这就对教师的外语语言功底和文化素养提出了更高的要求。具体点说，它要求教师在具备了较坚实的外语语言功底的基础上，还应该掌握自己国家和目的语国家不同历史时期的包括政治、经济、文学、宗教、风俗、习惯和人们的道德情操等方面的知识。

第三，对教师的教学实践能力提出了更高的要求。文化是一个开放性的系统，它几乎是无所不包的，语言也是文化的一个部分。那么我们如何来判定文化的哪个部分和语言的交际有关？是否应该将其列为教学的内容？在具体的教学中如何渗透这些内容？如何合理地利用教材来设计和组织课堂教学活动？如何熟练而灵活地运用各种教学方式和教学手段将对文化和语言的教学相结合？这些问题的解决都需要教师具备掌握和驾驭课堂教学的能力。英语专业教学中的语言教学应该是有步骤、有计划的，而英语教专业学中的关于文化维度的教学则往往是无意识的、随机的。这就需要教师在教学过程中根据自己的经验不断地提高自己的教学能力，需要根据课程内容和学生的实际将文化语言学理论有效地应用于自己的教学实践之中。

第三节 英语专业教学中文化意识与跨文化交际能力的培养

一、英语专业教学中文化意识的培养

随着全球经济的迅速发展，我国综合国力日益增强，在英语专业教学中培养文化意识，不仅有利于改变我国目前英语的教学现状，还有利于满足我国甚至是世界对复合型人才的需要。一方面，文化交际应作为英语教学的一部分，这样做不仅可以改变单一的教学模式，优化教师的知识结构，丰富课堂教学内容，还可以活跃课堂气氛，提高学生学习英语的积极性，使教师愿教，学生愿学，从而有利于提高英语专业教学的效果和质量。另一方面，众所周知，语言是交际的基础，没有语言就无法交际。而要想进行得体的语言交际，就必须分清文化的差异。全球经济的迅速发展将各个国家进入一个共同的“地球村”中，国家与国家之间的交往日益频繁，尤其是在我国加入 WTO 之后，我国与欧洲国家的经济贸易往来甚多。在这样的全球经济发展趋势下，很难想象一个不具备英

语国家社会文化背景知识的人能正确使用英语进行交际。所以，只有将英语文化教育始终贯穿英语专业教学中，使学生积累丰富的文化知识，获得基本的英语交际能力，才能在以后的交际中避免由于文化差异而使交际双方感到尴尬，促使交际的顺利进行，从而取得交际的成功。

（一）文化意识培养的原则

学生要掌握一种语言就要熟悉其文化的特殊性，就要了解本民族与其他民族的文化差异。因此，了解其他民族的文化背景、开阔视野、启迪思维是英语专业教学的重要目的之一。在教学中，教师应树立文化意识，进行相应的文化导入。文化意识的培养必须遵守以下原则。

1. 简洁性原则

从系统论的观点看，教学过程是一个系统结构，由导入、呈现、理解、巩固和结尾构成，这五项是一个连续的整体，缺一不可。如果只重视课堂导入，而忽视其他环节，再精彩的课堂导入也不能达到整个教学过程预想的结果。所以一堂课开始时，教师就要尽量在尽可能短的时间内激发学生的兴趣，吸引学生的注意力。一旦学生学习的自觉性被调动起来，教师就要抓住这个教学过程的“黄金时刻”，尽快开展正课学习。

导入只是一种准备教学活动，是安定学生感情、集中学生注意力、引发学生兴趣、明确学习的目的、任务和要求的过程。其主要功能是集中地让学生为新的学习做好充分的心理准备和知识准备。因此，课堂导入不宜费时过多，通常以 3~5 分钟为宜，应力求做到“简约不简单”。若导入时间过长，就会使课堂起始阶段显得冗长，内容复杂，容易引起学生的厌烦情绪，进而影响整节课的进程。

2. 实用性原则

文化的内容丰富而又复杂，因此在导入过程中应选取对跨文化交际使用价值大的文化差异。对日常生活交际密切相关的文化差异及有广泛代表性的内容应精简。实用性原则要求所导入的文化内容与学生所学的语言内容密切相关，与日常交际所涉及的主要方面密切相关，同时也考虑到学生今后从事的职业性质等因素。一方面不至于使学生认为语言与文化的关系过于抽象、空洞和捉摸不定；另一方面文化教学紧密结合语言交际实践，可以激发学生学习语言和文化两者的兴趣，产生良好的循环效应。

3. 主体性原则

“以学生为主体”的教学原则体现在课堂教学中学习任务的设计中，即学生在教师的指导下，通过语言实践来感知和体验，达到实现语言目标的学习，这样就保证了学生主体作用的发挥。因为，只有在语言活动中，学生才自始至终是自觉主动的语言实践者和学习者，而不是传统意义上的被动的知识接受者。学生通过自主的实践和思考活动，可以了解语言知识和能力的获得过程，经历语言学习价值的生成过程。由此可见，课堂导入中的学习任务提供了一条有效培养学生情感态度和人文精神的理想途径，学习任务赋予了学生体验语言学习的意义，为学生创造了培养完整人格的机会，是学生主体性原则的最好体现。

4. 阶段性原则

阶段性原则就是要求文化内容的导入应遵循循序渐进的原则，根据学生的语言水平、接受和领悟能力，确定文化教学的内容，由浅入深，由简单到复杂，由现象到本质。具体地说，初、中级阶段应着重交际文化的导入，因为它直接影响交际过程中信息的传递，属于表层文化；高级阶段则应重点导入知识文化，虽然知识文化在交际过程中不直接影响信息的准确传递，但它属于深层文化，是交际文化的“根”，是更深层次的理解，是掌握交际文化的钥匙。在遵循阶段性原则的同时，教师还必须注意文化内容本身的内部层次性和一致性，不至于使教学内容过于零碎。

（二）英语专业教学中文化意识培养的方法

在经济全球化的背景下，新的教学手段和教学方法不断涌现，教师应尽快适应新形势发展的需要，积极调整教学思路，拓宽视野，提高自身的文化修养，以学生为中心和主体，使教学方式与学生的认知结构及生活经验相结合，实施有效的跨文化教育。当然，文化教学的方法多种多样，教师可以根据自身的教学情况，采用灵活多变的方法来提高学生对文化的敏感性，培养他们的跨文化交际能力。在英语专业课堂中，教师可以采用以下的方法进行文化导入。

1. 对比中西文化

比较法是跨文化教学中的一个极为重要的手段。只有通过对比才能发现母语与目标语语言文化结构之间的异同，培养学生跨文化交流的文化敏感性。两种语言文化的对比是跨文化交际教学中的极其重要的手段。通过将母语和目标语文化进行对比，学习者不仅可以发现两种语言在结构和文化信息上的不同，而且还可以深刻地认识本民族文化和所学目标文化的本质区别，避免可能产生的语用失误，从而达到交际的成功。教师在教学中只要自始至终注意结合语用、文化因素，把语言形式放到社会语用功能的背景下进行教学，学生在学习英语和英语文化时，必然要与本民族语言与文化进行比较。教师应该鼓励学生采取文化平等观和语言平等观，既不在语言与文化上搞民族中心主义，也不自我贬低，认为英语国家的文化比我国的优越，甚至否定我国的民族文化。教师利用学生对文化差异点的兴趣，可以让学生不断地进行对比与归纳，通过教师的补充、引导，达到既学了英语，又培养了学生自学、思维、总结等各种能力的目的。

2. 加强教师自身的文化修养

在英语专业教学改革中，教师仍然是教学的主体，是语言知识的讲授者，既然教师在语言教学中扮演着重要的角色，那么教师要想在教学中渗透文化知识，就必须加强自身的文化修养，了解中西方文化在称呼、招呼语、感谢、谦虚、赞扬、表示关心、谈话题材和价值观念等方面的差异；熟悉中西方不同的风俗习惯、价值标准、思维方式和宗教信仰等。

3. 结合教材导入文化背景知识

教师在平时的英语课堂中应该结合教学内容介绍相关的文化背景知识，把语言教学和文化教学有机地糅合在一起。学生学习英语的时间主要在课堂上，平时很少接触该语言环境，遇到与课文相关的文化背景知识时，往往会感到费解，有时甚至会错误地认为外国人的思维方式和行为方式完全与我国的相同。在这种情况下，教师要发挥其主导作用，直接给学生介绍文化背景知识，教师须精选一些典型内容与教学相关的文化信息材料，将它们恰到好处地运用到课堂上。教师在授课过程中，应就教材所涉及的文化背景知识，具有文化内涵的词汇、谚语、成语等进行解说和介绍。这样不仅可以活跃课堂气氛，调动学生的学习积极性，激发学生的求知欲和学习兴趣，同时可以帮助学生更加深入地掌握文章主题，加深学习内容的深度和广度。结合课堂教学展开的文化教育，使学生获得的不仅仅是语言知识和言语能力，而且还使他们由文化表层深入了解文化深层结构，形成跨文化交际的敏感性。

4. 充分利用现代化教学手段

接触外国文化的最佳途径莫过于浸入所学语种的民族文化氛围之中，但是并非每个中国学生都有机会接触英美人士，经历跨文化交际活动。因此，教师应尽量创造各种条件，如在课堂上模拟现实生活情景，让学生进行角色扮演、进行问候、闲谈、电话预约等练习活动，也可组织学生观看录像、电影、举办专题讲座、图片展、英语角等活动，也可让学生收集和利用一些有关英语使用国家的物品和图片，教师充分利用电化教学设备、电脑多媒体技术和手段，从而为学生提供全面真实的视听教学资源。这种现代教学方法使英语教学图文并茂、声景兼备，具有独特的教学效果和优点。音像材料不仅可以使学生听到人们在各种场合进行的言语交际，而且还能看到各种具有不同文化特征的语言交际。因此视听教学所展示的目标语及其包含的文化背景知识更加具体，全面且真实，学生可在轻松愉快的氛围中学到一些文化知识。

5. 加强文化知识在课堂教学中的渗透

改变传统的课堂教学模式，将文化知识融入课堂，是英语专业文化教学的好方法。传统的教学模式以单元教学为主题，强调语音语调准确，词汇量大，侧重词汇的搭配和使用，应试性质高，侧重词汇的搭配和使用，往往忽略了文化因素。在传统课堂上，教师是教学的主体，学生除了在课上听课，就是课下做大量的练习题。以这样的方式培养出来的学生一般基础扎实，能熟练掌握单词的用法，可以用英语写作。但由于不了解异国的文化，这样的学生无法正确理解和运用英语，无法进行得体的交流。所以教师应改变课堂教学模式，在课堂教学中应加强文化知识的渗透，培养学生的文化意识。

二、跨文化交际能力培养的策略及途径

跨文化交际能力指的是跨文化交际环境中的交际能力，即来自不同文化背景的人之间进行交际时，具有强烈的跨文化意识，善于识别文化差异和排除文化干扰并成功地进行交际的能力。简单地说，跨文化交际能力是指能够使跨文化交际顺利、成功进行的素质和能力。

跨文化交际能力与文化交际能力的不同之处在于，跨文化交际能力解决的是同一语境中不同文化之间交际规则的冲突和碰撞。“交际能力”需要两个重要条件：“有效性”和“适宜性”。“有效性”是指交际者使交际行为实现预期效果、达到预期目的的能力。“适宜性”则是指交际者使交际行为适合交际情景的能力。而这两种能力正是交际能力的核心，更是跨文化交际的核心。由于文化背景的不同更容易导致交际行为的无效和不当，因此跨文化交际往往更需要有效的、适宜的交际能力。

（一）掌握目的文化的信息系统

跨文化交际的顺利进行首先需要交际者掌握该种文化的信息系统，包括学习语言、

认识语言和文化的关系以及掌握非语言交际系统。

1. 学习目的语文化下的语言

语言是交际的工具，也是熟悉对方文化的重要途径。因此，要培养跨文化交际能力首先要让交际者熟悉目标文化的语言。当然，世界上语言种类如此之多，我们不可能全都学会，但学会世界上通用的语言、了解其目的地的日常用语还是很有必要的。英语作为一种国际通用语言，它不仅是大多数国家学校教育中的主要外语，还是国际会议、商务往来的官方语言和通用语言。因此，学习英语是提高跨文化交际能力的一个重要砝码。

2. 认识语言和文化的关系

语言承载文化，同时也反映文化。这一点在习语和谚语上表现得尤为明显。英语习语的特点是字面意思与习语本身的意思不同，只有了解习语的文化内涵才可能正确理解和使用习语，才能促进交际。另外，交际者的成长环境、教育背景也是影响其理解和使用词汇、习语的一个重要因素，因此交际者必须时刻注意这一点，从而选择合适的词句表达和交际策略。

3. 正确理解和使用非言语符号

除语言符号外，人们在交际中还经常使用大量的非语言符号，如目光、体态、味道等。这些非语言符号在不同的文化中有着不同的含义，误用或误解非言语符号很容易引起误会或矛盾。因此，跨文化交际者必须正确理解和使用目标文化中非言语符号的含义，以促进交际的顺利进行。

（二）加强课外跨文化交际训练

人们的交际活动都是在一定的社会环境中进行的，语言的运用和发展均离不开社会文化环境。在学校，越来越多的校园已经出现各式英文或中英双语标语、指示牌，并定期适当更新。如此布置，学生在校内随处可见英语成语、谚语，身临其境。另外，教师应鼓励学生在日常交际中多讲英语，并定期开展英语角、英语朗诵、英语演讲、英语晚会、英语短剧表演等活动，来强化学生的跨文化意识，进而提高他们的跨文化交际能力。但是学生除了在课堂及校园里了解文化外，社会对他们来说无疑也是一个大课堂，有更丰富、更全面的英语文化信息等待着他们去发现、去发掘。

因此，教师应带领学生探索和尝试一切可以利用的社会资源进行各种实践活动。鼓励学生走出校园和 native speakers 在真实的语言环境中交际，了解世界文化，切身体验中外文化差异，培养世界文化意识，进而加深对中国文化的理解。通过课内外教学活动的有机结合，不仅使学生开阔视野、活跃思维，而且能让他们在潜移默化中提高对西方文化和本国文化的认识，有利于增强他们的文化融合意识，提高跨文化交际能力。

（三）增强跨文化意识

培养跨文化意识不是一件简单的事情，而需要对其有充分的了解。只有了解了跨文化意识的四个阶段，把握每个阶段的特征，做好自我对照，找到问题所在，才能按照一定的步骤逐步提高自己的跨文化意识。

1. 跨文化交际意识的四个层次。

（1）旅游者心态。旅游者心态是跨文化意识的第一个层次，其特点是从母语文化的角度观察其他文化，往往看到的只是表面而又孤立的现象。而且，这些现象易于被模式化，将个别事件当作普遍现象，而将表面现象当作文化的本质。

（2）文化休克。文化休克是指跨文化交际中由于不了解、不适应新的文化造成频繁的文化误解和文化冲突，并受此困扰而感情用事，对新文化和新环境产生对抗心理或采取逃避策略。身处这一阶段的跨文化交际者通常有着强烈的抗拒心理和无所适从、惶恐不安的感觉。

（3）理性分析和愿意适应。随着跨文化知识的增长、对新环境的熟悉和与新文化中的人的频繁交往，交际者开始对一些文化差异和文化冲突进行理性分析，并产生主动了解和积极适应的愿望及要求。

（4）主动了解和自觉适应。经过前面三个阶段，人们开始熟悉和适应了新文化以及跨文化交际。这时人们也就有了更多的时间、精力和意愿来发觉、认识和接受众多文化表象产生的原因，即位于“文化冰山”下面的社会状况、思维方式、价值观念、生活习惯、交际和行为准则等。此时，跨文化交际者开始将自己的跨文化意识提升到了一个更高的层次，即熟悉和理解新的文化或新的交际对象，愿意做出一定的自我改变，以适应新的文化或交际对象。这也就达到了初步文化适应的水平。

2. 培养跨文化意识的步骤

了解了跨文化意识的四个阶段以后，借鉴西方跨文化意识的研究成果并结合自身的实际情况，本书认为，提高跨文化意识的步骤如图 9-1 所示。

①{尊重（Respect）/ 愿意（Willingness）} →②{参与（Participation）/ 交际（Communication）} →③{理解（Understanding）/ 相信（Believability）} →

④{灵活（Plasticity）/ 移情（Empathy）} →⑤适应（Adaptation）

图 9-1　跨文化意识培养过程图

（四）模拟真实场景，树立差异意识

任何语言的学习，不经过口语训练和真实语境的模拟与运用，就只能算是一种“哑巴语言”。学习者只有通过一种真实的语言实践，才能真正感受到不同文化之间的冲击，感受到文化差异的确确实实存在。这就要求老师们在语言教学的过程中，充分利用多媒体，让同学们在课堂上可以通过音像资料多了解真实语境的跨文化交际，并在同学们观看完音像资料之后，自己去发现跨文化交际与同族人们之间交际的不同之处。同时，也要求学生们充分利用与外国人交流的机会，并在交际的过程中，潜意识地让自己注意到与对方文化的不同之处，用包容的态度去对待，尽力使跨文化交际在愉快的氛围中进行。这一策略，最主要的目的就是让学生们客观正确地认识不同民族文化有差异这一事实，并让同学们在真实的交际中探索消除跨文化交际障碍的有效方法，借此锻炼自己跨文化交际的能力。

（五）学会处理冲突

交际中难免发生冲突，而跨文化交际由于文化之间差异更容易产生冲突。要想使跨文化交际顺利地进行下去，交际者就必须学会处理冲突。

1. 竞争

竞争也是处理冲突的一种方法，但这种方法较为强硬，常表现为交际者通过威胁、言语侵犯、胁迫或剥削等方式将自己的意志强加于对方，从而使对方认同、接受自己的行为、观点、价值观等。

2. 和解

和解和竞争正好相反，它是指交际者放弃自己的立场、观点，接受他人的思想，从而与对方达成一致。这种方法在处理冲突时十分有效，但却意味着交际者本身较为软弱，或要求交际者本身对“谁胜谁负”持无所谓的态度。

3. 折中

折中介于竞争与和解之间，是指交际双方为解决冲突而找到一个双方都能接受的途径。这种方法虽然能使交际双方都感到满意，但同时也意味着双方都要做出一定的牺牲或让步。

4. 合作

合作是通过富有建设性的方法来满足交际双方的需要和目的的一种处理的方法。合作不同于折中，它是以积极的态度来看待冲突、解决冲突，以实现交际关系的融洽。

第四节 文化语言学与高校英语专业教学的融合研究

一、基于文化语言学的高校英语专业课程体系的策略

（一）将文化学和语言学融入大学英语专业课程体系，构建多元取向的大学英语课程目标

1. 确立实用性+素养性的大学英语课程目标

英语专业的课程目标是培养学生的英语综合应用能力，特别是听说能力，使他们在今后学习、工作和社会交往中能用英语有效地进行交流。综合应用能力应同时具备实用性能力和素养性能力。实用性指的是学生具备听、说、读、写、译基本能力以及用英语进行跨文化交际的能力。而这一能力的体现必须建立在学生具备一定文化素养的基础之上。为了其实用性和素养性的实现，应该细化大学英语课程目标，即语言表达，文化熏陶和智力提升三方面。这三个目标彼此联系，密不可分。语言表达目标是英语教学目标的基础，为文化教育目标的实现提供了前提。文化渗透是语言目标的有利补充和支持，而前两个目标又为智力提升提供了可能，在语言基础和文化熏陶的基础上，学生的综合能力才能提升。

2. 注意大学英语教材内容的多元化取向

教材不仅指我们通常意义上说的教科书还指教师和学生在课上以及课外所使用的一切教学材料。教师在教学过程中应增加自己的文化自觉意识，根据已有教材的具体情况，把有代表性的文化以模块的形式整理并融入英语教学中。与此同时，教师可以运用多媒体条件，通过幻灯片，录像，电影等形式呈现给学生英语国家的风土人情，社会风俗等。通过多种媒体形式将教材内容和丰富的课外资源相结合，才能使教材内容丰富并呈现多元化取向。

3. 加强大学英语课程实施的文化植入

无论文化教学或文化研究都存在着一个层面问题。文化与语言密不可分，文化无处不在。除了在思想上要重视文化教育外，教师还应在具体的课程实施中加入文化植入。首先教师应善于挖掘教材中的文化资源。在备课时，教师应有意识地准备该课所涉及的文化背景知识，提高学生的学习兴趣，同时也帮助学生理解全文。其次，学校可以开设英语选修课以及举行各种英语活动。英语选修课的目的主要是传递英语国家文化，增强其跨文化交际能力，在此基础之上，教师可以举办一些趣味英语活动，如英语短剧大赛，英语配音大赛等。通过在教学过程中渗透文化内容可以及大地增加学生的知识储备进而增强其跨文化交际能力。

4. 制定英语课程评价的文化导向

教学评价是教学活动的重要组成部分。师生都能从中获益。教师能从中获取反馈信息，从而改进教学方法，提高教学质量。学生通过评价结果可以发现问题并改进学习方法、从而提高学习效率。英语课程的最终目的在于提高学生的英语应用能力。大学英语考试的目的也不是测试学生记住了多少人名、地名以及历史事件，而是通过课堂表现，课外实践等多种形式考查学生是否具有综合的语言运用能力。这种综合的语言运用能力包括文化意识、社交礼仪、文化价值观及目的的文化分析。在测试中，文化考查可以从选择题，填空题和问答题等题型中体现出来。长期以来，学者们对大学英语的研究仅局限于语言学和教育学层面上，研究的主要理论基础是第二语言习得理论和英语教学法。这就导致了以工具取向为中心的英语课程体系，认为大学英语课程就是应试的工具课。因此，文化语言学必然要对大学英语课程体系进行批判和重建。但是，从文化语言学视角分析大学英语课程体系是中国目前比较薄弱的研究领域，其中有许多有待挖掘的创新的观点。

（二）全方位考察大学英语课程的新维度，深化课程改革

1. 促进学生全面发展，发挥输送合格人才的社会价值

英语专业教学的教养作用旨在与其他课程一道培养一个和谐发展的人，一个与高度文明相配的人。现如今，社会发展对人才培养模式提出了新的要求，培养既有深度广度知识，又具有创新实践能力的复合人才是大学教育的目标所在，这无疑也对大学英语专业教育提出了新的要求。将文化语言学理论应用于大学英语课程体系建设中，既有助于学生掌握语言技能，又能培养其文化素养，扩大其知识面，使其全面发展，与社会接轨，满足社会对复合型人才的需求。

2. 推动“大学英语”课程改革

大学英语课程的改革从未间断，长期以来学界对大学英语专业课程改革的关注点多停留在语言教学和教学法层面，教学方法单一，教学目标不够全面，忽视了对学生综合素质的要求。文化语言学视角下的大学英语专业课程体系构建突破了这种界限，把英语课程置于一个更广阔的语境中。本节以提高学生的综合素质为根本出发点，把语言和文化结合起来，在原有的改革基础上对大学英语课程有了质的改革，为大学英语专业课程的发展提供了新的理论依据。

3. 指导大学英语专业教学实践

大学英语专业教学的目的不仅在于掌握语言技巧更重要的是文化交流和知识的传承。由于以往的大学英语课程过多地强调英语的工具性，而导致英语教师只注重语言教学，教学方法单一化，使英语课堂索然无味。因此，对大学英语课程引入文化语言学的教学观念能更新大学英语课程的教学理念，启迪新的教学方法，变革英语教学体系。使英语教师运用新的教学思路实施素质教育，最终在实践中激发学生的学习积极性，真正实现大学英语专业教育的目的。大学英语专业课程体系的探索是一个长期的过程。需要学校、教师和学生相互配合才能完成。文化语言学视角下大学英语专业课程体系的改革尝试性地通过针对课程体系建设中的具体问题，如大学英语专业课程的目标、内容、实施以及评价四个方面开展实际研究，提出大学英语专业课程体系构建的合理化建议，尝试性构建以文化学和语言学为理论支撑的大学英语专业课程体系新模式。在这一模式下，学生可以在学习语言的基础上进一步培养自己的语言综合应用能力。将文化背景知识与学生所学专业相关的专业英语课程的学习相结合，帮助学生构建合理的语言知识应用背景，提高学生的语言综合运用技能和文化素养。

二、文化语言学视角下的英语语篇教学研究

文化语言学视角下的英语教学涉及文化与语言，英语教学中的语篇蕴含了大量的文化信息，传递着更多的文化知识。用文化语言学视角分析英语语篇教学有别于以往教学中将语言和文化分别教授的方式，它将文化与语言交叉融合，为英语语篇教学提供了全新的教学理念。这种理念的实质即是以文化语言学作为理论基础，从认知主体的体验性及语言的文化性两个层面来解释语言，使学习者更容易理解语言运用的理据及文化内涵。教师运用该理念指导英语语篇教学，能够使学习者深刻理解英语学习涉及的英语和汉语的相关知识，提高学生探索和解决问题的能力。

英语教学中的阅读语篇传递着多方面的文化信息，文化渗透制约着语言表达的方方面面，因此，英语语篇教学的语言学研究不可避免地涉及文化概念化的过程。此处的文化概念化，比较权威性的解释，指的是概念的过程，例如系统化；或者来自经验的抽象概念图式，如过程化；或者把不同的经验布置到预先设置好的认知范畴中；或在不同的概念领域映射，如概念映射。在构建意义的过程中，交际产生作用基于很多因素，例如适合于说话人的语境资源。但事实上，不管语言交际的经验依据是否是文化的，文化图式、文化范围和文化隐喻都已经形成了。在目前的英语教学语篇中，有很多涉及中国语言文化的篇章材料，这为学生提供了大量提高自身文化概念化的能力，即元语言文化能

力的机会。同时又涉及很多英语语言文化知识，这实际相当于把蕴含中国文化的英语语篇作为跨文化交际来学习。事实上英语教材中远不止英语国家的社会文化，除了上面所说的中国文化知识之外，还有其他国家或地区的语言文化形式。英语课程教学的目的不仅在于让学生接触多样的社会语言现实，更在于提高学生自身文化概念化的能力。

在文化概念化过程中，文化图式是必然存在的，而语言学和文化图式之间的关系决定了文化语言学的认知性，即认知论基础。在认知心理学中，图式是用来表征事件结构的脚本，是用来对事物进行心智表征的模式①。图式可分为语言图式、内容图式和形式图式三种，而所谓的文化图式则属于内容图式之列。文化图式是指以文化背景知识为基础，通过知识组织模式把人类之前的背景知识储存于头脑中，作为储存文化知识的信息包而存在。文化图式亦可以理解为文本以外的文化知识，包括民俗文化等内容建立起来的知识结构，文化图式在理解和翻译文本中起着重要作用。而现代语言学研究语言本质、结构及发展规律，作为一门独立的实证科学，它与文化图式之间有着互相包容、渗透的关系。帕尔默（Palmer）认为文化语言学形成的基础是人类语言学与认知语言学的结合，是从认知的角度来认识各种现象的②。如北京大学出版社出版的《大学英语教程读写译》第四册第四单元A课文《为这个焦虑的时代投上一票》，文章题目中“The Age of Anxiety”一词借用20世纪英语诗人威斯坦·休·奥登（Wystan Hugh Auden）获普利策诗歌奖的同名田园诗，该文的作者是美国人类学家玛格丽特·米德（Margaret Mead），其在文化决定论、三喻文化和代沟理论等方面做出杰出贡献。文中字里行间渗透着玛格丽特的哲学观、人生观，以及其对“焦虑”的认识，她丰富的历史学、文化学知识充盈着焦虑感这个论题的深度和广度。毫无疑问，中国学生在阅读该语篇时，潜意识中首先借助的是元文化思维，对英语文化的认知则来自他们对语言的习得过程，学生对作者的认知、两种文化的比较、背景信息的熟悉程度和对主体的兴趣直接影响教学效果。从情节角度而言，语篇情节的图式性、意向性和文化性使言语者和学习者通过被激活的世界知识产生对语篇的共同预期，而研究语篇是文化语言学的主要内容，语篇情节的构建是文化语言学的顺应之举③。文化影响着语言与现实的相似度，文化背景影响着人们的认知方式和认知世界，对语篇的解读势必涉及英语文化和中国文化，文化语言学中的文化的概念化促进了学生对语篇理解的系统化和过程化。

文化语言学在英语教学中的理论构建主要集中在教材的语篇方面。语篇由许多有逻辑关系的语句组成，随着语句的线性进展不断为语篇注入新信息，对ICM（Idealized Cognitive Model，理想化认知模型）不断完善和更新，补充背景知识，帮助读者在心智中逐渐整合为连贯的语篇④。积极认知的效能越大，对信息的加工处理能力越强⑤，学生在阅读语篇中的心智视窗就会不断得到更新，会更加清晰化。中国学生视域中的英语语篇，自然更多参与了中国文化对语篇所赋予的内涵，并与语篇中所包含的英语文化相融合。

---

① Schank R C, Abelson R P. *Scripts, plans, goals, and understanding* [M]. Hillsdale, NJ: Lawrence Erlbaum Associates, Inc, 1977: 54.

② Palmer G B. *Toward a theory of cultural linguistics* [M]. Austin: University of Texas Press, 1996: 4.

③ 冷慧，董广才，李亚男. 认知语篇分析的文化语言学视角［J］. 辽宁师范大学学报（社会科学版），2010，33（1）.

④ 王寅. 认知语言学［M］. 上海：上海外语教育出版社，2007：380.

⑤ 李秋杨，陈晨. 关联理论视角下的语篇分析［J］. 沈阳大学学报（社会科学版），2008，20（1）.

英语语篇是在特定文化背景下产生的语篇模式，文化语言学认为语篇的生成理解受“文化意象”的制约①。学生运用文化语言学视域分析语篇，可以将参与主体的认知体验、文化体验及交际体验系统地结合起来。文化语言学通过语篇情节参与图式，可以诠释语篇参与者之间的各种动态关系，并通过语言图式，即对词汇的掌握和语言结构的了解来增强阅读材料语言的掌握程度。次第顺序图式规约了记述的次第框架，决定语篇轮廓并分析语篇。通过视觉图式，学生能分辨出语篇层次、确认语篇的主旨意向及态度。

语篇建立在认知基础上，是对具体事物抽象的概念整合，英语语篇阅读资源是文化语言学理论构建的重点，这是由英语语篇的性质决定的。阅读语篇的情景即物质背景，对学生的文化背景和认知基础提出了一定的要求，影响其对文化的理解水平；情节作为事件的认知语境，情节的语言使用和语篇情节的描述方式涉及文化语言学领域的诸多方面。英语语篇教学是英语教学的重要组成部分，语篇内容的文体形式、涉及的学科领域、使用的语言类型均体现了一定社会背景下时代发展的要求，它和现时的文化需求是息息相关的。文化语言学因其传统的文化维度及其认知科学的维度，在实现对语言立体认识的同时，为理解英语语篇提供了更为科学合理的视角，对英语语篇教学起到积极的推动作用。

① 冷慧，董广才，李亚男. 认知语篇分析的文化语言学视角［J］. 辽宁师范大学学报（社会科学版），2010，33（1）.

第十章
基于生态语言学的高校英语专业教学研究

大学英语专业教学改革多以改善教学的硬、软件环境为导向，以优化管理机制和评价机制为手段，往往忽视了语言自身的生态属性。本章从生态语言学这一全新视角出发，分析了大学英语专业教学的生态化和合理性，指出了大学英语专业教学生态环境各要素对英语教学改革的支撑作用，以为深化英语专业教学改革提供参考。

第一节 生态语言学概述

一、生态语言学发展历程梳理

（一）萌芽时期

生态思想的萌芽可追溯至达尔文 1859 年《物种起源》（*The Origin of Species*）一书的问世。达尔文的科学进化论思想是人类科学史上具有划时代意义的突破，其影响触及人类生活与研究的方方面面，如 1866 年德国生物学家恩斯特·海克尔（Ernst Haeckel）首次提出“生态学”（Ecology）概念并将其定义为“研究生物体与其周围环境相互关系的科学”[①] 就是最好的例证。“生态学”概念的提出，为其后生态语言学的诞生做了理论上的准备。

事实上，这一时期，一大批的语言学家如洪堡特（Wilhelm von Humboldt）、施莱歇尔（August Schleicher）、萨丕尔、沃尔夫（Benjamin Whorf）、克罗伯（A. L. Kroeber）、乔姆斯基、费什曼（J. Fishman）、海姆斯（D. Hymes）、特里姆（J. Trim）、沃格林（C. F. Voegelin&F. M. Voegelin）、霍纳（V. M. Horner）等在其著述中对语言与环境，语言接触，语言进化、濒危与消亡，语言与思维，语言与使用者等这些属于语言生态观的问题都有论述，只不过当时并未将其称为生态语言学研究而已。他们的研究为生态语言学学科的出现奠定了坚实的基础。

---

① Fill, A., Penz, H. *The Routledge Handbook of Ecolinguistics* [M]. London&New York: Routledge, 2017.

（二）雏形时期

20 世纪 70 年代，生态语言学初具雏形。首先，美国斯坦福大学教授豪根（Einar Haugen）在奥地利的伯格瓦腾斯坦（Burg Wartenstein）召开的学术会议上做了题为“语言生态学”（On the ecology of languages）的报告。其后，他又在论文集《语言生态学》（*The Ecology of Language*）[①] 中进一步系统、完善地论述了语言生态学的理论，这被称为是生态语言学正式诞生的标志。豪根将语言生态学界定为研究任何特定语言与其环境之间的交互作用的关系。“语言与其环境之间的交互作用的关系”被他比拟为是“生物（动植物）物种与其自然生态环境之间的关系。”这种隐喻类比的说法，即“豪根模式”，被后来的研究者们广泛接受，成为生态语言学研究的主流范式之一。豪根因而也被称为“语言生态学的先驱”。

很快，“生态语言学”这一术语在 20 世纪 70 年代末被萨琴格（K. Salzinger）第一次在出版物中使用[②]。20 世纪 80 年代，德国、丹麦、奥地利等欧洲国家涌现了一大批以“语言生态学”和“生态语言学”为题的专著。

（三）发展时期

20 世纪 90 年代肇始，生态语言学进入了大发展时期，生态语言学作为一门独立学科的地位得以确立并巩固，生态语言学真正开始成为语言学的一个分支学科。

1990 年，系统功能语言学家韩礼德在希腊塞萨洛尼基（Thessaloniki）举行的第 9 届国际应用语言学协会上做了题为“意义表达的新方法：对应用语言学的挑战”（New ways of meaning：the challenge to applied linguistics）的大会主旨发言，不仅讨论了语言的词汇和语法系统中所体现的“增长主义、等级主义以及物种歧视主义”等，同时还提醒语言学研究者不要忽视语言对生态环境问题增多的影响。

韩礼德的研究推动了后来更多学者对语言和生态环境问题的关注和研究，生态语言学的另一主流研究范式“韩礼德模式”得以确立。同时，欧美国家生态语言学研究的队伍和研究规模不断壮大；关于生态语言学或语言生态学研究的机构、组织、学术团体、学术会议、网站、专著、刊物、论文集等也逐渐增多；有大学还开设了生态语言学的课程。

21 世纪以来，生态语言学在三个方面取得了显著的发展。

第一，生态语言学的研究范围变得更加广泛，此处的范围不仅指其研究内容，而且包括研究团队的地域范围。就研究内容而言，其“隐喻模式”运用“生态”意指语言与社会环境的互动，关注语言多样性与语言规划等话题，强调维持生命的各种生态，为传统的社会语言学话题提供了新的视角；生态语言学的“非隐喻模式”着重用语言解决环境问题，并且 21 世纪的生态语言学研究不再局限于表面的环境问题，而是关注语言在人类与其他生物之间生命可持续关系中的作用，从而涵盖了影响生命可持续关系的所有问题。另外，生态语言学的“隐喻模式”与“非隐喻模式”主要源自倡导者豪根和韩礼德

---

① Haugen，E. *The Ecology of Language*：*Essays by Einar Haugen*［M］. Stanford：Stanford University Press，1972.

② Couto，H. H. Ecological approaches in linguistics：a historical overview［J］. *Language Sciences*，2014（41）.

有关语言维护及使用的新想法，例如豪根首次展现了语言的动态维度，韩礼德最先号召语言学家通过研究语言对生态的影响来履行社会责任。

这样一来，21 世纪的生态语言学不仅沿袭了生态语言学传统模式的思想，而且体现了“理论、分析与行动”三者一体化的趋势，即三者在生态语言学研究中缺一不可的趋势。就研究团队的地域范围而言，生态语言学已经从原来的美国与欧洲两个主要阵地拓展到全球各地。例如，最近几年，生态语言学在亚洲的中国与非洲的尼日利亚得到了快速的发展，主要原因是这两个国家有着富饶的语言资源，气候变化也比较明显。

第二，生态语言学的研究范式与理论建构呈现出多样化的发展趋势。21 世纪的生态语言学不仅就其传统研究模式——“隐喻模式”与“非隐喻模式”进行了更深化、更系统、更具体的理论建构研究，而且出现了新的研究范式与理论建构。例如，在“隐喻模式”的理论建构中，乔尔格·克里斯蒂安·邦（Jrgen Christian Bang）与威廉·特兰珀（Wilhelm Trampe）尝试结合“辩证语言学”（dialectical linguistics）和“语言世界系统”理论，建构一个“语言生态理论”（ecological theory）。该理论基于托马斯·库恩（Thomas Kuhn）的“学科模型”（disciplinary matrix），涉及四个核心内容——模型概念（model concepts）、符号统一化（symbolic generalisations）、共同价值观（shared values）、问题解决范例（exemplars for problem solving）。

除了传统模式及相关理论范式以外，近年来，生态语言学领域出现了新的研究范式与相关理论建构，其中已引起学界关注的有“认知模式”（cognitive model）、“生物认知模式”（bio-cognitive model）、“哲学模式”（philosophical model）和“文化外交模式”。其中“认知模式”基于认知科学，提倡将生态语言学发展为“自然化语言科学”（naturalized language science），来建构“统一的生态语言科学”（unified ecological language science）。自然化的语言科学基于“自然化的语言观”（naturalized language view），这种观点既不把语言当作独立于自然的本体现象，也不把语言当作自然形成的附带现象，旨在避免将语言与自然塑造成对立抑或互补的现象，而是把语言与自然当作统一融合的整体。这种自然化的语言观是一种自然化的语言处理方式，它是介于“把语言描述为纯粹的生物学现象与完全忽视生物学来描述语言现象之间的中间方式”。主张“自然化语言科学”的理论模式之一为“延展性生态假设”（extended ecology hypothesis），即通过将价值观与意义融入生态结构来延展人类生态环境。换言之，人类生态环境是充满意识的（sense-saturated），即在特定的社会生态环境中，人类生态状态与符号过程相吻合。因此，人类生态受到了虚拟情况和历史事件的限制，符号过程也不再是单独的领域，换言之，语言不再是表达思想或者交流的工具，而是一种实时的中介性协调，这种协调能让我们达到单个个体无法实现的效果。

第三，生态语言学的研究方法呈现多元化发展趋势。近年来，生态语言学之主要研究方法由定性分析转为定性与定量相结合的方式。此外，生态语言学“隐喻模式”不仅增加了录音、录像等方式来记录、传承和研究语言，而且采用语音多模态数字化方法，比如电子声门仪、电子腭位仪、超声仪、电磁发音仪、核磁共振仪等现代仪器，来记录和保存语音等相关信息，服务于语音研究、语音工程、语言服务与语言产品开发等。

二、国内外学者对生态语言学的界定

（一）国外学者对“生态语言学”的界定

国内外相关研究者对于“生态语言学”有着不同的定义，首先回顾国外学者的相关定义。

豪根将“生态语言学”定义为“对人类使用的语言和多语社区间相互关系进行的生态学研究”①。

菲尔对这一定义做了进一步的阐述：生态语言学“研究语言在可能改善或解决生态环境问题中所起的作用”②。

哈特曼和斯托克指出“生态语言学”是“在人种语言学、人类语言学和社会语言学这些领域中，对语言和环境之间相互作用的研究”③。

（二）国内学者对“生态语言学”的界定

黄知常和舒解生将“生态语言学”定义为“以探究语言和环境的相互作用关系为中心，研究人类语言的生态性质，探讨语言运用的生态伦理，揭示语言发展的生态规律的学科”④。

张艳玲和冯广艺认为生态语言学是“以语言生态或生态语言为研究对象的一门学科”⑤。

上述国内外研究者给生态语言学下的定义不仅为该新兴学科提供了较为全面的学科内涵，更为深刻认识其学科性质奠定了理论基础。据此生态语言学具有学科综合性、学科前沿性、同质性和较强的实用性。⑥

作为一门交叉学科，生态语言学综合了社会科学和自然科学不同的研究理论和方法，使其具备了明显的学科综合性的特点。生态语言学的学科前沿性在于它将世界语言生态环境作为自己的研究对象且直接为人类的生存与发展服务。生态语言学的同质性是指它与邻近学科在研究内容上具有某些共同的特点。

生态语言学的应用性主要表现在它直接服务于经济社会，为经济社会提出建设性的、有价值的理论，给决策者提供咨询参考以解决经济社会中的具体问题。

三、生态语言学视域下的外语教学观

随着越来越多学者开始关注生态语言学这一新兴学科，生态语言学也取得了快速的发展，其基本观点逐渐渗透到二语习得领域，形成了生态化的外语教学观。

---

① 王晋军. 生态语言学：语言学研究的新视域［J］. 天津外国语学院学报，2007（1）.

② 范俊军. 生态语言学研究述评［J］. 英语教学与研究，2005（2）.

③ 张艳玲，冯广艺. 语言生态学的几个概念［J］. 湖北社会科学，2010（9）.

④ 黄知常，舒解生. 生态语言学：语言学研究的新视角［J］. 南华大学学报（社会科学版），2004（6）.

⑤ 张艳玲，冯广艺. 语言生态学的几个概念［J］. 湖北社会科学，2010（9）.

⑥ 冯广艺. 语言生态学的性质、任务和研究方法［J］. 毕节学院学报，2011（1）.

（一）外语教学环境观

众所周知，环境因素在外语教学过程中发挥着重要作用。外语学习是学习者的知识、经验与环境交互作用的过程。这里的环境不仅仅指物理、自然环境，还包括以观念、制度、行为准则等为内容的非物质因素，大到人文、社会环境，小到个体的精神和心理环境等，是指“环境系统”。所以，外语学习要注重学习者与环境的互为主体性，强调学习者是在与各种环境因素相互作用的过程中进行语言习得的。

（二）外语教学互动发展观

生态外语教学观认为外语教学中存在很多相互影响、相互制约的因素（如教师、学生、教学内容、教学环境、教学方法与手段等）。这些因素相互依存与制约，通过各种师生互动、生生互动，形成一个真正的“学习共同体”，共同构建知识与发展能力，实现师生共同发展和成长。

（三）外语教学多元文化观

语言是传承人类文明和智慧结晶的文化载体。“多掌握一种语言，就是多一种交际功能，多一种文化体验，多一种观察事物的角度，多一种思考问题的方法”。① 外语教学的一个主要目标就是多元文化的传承。所以，我们要以开放的心态看待不同国家、不同民族的文化和习俗，以包容的心态辩证地处理本土语言文化与外来语言文化的关系，培养学生树立多元文化观，具备跨文化交际能力。

（四）外语教学的能动性

生态语言学视域下的外语教学观认为外语教学具有能动性。外语教学的本质是师生共同探索如何进行外语教与学的过程，是一个不断变化和发展的动态过程。只有充分发挥生态外语教学的能动性，坚持“以生为本”，才能使外语教学充满活力与生机，从而实现外语教学的良性发展和可持续发展。

总之，生态语言学视域下的外语教学观认为，外语学习是学习者的知识、经验与环境交互作用的过程；外语课堂教学中多种因素相互依存与制约，共同作用，通过各种互动，实现师生共同发展；树立多元文化观，有利于培养学生跨文化交际能力；发挥生态外语教学的能动性，能使外语教学保持旺盛的生命力和可持续发展。

第二节 生态语言学视域下中国英语价值分析

一、中国英语的出现丰富了英语语言的生态系统

生物多样性是人类生存和发展的基础。生态系统下物种的多样性，使得占据不同生

① 张公瑾. 语言的文化生态［J］. 民族语文，2001（2）.

态位的物种，能有效利用环境资源提高整个生态系统的稳定性。语言生态学认为，语言系统与生物生态系统一样，也是一个开放的、动态的系统。在这个系统中，不同民族、不同生活群体之间的语言相互作用、相互影响，构成世界语言网络系统，形成了世界语言的多样化。多种多样的语言是对人类形成以来积累起来的丰富知识的充分表达，语言的多样性是存储人类经验和知识的宝库，反映了人类形成以来对复杂环境的适应性。丰富多样的语言正是语言生态系统健康持续发展的基础。语言多样性的欠缺，既意味着人类可以利用的知识宝库的缩小，也意味着人类适应自然环境能力的削弱。

当今世界，科学技术日新月异，多民族文化相互影响、相互融合，国际交流与国际合作日趋频繁，世界变得越来越小，地域概念越来越模糊，跨出国门、走向世界已成为常态。作为一种交流工具，英语已被各国广泛使用，成为一种世界性语言。但是，由于各个国家和民族的诸多差异，英语在走向国际的同时，也在不同程度上打上地域性烙印，世界上不但有英国英语、美国英语、加拿大英语，更存在着独立于它们之外的澳大利亚英语、克里奥尔英语、印度英语、新加坡英语、苏格兰英语、爱尔兰英语、威尔士英语等诸多英语变体。当今英语世界就是由各种具有地域和文化特色的英语语言所构成的一个网络系统，在这个网络系统中，各种不同的英语变体之间会发生直接或间接的联系，它们相互影响、相互作用、相互制约，共同形成英语世界的生态链。

英语在中国的最早使用可以追溯到 17 世纪上半叶①。随着英语在中国的使用日益广泛，不可避免地受到其所依附的中国地理、政治、经济、文化、教育等因素的影响，从而形成了具有中国特色的中国英语。由于中西方在语言、文化、思维等方面的差异，英语语言在表达涉及中国社会、文化等现象时，只能用带有中国社会文化特色的表达方式来弥补其不足，从而形成了带有中国特色的英语变体现象，这就是中国英语。中国英语中的词汇主要包括以下几种类型：（1）历史、文化类，如科举（imperial examination）、五经（Five Classics）、四书（Four Books）等；（2）文体类，如太极（Tai Chi）、功夫（Kungfu）、二胡（Erhu）等；（3）饮食类，如饺子（Jiaozi）、茅台（Maotai）等；（4）度量衡单位类，如亩（mu）、元（yuan）等；（5）特定历史时期类，如经济特区（special economic zone）。这些反映中国历史、文化、社会现实的特有事物，在原有英语语言系统中无法准确地进行表述，经过国人长期而广泛的努力，逐步形成了具有中国特色的表达方式，并逐渐被英语语系人士所认同和接受，从而丰富了英语语言系统。

没有生物的多样性，就没有良好的生态环境；没有语言的多样性，就没有良好的语言生态环境，宝贵的语言资源也就无法得以开发、传承和利用。所以，我们说中国英语是英语生态系统中一个不可或缺的变体，具有独特的、无可替代的价值；中国英语的出现，就像美国英语、加拿大英语等英语变体一样，丰富了英语语言的生态系统。

二、中国英语的不断丰富促进了英语语言生态的发展

生态平衡不是一种静态平衡，而是一种动态平衡。根据生态学理论，自然界中生态系统的平衡依赖于生物的多样性，依赖于该系统内部各种生物间的相互作用和相互影响。

① 张勇先. 英语发展史［M］. 北京：外语教学与研究出版社，2014：397.

如果失去了这种平衡，自然环境就会受到严重的影响。大自然具有天然的维持生态平衡的机制，如果人为地破坏这种生态平衡机制，就会破坏整个生态系统。语言生态系统也是如此。语言生态学认为，多样性和开放性是保持语言生态系统平衡的重要条件。由于英语语言受在中国所依附的中国地理、文化、经济、政治、教育等因素的影响，英语语言生态系统的各种因素始终处于不断变化的运行状态之中，因此英语语言生态系统是一个动态的、不断变化的体系。

中华文明历经数千年，源远流长。中华文化光辉灿烂，博大精深，是祖先留给我们的宝贵精神财富，是千百年来悠久历史的积淀，虽饱经沧桑，却历久弥新、生机勃勃，具有强大的生命力。近年来，中国国力的日益增强及中西文化的相互渗透，大量的汉语借词和表达语进入了英语体系中，成为英语中的重要一部分。这些反映中国政治、经济、文化、日常生活等各个领域状况的英语表达，大大丰富了英语的生态系统，促进了生态系统的动态平衡。

语言来源于生活。中国人的生活方式和生活习惯与西方有着很大的差别。例如：中国人住的地方讲究风水（fengshui）；中国北方人喜欢睡在炕（kang）上；中国人讲究阴阳（yinyang）平衡；中国人业余时间多以打打麻将（mahjong）、练练气功（qigong）；中国人有尊重老人的美德，所以重要节日要向老人叩头（kowtow）以示尊重，如此等等。因此，中国英语的相关表达使得英语表达更为丰富。

语言是文化的产物。中国英语的形成记载了中国历史发展的不同阶段。过去，中国各地的政府办公地点称衙门（yamen），那是封建社会官民区隔的象征。中国近代史上，有影响深远的五四运动（May Fourth Movement），有大锅饭（collective dining）、铁饭碗（iron rice bowl）、人民公社（People's Commune）。改革开放以后，中国又出现了许多新生事物，如计划生育（birth-control policy）政策、两个文明（two civilization）建设、四个现代化（four modernization）建设等。近年来，任性（wayward）、群众路线教育实践（Mass line educational practice）活动、“一带一路”（the Belt and Road）等代表和象征中国特定发展阶段的新词汇应运而生。中国元素在英语语言系统中的体现，促进了英语语言生态的发展，对保持英语语言这一系统的多样性和开放性具有重要的意义。

三、中国英语的发展是英语语言生态系统发展的必然

在某一特定生物群落中，由于环境的变化，再加上一定的温度、湿度与气候等适宜的外部条件的相互作用、相互影响，某种物种就会产生变异，从而导致该群落中新物种的诞生。语言与其他生物物种一样，其产生、发展、变化、消亡是一个动态过程。在语言生态系统中，当一种语言长期受到另外一种文化的浸染，与另外一种文化相互作用、相互影响时，不可避免地就会产生新的语言变体。

随着世界各国经济社会的飞速发展、国际交往的日益频繁和密切、全球一体化进程的不断加快，语言的融合和相互影响成为必然。正如生态世界中的万事万物一样，语言的进化和发展是语言适应当地自然环境、社会环境、人文环境的结果。

改革开放以来，中国经济飞速发展，目前，中国已成为全球第二大经济体，对外交往日趋频繁，越来越多的中国人走向世界，融入世界，学习英语。在中国，英语已经远

远超出掌握一门外语的意义范畴，一个人英语水平的高低已经与其事业、前途、地位甚至命运联系在了一起。英语中国化的进程不断加速，其不可避免地要与汉语混合交融，这样一来，中国人讲的英语自然而然地就会留下汉语的影子。英语在汉语的反作用下，成为带有汉语特色的中国英语。

中国英语作为一种承载中国文化的世界英语变体，是英语语言在中国发展的必然，是英语语言适应中国本土文化的一种客观，是英语语言生态系统发展的必然结果。中国英语变体的出现，实现了中国本土文化与英语语言的有效“嫁接”，发挥了嫁接植物强大的“双重物种优势”，其存在符合事物的发展规律。①

第三节 信息化语境下的高校英语课堂生态失衡与重构

一、信息化语境下的高校英语课堂生态失衡

（一）结构上的失衡

凡是系统皆有结构，世界上没有无结构的系统，也没有无系统的结构。结构合理就会组成稳定的系统，结构不合理就会组成不稳定的系统，结构从总体上反映着元素之间的有序性和组织性，它是系统协调或失调的内在根据，是系统能否实现其功能的根本前提。

大学英语信息化教学改革以来，由于现代信息技术的强势介入，课堂生态的环境因子发生剧烈改变，各生态因子之间的结构关系也随之发生变化。具体地说，

这些变化主要体现在构成比重、交互关系和营养结构三个方面。

1. 系统组分构成比重的失调

课堂生态系统由课堂生态主体和课堂生态环境相互作用而成。课堂生态主体的概念比较容易把握，是指系统中的生物成分一教师和学生，但是课堂生态环境的概念比较复杂，对一个特定学习者来说，课堂生态系统中的主体有时也会演化为对其产生重要影响的环境。总体来说，笔者倾向于从结构维度、关系维度和文化维度来理解课堂生态环境，主要包括课前生成的环境，如教室的自然物理环境、教师的教学水平、学生的基础、师生信息素养、教材和网络多媒体环境等，课中生成的环境，如师生关系、生生关系、师生对课堂环境的情感态度等，以及课后生成的环境，如班级学习风气、课堂教学规章制度等。

传统的大学英语专业课堂教学宛如一个处于平衡态的天平，当装有“现代信息技术”的那个托盘突然加大砝码，天平必然会失去平衡。若想使天平继续维持在平衡态，就必须让天平的另一个托盘里装载的元素在比重上发生相应变化，才能保持天平两端的平衡。

---

① 张勇先. 英语发展史［M］. 北京：外语教学与研究出版社，2014：397.

课堂生态系统也一样，它的结构不应该是静止的，系统的演化需要结构进行适当调整，这种调整首先反应在各个组分的连锁量变上。改革以来，课堂环境中的巨大变化来自信息技术的大量使用，造成信息技术与其他生态因子之间比重的严重失调，最突出的表现是其他生态因子在量变上缺乏与信息技术的同步和协调，很多生态因子的调整变化显得滞后，联动效应迟缓。

现代信息技术的大量使用致使课堂生态系统中的环境因子发生显著变化，这时，为了保证系统的稳定，其他课堂生态因子必须做出相应的反应，但是遗憾的是，在这个过程中，很多教师没有及时转变教学观念，提高信息素养，也没有在课堂教学中调整课堂角色和制定信息化课堂管理规章制度等，学生也没能及时改变传统的学习方式，接受新的教学理念，适应新的学习环境等。由于这些课堂生态因子没有同步出现相应变化，课堂出现了现代信息技术的大量使用与教师教学理念更新缓慢、学生学习习惯变化缓慢、教师信息水平提高不快、学生信息素养提高不快、教学方法转变缓慢、学生学习自主性不高、课堂气氛依然沉闷、课堂教学依然以教师为中心等等情况的不协调。这些不协调的状况严重阻碍了现代信息技术发挥自身应有的功能。现代信息技术犹如一匹良驹，但是指望这一匹好马拉动那么多的元素一起前进，很难形成一股同向合力，自然难以跑出理想的速度，因此出现了教学实践与改革预期之间的落差。

2. 系统组分之间交互关系的失谐

现代信息技术在课堂教学中的使用，不但造成课堂生态系统中各组分的构成比重出现失调，而且还造成各组分之间的交互关系出现失谐。下面笔者主要介绍几种主要的失谐情况。

（1）教师与信息技术的失谐

教师在课堂生态中的主要身份是知识的转化者和生产者，主要职责是将知识作为信息传输给学生，将自己的智能传送给学生。在这个传输过程中，信息技术起着媒介的作用，尽力减少信息流和智能流在传统过程中的流逝和衰减，帮助教师完成知识传授和能力培养的使命。这样，教师和信息技术就构成了良好的和谐的互动关系。但在目前的教学实践中，对一部分教师而言，这种健康和谐的关系并未建立起来，主要表现在三个方面。

第一，现代信息技术的课堂应用与教师信息水平不高之间存在矛盾。基于信息化的大学英语教学改革是一场自上而下的改革，绝大部分高校的主管人员都非常重视，一般都会迅速组织资金购买计算机等网络多媒体教学设施。但有一些教师却认为信息不愿意使用信息技术或者信息水平不高，很显然，生态主体并没有及时提高能力和转变观念来适应课堂环境的新变化，他们的教学理念滞后、态度消极、信息水平不高，这与信息化的要求构成了矛盾。这组矛盾的存在严重影响了教师与课堂环境的互动。

第二，生态课堂的教学理念与教师传统教学理念的矛盾。现代课堂生态重视以学生为中心，重视师生互动以及师生与课堂环境的互动，重视学生的课堂参与和探索发现。然而，在现实课堂中，有不少教师观念滞后，仍然坚持以教师为中心，以课堂讲授为主，没有充分利用网络和多媒体技术的优势，组织学生开展各种语言实践活动和探索活动，将讲授型课堂改变为基于信息化的建构型课堂和共建型课堂。这些教师游离于信息化教学改革之外，缺乏与时俱进的意识和精神。

第三，对网络多媒体教学的错误解读，主要表现为对网络教学的过分依赖或对网络教学的不信任。任何事物都有两面性，网络教学也一样，既有优势，也有劣势。观察发现，有些老师只看到网络教学的优势，认为网络教学能够解决一切问题，学习完全是学生自己的事，因此将一切交给了网络，缺少和学生的网络互动；还有些老师过分依赖多媒体课件，英语课成了课件展示课，课堂教学中课件一页页地翻个不停，总以为这样教学信息量更大，能教给学生更多的知识，完全没有考虑到学生的消化吸收速度和接受能力；还有老师已经离开课件就上不了了。这些都是过分夸大了网络和多媒体的作用，忽视了老师作为课堂生态主体的重要引导作用。相反，也有一些老师，始终认为网络教学耗时大，收效微，对网络教学持不信任态度，因此产生抵触情绪，拒绝在课堂教学中使用现代信息技术。这些比较偏颇的做法，造成了教师与现代信息技术之间的失谐。

（2）学生与信息技术的失谐

学生在课堂生态中的主要身份是知识的消费者和分解者，他们接受来自教师和其他信源的信息，消化吸收，最终以为社会做功的方式将能量和智能返还社会。在课堂生态系统中，信息技术起着媒介的作用，帮助信息和能量实现最大限度的传输，并以此与学生建立和谐的关系。在目前的大学英语专业课堂教学中，依然存在学生与信息技术不和谐的状况，主要表现在两个方面。

第一，现代信息技术的广泛使用与部分学生信息能力及素养不高之间存在矛盾。部分学生因为功课太多、英语学习动机较弱、自控力差等原因，消极应对网络学习，使用各种手段在网络学习记录上创造虚假的形成性记录，这严重干扰了教师对学生网络自主学习的形成性评价。对这些学生来说，现代信息技术对其没有起到任何助学的作用，课堂生态主体与课堂生态环境之间缺少了良性互动，导致系统出现失衡情况。

第二，现代信息技术的广泛使用与学生学习观念和方法陈旧之间存在矛盾。陈坚林认为，教师、学生、管理者的观念在某种程度上已经成为计算机应用于外语教学的障碍。① 现代教育理念特别注重能力的培养，鼓励学生通过参与、体验和实践去探索发现知识，主动建构自己的知识体系，按照个人的意愿自由发展。在这方面，网络因其丰富的学习资源和快捷的传输能力而独具优势。但是在现实的外语教学中，总有那么一些学生消极地应对网络学习，原因并非其信息素养不够，而是因为他们坚信中学养成的学习习惯和摸索出的学习方法的有效性，所以拒绝与网络多媒体等现代信息技术形成互动。

（3）教材与信息技术的失谐

教材和信息技术同属课堂生态中的信息媒介，其任务是帮助教师完成知识的传输，二者在课堂生态系统中的职责相同，因此形成竞争的关系。为了避开恶性竞争，两者就要利用各自的优势进行错位发展，在竞争的前提下形成互补关系，方能形成良好的对立统一关系，共同打造课堂生态系统中的立体化教材环境。但实际情况是，有些出版社设计的网络学习平台，里面的内容就是网络版的教材，没有做很好的拓展和延伸。而且，有些光盘版和网络版教材还没有完成与现代信息技术的磨合，在设计上还存在不少缺陷。陈坚林认为，信息技术和教材的结合，远未达到预期的效果，计算机网络等现代信息技

① 陈坚林. 计算机网络与外语课程的整合——一项基于大学英语教学改革的研究［M］. 上海：上海外语教育出版社，2010：193.

术的超强功能没能得到充分的开发和利用。[①] 信息技术对教材开发也存在很大的制约，最重要的体现是，教材网络化需要大量的资金成本和时间成本，出于利益的考虑，很多出版社刻意减慢了开发新教材的节奏，很多高校为了管理的方便，一般不会选择太多的教材，影响了教材的多样性和教师的自主性。这些都意味着教材和信息技术之间还存在失谐现象。

还有一种情况是，有些教师和学生一直把教材当成唯一的媒介，习惯于照本宣科，教材成了学生获取输入的唯一渠道。在这种以教材为中心的英语课堂里，教学内容封闭，教学行为僵化，现代信息技术形同虚设。以上情况导致教材和信息技术之间或同位恶性竞争，或貌合神离，或形同陌路，导致它们之间的关系失谐。

3. 系统内部营养结构的失衡

从营养结构的视角看，在传统的课堂生态中，教师是课堂生态系统里的生产者，其主要职责是将来自外部世界的能量和信息进行转换、消化和吸收，并结合自身的经历和智力生产和创造知识，再通过作为信息载体的教材和讲授式课堂教学活动，把这些知识传授给学生。学生是课堂生态系统中的消费者和分解者，他们消化知识、吸收知识并将知识转化为新的智能服务于社会。在能量和信息的流通过程中，课堂生态环境一直发挥着重要作用。随着现代信息技术在外语教学中的广泛应用，教师和教材并不是学生获取知识的唯一渠道，在现代课堂生态中，计算机网络多媒体等技术环境不但构建了一条信息快速运输通道，而且本身还自带了大量的信息，成为学生学习的又一个重要知识来源。由于现代课堂重视生态系统中的多元交互，在教师与学生、教师与教师、学生与学生的交互中，教师也可能成为知识的消费者，学生也可以成为知识的生产者。从这个意义上讲，现代生态课堂中的师生都身兼三职：生产者、消费者和分解者。

在大学英语教学信息化进程中，系统内部营养结构的失衡首先表现为部分师生的生态角色异位，具体地说，就是有些教师作为课堂主讲者的传统生态角色没有弱化，作为消费者和分解者的生态角色没有得到加强，教师的自身成长长期被忽视，从长远角度讲，这对学生和教师两种生态主体都会产生消极影响。

信息化进程中，系统内部营养结构的失衡其次表现为输入与输出的失调。第一，输入与输出的方式失调。上段中提到的现实教学中的“单条单向高速公路”和生态课堂要求的“多条双向高速公路”就是方式上的失调之一，方式之二是教学媒体的泛化[②]。在课堂教学中，一些教师在使用多媒体等技术时，没有从服务于内容需要的角度出发，一些本不需要使用现代教学媒体的教学内容也使用了媒体，大量快速直观的音像剥夺了学生思考的时间和想象的空间，不利于知识的建构和能力的培养。实际上，教学媒体的选择与使用并不能随性为之，更不是多多益善。第二，输入与输出的内容失调。在当前的大学英语专业课堂中，教学内容异化为考试内容。教师仍然坚持以考试为指挥棒，课堂教学常常演化为模拟试卷的讲解和考试技巧的介绍。对学生来说，每天输入的就是死记硬背的单词和语法等，没有大量的语言实践活动，导致英语实际应用能力很不乐观。从语

---

① 陈坚林. 计算机网络与外语课程的整合——一项基于大学英语教学改革的研究［M］. 上海：上海外语教育出版社，2010：183.

② 李森，王牧华，张家军. 课堂生态论——和谐与创造［M］. 北京：人民教育出版社，2010：20-23.

言技能上看，内容上的失调还体现在对输入性技能的投入明显高于对输出性技能的培养。从知识和情感来看，当前课堂中知识的输入远比情感的输入更受关注，但后者却深深地影响着师生关系、学生的学习动机和态度、课堂教学气氛等重要因素。

（二）功能上的失衡

凡是系统皆有功能，系统就是由一些元素通过相互作用、相互关联、相互制约而组成的具有一定功能的整体。笔者结合课堂生态的性能和生态课堂的特征，从系统对内部结构、内部关系、系统整体以及外部环境（社会）所产生的作用，归纳出四大功能，即优化结构的功能、调谐关系的功能、促进演化的功能和生态育人的功能。信息化语境下的大学英语专业课堂生态在功能上出现失调，即表现为这四大功能的衰减。

1. 结构优化功能衰减

系统不同于集合，集合只是一些分散的人或物聚集到一起，系统却是一些元素聚合到一起之后，各个元素之间产生相互作用、相互关联、相互制约的关系。正是这些元素间的相互作用力，牵引着各个元素不断进行自我调适，最终使各个元素达到一定的质和量，与其他系统组分和谐共处，使整个系统进入一种相对稳定、相对平衡的状态。在自然界中，各种生态系统都具有这种自组织能力，最终牵引着系统达到自然平衡的状态，但整个过程会非常缓慢。在社会生态系统中，因为生态主体具有很强的能动性，一般会使系统较快地调整到平衡态，反之，就证明系统的结构优化功能明显减弱。

信息化进程中的大学英语专业课堂生态出现了结构优化功能的减弱，这可以通过对系统结构的观察予以论证。信息化改革之前的大学英语专业课堂生态处于相对平衡的状态，对这种平衡态产生巨大扰动作用的，就是现代信息技术在外语教学中的大量使用。现代信息技术迅速演化为课堂环境因子中的主导因子，其产生的扰动作用大大超出了系统本身的自组织和自修复能力，其产生的作用力牵引着其他课堂生态主体和课堂环境因子进行自我调节自我改变，这种变化已经持续了好几年，系统内各组分的构成比重仍然处于失谐状态，从系统动荡过程的时间跨度以及系统现在的结构状态加以判断，系统的结构优化功能减弱了，难以自行修复系统内的平衡。

2. 关系调谐功能减弱

大学英语专业课堂生态系统的关系调谐功能减弱，可以在目前课堂生态内部出现的各组失谐关系或各组矛盾中得到印证。

（1）传统观点与改革理念上的失谐

有不少教师、学生和管理工作者坚持原有的教学观、学习观和价值观，不愿接受新的教学理念，如任务型教学、交互式教学、研究性学习等，导致了各种矛盾的出现，包括教师对学生、学生对老师、教师对课堂环境、学生对课堂环境等的不满。笔者所在学校在改革初期就曾出现学生对教师进行评估的结果集体下滑的局面，分析原因发现，学生对教师的很多做法不予认同，对改革初期的混乱难以容忍。

（2）改革的大力度与现实能力之间的失谐

大学英语信息化教学改革对课堂生态主体提出了很高的信息素养要求，而现实中的部分老师和学生因为各种原因，信息素养不够，导致很多理想与现实的矛盾出现，如学生的自主性与要求有很大差距，老师的信息素养和积极性与要求有很大差距，网络教学系统的设计与理想状态存在差距、教材的编写方式、内容选择与呈现方式与理想存在差距，教学管理的烦琐与原先的期待出现落差，等等。

（3）输入与输出的失谐

对于教学系统来说，通过设备、软件的购置而输入系统的人力、物力和财力似乎与改革的成效不成比例。对于学生来说，通过课堂和网络系统的英语语言输入和学生实际能力的提高不成正比，过程中间存在大量能力的损耗，如学习各种教学系统和教学规章的时间投入、往返机房开机关机的时间损耗等等。

需要说明的是，这些复杂的失谐关系并不是同时出现的，也不是同时发生在一个学校或一个课堂生态里。这些问题可能对某些学校来说已经是昨天的问题，但是对另一些学校来说，可能是正在发生的问题。不管怎样，这些失谐的关系都在一定程度上客观存在于某个学校的课堂生态。时至今日，这些关系仍然没有通过系统自身的纠偏功能予以修复，证明系统调谐关系的能力在失衡状态下严重减弱。

3. 演化促进功能减弱

系统的结构优化功能、关系协调功能和演化促进功能是相辅相成的，只有结构上得到优化，各种关系才会协调，系统才能完成逐渐的演化。从这个角度讲，结构优化和关系协调是系统演化的前提。从营养结构来说，系统的优化依赖于系统的三大营养功能：从营养结构看，生态系统具有物质循环、能量流动和信息交换三大功能。课堂生态系统作为一个微观生态系统，也同样具有以上三大营养功能。系统内交换的信息就是知识，系统内流动的能量就是师生通过教学活动所输入的能量，系统内循环的物质可以理解为信息交换过程中带来的智能流以及外部环境输入系统的物质，如教学装备等。

在现代信息技术的强力介入以后，大学英语专业课堂生态系统被迅速地带离到一个远离平衡区，如果系统通过自身的作用在这个区域重新建立平衡，就形成了耗散结构，系统也完成了一次演化。不过，经过多年的运行，大学英语专业课堂生态系统依然存在结构上和关系上的失谐，系统不具备达成平衡的前提条件，难以完成系统的演化。从系统的营养功能分析，系统内各种关系的失谐影响了师生之间的交互，交互的减少导致输入系统的能量减少，系统内部难以产生足够的驱动力，带动由外部环境输入的大量物质流（如计算机网络等教学设施）在系统内同步流转，所以系统依然处于非平衡态。要想加快系统的演化，就必须解决好系统的动力问题。

4. 生态育人功能发挥不够

作为一个生态系统，其最根本的功能应该是提升系统的生产力。对于课堂教学生态来说，其根本功能就是培育人才，对于大学英语专业课堂生态来说，其根本功能就是培育英语人才，包括英语师资的自身发展。基于信息化的大学英语教学改革，旨在建立一个信息化的生态英语课堂，最终培养出具有较强实际语言应用能力尤其是听说能力的英语人才，解决过去社会对大学英语只能培养“哑巴英语”“高分低能”人才的诟病。近几年来的大学英语教学改革在解决“哑巴英语”方面确实起到了很大的作用，但是课堂生态的育人功能还没有得到充分的发挥，证明系统还未演化到一个新的平衡状态。

二、信息化语境下的高校英语课堂生态重构

（一）发挥信息技术作为主导因子的引领作用

信息技术对教育发展具有革命性影响，是推动教育模式演变的一个重要力量，必须予以高度重视。在大学英语信息化教学改革进程中，准确理解信息技术在课堂教学中的生态位，有助于充分发挥信息技术的引领作用，带动课堂生态中其他因子进行结构和功能调整，从而修复改革初期因信息技术的广泛应用而给课堂生态造成的失衡。

要充分发挥信息技术的引领作用，首先必须在政策层面敢于大力推进大学英语教学信息化进程。教育部、高教司清晰地认识到教育信息化的必然趋势以及大学英语教学改革的内外需求，制定了一系列相关政策，出台了一系列相关文件，采取了一系列相关举措，大力推进基于信息化的大学英语教学改革，打破了已经丧失生产活力的外语教学“死”平衡，给外语教学方方面面带来了很大改观，同时，也给课堂生态系统造成了巨大的扰动和失衡。在此情况下，如果继续大力推进信息化教学改革，采取相应举措，有望使课堂各要素因协同作用而形成合力，帮助课堂生态在远离平衡区域实现突变，并逐渐形成耗散结构，实现教学系统新的动态平衡。笔者认为，在充分认识到信息技术对教育发展具有革命性影响的前提下，应该允许教学系统在一定阶段出现较大程度或者中等程度的失衡，然后通过信息技术的引领作用和外部力量的主动干预，实现系统新的平衡。

要充分发挥信息技术的引领作用，其次必须实现信息化教学的常态化和深层化。当前，外语教学信息化已经进入到一个发展和应用相对缓慢和集中反思的高原期。在新的改革时期，要实现外语教学信息化的可持续发展，就必须尽力推动信息化外语教学的常态化和深层化。常态化是指信息技术教学应用的时空广泛性，深层化是指信息技术与外语教学的有机整合。通过常态化和深层化地应用现代信息技术，促进信息化教学从粗放型发展模式向内涵式发展模式转换，使信息技术在外语教学理论、教育学理论以及教育技术理论背景下，通过与外语课程的整合过程，逐步渗透内化为外语教育技术，在课堂生态结构和功能调整过程中充分发挥引领作用，促进课堂生态的重构，提高外语教学的效果、效率和效益。

（二）控制课堂生态中的限制因子

生态学中的耐受性定律认为，任何一个生态因子在数量上或质量上的不足或过多，即当其接近或达到某种生物的耐受限度时，都会影响甚至阻止该种生物的生存、生长、繁殖、扩散和分布，成为生态系统中的限制因子。在课堂生态中，各生态因子之间相互作用，既受系统内其他因子的影响，又反过来影响着其他因子，最终影响到课堂生态主体的成长。当这种影响接近或达到课堂生态主体的耐受限度时，则演变成为限制因子，破坏着课堂生态的平衡与和谐。要重构外语课堂生态平衡，就必须控制课堂生态中的限制因子。

要控制课堂生态中的限制因子，首先必须辨识诸多生态因子中谁是真正的限制因子。如何甄别？必须进行有意识的观察，观察之前要增强如下意识：第一，每个生态因子都

可能演变成为限制因子；第二，限制因子有别于一般的影响因子，其影响已经接近或达到课堂生态主体的耐受限度；第三，该因子阻碍了课堂生态主体的成长。以现代信息技术为例，虽然我们提倡外语教育信息化，但是如果应用不当，也会对课堂生态产生负面影响。陈坚林认为，信息技术在外语教学中的应用存在三种失调现象：1）低值使用技术（underuse of technology）；2）过度使用技术（overuse of technology）；3）滥用技术（abuse of technology）。[①] 可见，信息技术有可能成为限制因子。其他生态因子也是如此，关键是度和量的问题，比如，上网学习时间要适量，网络资源要适量，课堂活动要适量，多媒体课件的使用要适度，师生的信息素养不能太低，班级人数不能太多等等。一般来说，走向极端的度和量都会将这个生态因子演变为限制因子，导致系统中的某种失调或失衡。

要控制课堂生态中的限制因子，还在于根据反馈信息进行调节。在课堂生态中，需要调控的限制因子是受控主体，实施调控行为的生态主体是施控主体，施控主体在分析受控主体运行的可能性空间的基础上，通过限定一定的条件控制受控主体，并从受控主体获得反馈信息，如果是正反馈，则需进一步调控，如果是负反馈，则调控起到了使系统运行接近目标的作用。在信息化外语课堂教学过程中，教师和学生都要养成不断观察和分析的习惯，预测或发现限制因子，然后通过分析和条件控制进行调控，同时获取调控后的反馈信息，判断调控行为是否有效。比如，当现在信息技术介入外语课堂后，可以通过分析预测到教师信息素养不高可能产生的负面影响，于是通过教育培训等手段进行调控，获得反馈信息，然后再调控，直至达到预期目标。

（三）调整课堂生态因子的生态位

生态位理论认为，生态系统中的种群或物种个体都具有自己的生态位，即一定的时空位置和功能，并以此保持系统的正常运行。教育生态学视界中的生态位主体并不局限于种群和物种，而是包括系统的所有组分。因此，课堂教学生态中的所有要素，包括教师、学生、教材、教学方法、信息技术、课堂布局、规章制度等等，都具有各自的生态位。信息技术强势介入外语课堂教学后，逐渐演变成为课堂的主导因子，带来了系统内部生态位重叠、生态位分离、生态位特化等问题，影响了系统各组分之间的和谐关系，造成了系统的失衡。要重构大学英语专业课堂生态，就必须调整课堂生态因子的生态位。

信息化语境下教师的生态位需要调整。传统课堂中的教师一直是知识的转化者和生产者，是学生学习知识的主要源泉，而信息化课堂中网络资源、多媒体课件以及学生本身都可能成为知识的转化者和生产者，与教师的传统生态位出现一定的重叠，甚至出现竞争排斥现象。比如，有些学生因为在网络自主学习中已经认真学习了相关内容，面授课时就不愿认真听讲，甚至缺勤。学生在学习上遇到问题，也不一定需要向老师提问，还可以问问百度或在网络论坛上问问同学。这种生态位的重叠要求教师必须改变“传道、授业、解惑”的传统角色，积极主动地探索新的课堂身份。此外，现代信息技术还给教师带来了生态位特化的问题。过去的教师如果要讲解一个单词的用法，必须认真查阅字典，寻找合适的例句，记到脑海中，以便上课时使用。虽然备课很辛苦，但对专业发展

① 陈坚林. 计算机网络与外语课程的整合——一项基于大学英语教学改革的研究［M］. 上海：上海外语教育出版社，2010：194-195.

很有好处。随着信息技术的广泛使用，现在的教师如果缺少课件，上网搜索下载即可，资源丰富造成了生态位特化，影响了教师的专业发展，这些都需要引起我们的足够关注并加以适当调整。

信息化语境下学生的生态位也需要调整。随着外语教学信息化的推进，学生的地位和功能也发生了显著变化，他们再也不只是知识的被动接受者了，而是知识的主动建构者和生命价值的实现者，他们还可能是知识的分解者和生产者。随着以教师为中心的课堂逐步演变为以学生为中心的课堂，学生的角色和地位也必须进行相应调整，学生必须提高主动学习的意识，积极主动地参与各种课堂活动和网络自主学习，并积极主动地和老师建立平等和谐的师生关系。另外，生态学的竞争排斥原理揭示，当两个或更多的物种共同分享一定的生态位空间时，会出现竞争排斥现象，一个物种会被另一个物种挤占空间甚至完全排挤掉，被迫发生生态位分离。根据这一原理，我们的外语教学既要保持适度的竞争，以激发学生的斗志，同时也要通过差异化个性化培养来规避学生间激烈的竞争。基于信息化的分级教学和个性化教学有助于学生找准各自的生态位，在一定程度上避免同学间因竞争而导致的生态位重叠。此外，选课制也有助于学生根据自己的学习风格选择不同教学风格的教师，根据各自的兴趣倾向选择不同的课程。

由于现代信息技术的广泛深入影响，信息化语境下的其他课堂生态因子也都出现了一定的生态位变化，需要根据教学目标做进一步调整。比如，纸质教材与网络多媒体学习资源之间的生态位重叠，传统课堂教学与网络教学的生态位重叠，以教师为中心的教学法与以学生为中心的教学法的生态位重叠，等等。

（四）重塑互动对话的生态课堂交往

要重构信息化语境下的大学英语专业课堂生态，就必须协调系统各组分之间的交互关系，消解矛盾，实现互动对话。

首先，友好的物理教学环境也是激发学生课堂交互的重要动力。图文并茂、生动直观的多媒体课件能够激发学生的学习热情和参与课堂活动的兴趣，有利于加强学生与教师、学生与教材、学生与学习资源之间的直接交互；学习友好型网络教学平台能够为学生的自主学习和课堂交往提供便利，一款精心设计、功能强大的网络教学平台能够缩短学生与教师、学生与学习资源之间的心理交互距离，有利于激发学生课堂交往的主动性；舒适的课堂物理环境、合适的座位编排等都能增强课堂教学交往的动力。

其次，良好的课堂人文环境也是促进学生课堂交往的重要因素。平等和谐的师生关系是课堂教学交互的重要动力源，“亲其师，信其道”，和谐亲近的师生关系有益于激发学生高昂的学习干劲和参与课堂活动的动力，创造教师乐教、学生乐学、师生乐于交往对话的平等和谐、充满生机的教学情境和氛围。良好的教风学风也是课堂教学交互的动力源泉，教师的良好教风和学生的良好学风具有群体示范性，能够像一块巨大的磁铁吸引着学生良性发展。群体动力学认为，群体具有凝聚力特征，会对其成员产生吸引力。人类有合群的倾向，当一个人的行动与其他多数人的行动相异时，他会感受到一种来自群体的无形的压力，迫使自己采取与多数人相同的行动，这种群体的吸引力称为群体动力（group dynamics）[①]。课堂观察发现，如果一个班级有一批学生乐于参与课堂活动和师生互动，则易形成充满活力的班级学习风气，这会对某些原本比较安静的学生起到群体示范作用，促使他们改变原有的学习风格。

第四节 生态语言学在高校英语专业教学中的应用

一、生态语言学视域下大学英语专业精读教学的困境

英语专业教学的生态环境主要由学生、教师和课堂条件等要素构成，但在当前的教学形势下，这些要素之间的互动还存在一定的问题，因而限制了英语专业教学质量的进一步提升。

（一）教与学的理念不正确

现代英语专业教学中的主体已经从教师转变为学生，或形成教师与学生的双主体。在大学英语专业精读教学过程中，教师与学生都发挥着重要的作用，教师的授课与学生的学习不应该是两个相互割裂的个体，而应当是一个整体，这样才能实现教学相长的目的。然而，在实际英语专业教学过程中，教学主体仍未实现全面的转变，许多教师仍然掌握着课堂教学的主导权，学生的自主学习空间较少，在许多情况下，其仍然处于被动学习的状态。

（二）教学手段缺乏科学性

英语专业精读教学的目的是综合提升学生的英语语用水平，包括听力、写作、口语、翻译等方面的能力。然而，实际教学过程中，精读教学的内容却存在单一化、片面化的问题，教师在教学模式上仍然采用传统的应试教育方法和题海战术，导致学生对英语精读课产生了枯燥、乏味的印象，学习的积极性长期得不到有效提高。

除了教学内容缺乏合理性外，英语专业精读教学的方式也存在很大的问题，虽然许多现代化的教学手段可以显著提升教学效率和质量，弥补传统教学方式的不足，但大多数的大学英语专业教师对多媒体、投影仪等现代化教学工具的应用仅停留在表面，在使用频率上也存在或多或少的问题，这使得现代化教学工具并未发挥出自己真正的价值，极大地限制了英语专业精读教学质量的提升。

二、生态语言学视域下的大学英语专业精读教学策略

（一）提高教学主体的素养

教师和学生是英语专业精读教学生态中的最重要组成元素。在当前的教学形势下，

① 吴鼎福，诸文蔚. 教育生态学［M］. 南京：江苏教育出版社，2000：189.

教师和学生通常被看作课堂教学过程中的双重主体，尽管教师的主要功能是向学生传授知识，但同时教师也在教学的过程中不断积累经验、知识和技能。为了给学生提供更好的精读指导，教师首先应增加自身的阅读量，建立完善的知识体系，为学生提供更加全面、完善的精读指导。其次，教师应通过教学实践不断积累精读教学方法，并通过名师讲堂、教学交流等方式，吸取优秀教师的教学方法。最后，教师应提升自身的责任意识，以提高学生的英语阅读能力为己任，做好课前、课堂和课后的教学组织工作。

与此同时，学生作为教学中的另一大主体也应采取有效的措施提升精读学习效率，具体可从两个方面展开。首先，学生在课堂阅读环节必须全身心地投入其中，精读时不能单纯地机械化阅读，而应在阅读的同时进行积极地思考；其次，学生应在课堂内外与教师多沟通、多互动，这样精读教学生态中的两个主要因素就可以实现密切的联系，从而共同改善课堂生态环境。只有提高这两个因素的活跃性，才能保障教学生态的生机和活力，才能为教学活动的开展创建一个良好的环境，从而促进英语专业教学质量的提升。

（二）提升教学语言的科学性

教学语言是英语专业教学生态中除教师和学生以外最重要的生态因素，它发挥着连接其他生态因素的作用，因此确保教学语言的科学性具有重要的意义。所谓的科学性并不单单指语言的准确性，还包括语言的生动性、趣味性和艺术性①。简而言之，科学的教学语言应该充分发挥其在教学生态中的教学作用和价值。

表达的准确性是对精读教学语言的最基本要求。因此，教师应注意自己的英语发音和口音，尽量使用标准英语进行授课，从而为学生创造良好的语言环境，让学生在趋近英语母语的生态环境下潜移默化地形成英语语感，这有利于改善学生的精读水平。在此基础上，教师还应注重提升教学语言的趣味性。具体来说，在讲课过程中教师可以多用口语化的表达，并结合当下的时事热点，或以师生问答的形式引发学生的学习兴趣。其次，教师还应提升教学语言的艺术性和人文性。教师应站在学生的角度，以学生更易理解和接受的方式讲课，将教材中书面、晦涩的语言转化为更通俗的语言。在讲课过程中，教师还可以融入一些人文小故事，突出阅读素材的人文内涵和价值，将精读训练与人文教育相结合。最后，教师还应注重教学语言的灵活性。学生在课堂上的注意力是十分有限的，教师在授课过程中始终采用同一种语音、语调很容易使学生产生思维上的疲劳。为此，教师需要在授课过程中融入自身的情感，并通过语气、语调等方面的变化，培养学生的语感。

（三）采用多元化的教学方式

英语教学生态与自然界的生态系统一样，都是以多种形式存在的②。在创建大学英语专业精读教学生态时，教师需要根据学生的实际情况选择合适的构建模式，从而真正发挥教学生态对教学质量的提升和改进作用。在教学方式的选择上，教师首先应对传统的课堂教学模式进行优化和改革，摈弃传统的“教师+教材+板书”的教学方式，而采取体

① 周文娟. 语言学研究的新视野：生态语言学［J］. 阴山学刊，2012，25（1）.

② 范俊军. 生态语言学研究述评［J］. 外语教学与研究，2005（2）.

裁教学法、互动式教学法、基于文本教学法等进行精读教学，将学生转化为课堂主体，以更好地帮助学生提高阅读理解的能力。其次，教师应为学生提供更多应用英语的机会和平台，为此，教师可以充分利用学校里的留学生资源，定期邀请英语国家的留学生在课堂上与学生进行交流。如有条件，教师还可以将精读教学拓展到课堂之外，通过学生的课下阅读和讨论等，增加学生英语阅读的时间。

第十一章
基于应用语言学的高校英语专业教学研究

随着社会生活对于语言应用性要求的提高，应用语言学应运而生，在这门学科不断发展的背景下，也促进了许多语言科目教学的改革，尤其是对我国十分普遍的英语专业教学产生了重要的影响，对英语专业教学的方法和内涵带来了新的改变，促进了英语专业教学改革。本章主要从应用语言学的性质与范围入手，分析了应用语言学的基本理论，探讨了应用语言学与高校英语专业教学之间的关系，同时系统论述了应用语言学在高校英语专业教学中的应用。

第一节　应用语言学的性质与范围

一、应用语言学的性质

（一）系统性

桂诗春首先提出应用语言学是一个系统工程，并提出了系统工程所必备的四个主要条件[①]：①系统必须有两个以上的要素构成；②系统的各要素要完成各自所规定的任务；③作为系统的整体，必须具有目的性；④系统不仅是只作为状态而存在，而且具有时间性程序。应用语言学涉及许多要素，狭义的应用语言学涉及语言理论与描述、语言学的相关学科以及教育学的相关学科。这些要素都有各自的研究任务。应用语言学作为一个系统，如前文所述，有其明确的研究目的。应用语言学的时间性程序表现在其动态性上，应用语言学理论和对语言的描述的状态是相对的，其理论和研究是不断发展的，从应用语言学的发展历史，我们可以看出其动态性。同时，应用语言学中对某些对象的研究也需要时间性程序。

冯志伟在桂诗春对应用语言学的系统工程阐述的基础上，对其系统性进一步充实和完善。他认为应用语言学的系统性表现在七个方面[②]：①集合性；②制约性；③整体性；

① 桂诗春. 应用语言学［M］. 长沙：湖南教育出版社，1988：5.

② 冯志伟. 应用语言学综论［M］. 广州：广东教育出版社，1999：6.

④层次性；⑤动态性；⑥反馈性；⑦优化性。其中集合性、制约性、整体性和动态性虽在表达上有所不同，但与桂诗春的阐述相似。应用语言学的层次性说明人的层次、交际的层次以及语言层次；其反馈性和优化性与应用语言学的实践性和实验性密切相关，应用语言学的研究成果可以在实践和实验中得到验证，并得到反馈，及时优化。

（二）跨学科性

早期的应用语言学以语言学理论为基础，逐渐发展到一个综合多元学科具有交叉学科性质的应用型研究，斯特雷文斯（Strevens）在详细阐述应用语言学定义的过程中，指出语言学是应用语言学的基本，但并不是唯一对其起到重大作用的学科；至于如何选择其他学科，选择其他学科的哪一方面，应根据应用语言学的具体研究内容和不同情况而定。[①] 应用语言学的跨学科性主要表现在以下三个方面。

1. 应用语言学理论的跨学科性

应用语言学虽有其独立的理论基础，但由于其研究范围广泛，涉及社会语言学、认知语言学、心理语言学、教育学等领域的理论，它并不是全部照搬这些领域的理论，而是通过研究、实践，对其他学科理论进行综合、提取、吸收。例如，于根元就分析了应用语言学的层次理论、动态理论、中介理论、人文性理论、潜显理论等，而这些基本理论涉及本体语言学、心理学、社会学等不同学科。[②]

2. 应用语言学学科框架的跨学科性

桂诗春认为[③]，狭义的应用语言学研究涉及语言学科（语言理论与语言描述）、语言学的相关学科（社会语言学、心理语言学、神经语言学等）、教育相关学科（教育理论、教育统计学与测量学、电化教学等）三个方面的知识框架。研究语言教学的基本原则时，需要用到语言学科、与语言学相关的学科以及某些教育学的分支学科；语言评估和测试涉及计算机科学和教育统计学与测量学。而广义的应用语言学研究框架为语言规划、语言教学和语言信息处理。无论是狭义的还是广义的应用语言学研究框架都体现出其跨学科性，各学科都具有不同的结合点，之间又相互作用和渗透。

3. 应用语言学研究范围的跨学科性

何英玉、蔡金亭认为[④]，应用语言学研究范围这一问题在中国可以分为三类：第一，汉语学界的专家一般倾向于广义的应用语言学研究范围，主要包括国家的语言规划和语言计划、语言学与计算机的结合、语言学习与语言教学、语言学与社会学相结合、语言学与心理学相结合。第二，外语学界的专家一般从狭义的角度研究应用语言学，即语言教学尤其是外语教学。第三，计算机界的学者一般侧重于计算机应用语言学。

（三）应用性

随着其跨学科性质的不断发展，应用语言学更加着眼于解决现实世界中与语言有关

---

① 王伟，左年念，王国念. 应用语言学导论［M］. 武汉：中国地质大学出版社有限责任公司，2012：6.

② 于根元. 语言能力及其分化——第二轮语言哲学对话［M］. 北京：北京广播学院出版社，2002：91.

③ 桂诗春. 应用语言学［M］. 长沙：湖南教育出版社，1988：10.

④ 何英玉，蔡金亭. 应用语言学［M］. 上海：上海外语教育出版社，2005：57.

的各种问题，也更加关注其研究方法。解决现实世界中的问题是应用学科的主要任务之一，应用语言学也不例外，它注重实际应用直接满足于社会需求。斯特雷文斯认为应用语言学研究应服务于人类不同领域的社会活动，因此，语言学家应该具有社会责任和道德，运用他们所学的知识和理解力服务于人类。例如，社会语言学、语言教学、语料库语言学、词典编撰、翻译和口译以及不同职业中的语言运用等都具有强烈的实践和应用特点。但是，应用语言学的实用性、实践性并不意味着对理论及其研究的排斥。例如，在某种程度上，虽然有的语言理论和描述不能直接运用于语言教学中，但能够为语言教学方法提供指导，同时，在实际的教学过程和实验中，教师或研究者还可以不断完善相关理论。因此，“应用语言学所关心的不仅是实际的应用，而且更重要的，是它对语言教学的启发意义”①。

二、应用语言学的范围

应用语言学的范围有狭义与广义之分。

狭义应用语言学是对应用语言学的狭义的理解，指语言学知识和研究成果所应用的某一领域或方面，即语言学与其他学科相互交叉渗透所产生的某一边缘学科。

广义应用语言学是对应用语言学的广义的理解，指语言学知识和研究成果所应用的一切领域和方面，即语言学与其他学科相互交叉渗透所产生的一切边缘学科。②

第二节　应用语言学的基本理论

一、交际理论

（一）交际理论的基本内容

1. 交际能力是最基本的语言能力

关于语言能力，人们有不同的看法。影响比较大的是乔姆斯基（Chomsky）1957 年《句法结构》里提出来的语法装置说。乔姆斯基认为③，人天生具有语言创造能力。不过，他没有明确说语言的词汇语法方面也是与生俱来的。近年来，人们讨论语言交际能力和语言知识能力的时候经常提出这样的问题：一位是北京郊县农村、连自己的名字都不会写的乡下妇女；另一位是借助字典可以看懂中国古书，但张嘴就出错的洋教授。你认为这两个人中谁的汉语能力强？这样，就把语言能力分化为交际能力、知识—研究能力。前者可以说是有“语感”，后者则是有“论感”。

无论如何，上面所说的语言能力中，交际能力是最基本的。从语言使用的角度看，

---

① 桂诗春. 应用语言学［M］. 长沙：湖南教育出版社，1988：17.

② 于全有. 中国语言学研究［M］. 长春：吉林文史出版社，2006：141.

③ 于根元. 应用语言学前沿问题［M］. 北京：中国经济出版社，2006：78.

最好的情况是，知其然还要知其所以然。知其所以然的目的是进一步知其然，而不是跟知其然无关甚至妨碍知其然。换句话说，语文教师的“语感”和“论感”都要强。需要强调的是，一些语言学家自己的语言不够生动活泼，还常常反对生动活泼，动不动就指责别人不规范。以深奥为能事，这种语言观是跟交际观格格不入的。这可能跟以前主要受了语言知识能力的教育而没有受到应有的语言交际能力的教育有关。

2. 应该以交际值作为衡量语言规范的标准

语言的基本功能是交际。规范是为了更好地交际。交际到位的程度——交际值或者交际度应该是衡量规范的基本标准。应该把规范同规则或者某些本本上的规定区别开来。规范是在语言不纯的情况下搞的，搞规范不是求语言的纯。不应该有妨碍交际的规范。规范同稳定没有必定的关系。规范或者不规范也不看过去有或者没有这种说法，而是看现在是否需要这样说和语言的系统是否允许这样的说法出现。我们说它可以用，要说出道理；说它不可以用，也要说出道理。现在比较流行的“如果这个说法可以成立，那么什么什么也都可以说了”的论证方法本身就有许多不妥。因为语言现象的类推是有条件的。近几年来不少学者进行语言现象延伸段的研究，是很有意义的。

3. 语言交际能力的实践不是一次性完成的

语言素质也是有层次的。小学生的语言素质同大学生的语言素质不同。大学生也要进行语言交际能力的实践。素质可以提高，也可以滑坡。素质不是单一的，是综合体。语言是发展的，不顺应、引导语言的发展，轻则素质滑坡，或者说起初的基本的素质实践就有根本性的缺陷，重则会对语言的发展反感。实际上语病也处在不断地潜显过程中。语言素质可以说是不进则退。在教学中，教师要有充足的积累，教师更要不断地充实新知。教师应该生活在活水里面，成为活水的一部分，并且努力给水增加活力。学生头脑里要有自动升级的程序。其实，自动升级的能力是人本来就有的，语文教学就是唤醒学生这种与生俱来的语言能力并且帮助它发展。

交际能力并非一次性完成还表现在语言的时代性上。教师应该让学生学习鲜活的语言。另外，学习还要有一定的量和质。一定的量，可以内化，可以生巧。一定的质，可以提高层次。

4. 要重视创新

除了上面说的语言知识能力、语言交际能力、语言研究能力之外，还有一个更重要的更高层次的语言能力——语言创新能力。人们常说的语言灵气，主要在语言创新方面。

另外，教材要有利于帮助学生创新。教师要在创新方面进行身教。一切语言示范者要在语言规范和语言创新两个方面起到表率作用。对学生语言学习的测试，也要注意语言创新方面的测试。学生的学习是为了社会的发展。在学习的过程中就要发展，特别是大学生。法乎其上也还是模仿，还要脱颖而出。创新不等于降低层次，不等于奇谈怪论，不等于一般形式上的变化。教师要留心好的语言现象，要提高创造语言的能力，及时调整语言观。

（二）交际理论的价值

1. 确立了新的语言观

语言观是对语言的最基本的认识，它指导语言理论研究和应用实践的方向。在语言学的发展过程中形成了各种各样的语言观和语言研究方法。把语言看作逻辑的体现，就会定出规则来限定语言；通过比较探究语言之间的历史渊源关系，是历史比较语言学的语言观和语言研究方法；把语言看作符号系统，认为语言的规律在于系统内部要素的组合形式，对语言进行结构的分析，是结构主义语言学的语言观和语言研究方法；找到普遍的形式规则只是语言研究的途径之一，研究普遍的意义也可以揭开语言的规律。功能主义语言学认为语言系统是一个由多项选择构成的语义网络，把语言归结为人际、概念、语篇三大元功能，进行功能意义的分类。语言还被看作是思维的外在表现，一种习俗，一种规则，一种行为等等，引发出不同的研究角度。① 不同的语言观使语言理论研究和应用实践处于不断调整过程中。

应用语言学的交际理论提出语言研究的目的在于交际，结构（形式）和功能（意义）应该统一，结构功能统一于人的交际。人们对语言的一切研究均是为了提高交际效率。语言的交际观将会使语言研究、对象、范围、研究方法等发生一系列调整和改变。

注重语言的交际性，使我们更加注重人对语言工具的运用，从人使用工具的角度去发现总结语言规律，交际能力、知识能力、创新能力的提出就是立足于人本身，而不是语言工具本身；注重语言的交际性，使我们的研究视野更加贴近语言生活，关注正在发生变化的语言现象，如新词新语、外来词、网络语言、语言中的创新现象等，而不仅仅是静态的系统，不仅研究显现出来的语言现象，还研究潜在的语言运动，研究二者的交互运动；注重语言的交际性，使语言研究的方法真正由静态转变为动态，由共时转变为纵横交错。调整后的语言观将会为语言研究和实践提供新的生长点和发展空间。

2. 交际理论对语言实践的影响

交际理论是在语言应用实践中逐步形成的，努力解决实际问题是交际理论对语言实践的贡献。交际理论对语言规范工作、语言教学等语言应用领域都产生了一定的影响。

（1）提出交际值等观念对语言规范等工作产生影响

应用语言学的交际理论提出交际值等概念，为语言存在的问题提供了有说服力的解释，澄清了以往回避的问题和含糊思想。如对规范原则，新词新语吸收，字母词，网络语言等问题都提出了自己的看法。规范的目的不是匡谬正俗，而是利于交际，这是规范的大的原则。衡量规范的标准，不是习非成是，而是交际值即交际到位的程度。规范工作的重点要转移到发现新的好的语言现象上来，不要局限于改病句，挑毛病。鼓励语言创新，对待新词新语、网络语言以及陌生的语言表达，要从交际度、新颖度、品位度等角度评析。

应用语言学的交际理论还从交际功能的高度上看待方言和普通话的关系，认为普通话和方言各有各的交际价值和交际要求，普通话的通用性高于方言，但也要考虑方言的价值。

（2）确定交际观念，提出语言能力的分化，对母语教学有指导意义

语言教学是在一定的语言观、语言学习理论、心理学、教育学思想指导下进行的实践活动。语言教学的特点决定了语言观在教学中居于核心的地位。母语教学粗略地分，包括语言本体教学，如现代汉语教学、语言理论教学，还包括语言应用等领域的教学，

① 武汉大学中文系，长江文艺出版社. 长江学术（第6辑）[M]. 武汉：长江文艺出版社，2004：155.

如汉语写作教学、口语表达教学（包括播音主持语言教学）等等。交际理论的提出适应了母语教学的要求，从人的交际能力出发的思想对明确教学目标很有指导意义。

把交际能力和知识能力、创新能力分开并加以强调有助于制定出有针对性的、更加合乎实际需要的教学目标。教育的原则是因材施教，目前高校一般专业、中文系以及从事语言教学的特殊专业的语言课程正面临着重新定位，需要进一步细分，加强针对性，语言能力分化是大势所趋。

写作课和口语表达课的目的是提高书面语表达和口语表达能力。语言表达能力的提高，不能不考虑交际，如交际的对象和交际涉及的主客观因素以及交际的策略，如人际策略、思维策略、语言策略等。比起口语表达教学，在写作教学中更容易忽视写作的交际价值。语言是为了交际，运用书面语表达的写作过程是一个完整的交际过程，写作的文章只是一个成品，制造这个成品需要综合考察它的交际环境，为什么写，写给谁看，达到什么目的等等。只有考察一篇文章的交际环境之后才能谈得上确定主题、选择文体、结构等。目前传统的母语写作教学，一般就是材料、主题、结构、语言几大块，很少提到交际的环境，即使谈到也只是在语言表达部分作为修辞的原则提出。这是本末倒置，或者说是建空中楼阁。在写作和口语教学中贯彻交际观，应该注意既要在教学内容上体现交际的价值，也要在教学过程中创造接近现实的有利于交际的环境，充分调动学习者的兴趣，发挥他们的创造性。

应用语言学的交际观，强调语言创新能力的培养，强调语言交际能力的实践不是一次完成的，这与我国人才培养的目标和终身教育的理念相契合。在语言教学中国年贯彻创新思想是时代的要求。语言教师要帮助学生认识和使用语言的自动升级程序，在帮助学生创新方面言传身教。在创新思想下，建立新型的师生关系。

二、动态理论

（一）动态理论的基本思想

科学理论告诉我们，运动是绝对的。世界上的物种分成生物和非生物，生物里分成动物和非动物。动物当然是可以自己运动的。其实很多非动物、非生物的运动速度也很快。人是最高级的动物，语言又是最高级的动物人用的，其运动性质并不难理解。交际是一种活动，语言存在于语言交际活动之中。因此，语言也是活动的，不断发展变化的。事实上，为了沟通的方便，人类的交际形式必然发生变化，这是语言发展变化的动力。另一方面，物体运动的速度是不同的。物体运动速度相对比较慢的叫稳态，运动速度相对比较快的叫动态。或者说稳态是动态里的一种状态。

语言的运动是一种新陈代谢。可以说，语言的运动从来就没有停止过，也没有人和力量能够阻止语言的运动。在这个意义上，可以说动态是语言的本质。

近年来，中国应用语言学界逐步把语言动态性的认识提升到理论的高度来认识，并把它运用到语言应用研究中，提出一系列相关的看法。

（二）动态理论提出的意义

事实上，动态理论渗透在许多方面。归纳起来，主要集中在以下方面：

（1）语言是变化的，使用者不进则退，学习语言不能一次性完成；

（2）语言是变化的，语言不发展是最大的不规范；

（3）语言交际能力是语言运用的能力，语言交际能力的测试应该在语言实际交际中进行；

（4）语言使用不使用，评价语言使用是否规范，不是看过去有或者没有这样用的；

（5）语言的中介现象是运动的；

（6）语言的新颖色彩造成了语言的色彩是个动态的系统；

（7）语言是个巨系统，语言的运动具有惯性，语言工作、语言研究、语言教学都要适度超前，不能追求立竿见影，要重视后效应；

（8）语言运动的方式和层次是语言的个性；

（9）语言发展的外部动力是社会的发展，语言的发展还是社会发展的组成部分。语言的发展一定程度上反映了社会的发展。对一个较长阶段语言生活情况的总的估价，跟对一个较长阶段社会的发展以及语言工作、语言教学、语言研究的总的估价，是密切联系的。

三、层次理论

（一）人类语言是开放的梯形结构

层次理论指的是语言是分层次的。[①] 层次是语言运动的时空和方式。这个层次跟事物分层次、人的认知过程分层次、人的很多方面分层次是密切相关的。这个结构的底层比较稳定，越往上越活跃。例如，底层的“展”和“销”这两个语素是稳定的。它们一结合，就成了新词，比较活跃，到了这个结构的上部。新颖色彩经过一定的磨损，稳定色彩逐渐显现，逐渐趋于底层。又有新的色彩的语言往上。语言出现了喷泉现象。底层的能产性大，上部的比较能反映全息。底层跟动物语言交叉。上部跟高于语言的表达手段如音乐等交叉。体态语分层次地上下连贯。

（二）人的层次和语言层次的关系

（1）不同层次的语言对不同的人有不同的要求。例如，学生一开始学词、短语，复句在后面学。推广普通话对不同的人也有不同的要求，对在语言方面起示范作用的人则要求要高。

（2）不同层次的人使用语言的情况不同。语言分比较稳定的内核和比较活跃的外层以及中介物。内核如基本词汇、基本语法、语音系统等，外层如新词新语、广告语言等。内核部分比较好做标准，外层部分往往适宜提出指导性意见。内核部分，语文水平比较低的人要尽快掌握。语文水平高的人使用了外层里的许多手段。比较稳定的部分都是从比较活跃的部分来的。比较活跃的外层同比较稳定的内核都是语言的有机组成，共同为人们的语言交际服务，它们之间是互补的关系。

---

① 于根元. 应用语言学概论［M］. 北京：商务印书馆，2003：117.

（3）如果说一个人使用的语言是他的主体语言，总的语言是客体语言，那么，不同层次的人的主体语言在客体语言里处于不同的层次。所以，一个人的语言又是这个人的第二形象。此外，语言能反映一个人的性格、修养、职业等。语言比外表等第一形象更内在，更真实。在语言方面起示范作用的人，他的语言往往代表一个地区、一个民族、一个国家的第二形象。

层次理论渗透在有关的各个方面。概括起来，主要集中在以下几个方面：

（1）理论和应用的层次，理论层次低的应用层次也低。

（2）20世纪应用语言学同本体语言学一直在寻求高层次的结合。

（3）1997年到21世纪中叶之前推广普通话分两个阶段的目标，这也是层次的不同和关联。

（4）推广普通话对不同层次的人有不同层次的要求，普通话水平测试提出了分层次的要求。

（5）语言规范也是分层次性的，交际值、交际度都是分层次的意思。

（6）修辞也有层次性。

（7）语言文明分层次，当前提出的“语言美”是基本的要求。

（8）应用语言学的基本理论中，交际理论是纲要性的，其他是从属的。

（9）语言交际是多层次交叉的，需要在多层次交叉的语言交际中培养语言交际能力。

（10）创造能力是最高层次的语言能力。

四、潜显理论

（一）潜显理论的内涵

潜显理论是我国一些语言学者在20世纪80年代到20世纪90年代逐步形成的一种关于语言发展的基本形式的语言观念。20世纪80年代初，王希杰开始涉及这个问题，但明确提出语言潜显概念是在80年代后期。而比较系统的理论的形成，大致在20世纪90年代中期。

显，指的是显现在表层的、现实的状态；潜，指的是潜藏在深层的状态。该理论认为①，可以把语言的世界分为显性的世界和潜在的世界两个大部分。所谓显性语言就是到目前为止人们在使用的部分。所谓潜在的语言世界指的是，按照语言的规则所形成的一切可能的语言形式的总和，但是它们还没有被这个语言社团所利用和开发。

潜显理论强调语言的动态本质。其核心内容是：显性语言潜性化和潜性语言显性化是语言发展的最基本形式，潜性语言的大量存在，使语言具备自我调节功能。语言潜显理论对语言动态与稳态关系的揭示非常值得重视。这一理论认为②，运动和时空是连续的，事物不是同时空同样显现的，显和不显又是有条件的。语言当然也是如此。加上色彩的显现，可以说语言始终处在潜和显的过程中。语言研究的就是语言的潜和显及其相关条件。语言的各种属性和语音、词汇、语法及修辞等各个方面，其存在形态都是既有

---

① 王希杰. 汉语的规范化问题和语言的自我调节功能［J］. 语言文字应用，1995（3）.

② 于根元，陈维昌. 中国现代应用语言学史纲［M］. 北京：中国经济出版社，2005：461.

显又有潜。语言之所以不是同时空同样显现，也是为了交际。

语言不仅有潜和显两个方面，还有“初显”“显现”“隐退”和“占位”等具体情况。语言在发展过程中，不仅显的部分有变化，潜的部分也有变化，一旦具备潜词显化的条件，潜词就会出来占位。语言始终处在潜和显的运动之中。①

（二）潜显理论的意义

1. 潜显理论的学术意义

语言潜显理论在中国应用语言学理论体系的建构和完善方面可能会起积极的作用。在这方面，突出的表现在，它有助于我们重新科学地认识语言的本质，建立新的语言观。

语言潜显理论注重语言的社会性质和交际功能。对语言本质认识的深化和语言观的转变，可能带来语言研究视野的扩大和语言学理论系统的进一步充实，这是语言潜显理论的又一个价值。

现代语言学产生以来，一直把研究重点放在显性语言上，人们更多关注的是语言结构的描写和研究，很少研究潜的东西。而语言潜显理论的提出，把潜语言纳入语言学的研究对象，可能扩大了语言学的研究视野，语言学研究语言不仅研究显现的、表层的，也要研究潜在的、深层的，还要研究由显到潜、由潜到显的过程。从而有助于语言研究更自觉全面地开发语言资源，更有效地服务于人类社会。

另外，语言潜显理论对于更新语言研究方法，增强语言学的解释能力，提高语言学的科学品位可能具有一定的启发。在以往的研究中，由于侧重稳态的语言结构探讨，侧重语言表象的描写，人们主要运用归纳法，注重对语言显性材料的搜集整理和分析，通过量的积累，做出质的判定。这种研究方法是有积极作用的。可以说，任何科学研究都离不开归纳，只是在于研究者是否自觉。但用这种方法得到的结论通常有一个可信度问题，它前提的偶然性和随机性，有时很难得出一个可覆盖全体的结论。所以，在很多学科中，人们更多的是结合演绎法来使用归纳法。通常是根据已知为真的前提，借助逻辑规则，推出必然的结论。不过，由于显性语言这一研究对象的特点，使人们很难借助于演绎法研究语言。研究对象的特点和语言观的确立制约着研究方法的选择，语言潜显规律的揭示，相应地要求人们选择演绎的研究方法。语言学既是经验的科学，又是演绎的科学，在研究方法上需要结合归纳法和演绎法，从显性语言中的“无”找出潜性语言的“有”。特别是语言的潜性状态是没有出现的东西，很难感受到，归纳法是无能为力的，这就需要采用演绎法，依据一定的假设以语言显性状态为前提进行推理判断。当然，归纳法在语言研究中也是不可缺少的，而且演绎法又必须以归纳法为基础，如果一点显性语料也没有，是无法进行演绎的。多种研究方法互相补充，综合运用，对语言现象进行多维观照，统筹探讨语言潜显的对立和转化，可以使我们正确、全面、辩证地看待语言现象，使语言研究更具科学性。

2. 潜显理论的实践意义

近年来，潜显理论在实践上的意义也开始受到人们的注意。一些学者提出语言学中的预测问题，其理论基础就是潜和显的观念。

---

① 于根元. 说“友”［J］. 语文建设，1996（3）.

预测能力在科学中占有重要的地位。随着对显性语言潜性化和潜性语言显性化这一语言发展基本形式的揭示，人们意识到有可能对语言的走向和趋势做出预测。运动是事物的共性，事物的个性在于运动方式的不同。语言不仅有我们能够感受到的现实的显性状态，还有我们尚未感受到的、将来会出现的潜性状态，它是形成语言显性状态的基础，语言发展就是潜显对立转化、递相演变的运动过程。据此，可以借助科学的假设，依据现实的显性语言，对语言发展的趋势做出科学的超前的预测，使语言研究不再亦步亦趋地跟在语言现实后面进行描写和归纳，而可以有一定的前瞻性和预见性。

长期以来，我们把显性语言作为语言学的研究对象，在语文工作中，以“静态”的语言事实为语言规范的参照物，根据描写制订出的已有规则作为语言规范的标准，以“匡谬正俗”为语言规范的主要方式，对于新出现的语言现象批评多，引导少。语言规范工作在整体上是维护旧有的规则，对新出现的形式带有一定的排斥心理。而多数情况下是看不准言不中的，被批评指责的语言现象不仅没有消失，而是照样流行，并为大众普遍接受使用。这时，又不得不否定以前的说法，追认这是规范形式，使语言规范工作常常陷入难堪的境地，处于被动局面。

语言潜显理论使人们的语言规范观念也发生了变化。这不仅表现为前瞻跟踪观取代了滞后的追认观，免除了语言规范工作中曾几经出现的尴尬局面，而且人们在注意语言的显性状态的同时也开始注意语言的潜性状态，注意开发潜语言在语言规范中的作用。按照潜显理论，由于潜性状态的作用，当一种语言现象显现后，可能会出现一类现象的变化，特别是对语言这样一个开放的大系统来说，更不是一切已有的东西都是稳定不变的，一些新的语言现象的出现，我们不能轻易地以违反规范来提出批评，也不必担心会导致语言规范的消失。因为语言具备自我调节功能。语言规范工作应当顺应语言的发展规律，使语言更加有效地服务于人类社会。

当然，作为一种新出现的语言观念，潜显理论可能还有一些需要完善的地方。但无论如何，这一理论给中国语言学带来的影响肯定是积极的。

第三节　应用语言学对高校英语专业教学的影响

一、激发学生学习动机，提高英语学习效果

灵活地应用语言学理论能够在很大程度上激发学生强烈的英语学习兴趣，从而帮助学生提升英语学习的积极性和主动性，所以，应用语言学理论在高校英语专业教学中具有很高的实用价值。有了应用语言学理论做指导，教师在教学活动中能够准确、及时地掌握学生的学习状况和学习心理，这样，教师就能够根据学生的需求改进教学理念，调整教学思路、改良教学方法以便更好地满足学生的诉求。学生如果有了明确的英语学习方向，良好的英语学习动机，那么，他们的英语学习效果就会有很大幅度的改善。

二、培养学生学习自信，提高其自主学习能力

正因为应用语言学理论对高校英语专业教学实践具有很好的指导作用和很高的应用价值，高校英语教师要在应用语言学理论的指导下巧妙灵活地对学生课内课外的英语学习活动进行帮助、引导、监督和评价，从而加强学生的认知能力，培养他们英语学习的自信心。同时，要重视学生自主学习能力的培养，学生在课堂上不仅能够真正获取知识，其探究能力、思辨能力与创新能力也要有所提高。

三、重新审视英语专业教学，不断创新英语课堂

应用语言学理论在高校英语专业教学中具有极高的应用价值，教师以应用语言学理论为指导可以促使教师积极转变自身的教学理念，这对高校英语专业教学模式的创新具有重要的意义。教师灵活运用应用语言学理论对高校英语专业教学的各个环节加以创新，优化教学实施以期提升教学水平，从而提高学生的英语学习效率。

第一，真实语言环境的熏陶。应用语言学理论认为①，学生的语言表达能力若想不断提高就一定离不开相对真实的语言语境，应为只有这样的环境才能有效地培养学生灵活、准确地运用英语语言的能力。这样做，不仅能夯实学生的英语基础，还可以鼓舞学生积极主动对新知识进行探索与发现。

第二，和谐学习氛围的滋养。在高校英语课堂教学中，亦师亦友的师生关系，融洽和谐的师生关系是高校英语良好教学效果得以实现的基石。教师转变传统的观念，灵活改变教学方式，发挥引导作用，提高学生语言实际运用能力。宽松、愉悦、和谐、美好的课堂教学氛围是完成高校英语专业教学任务的基础，在这样的学习环境下，学生的学习兴趣会不断提高。只有客观、准确、及时地了解学生的需求（如学生感兴趣的人和事），才能更有效地鼓励学生积极参与课堂活动，从而激发他们的英语学习热情。在这样的氛围中学生能够主动探索，独立思考，敢于求异，敢于质疑，其主体地位得以充分体现。

第四节　应用语言学在高校英语专业教学中的应用

一、应用策略

（一）加强英语教师对应用语言学的认识

英语教师是实施教学的最终组织者。要想将应用语言学的基本理念贯彻到英语专业教学之中，首先就需要将英语教师的教学理念进行有效的优化。这是源于在英语专业教

① 张翠平，王垠，尹清山，马志媛. 应用语言学理论基础下的大学英语教学改革思考［J］. 海外英语，2019（23）.

学中，大多数英语教师都受传统教学的影响，只是一味强调学生学好单词、语法等基础知识，就能够提高英语的应用能力。应用语言学是近年来才发展起来的教育理论。因此，在教师的在职培训中，需要进一步突出应用语言学等教育理论的宣传，使得英语教师进一步掌握这一教学理念。学校需要有效强化教师对于应用语言学等教学理念的应用，在英语专业教学过程中，不断运用多元化的教学方法，突出学生对英语的学习兴趣，强调英语情感教育，从而不断提升学生在英语学习上的主动性、积极性。

（二）注重英语专业教学方法与学习目标的一致性

基于应用语言学的英语专业教学视角，要全面培养学生英语的听、说、读、写、译的技能，就要以明确学生英语学习目标为前提，探索适宜、高效的英语专业教学方法，并根据英语学习的不同目标进行适当调整，使英语专业教学有所侧重。例如，有的行业突出和强调英语写作能力，需在教学中注重引入英语应用写作方面的教学方法和内容，增强学生的英语写作能力；有的工作内容强调英语翻译能力，需在教学中突显应用语言学的翻译教学方法和途径，根据学生的未来方向选择适宜的翻译教学方法，帮助学生更快地达成自身英语学习目标。

（三）突出学生“英语输出”的教学

目前，英语专业教学的现状主要是在英语应用能力方面，更多突出的是听和读的能力等。实际上，这一教学主要体现的是“英语输入”教学的学习，重视的是学习者如何对英语语言的学习，但是对于学习者如何准确、流利的利用英语进行沟通、交流等“英语输出”层次的教学几乎被忽略，这也充分体现了当代学习者所欠缺的英语应用能力。应用语言学的教学理念不仅强调的是阅读、听力等方面的英语应用能力，同时还强调学生应用英语与他人进行交流、互动的能力，突出英语应用能力的全面性。目前，用人单位对毕业生的要求往往是英语应用方面的全面化，即不仅拥有扎实的英语知识，能够看明白相关的英语资料，同时还可以与外国客户进行面对面的交流和沟通。基于以上观点，教师需要补齐现代英语专业教学的短板，从而有效提升他们在英语专业教学中口语练习。这样才能全面构建学生的英语应用能力和水平。具体来说，教师可以运用多元化的口语练习方法。

（四）将英语专业教学与生活应用相结合

教师要结合英语课堂教学的具体要求，创设与学生的实际生活相链接的语言应用情境，促使学生积极主动地融入语言应用情境之中，产生真实的语言应用场景感和生活感，获得强烈的情感共鸣体验。此外，教师还可以将自己既有的生活化体验应用于语言的学习之中，进行全新的诠释和解读，更好地提升学生学习英语的兴趣和语言应用能力。

1. 创设语言生活化应用情境

立足于应用语言学的视角，教师可以结合英语课堂教学与学生日常生活实际，通过创设英语语言生活化应用情境的方式，引领学生进入到语言应用情境和场景之中，增强学生的英语语用能力。

2. 组织语言应用训练活动

教师可以结合英语课堂教学与户外活动，组织学生参与英语角、英语广场、英语辩论竞赛、英语话剧表演等活动，开阔学生的语言视野，在不同的语言应用训练活动中增强自己的英语综合应用能力。

3. 搭建良好的语言学习环境

教师在将英语课堂教学与生活化内容相链接的过程中，还要注重语言学习环境的合理搭建，可以借助于语音室、多媒体教室、电脑机房等先进网络设备，营造和创设出相应的语言学习环境，使学生在日常学习活动中受到熏陶，从而提升英语学习的效果。另外，教师还可以将英文电影、英语新闻、英语访谈节目引入语言学习活动中，让学生有身临其境之感，以获得语言知识的提升。

二、具体应用

（一）应用语言学在词汇教学中的应用

1. 重视意义输入的词汇学习

学生普遍认为词汇学习主要来自教室里的词汇教学，然而词汇学习应该更为广泛。侧重意义输入的学习，是通过听和读随机地学习词汇，第一语言的词汇学习大部分是这样进行的。尽管这种学习比有意的学习保证性要小，但是第一语言学习者有大量的机会进行这样的学习。非母语者用这种方法学习，需要满足三个条件：第一，不知道的词只能占少数，最好是2%左右，即50个词中只有1个不认识。第二，要有大量的输入，尽可能多的阅读英语文本。第三，如果在有意识的学习中反复使用一些词汇，使用词典、在篇章中将不认识的词加亮，用这样的一些方法来有意识地注意那些生词，可以加强学习效果。随机学习是一个积累的过程，掌握一个词的用法，增加关于它的知识都需要相当长的时间。侧重意义输入的课程的核心是组织完好的、有良好控制的、大量泛读的学习项目。

听也是侧重意义输入的词汇学习方法。不认识的词的出现量、输入的数量、对词汇有意的注意等，对有效的词汇学习来说都是必要的。输入的数量直接影响到词汇的重现频率，可以通过反复听来部分实现。例如，让学生几天内反复听同一个文本，加强学生对词汇的注意则可以由教师迅速地对不认识的词进行说明、教师在黑板上将它们写出来，或者让学生自己进行意义协商，然后教师给予确认。尽管协商是词汇学习的一个比较确定有效的办法，但是，词汇学习主要还是通过在语境中非协商的方式进行的，因为这种学习的机会相对更多。

2. 侧重意义输出的词汇学习

侧重意义输出的词汇学习，即通过说和写来学习词汇，是从接收性知识向生成性知识转化的必要办法。通过生成性技能加强词汇的方法有几种：第一，可以设计一些活动，包括使用没有注释的图片或解说，以鼓励使用新的词汇。第二，在说的活动中，小组活动可以给学生提供彼此协商不认识的词的意义的机会。第三，因为词汇学习是一个积累的过程，在说和写的活动中使用部分认识的词可以帮助学生加强和丰富对这个词的理解。

3. 有意的词汇学习

对随机词汇学习和直接词汇学习进行比较的结果显示，直接词汇学习效果更好。有意的学习比随机学习更有目标，更有侧重。对有意词汇学习的研究历史也比较长，已经有了一套很有用的词汇学习指导。在词汇学习项目中，有意词汇学习是一个非常重要的部分，它可以使词汇量迅速扩大，然而有意学习自身往往不能提供语法的知识、搭配、联想、参照和用法限制，这些最好是在语境中随遇随学。

有意的词汇教学是鼓励有意词汇学习的方法之一，这样的教学有三个主要的目标：第一，旨在建立良好的词汇学习思维，这需要教师对学生进行丰富的指导。在每个词上投入合理的时间，引导学生在学习词汇时注意不同的方面，如拼写、发音、词的构件、意义、搭配、语法模式和语境用法等。第二，有意的词汇教学也可以仅仅旨在提高学生对某些词的理解，这样再次遇到的时候，可以引起他们注意。第三，有意的词汇教学也可以旨在帮助学生获得词汇学习策略，理解英语的系统特点。如发音与拼写间的对应，词的构件（前缀、词干、后缀）、内在的概念和意义外延、搭配模式和联想类型等。

4. 利用四个技能发展词汇运用的流利性

识词是很重要的，但是要很好地运用它们还需要流利性。发展流利性就是学习如何最恰当地运用已知的词。因此，流利性发展活动中不应该包括不认识的词。流利性发展活动的条件是：有大量熟悉的材料，重视意义，有一定的压力，即运用的水平要比通常高一点。流利性发展活动通常不是特别注意词汇或语法，而是关注听、说、读、写的流利度。

发展流利性的方法，通常有两种：第一个方法主要是重复，也就是反复训练法，包括对同一个材料进行不断地重复练习，这样就可以获得流利性。主要实践方法有跟读、反复口述、彩排谈话等。第二个方法是用一个已知的词进行许多连接和联想。与上述"反复训练法"不同，学生有很多路可以选择，主要目标是在不同语境和情况下使用已知词汇。主要实践方法有快速阅读练习、简单泛读练习、写作和复述练习。

（二）应用语言学在听力教学中的应用

1. 互动教学法

根据应用语言学中的动态理论，教师可以采用互动教学法展开听力教学。具体来说，互动教学法是指教师在听力教学实践过程中，针对听的内容与学生展开各种交流与探讨。对学生来说，在听的过程中，不仅需要接收并解码所听的信息，还要在此基础上做出一定的反应。

采用互动教学法进行听力教学具有明显的优势。互动教学可以充分激发出学生的兴趣和积极性，提高学生对英语听力内容的理解和接受能力，同时能让学生通过听力活动养成积极思考的习惯。此外，由于听源的不同，互动教学可分为听人说话时的互动以及听录音时的互动。

在听力教学的很多环节都可以用到互动教学法。例如，在听录音时，教师可以采用互动教学法。具体可以分为以下步骤。

（1）学生听录音的同时，教师将听力材料合理分为若干部分。

（2）学生听完一部分材料后，教师就可以通过提问与学生进行互动，了解学生听的效果如何。

（3）听完全部录音材料后，教师与学生共同总结，解决遗留问题。

2. 微技能教学法

掌握一些行之有效的听力微技能方法，对学生来说，无论是在应试中，还是在平日训练中，都很有益处。因此，在听力教学过程中，教师要注意向学生传授一些听力微技能，并引导学生灵活使用。大体来说，这些技能主要涉及以下几个。

（1）猜测词义

猜测词义是听力微技能教学的重要方式。在听力实践过程中，听者很难完全听明白材料的每一个词，此时就可以通过上下文等进行词义猜测，从而更加顺畅地理解材料内容。

在听力实践过程中，切勿一有生词就打断思路，应该从整体听力活动入手，综合使用词义猜测技巧，保证听力活动的进行。

（2）听前预览

听前预览就是在做每一个小题之前，先把每个小题的选项通读一遍通过听前预览，不仅可以预测要听到的句子、对话或短文的内容，还可以事先掌握一些数字、人名、地点之类的特别信息，尤其是听力中的一些人名。如果不进行预览，一旦题中提到两个或两个以上相似的信息，就很容易对听者产生干扰，进而影响正确答案的选择。由此可见，在做听力测试前进行听前预览对于有效地完成听力很有帮助，因此教师在授课过程中要教授学生听前预览的技巧，以提高学生的听力能力。

（3）注意所提问题

在选择正确答案之前，首先要听懂所提问题，如果没有弄清楚所提问题，即便听懂了内容也不可能选出正确答案，所以弄清楚所提问题在听力训练中是非常关键的。

（4）留心关键字

对学生来说，要想完全听懂一段听力材料是不可能的，而且也是没有必要的。进一步来说，没有听懂并不等于不能答题，学生有时候只听懂了其中的一部分，仍能答对问题，其中关键词的把握十分重要。因为有些题目主要就是听关键词，抓住了关键词，问题也就迎刃而解了。所以，教师在听力教学过程中要注意培养学生抓关键词的能力。

（三）应用语言学在写作教学中的应用

1. 激发学生语言学习的动力

学生学习英语写作的动力是学好英语的第一步。除了学生自身提高对英语写作学习的渴望，教师也应该通过适当的引导帮助学生培养英语学习的兴趣和动力。鼓励学生进行合作和相互学习是促进学生学习英语写作的有效方法之一，学生可以通过互相之间的学习取长补短。因此，教师可以采用同伴互评的方式讲评写作作业，让学生以小组为单位，互相点评对方的文章，让基础较好的学生带动基础较差的学生，而基础较好的学生也会有成就感，从此更加努力学习。

2. 创造语言环境

通常学生可能会羞于和教师用英文交流，但是面对同龄人，学生会更善于表达自己的想法，因此教师可以鼓励学生之间加强英文交流，实现语言的交际功能。这种交际功能不仅限于口头英语，其口头的语言交际功能会潜移默化地转化成写作上的交际功能。学生会逐渐适应英语表达的方式，从而从口头到写作都会惯性使用英文表达。即使是日常与小组同学发的简短的英文信息，也能为英文写作打下基础。同时，教师应在课堂上创造语言环境。现在大多数高职院校还无法做到全英文授课，但即便如此，教师也要尽量创造课堂英语环境，比如利用英语电影、视频、歌曲等活跃课堂，从最简单的课堂英语用词逐步加深，让学生适应英语授课环境。

3. 重视写作的篇章含义

语言学习最终的目的是成功地使用语言，因此学生学习英语写作最终要实现的功能是能够顺利地进行独立的、有效的写作，能通过写作合理地表达自己的想法和需求。而大多数高职院校学生的写作篇章还无法满足这一要求。大部分高职学生在写作时过于注重词汇和语法，而忽略了基本的篇章含义。很多学生的文章会缺少衔接，通顺度低，缺乏逻辑性，让人看着摸不着头脑。因此，教师在英语写作教学与批改时也不可以忽视了篇章的含义、逻辑性以及衔接度。教师应在作业讲评时强调文章内容的重要性，在教学中可以适当加人批判性思维，如因果关系、检验真假等理论结合写作课程，来引导学生发现写作中的问题，检验自己的写作内容是否有意义，前后因果是否成立，文章衔接是否合理等。

4. 利用语块进行教学

利用语块进行教学也是教师在写作教学中可以采取的有效方法。相关研究表明，英语中存在词汇程式现象，也就是成串的语言结构，这些词汇组合就被称为语块。在写作教学中，教师可以借助这一方法向学生介绍有关语块的基本知识，如概念、分类等，让学生明白语块对语言能力提高的重要意义。学生明白了语块的重要性，就会在学习中不断积累语块并有意识地加以运用，从而写出优美、地道的文章。具体来说，英语教师可以通过以下两个方面展开语块教学法。

（1）建构相关的话语范围知识

所谓相关的话语范围知识，主要包含与主题相关的各种社会知识与文化知识。在传统的写作教学中，这一环节未引起师生的足够重视，实际上这是写作教学的第一步。在这一阶段，教师需要在以下几个方面做出努力。

①向学生传授与话语范围相关的知识，并帮助学生掌握。具体来说，教师可以通过与学生交流，也可以让学生对其他学生的相关经历有所了解。

②对与话语范围相关的双语语言进行比较，尤其是不同语言的异同点，从而了解这些语言背后的文化背景，以及文化背景对话语范围所产生的影响。

③对与话语范围相关的词汇及表达形式进行列举、选择与整理。

具体而言，教师可以引导学生开展以下几种教学活动。

①教师提前为学生准备一些与话语范围相关的语篇，让学生对这些语篇进行比较与探讨，以便于学生发现不同语言的异同点。

②在课堂上，教师组织学生探讨自身的经历，如旅游经历，可以让学生对自己旅游过的地方、乘坐的交通工具等进行描述。

③教师安排学生准备一些与主题相关的物品，如实物、照片、视频等。

④教师可以让学生从写作的角度认真阅读语篇，并对语篇中的语言符号、辨别意义

等有所了解。

⑤教师可以组织学生参加与主题相关的活动，如讨论购物主题时可以让学生亲自去超市购物等。这些活动可以让学生对主题有着深刻的感受。

⑥学生在阅读语篇的过程中，将自己遇到的生词等进行归纳，并将这些新词与已学内容相联系。

（2）建立相关语类的语篇模式

建立语类语篇模式的主要目的包括以下几个方面。

①让学生对语类及相关主题的语篇能够清楚的了解和把握。

②让学生对语类结构与结构潜势有深刻地了解。

③让学生对语篇语境有清楚的把握。

④让学生对交际目的、交际功能有清楚的了解。

具体来说，教师在这一阶段可以安排以下几种具体的活动。

①教师为学生阅读一遍语篇。

②教师与学生一起阅读语篇。具体来说，教师可以领读，也可以安排学生轮流进行阅读。

③教师引导学生根据语篇内容，推测语篇的背景，如所处的社会时代、文化背景、作者的写作目的等。

④教师让学生回忆他们在其他时间学过的类似的语篇，并组织学生分小组交流语篇的主要观点、主要内容等。

⑤教师组织学生分析语篇的结构与框架，如语篇由几个段落构成，这些段落如何进行连贯等。

⑥教师或者学生寻找一些类似的语篇，对语类结构进行训练。

⑦教师以语类为基础，引导学生对一些规律性的语法模式进行总结与归纳。

⑧教师引导学生思考语法模式与语类的关联性。

第十二章
基于语料库语言学的高校英语专业教学研究

语料库作为语言学的研究工具，已有半个多世纪的发展历史。但语料库作为一种辅助性工具应用于语言教学，还是一个新兴的研究领域。随着计算机辅助语言教学逐渐地深入发展，人们对语料库在英语专业教学中的作用有了新的认识。作为一种先进的教学与学习资源工具，语料库对于促进语言教学与学习的巨大潜力已经得到了证实和肯定。学习语料库语言学、掌握语料库应用知识，对高校英语专业教学具有非常积极的意义。

第一节　语料库与语料库语言学

一、语料库的定义

（一）什么是语料库

语料库（Corpus）亦称语库或素材，是收集并科学地组织起来的一套语言材料，这种材料是某种语言中自然出现的，可以是书面的，也可以是口头的。这些未经加工的材料是语言统计的基础，是分析和研究语言规律、编纂辞书、利用计算机加工自然语言以及语言教学的绝好的第一手资料。语料库语言学（Corpus Linguistics）是以语篇（Text）语料为基础对语言进行研究的一门学科，是计算语言学（Computational Linguistics）的一个分支。过去，语料库中的材料由人工收集和整理，但在计算机技术飞速发展的今天，语料库建设的效率和规模都大大提高了，为语料库的研究和广泛应用打下了坚实的基础。

（二）语料库的基本特征

语料库中的材料是按照一定的语言学原则，运用随机抽样的方法，收集自然出现的连续的语言运用文本或话语片段而建成的，通常具有以下特征。

（1）真实性

语料库中的样本取自真实的语言材料，而且它们来源于某一时期或正在使用中的各种体裁的语言材料。

（2）代表性

语料库中的语料和选取具有一定的代表性，即使入库的有限语言材料尽量能够体现无限的真实语言生活的特征。

（3）规模性

语料库必须具有一定的规模，如果样本的数量有限，语料库的代表性也就随之丧失。

（4）结构性

语料库在建设时具有一定的结构和明确的选材标准或原则，通过预设的分类指标，科学合理地确定各种类型的语料在语料库中的比例。

（5）可机读性

在信息技术时代，语料库中的语料必须是以电子文本形式存在、可以被计算机程序检索和处理的，从而便于进行语言分析和语言学研究。

二、语料库语言学的定义

在一些人看来，语料库语言学（corpus linguistics）是一个独立的学科，它有自己独到的理论体系和操作方法。由于语料库语言学立足于大量真实的语言数据，对语料库做系统而穷尽的观察和概括所得到的结论对语言理论建设具有无可比拟的创新意义。而在另外一些研究者看来，语料库语言学并非语言学的又一个分支学科，而是一种研究方法，这种方法基于大量的真实语言，可以用来回答通过其他途径很难回答的问题，从而极大地丰富已有的研究方法。语料库语言学以大量精心采集而来的真实文本（authentic texts）为研究素材，主要通过概率统计的方法得出结论，因此语料库语言学从本质上讲是实证性的（empirical）。

第二节　基于语料库语言学的英语搭配框架意义单位研究

一、语料库驱动的意义单位研究范式

在关于语言运作过程的研究中，索绪尔（Saussure）对组合关系与聚合关系的区分颇有影响力，聚合关系强调纵向的语法关系，组合关系则关注意义的现实性。① 在语言学研究的发展过程中，语言学家对两者孰轻孰重的态度也在不断变化。传统语言学注重语法关系强调聚合研究，在大规模数据支持的语料库研究视域下，愈来愈多的语言学家认为意义研究应成为研究的核心内容，并主张将意义和形式的研究整合为一体。

在语言学研究中，将数据的搜集方式分为三种类型：内省数据、诱导数据和观察数据。内省数据指研究者根据自己的语言经验来形成或验证语言理论，由于内省数据主观

① 李学宁，李向明，宋孟洪. 系统功能语言学在自然语言处理中的知识表示研究［M］. 上海：上海交通大学出版社，2018：48.

性较强，研究者有时通过实地考察搜集诱导数据，但这种方法常常需要大量人力物力的投入。观察数据指研究者不作为数据提供者而作为观察者采集的数据，研究者通过分析较为客观的数据来建构语言理论。语言研究应该依据大量真实自然的语料，先进检索工具的不断问世促进了语言分析的自动化程度，利用语料库数据进行研究有助于建立新的语言范畴。

在语料库语言学研究中，研究者通过观察从语料库中提取的真实数据，根据统计信息考察语言的意义和功能。意义单位具有一定的抽象度，在语料库驱动的意义单位研究过程中，研究者需要分析节点词的搭配选择和类联接选择，并进一步探讨其语义趋向和语义韵。节点词指研究者在语料库中观察的中心词。搭配指与节点词在一定语境内高频共现的词。类联接指高一级语法范畴的互相选择，即较为抽象的句法结构之间的共现关系。语义趋向指搭配词拥有的相似语义特征或语义场，语义韵则通过语义特征体现说话人的态度或意图。意义单位不仅涉及词语的搭配和句法特点，还揭示说话人的情感和交际目的，整合了语言的形式和功能。语料库研究者发现意义体现于多个词及语法结构共选构成的扩展意义单位之中。

作为语言使用中语义和句法的结合，固定或半固定短语常常是语言交际中的基本单位，它们拥有相对完整的意义和结构，例如：broadly speaking，I entirely agree，to sum up，这些高频短语在组织会话以及维持社会关系方面具有重要的作用，应当成为学生语言知识必不可少的组成部分。语料库研究表明，词语的语义特征、句法结构和语用功能相互影响，其一体性可以由意义单位来体现，意义单位的实现形式往往是短语，因此掌握大量短语可以节省语言产出者的认知处理资源，并且有助于实现说话者的交际目的。

二、搭配框架的含义

搭配框架是语法词（也称功能词）与语法词的组合，如“the * of”“a * of”“in * with”等，由于搭配框架是本研究的核心，本节从搭配框架的定义、研究视角、研究方法和研究结果详细回顾学者以往对搭配框架的研究。

雷努夫（Renouf）和辛克莱（Sinclair）提出了搭配框架的概念，是指“两个语法词词所组成的不连续序列，它们彼此分离，因此语法上不能独立存在，完整形式取决于它们的内嵌词”。① 例如“a * of”中可内嵌 lot、pice、numberkind、couple、range、series、sort 等，这说明词语并非随意出现在给定框架中，这些词是属于所在框架相关的特别语义类别。之后，研究者们把搭配框架扩展至功能词和词汇词作为框架，词汇词与词汇词作为框架，而且中间搭配词也从一个词扩展成两个或更多词语。除了雷努夫和辛克莱的定义外，其他学者的定义大都为操作性定义，如“我们所感兴趣的不连续的框架可以被描述为‘X? Y’，其中‘X’和‘Y’代表反复出现的不连续序列，‘?’代表中间搭配词或词语序列”，这里我们仅考虑框架的中间搭配词是一个词或者一个词和他的修饰语，即框架‘X（修饰语）YX’，这里X代表框架成分，Y代表搭配词，它可以被修饰语修饰（例如框架“the... of”在“the wide range of”中。② 需指出，本书运用雷努大和辛克莱对搭

① 何安平. 语料库的短语理念及其教学加工［M］. 广州：广东高等教育出版社，2013：30.
② 何安平. 语料库的短语理念及其教学加工［M］. 广州：广东高等教育出版社，2013：30.

配框架的定义。

三、研究的思路与方法

首先基于英美两大经典语料库 Brown 和 LOB（共 200 万词次）探讨 the? of 作为短语单位在书面语语料库中的典型意义模式，尤其关注意义模式的边界特征问题；然后将该模式与这两个语料库中的另外两个搭配框架，即 a? of 和 the? in 的意义模式进行对比，从而探讨搭配框架两端的语法词对意义模式构建的制约。

在研究方法上，本研究受语料库语言学的“局部语法”理念和短语意义单位构建模型的启发，尝试将上述三个搭配框架分别作为意义单位的核心项，并从词汇、语法、语义及语用功能等多个层面构建其意义模式。首先是对意义单位的边界设定，根据“延伸式搭配框架”（extended framework）的理念，将 the? of 视为可延伸的 N 词序列，即“... +the+? +of+...”。同时参照“累积频数”（cumulative frequency）方法，即“不计较词语序列在语料库中的绝对频数，而关注序列中每个局部构成成分的频数特征”①，从框架的中间词开始先向右然后向左依次提取框架内（即 MC3）和框架外（R1、R2…L1、L2…）的共选词项中最高频 4 搭配词的词性，以构建意义单位的语法结构序列（类似语料库的“类联结”）；然后对最高频词性中的词汇进行语义范畴归类，以构建意义单位的语义序列（语料库的“语义偏好”）。最后借鉴“局部语法”的理念，即“关注语言中某一类意义表达的局部形式特点和词汇语义特点”，基于上述序列诠释搭配框架拓展形式的意义功能。

由于仅从语法结构上就可预测上述三个搭配框架的中间词都是名词（以下缩写为 the N of，a N of 和 the N in），所以可直接从已有词性附码的 Brown-TAG 和 LOB-TAG 语料库中提取，如设置 the_ at * *_ n * of_ in 提取 the N of 的语境共现行；然后按 R1→R2→L1→L2 依次检索，以前面一个位置频次最高且等于或超过该位置搭配词总数 30% 的词性类别为基础，逐步向框架两端伸延，直到在最外向的位置上查不到频次超过 30% 的词性类别为止，以此作为探究搭配框架意义模式并奠定局部语境宽度的基础。

第三节　语料库语言学对英语专业教学的影响

一、对外语教学观念的影响

在传统的外语教学中，通常只要求学习者掌握词语的意思（教师大多是使用同义词进行释义），换言之，我们往往认为只要领会某词在不同句子中表达什么意思就够了；在讲解语法现象（包括句型）时，过分强调所谓的系统性和正确性，忽略它们在实际使用时的各种语境因素；课文的进程也不是以词汇及句型的使用频率来安排；再加上教师往

① 卢小广，刘元欣. 统计学教程　第 3 版［M］. 北京：北京交通大学出版社，2017：32.

往照本宣科，学生只是被动地接受知识。所有这些，造成了知识学习与其真实运用的脱节、语言输入与输出的极度不平衡现象。

语料库语言学研究无疑会对传统教学产生冲击，并引起外语教学思想观念的转变，主要体现在以下几个方面：

第一，体现在我们应该从均衡对待不同语言现象转变为有区别、有重点地对待典型的语言现象。通过检索手段进行频率统计，语料库语言学将语言的不对称性分布特征清楚地呈现在人们面前。这种不对称性分布特征也同样表现在词的多义、语法结构、词组和词汇搭配等语言现象上。这就意味着教师在教学过程中应该区别对待不同的语言现象，如高频词、高频词的低频义、低频词的高频义、高频语法结构和高频词汇搭配等等。在确定教学内容和教学顺序时要有针对性，即对于典型的语言现象在讲授顺序上应先于非典型语言现象，在时间安排上也应多于后者。

第二，我们还要把握好目标语和母语两种语言之间差异性的平衡问题。语料库语言学为分析目标语和母语之间的差异性提供了技术上的可能和科学可靠的依据，它所揭示的目标语的典型语言特征应是教学的重点并得到教师和学生的共同重视，但同时对于不是特别具有典型特征的语言现象，如果他们与母语的差异较大，也需列为教学的重点和难点。

第三，从 18 世纪开始，欧洲的主要语言都是通过规定式的方法进行研究的，语言学家总是努力为正确运用语言制定各种规则，强调语言的正确性和拉丁语标准模式的应用。因此，语法是语言研究和语言学习的重点，一些用法被规定后需要不断地重复记忆。在这种观点的影响下，语言教学所采用的是以教师为中心的语法翻译法；语言教学的方法包括对大量定义、规则的解释和记忆，书面语受到更多的关注。与此相对的观点是认为语言是描写式的科学，语言学家应尽力去发现和记录某一语言社团实际运用的语言，而不是用其他规则来修正该社团的语言。这种观点在语料库语言学中找到了依据和实施的可能性，语言的实际运用规则可以通过对语料库中大量实例的研究分析而得出结论。其在语言学习中的体现是更加注重学习者个人的需求，将以教师为中心的填鸭式教学转变为以学生为中心的知识探索型教学，教师也由传统的知识传授者转变为与学生平等的知识探索者。

总之，基于语料库中相关项目的研究，不但反映出语言使用的真实情况，更重要的是能反映出语言使用的频率和特点。在传统的外语教学中，教学工作者经常需要根据个人经验、直觉做出判断，但这样的判断往往不可避免地具有任意性和主观性，而利用语料库的分析、检索得出的“硬数据”（hard data）显然更为科学、可靠，故而可以减少外语教学中的盲目性，促进教学效果的提高。教师在教学过程中，要求和鼓励学生充分利用语料库资源，能够极大地发挥他们在学习上的主动性。

二、对教学大纲设计的影响

教学大纲是课程讲授的计划，它阐述了课程内容、讲授程序及学习过程等。由于传统语言学的基本影响，大多数外语教学大纲都是结构性大纲，利用传统的语言学方法进行大规模有效研究的可能性是有限的，但是通过使用计算机辅助的语料库，这种局限性就能够得到缓解和改进。

对于课程内容而言，语料库能够提供丰富的词汇、短语、句子、篇章及其他类型的资料，它们不仅在语法上正确，而且是在上下文里得体的语言结构，但是当学生在学习语言时给予它们的输入量应该是多少？以什么作为衡量的标准？如果所提供的语言材料比他们已经掌握的材料简单的话，结果会使学生在学习上一无所获，因为这种学习方式仅使他们重复已经拥有的知识，但是，如果被提供的材料比他们现有知识难得多的话，他们就无法理解和接受强塞给他们的知识，而且会挫伤他们学习的信心。在这个问题上，可理解输入假设理论提出了解决方法。语言输入应该适当超越学生当前的语言水平。他使用了以下公式进行说明：i+1，这里的 i 代表学生现有的语言水平，1 则指提供给学生的输入材料的难度要稍微提高一点（即略高于他们现有的水平）。但是教师如何了解学生当前的知识状况以及期望的输入难度？即两者的“差距”是怎样获取的？在传统的教学大纲里，这一差距是通过设计者的直觉来得出的，可直觉往往会产生误导。而有了语料库，这个差距便容易把握，因为语料库可为我们充分描述学生在某一阶段的知识状况，借助于这个描述，大纲设计者便能制定出超出学生目前外语水平、难度在合理范围之内的学习内容。

对于教学程序来说，以语料库语言学为基础的大纲应该优先考虑重视课文而非重视语法结构的条理性。这并非意味着把语法从教学中完全排除出去，而是意味着语法结构应该被选用来完成交际功能。传统大纲中的语法结构往往是根据大纲设计者的个人语言直觉或教学经历被列入教科书中，而非基于语言的交际功能目的而做出的选择和安排。语料库为我们提供了关于词是如何组合在一起而形成前后连贯的课文的详细说明，因此处理课文时应该着重讲授什么、优先讲授什么是由内容而不是由语法决定的。由此可见，外语教学不应该仅仅围绕语法、不应该以解释语法开始并以运用或实践语法结束，而应该把课文置于教学的中心位置。

当然，在如何更好地处理课文内容的问题上，教师也可以进步发挥自己的作用——创建教学内容语料库：教师把教材的全部内容（包括课文和练习）输入计算机，建立一个教材语料库，作教学和备课参考之用；更重要的是，可以通过语料库语言学方法对每篇课文进行量化分析，如课文中生词所占的百分比、熟词的复现率、不同语法—词汇结构在该文章中的分布情况等，以确定该课文的难易程度；在讲授某个单词或语法结构时，可以在语料库内寻找前面（或后面）课文里出现的全部例子，通过重复和比较来加深学生对这个词语或结构的印象；记录并分析往年学生的语言使用错误，以对当前或今后的教学重点提供参考依据，等等。

以语料库语言学为基础的大纲当然还应该十分强调学生的学习过程，引导教师把注意力集中在学生现阶段对所学知识的掌握、学生目前状况和未来要求之间的差距、学生对学习时间的安排和对学习精力的分配、学生在学习上所使用的策略等方面。

第四节　语料库语言学与机器翻译

一、机器翻译的实现过程

翻译是个复杂的思维过程。人在翻译时，接收到的是源语言（Sourceanguage，SL）的语言信息系统，是SL表层信息，而不是SL深层的概念。译者要以SL的表层信息系统为依据，通过自己大脑的判断与推理，解决词语语义系统的各层次（如语法、逻辑、修辞）的关系进入概念系统即SL的深层结构，这是翻译中的理解过程。然后，译者将理解后的SL深层概念系统转换为目标语言（Target Language，简称TL）的深层概念系统，然后再推进到TL的表层语言系统，这是翻译的转换过程。最后，译者再根据TL表层语言系统，重新组合表述（presentation/generation）从而完成翻译的整个过程。

译者在理解过程中，同时融入了分析的过程。如果SL为屈折语（inflected language），译者要根据自己掌握的语法概念，依据信息的属类标志，析出语义。例如，对于英语句子She works hard译者必须明白，动词works表示的是单数第三人称一般现在时，是动词work加上s得来的。汉语虽然属于非屈折语，但也有少量形态助词。例如，“着”“了”“过”是表示时态的助词；“的”一般是表示形容词的助词；“地”是构成副词的形态助词等。如果是歧义句子，译者还必须根据语境判断出句子的确切含义，如She showed her baby pictures以及ying planes can be dangerous以及“老王去理发了”。

在翻译之前，译者必须确定上述句子的具体含义。其次，译者还要进行语法层次的分析，包括词项层分析和句法层及语段层分析。词项层包括：（1）分析各个词项的形态（morphology）、类属（attribute）、性质或功能以及词项与词项的关系（结构）；（2）分析各短语的形态、类属、性质、功能以及短语与短语间的关系（结构）。而句法层包括：（1）分析句子各成分间的关系（功能及结构）；（2）分析句子与句子之间的联系（功能的逻辑扩展）。此外，还包括文体修辞分析、词义色彩分析、历史文化分析等等。

翻译过程最后的表达阶段，同时也是一个综合输出的过程。在这个过程中，译者在依据SL深层概念的基础上，运用自己的知识，兼顾译文的读者对象、接受能力、地域环境、风俗习惯、文化差异、时空条件、价值取向、归化异化倾向、表达习惯等诸多因素，再现SL的内涵概念。机器翻译的实现过程与人工翻译的过程有许多相似之处。计算机翻译系统完成由源语言向目标语言的转换的过程要经过三个处理阶段：分析（parse）、转换（transfer）、生成（generation）。这种方法被认为是计算机模拟人类翻译活动最恰当的机制。源语的分析和译语的生成都相当复杂，而转换是计算机翻译的核心操作，无论是采用基于统计的方法、基于规则的方法、还是基于实例的方法，机器翻译都要经过一个转换过程，或者说是经过一个从SL到TL的词汇映射（mapping）过程。

二、机器翻译的方法

（一）主导地位的基于规则的方法

1. 基于规则方法的发展历程

早期的机器翻译系统基本上都采用基于规则的方法。1954 年，世界上第一台机器翻译系统 IBM701 诞生，它只有 250 条俄语词汇、6 条基本语法规则以及 49 个俄语翻译例句，通过直译法完成了世界上第一次机器翻译实验。所谓直译法，即把源语言中的单词或句子直接替换成相应目标语的单词或句子，必要时对词序进行适当的调整。直译法一般是针对特殊的语言对来设计，系统移植比较困难，缺乏通用性。

典型的直译法翻译系统是 Systran 系统，它是美国在乔治敦大学机器翻译系统的基础上进一步开发的，设计之初只能完成从俄文到英文的翻译，后来改进为可实现多语种之间的互译。这个系统对机器翻译的后续发展有着很大的影响，目前仍有不少翻译系统采用直译法。

在直译法逐步改进的同时，基于转换的方法也相伴而生。所谓基于转换，就是对句子结构进行层次分析，在词对词翻译的基础上，根据不同语言的不同规则生成相应的译文。这种方法需要三部字典：源语字典、源语—目标语双语字典和目标语字典。

最直观的例子就是中英文互译，中国人的名字是先姓后名，美国人的名字是先名后姓；中文句子是主谓宾加名词短语，英文句子是主谓宾加从句。诸如此类的不同规则，在转换法的翻译过程中，都需要通过三部字典中的特定描述才能顺利转化。

伴随着直译法和转换法的发展，另外一种基于规则的方法一中间语法应运而生。它先把源语言分析转换成对所有语言都适合的一种句法一语义表示，再由此转换为目标语言。也就是说，基于该方法的翻译过程包括两个阶段：从源语言到中间语言，再从中间语言到目标语言。

这种方法有一个典型的好处：节省开发费用。当需要多种语言翻译的时候，可以直接通过中间语言翻译到目标语言，而不需要每一种语言都设立一套规则程序。假如有 6 种语言需要彼此相互翻译，采用基于转换的方法需要 30 个语言转换模块（每对语言都需要一个模块），而采用中间语法的系统只需要 12 个模块。

虽然提出了三种方法，但显然当时的研究者还没有意识到机器翻译的难度，这些简单的方法对于稍复杂的句子就已经无能为力了。随着研究的深入，人们逐渐认识到：要完成机器翻译，计算机必须能够在一定程度上理解源语言的句子。与此同时，人工智能这门学科在 20 世纪 70 年代有了很大的发展，各种知识表示和知识推理的理论和算法纷纷被研究者提出。人们对白然语言的理解和机器翻译的认识有了质的飞跃。

这一阶段研究人员对基于规则的方法进行了创新性的改进，其主要特点是对语言进行了深层次的分析、转换和生成，也就是说，翻译不再是只在句子的表层（词序列）上进行，而是在句子的某种更深层结构（例如句法结构、语义结构或知识表示）的层面上进行。要实现这一点，系统就需要大量的语言知识和翻译知识，为此，机器翻译程序采用了数据与程序相分离的存储形式，语言知识和翻译知识以数据形式存在，而翻译程序利用这些数据进行翻译。这种数据最常见的表现形式就是规则和词典。

基于规则的机器翻译系统在20世纪80年代达到一个高峰期，市场上涌现出很多基于规则的机器翻译系统，其中一些已经步入实用化阶段。国际上也出现了一些大规模的研究计划，例如欧盟的Eurotran项目和日本的亚洲五国语言机器翻译项目。即使到目前，大多数实用型机器翻译系统也都是以基于规则为主。整体而言，基于规则方法的翻译系统覆盖面宽，但译文质量的一致性有待提高。

2. 基于规则方法的现状

纵观机器翻译发展的历程，可以看出，机器翻译的主流方法一直是基于规则的方法。国际上有影响的机器翻译系统基本上都需要规则的贡献，即使在多种技术并存的系统中也要包含规则，基于规则的机器翻译技术思想是被普遍接受的、成熟的，也是到目前为止应用最广的方法。基于规则的机器翻译系统就是对语言语句的词法、语义进行分析、判断和取舍，然后重新排列组合，最后生成等价的目标语言。

基于规则的机器翻译方法导致了程序工作者和语言工作者的一种合作范式：程序工作者和语言工作者先共同制定数据规范，确定翻译算法、语言知识和翻译知识的表示形式，然后程序工作者编写程序实现翻译算法，语言工作者编写语言知识和翻译知识驱动翻译算法的运行，两者分工合作，缺一不可。

在这种工作范式下，系统翻译性能通常受到两方面因素的制约：一是算法的设计是否合理，另一个是语言知识是否足够丰富，其中最主要的瓶颈还在于后者。一旦翻译程序编程结束，并经过调试稳定以后，基本上就不需要再做修改，改进翻译性能的任务完全落在了语言工作者的身上。对于基于规则的机器翻译系统而言，知识获取实际上是最大的瓶颈。通常，经过一个人一年左右的调试就能得到一个可以翻译简单句子的演示系统，但要真正得到一个初步实用的机器翻译系统，非得要通过一批人经年累月的调试和积累不可。

在上述背景下，一方面，研究者们已经建立了一定规模的规则库，覆盖了相当多的语言现象。另一方面，基于规则的机器翻译技术不断借鉴和融合其他方法的优点，这些变化主要体现在：

在规则的获取方面，传统的规则方法主要依靠语言学家的总结进行调试，而现在更加重视从大规模语料库中自动获取规则。

传统的规则方法往往偏重描述粗粒度、全局化的大范围语言学规则知识，而现在则更加重视描述细粒度、局部的小范围的语言学知识，呈现出“小规则库、大词典”的趋势。

在知识表示方面，为了以更小的粒度、更加准确地对翻译知识进行描述，一般要对单纯的与上下文无关的规则做一些改进。改进的方法有以下两种：一种是采用特征结构与合一算法，例如LFG、GPSG等等，这种方法一般要求具有较好的语言学背景；另外一种是采用词汇化的方法对规则加以细化。

传统的规则方法采用的往往是非此即彼的确定性原则，系统的鲁棒性较差，而现在的规则系统中一般都引入各种形式的概率或者评分函数，系统的鲁棒性有所提高。概率与评分函数方法的区别在于：前者一般有比较严格的数学模型做基础，概率值的计算要以对大规模语料库的统计为依据；后者的主观性较强，评分规则的确定以及具体规则的分值都是人为的，人们可以根据经验进行调整。

随着机器翻译研究的不断深入，规则方法存在的问题逐渐暴露出来。该方法最大的问题在其知识获取方面，单纯依靠语言工作者人工编写规则似乎永远也不能满足实际应用的需要。一个在市场上销售的机器翻译系统通常都要经过数十人乃至数百人的调试，但翻译效果还是远远不能达到令人满意的程度。

更为糟糕的是，人工添加规则的做法导致规则库的规模更大，而系统性能的改进则更为困难。因为一方面规则库越大，规则之间的冲突就越多，出现了所谓的“跷跷板现象”，系统虽然对某些句子翻译效果好了，但对另外一些句子的翻译效果反而差了，系统的整体性能并没有提高；另一方面，在后面加入的规则通常都是一些粒度非常小的规则，只能处理非常个别的语言现象，对系统整体性能的改进很小，整个系统的性能提升极为缓慢，而这个时期一些大型的机器翻译研究项目也都以失败而告终。基于规则的机器翻译方法似乎走到了尽头。

（二）异军突起的基于统计的方法

基于统计的机器翻译方法把机器翻译看成是一个信息传输的过程，用一种信道模型对机器翻译进行解释。这种思想认为，源语言句子到目标语言句子的翻译是一个概率问题，任何一个目标语言句子都有可能是任何一个源语言句子的译文，只是概率不同，机器翻译的任务就是找到概率最大的句子。因此统计机器翻译又可以分为以下几个问题：模型问题、训练问题、解码问题。所谓模型问题，就是为机器翻译建立概率模型，也就是要定义源语言句子到目标语言句子的翻译概率的计算方法。而训练问题，是要利用语料库来得到这个模型的所有参数。所谓解码问题，则是在已知模型和参数的基础上，对于任何一个输入的源语言句子，去查找概率最大的译文。

实际上，用统计学方法解决机器翻译问题的想法并非是 20 世纪 90 年代的全新思想，只是由于乔姆斯基等人的批判，这种方法很快就被放弃了。批判的理由主要是一点：语言是无限的，基于经验主义的统计描述无法满足语言的实际要求。另外，限于当时的计算机速度，统计的价值也无从谈起。而现在，计算机不论从速度还是从容量方面都有了大幅度的提高，昔日大型计算机才能完成的工作，今日小型工作站或个人计算机就可以完成了。此外，统计方法在语音识别、文字识别、词典编纂等领域的成功应用也表明这一方法在语言自动处理领域还是很有成效的。

统计机器翻译方法的数学模型是由国际商业机器公司（IBM）的研究人员提出的。统计机器翻译的基本思想是：从理论上说，这种模型只考虑了词与词之间的线性关系，没有考虑句子的结构。这在两种语言的语序相差较大时效果可能不会太好。如果在考虑语言模型和翻译模型时将句法结构或语义结构考虑进来，应该会得到更好的结果。

统计方法的兴起缘于 20 世纪 90 年代以来互联网的广泛应用，整个社会的信息呈现爆炸趋势，机器翻译的需求凸显。与此同时，人们对于提高机器翻译的质量和速度有了新的想法，基于“统计”的方法备受关注。参与这个领域研究的人数和发表论文的数量都呈指数型增长。统计机器翻译技术本身也经过了一个不断发展的过程，统计集群翻译的模型框架从早期的噪声信道模型发展到目前普遍采用的对数线性模型，其中最主要的统计翻译模型也从早期的基于词的模型发展到了目前主流的基于短语的模型，以及目前很多人都在进行的基于句法的统计翻译模型研究。

目前，Google 的在线翻译已为人熟知，其背后的技术即为基于统计的机器翻译方法，基本运行原理是通过搜索大量的双语网页内容，将其作为语料库，然后由计算机自动选取最为常见的词与词的对应关系，最后给出翻译结果。不可否认，Google 采用的技术是先进的，但它还是经常闹出各种“翻译笑话”。其原因在于：基于统计的方法需要大规模双语语料，翻译模型、语言模型参数的准确性直接依赖于语料的多少，而翻译质量的高低主要取决于概率模型的好坏和语料库的覆盖能力。基于统计的方法虽然不需要依赖大量知识，直接靠统计结果进行歧义消解处理和译文选择，避开了语言理解的诸多难题，但语料的选择和处理工程量巨大。因此目前通用领域的机器翻译系统很少以统计方法为主。

（三）另辟蹊径的基于实例的方法

与统计方法相同，基于实例的机器翻译方法也是一种基于语料库的方法，其基本思想由日本著名的机器翻译专家长尾真提出，他研究了外语初学者的基本模式，发现初学外语的人总是先记住最基本的英语句子和对应的日语句子，而后做替换练习。[①] 参照这个学习过程，他提出了基于实例的机器翻译思想，即不经过深层分析，仅仅通过已有的经验知识，通过类比原理进行翻译。其翻译过程是首先将源语言正确分解为句子，再分解为短语碎片，接着通过类比的方法把这些短语碎片译成目标语言短语，最后把这些短语合并成长句。对于实例方法的系统而言，其主要知识源就是双语对照的实例库，不需要什么字典、语法规则库之类的东西，核心的问题就是通过最大限度的统计，得出双语对照实例库。

基于实例的机器翻译对于相同或相似文本的翻译有非常显著的效果，随着例句库规模的增加，其作用也越来越显著。对于实例库中的已有文本，可以直接获得高质量的翻译结果。对与实例库中存在的实例十分相似的文本，可以通过类比推理，并对翻译结果进行少量的修改，构造出近似的翻译结果。

这种方法在初推之时，得到了很多人的推崇。但一段时期后，问题出现了。由于该方法需要一个很大的语料库作为支撑，语言的实际需求量非常庞大。但受限于语料库规模，基于实例的机器翻译很难达到较高的匹配率，往往只有限定在比较窄的或者专业的领域时，翻译效果才能达到使用要求。因而到目前为止，还很少有机器翻译系统采用纯粹的基于实例的方法，一般都是把基于实例的机器翻译方法作为多翻译引擎中的一个，以提高翻译的正确率。

（四）各有长短融合使用

应该说，无论是直译法、转换法、中间语法，还是实例法和统计法，都是各有长短。作为理性主义范畴，前面三者属于基于规则的方法。它的典型缺点是技术粒度太大，即计算机语言无法完全描述实际语言组合中无限丰富的规则。

而作为经验主义范畴，后面两者属于基于语料库的方法，其典型缺点是数据稀疏。也就是说，由于语言的无限性，任何高性能的计算机都无法统计出所有短语的使用情况，

---

① 高定国，珠杰. 藏文信息处理的原理与应用［M］. 成都：西南交通大学出版社，2013：239.

总是会存在疏漏。

随着这些方法的各自缺陷逐步为人们所认知，自20世纪90年代以来，机器翻译系统的实现越来越多地集成了不同的方法和策略，基于单一方法的产品越来越少。其中最具有代表性的无疑是多引擎机器翻译系统，即系统中集成多种机器翻译的实现方法，每种方法构成的翻译模块作为一个引擎，多个引擎协同配合，共同完成翻译工作。

在今后的机器翻译研究中，多种方法互相借鉴，互相融合的趋势会越来越明显。基于规则的方法与基于语料库的方法相结合，机器翻译与翻译记忆相结合，很可能是今后研究发展的主流方向。

三、专业语料库的建立及其在机器翻译中的应用

在20世纪80年代中期、90年代初先后出现了基于实例的和基于统计的机器翻译系统，且都表现出较好的翻译效果。这两种翻译方法的出现也大大促进了机器翻译的发展，掀起了一场新的研究热潮。重要的是这两种翻译方式都是以大型语料库的建立为前提的，此语料库的研究成为一些机器翻译研究人员研究的重点。实践证明语料库建立的好坏，将最终影响到译文的质量。

语料库是从有代表性的语言材料中随机抽样、输入计算机，并由计算机来处理的大量文本组建而成。与翻译研究相关的语料库主要有三种类型：平行语料库、多语语料库和可比语料库。现今国际上翻译效果最好的翻译系统采用的是基于统计的方式，此类翻译系统主要建立在大规模高质量的双语平行语料库基础上的。双语平行语料库由一个源语言文本和与它对应的翻译为目标语言的文本组成。我国现有的实用双语平行语料库还很少，主要为汉英平行语料库，大多是从教材、报纸、新闻、综合性刊物、网络中收集而来，涵盖了日常生活的一些简单用语。但在一些专业学科领域，如自动化、计算机，若采用现有的通用语料库来自动翻译，许多专业词汇将小能识别，数据稀疏问题将显得尤为严重。建立专业领域的汉英平行语料库，会在现有机器翻译系统性能的基础上，更好实现专业文章的中英文翻译效果。

（一）专业语料库建立

随着近几年统计翻译系统的飞速发展，双语平行语料库在其中的应用也越来越多。为实现专业领域中英文的自动翻译，我们将在采用语料库技术的统计翻译系统基础上，阐述自动化专业汉英平行语料库的实现与应用。按照实际翻译系统应用的要求，把语料库的建立分为三步：选取、对齐和分词。

1. 选取

基于语料库的翻译研究及其结论的准确性和普遍性取决于所用语料库的代表性，因此语料库的选取至关重要。我们选取语料库文本内容的来源主要是国内刊登自动化方面文章的核心期刊，如自动化学报等。对期刊文章的中英文摘要进行全面收集。

选取这些摘要作为来源主要考虑的是：

（1）这些期刊对文章收录的要求比较严格，文章格式规范，内容准确。

（2）每篇文章都有摘要，且摘要都有中英文对照，便于我们收集汉英平行语句。

（3）摘要是一篇文章的总体概括，包含了文章所要表述的主要思想，涵盖的词汇范围能够达到实际的翻译要求。

（4）由于摘要的重要性，它的中英文描述一般不会出现较大的误差，便于语料库后期的对齐、分词等处理。

2. 对齐

此汉英平行语料库是句子级对齐的。若要实现较好的翻译效果，必将建立一个大容量的语料库，库中至少会有上万的双语句对，从摘要中选择并对齐语句，若只靠人工处理，其工作量和错误率可想而知。

语料库材料进行了初期的选取摘录后，还要经以下几个步骤来实现语料的对齐处理。

（1）尽管摘要是文章最重要的部分，但由于英文水平参差不齐，难免出现对中文的翻译有不恰当或不贴切的地方。一般在对齐摘要时采用手工方式进行处理，保证中英文摘要对照的准确性。每篇文章中英文摘要的首尾都分别加上段落标识符<segment>和</segment>。

（2）分别统一中文、英文文本中的字符和标点符号。中文语料库统一使用半角字符及标点符号，同样英文语料库中都使用标准格式。由于此语料库对齐是基于句子一级的，使用统一的符号，才能对每个段落（一个摘要定义为一个段落）再进行快速准确的自动分句。在分句过程中仍有一些问题需要特别注意，如有时会出现一个句子太长的现象，为了在语料库训练时能够得到比较好的短语翻译概率表（phrase-table 在基于短语的统计机器翻译系统中会用到），常常需要把长句分为若干个短句。

（3）把英文中所有的大写字母转换为小写字母、去除多余的空行和空格。这样做的原因是，语料库在用于 Linux 系统下的翻译系统中时，需要保证以+/n’>符号表示每个句子结束，而我们建立语料库一般都在 Windows 系统中完成，通常都是以“/r/n”符号结尾的。这些都是语料库应用前的一些基本要求。完成处理后对语料库用句标识符<sentence>和</sentence>给子以标识并加上句编号。

例如：

<sentence id“5”>利用描述系统方法，得到可靠跟踪控制器存在的充分条件。</sentence>表示语料库中的第 5 个句子。

把句子按照一定格式，如按照英文字母先后顺序排列后再进行编号，可在翻译中更好的增加翻译系统内解码器搜索的效率。

上面这些步骤一般都通过程序自动实现，最后结合人工方式加以核对。

3. 分词

汉语中一般以字为最小单位，但实际运用中词才是最小的能够独立活动的有意义的语言成分，是重要的知识载体和基本的处理单元。但汉语中，词与词之间没有空格，需要用自动分词系统来进行分词。而要从语料库获得信息的话，必须对其分词，以词为单位来进行语法分析或其他处理。中文信息处理中特有问题就是如何将汉语的字串分割为合理的词语序列，即汉语分词。汉语分词是语料库建立标准与否的关键，也是机器翻译的重要环节。

现有的分词方法主要分为两大类：一类是基于语言规则的，进行深层语法分析的；另一类是基于大规模语料库的统计方式。后者运用比较广泛，且分词效果比较好。但无论使用这两种方式中的哪一种进行分词，在语料库中都不能够很好地识别一些特定词汇，有必要把两种方式结合起来提高分词的准确性。现有的分词系统大多通过这种规则结合统计的方式设计的，由于针对性不同，只是提高了复杂嵌套的人名、地名等未登录词的识别，准确率的提高还是比较有限。对于其他像自动化和计算机这类的专业词汇，仍然没有好的解决办法。

（二）语料库在翻译系统中应用

语料库建立完成后需要了解它的好差，我们可通过在翻译系统中实际的应用来验证。这里选取基于短语的统计机器翻译系统，它包括三个重要模块：翻译模型、语言模型和解码器。在基于短语的统计翻译系统中，通过现有的一些语言模型工具（如 Srilm. CMU 等），对专业语料库中的英文文本训练，得到符合该涵盖该语料库内容且符合基本英文语法规则的语言模型；用翻译模型训练工具（如解码器 Pharaoh 白带的 Training 包），训练整个汉英平行语料库，得到 phrase-table 和 pharaoh. ini<Pharaoh 的初始参数；最后结合解码起进行翻译。

如果语料库处理不好，将严重影响翻译系统的整体性能。这里总结了四种常会出现的问题：

（1）语料库中句子之间或句子中间有多余的空行使得中英文没有对应好，生成的翻译概率表有错误。

（2）自动分词没分好，专业词汇不能识别也会导致概率表不准确。

（3）句子太长会导致训练时间太长。

（4）英文句子大小写没有统一，使得原本同一个英文单词或短语以大小写不同形式多次对应同一个中文词汇或短语，例如“the book”对应“这书”，而“The book”也对应“这书”，增加了训练时间同时生成的概率表也比较冗余，增加了解码器搜索即翻译的时间，但翻译结果却是一样的。

语料库技术至今已有了较大的进展，在许多领域得到深入的应用与研究，而机器翻译就是其应用中的一个重要分支。在翻译系统语料库的建立过程中，中文分词是最为关键的一个步骤，也是此语料库较难的部分。本研究完成了专业语料库的建立，利用改进后的中文分词系统，实现对语料库的自动分词处理，达到了统计翻译系统的应用要求。若在此研究的基础上进一步对语料库进行词性标注，语法分析等处理，再结合规则的方式，将会获得更好的翻译效果。通过建立不同的专业语料库，可以把机器翻译应用到更多的专业领域中去。

四、翻译记忆系统与双语平行语料库的自建和维护

（一）利用翻译记忆系统构建双语平行语料库

翻译记忆（Translation Memory，TM）是计算机辅助翻译（Computer-aided Translation，CAT）的主体。徐彬等（2007）认为，狭义的计算机辅助翻译即翻译记忆系统。所谓翻译记忆，就是指将已经翻译并匹配好的源文本和目标文本字段储存在数据库中以

备将来重新利用。这些已翻译好的字段仍然是人工翻译的结果。在目前流行的 TRADOS、DejaVu、IBM Translation Manager、雅信 CAT 等翻译记忆系统中，大都内置了翻译记忆、术语管理、文本对齐（text alignment）、网络协作、项目管理乃至机器翻译等众多功能。

对语料库研究者和外语教师而言，文本对齐功能最为令人瞩目。其主要目的在于帮助译者将现有的原文和译文导入翻译记忆库，使得过去完成的译文字段能够在新的翻译项目中起到检索、匹配的作用。TRADOSWinAlign 是最为常用的文本对齐工具，其他常见翻译记忆系统如 DejaVu、MetaTexis、TransGood 等均提供了文本对齐工具。这些文本对齐工具的主要工作原理是按照设定的句子节点将源文本和目标文本拆分为独立的句子进行对齐，然后通过人工干预，对部分字段进行调整操作如拆分、合并等，实现一对一的从句、句子乃至段落的对齐操作。相比之下，TRADOS WinAlign 的功能较为强大，除了上述操作外，它还可以自动根据多种指标调整文本对齐策略，并充分考虑到翻译过程中拆分、合译等策略，达到一对多和多对一的对齐。这些功能为双语平行语料库的构建起到了强大的推动作用。下面，本书将结合多种翻译记忆软件和语料库工具介绍双语平行语料库的构建过程。

工欲善其事，必先利其器。本书介绍的构建模式需要两种常见的翻译记忆系统，即 TRADOS Translator's Workbench 和 DejaVu，用于语料对齐。语料对齐后，下一步的语料处理则需要 MS-Excel，海量智能中文分词系统和 ParaConc。其中 MS-Excel 是微软办公系统套件中的重要组成部分，用于处理办公表格，大多数计算机用户对此并不陌生。海量智能中文分词系统用于中文的分词处理（tokenization），是中文信息处理的常见工具。ParaConc 是著名的双语平行语料库检索工具。上述工具的体验版均可在互联网上方便地下载并试用，故不在此作详细介绍。

语料对齐是双语平行语料库构建的核心步骤。由于译者在翻译过程中常灵活运用各种翻译技巧如拆分、合译等，源文本和目标文本的句子数可能产生较大差别。因此，直接按照句子数量进行文本对齐的算法难以达到自动对齐的目的，需要大量的人工干预。双语平行语料库的对齐方式研究主要基于三种方法：一是基于统计的方法，即通过双语对译句/词的同现概率，建立句子/词汇对齐的统计模型，用来判断句子/词的对译关系；二是基于词汇/词典的方法；三是把统计手段和词汇/词典结合起来。TRADOS Translator，s Workbench 的组件之一 WinAlign 博采众长，由于它支持 MS-Word，因此提供了多种额外指标加强对齐算法的准确性，如标记显著性（Tags Significance）、数字显著性（Numbers Significance）、字符串显著性（Expectations Significance）和格式显著性（Formatting Significance）。例如，如果某一文本中包含大量数字，这些数字在目标译文中往往完整保留下来，在对齐时将“数字显著性”滑竿移到“high”，就可以帮助系统根据数字的对应来对齐译文，增加了对齐准确率。如果加载了相关的术语库，则可以调整“术语显著性”（Terms Significance），进一步调整对齐算法的准确度。

从 TRADOS 官方网站下载 TRADOS Translator's Workbench，安装后，程序组中会在 TRADOS 目录下生成 WinAlign。启动 WinAlign 程序，启动 New Project，设定对译语言和目标文件（一般是 Word 格式），根据各项参数设置完成后，单击“确定”，即可进入文本对齐界面。至此，WinAlign 系统自动实现了部分句对的对齐操作。栏目中英文第二句对应着中文的第二、第三句，可见 WinAlign 成功实现了一对多的对应关系。

WinAlign 本身支持手工调整句对，在选定的字段所在位置单击鼠标右键，即可进行拆分、合并操作（快捷键分别为 CTRL+L 和 CTRL+J），并可以通过手工连线的方式调整对齐，实现人工的一对一和一对多对应操作。它的另一大优势是，对当前字段对齐的调整结束后，还可以基于当前字段的对齐方式对后面的所有字段进行重新对齐操作，这就大大提高了对齐效率，减轻了手工操作的负担。

WinAlign 将全部句对的对齐工作完成后，执行“Export to File Pair”命令，即可将对齐的语料导出为英汉对照的纯文本。但这种文本无法直接使用，因为它包含大量格式符号，而且源文本和目标文本句子交叉出现，无法使用语料库工具进行直接检索，如下所示：

<TrU>

<Quality>76

<CrU>ALIGN!

<CrD>30042008，0：46

<Seg L=ZH—CN>但这只是外人看到的假象。

<Seg L=EN—US>But that was an outsider

quote s delusion.

</TrU>

为了方便从 WinAlign 导出的文本中拆分出独立的英文句对和中文句对，肖忠华教授编制了专门的程序 Dealigner。但该程序需要 Perl 语言支持，大多数计算机用户不太熟悉，操作有一定难度。因此本书推荐一种更为简便的方式，即使用 DejaVu 对 WinAlign 导出的文本进行格式转换。

在 DejaVu 中新建“translation memory”，然后在 File 菜单栏下单击“Import”，选择“File or Database”，在文件类型中选择“TRADOS WB Database”（注意：不能选择 Text），确定，即可导入对齐的文本。导出时，可选择 Excel 格式，定义源文本和目标文本的语言和字段后，即可导出为 Excel 兼容的双语文本格式。使用 MS-Excel 打开该文件，即可看到源文本和目标文本按照 Excel 表格的方式清晰地排列出来。将 Excel 表格中的 A 栏和 B 栏分别选中，分别另存到新建的纯文本中，命名后保存，就形成了完全对齐的双语平行语料库文本。当然，可以用 Excel 强大的编辑功能轻松地为每句话添加段首和段尾标记，使之符合语料库软件的检索要求。

经过处理后的双语文本已经可以方便地用于英语的平行检索，但中文文本仍不能直接使用语料库工具进行检索，需进行分词处理后方可使用。汉语的自动分词处理是汉语自然语言处理的基础，国家技术监督局于 1993 年颁布了《信息处理用现代汉语分词规范》，为汉语分词处理提供了可供参考的标准。目前这方面的研究已经较为成熟，并形成了若干研究性和商用产品。本书推荐由海量信息技术有限公司开发的“海量智能中文分词系统”（以下简称“海量”），该系统不仅可以自动分词，还可以利用 HTMI，编码方式对词性、词类进行标注，大大方便了汉语信息处理。将该系统分析后的文本复制并粘贴到原先的纯文本中，替代原先的内容，就形成了自动分词后的汉语文本。

当然，自动分词系统的工作原理是根据分词词表做机械式的匹配，其缺点是，不能解决切分时遇到的歧义现象，也不能处理词表中没有收录的词（称为未登录词）。所以汉语自动分词研究的基本问题不是匹配，而是歧义切分的消解和未登录词的处理。正是由于存在着这些问题，即使是“海量”这种成熟的产品有时也不免出错。因此，如果文本数量不算太大，不妨人工预览一遍，保证分词准确无误，确保双语平行语料库的检索和加工准确度。

分词处理后形成的中文本和英文本就可以方便地使用平行语料库检索软件 ParaConc 进行检索处理了，其平行检索结果有令人叹服的一面。当然，如果使用 GoTagger 对英语进行词性标注，使用“海量”对中文进行词性标注，就形成了熟语料库（annotated corpus），还可以对译文进行其他各项标注，如错误标注、翻译技巧标注等。然后，研究者就可以使用 WordSmith 等大型语料库工具实现更为复杂的高级检索功能了。

除了以上构建方式外，翻译记忆系统本身也提供了灵活简便的双语平行语料库功能。首先，翻译记忆库本身就可以看作一个以字段为单位对齐的双语平行语料库，可以查看、调用，并辅助翻译教学。此外，不少翻译记忆系统还提供了术语自动提取功能，例如 TRADOSMultiTerm Extract 模块可以通过统计的方式从对齐的双语文本中自动提取术语供译者选择并修订，加入术语库。随着第二代翻译记忆技术的发展，许多公司纷纷开发了基于特定欧洲语言的语言学分析功能，用于对翻译记忆中的文本进行句法分析、词类分析、术语提取等，这些都为双语平行语料库的发展和应用开辟了良好的前景。

必须强调的是，尽管本书介绍的方法主要是为帮助广大外语教师满足自建双语平行语料库的需求，没有选择复杂的数理算法和专用工具，也不需要任何编程技巧，但这并不意味着语料库的建设质量和功能因此而有所降低。其实，经过句级文本对齐和导出，已经实现了双语平行语料库建设中关键的环节。研究者可以对语料进行后期加工，补上信息标注，就形成了专业的双语平行语料库，从功能上与大型专业语料库基本相当。它同样可以为术语提取、语言对比、双语词典编撰、翻译研究等诸多领域提供重要的基础数据。因此，这一简便易行的双语平行语料库建设方案必将大大减轻广大外语教师的负担，帮助他们以更便捷的方式自建语料库，在语料库研究中取得更多成果。

另外一个值得关注的现象是，目前不少语料库研究者和外语教师对翻译记忆系统缺乏足够的认识，尚不知如何利用这一强大的工具来建设双语平行语料库。其实，翻译记忆系统尤其是以 TRADOS 为代表的大型商用软件除了基本的翻译记忆功能外，还利用自然语言处理技术，为译者提供了许多额外的智能语言处理功能，因此研究者完全可以方便地使用翻译记忆系统对平行语料进行加工、分析和处理。同时我们也有理由相信，语料库语言学的发展必将有力地推动商用软件产品的进步，使科研与产业化之间更加紧密地衔接起来，而广大外语教师和研究人员也会得到更新更有力的语料库研究工具。

（二）双语平行语料库的建设和维护

这里，值得一提的是雅信机辅翻译系统。雅信机辅翻译系统不但可以在翻译过程中实现语料的自动积累，而且可以通过雅信专家库建设及检索平台这个工具将已有的原文和译文文档快速地建设成语料库，从而实现在翻译过程之中和过程之外都可以来建设语料库。除此之外，在前文计算机辅助翻译系统操作流程部分，还提及了另外一种建设雅信语料库的重要操作——批量导入。

在“教师笔译教学资源管理平台”的库管理模块中，系统管理员方便地创建了用户词库或记忆库之后，单击“批量导入”按钮，可以快速地导入词汇或双语句子。

导入词库的文件格式包括：文本格式（＊.txt）、Excel 格式（＊.xls）和雅信词库格式（＊.yxd）。导入记忆库的文件格式包括：文本格式（＊.txt）、Excel 格式（＊.xls）、雅信记忆库格式（＊.mem）和翻译记忆库标准交换文件（＊.tmx）。实际上，语料库的建设灵活地存在于整个翻译流程中，下面将建设雅信语料库（词库和记忆库）的方法总结如下：

（1）翻译过程中实现语料库（这里指记忆库）的自动积累。

（2）翻译过程中添加的词条或批量定义的词汇可以存放在用户词库中。

（3）翻译后的 Word 双语文档（带有雅信标志的双语文档）保存后，可以通过“笔译演练平台”的“句库导入”功能实现指定记忆库的积累。

（4）资源库管理平台中，库管理模块的批量导入功能，实现多种格式语料的积累。

（5）资源库管理平台中，库管理模块的反向库功能，将已有语料库快速建设成相反语言方向的语料库。

（6）针对已有的原文和译文文档，专家库建设及检索平台会将对齐后的双语句子存放在用户记忆库中。

（7）专家库建设及检索平台将对齐句子过程中定义的词汇存放在用户词库中。

雅信资源库管理平台就是专门用于语料库的建设、维护和语料审核的平台。维护操作包括：增加、删除、修改、导入和导出等操作。系统管理员可以对所有的语料资源进行维护，各个翻译人员也可以对自己添加的语料进行维护。

系统管理员的库维护操作主要是对用户的词库和记忆库分别进行维护，可以按设定的条件对用户的词库和记忆库进行各种查询，并对查询后的结果进行删除、修改和导出等操作。各个翻译人员只能对自己添加的词汇或句子所在的词库或记忆库进行维护。值得一提的是，雅信语料导出的格式也有多种，是与批量导人的格式对应的，如 txt 文本格式、xls 格式、雅信词库或记忆库格式和 tmx 格式等，因此，使用雅信机辅翻译系统的用户和其他非雅信的用户也能实现平行语料的共享。

第五节　语料库语言学在高校英语专业教学中应用

一、语料库辅助下的英语专业视听说教学

（一）英语专业视听说教学概述

英语专业视听说课是英语专业专业的技能课程之一，是融视听说于一体进行教学的语言实践课。将语言学习和运用语言的实践活动结合起来，培养学生对真实场合中各种视听材料的理解能力和表达能力，以提高学生语言的实际使用能力和交际能力，使学生突破纸质教材资料数量与时空的限制，增加语言输入，提高英语专业学习效果，对培养

和提高学生口语表达能力与语言应变能力都大有裨益。实验心理学家赤瑞特拉（Treichter）做过关于知识保持的实验，结果表明：人们通常能记住自己阅读的10%，自己听到内容的20%，自己看到内容的30%，自己听到和看到内容的50%，在交流过程中自己所说内容的70%。[①] 基于这种理论，我们推论，如果既能听到又能看到，再通过讨论、交流用自己的语言表达出来，这对英语专业知识的保持将大大提高。视听说教学，即采用多媒体的教学手段，选择相关的原声音像材料，对学生进行教学。这种教学方法不仅能激发学生的学习兴趣，使学生感受原汁原味的英语，而且在整个教学活动中师生可共同学习，共同受益。

（二）英语专业视听说教学的语料库建设

与传统的教学媒体相比，计算机多媒体在为学生提供多维度的英语专业环境上有很大的优势，它可以综合运用声音、图像、文本，为学生营造一个好的英语专业环境，充分调动学习者的听觉、视觉对信息充分感知和加工。而好的英语专业环境正是第二语言习得的要素之一。营造一个好的英语专业环境也是教师一直以来所追求的。因此，多媒体教学对促进学生的学习是大有益处的。英语专业视听说教学的自身特点和教学现状在客观上要求应以现代信息技术，特别是多媒体网络技术为支撑，使教学不再受时间和地点的限制，朝着个性化、多元化的学习方向发展。

利用现代计算机多媒体技术进行英语专业视听说教学是近年来英语专业教学研究者所关注的课题之一。在英语专业视听说教学中，教师们大多从现成的教材和视听材料中获得现代英语专业口语语料，但这些材料在语境限定、真实性、更新程度以及语料的丰富性等方面存在诸多限制。目前对多媒体英语专业视听说教学的相关研究主要集中在三个方面：（1）多媒体在英语专业视听说教学中的应用研究。研究者强调现代技术手段，尤其是影视教学对教学和学习策略训练的互补与辅助作用。（2）基于影视对白的翻译研究。研究者们注意到，影视对白翻译由于语境的限制以及对白的实现，呈现大量非对应和变异特征，并认为充分利用这些材料能够促进学生的目的语学习。（3）英汉/汉英平行语料库建设，以及面向英语专业教学的小型平行语料库建设与应用检索。以上研究对语料库建库及应用的技术路线提供了很好的思路和建设。

对大部分英语专业教师而言，在自己的教学中应用语料库的技术方法可能遇到的难题有两方面：一是缺乏可用资源，二是缺乏相关软件和技术手段。本书探讨的是利用影视歌曲及其字幕歌词建立多媒体语料库，并辅以软件进行管理、检索、定位和播放，以解决上述出现的各种难题，从而提高英语专业视听说教学效果。

在英语专业视听说教学中，具有真实语境、互动性强、生动自然的语言材料能够促进学习者与目的语的接触，改善他们对目的语的语言假设，并加快这种假设验证的进度，提高学习质量，强化学习效果。语料库方法强调语料的自然性，即语料必须来自语言运用事实，也就是人们实际使用的语言。而现实生活中人们交流使用的语言材料很难收集，人们交际随时随地，无法跟踪，难以记录。通过构建多媒体语料库，一方面，英语专业教学者与学习者可以拥有自然、真实的语言环境，另一方面，英语专业教学环境也必然

① 周光明. 多样化课程 给学生最合适的教育［M］. 杭州：浙江工商大学出版社，2015：144.

向更为综合性的、与现代教育技术结合更加紧密的道路迈进。构建多媒体语料库的基本价值就在于为多媒体英语专业视听说教学提供更广阔的空间，使英语专业视听说教学为学生提供良好的语言学习环境和条件。多媒体语料库为学生提供集文字、图像、声音、动画于一体的感官刺激，这对学生更好地记住所呈现的知识、技能以及提高他们的学习动机和积极性方面大有好处。

影视中的语言，即人物对白或独白，是现实中的语言的真实再现，为英语专业教学提供了地道的语言素材。利用语料库方法建立视听说语料库，可以为利用现代英语专业口语语料展现一种非线性的、纵向的多维度视野，为缺乏鲜活现代英语专业口语语料的教师提供一种实用的解决方案。在技术上，这种视听说语料库具有以下优势：（1）建立影视对白文本库，轻松实现句子级对齐和检索；（2）建立视频和音频库，通过字幕歌词时间实现播放控制，使索引行直接链接原影视歌曲文件，精确定位对白的出现位置；（3）实现文本和多媒体索引的整合，使例句、场景和原音统一起来。本书探讨如何组织影视歌曲视音频材料和字幕歌词文本材料构建以语言为焦点的多媒体语料库，并开发软件平台，实现文本检索对视音频定位、非线性播放等功能，使之更好地服务于语言教学、学习和研究。

设计该视听说语料库的基本思路为（1）把语料库技术应用于英语专业教学的研究和探索是致力于建立一个以现代教育技术为支持的立体化英语专业学习环境，旨在以更加科学、有效的方式提高英语专业教学质量。（2）把英语专业电影、歌曲作为视听教学的素材，是构建多媒体语料库的基本内容。通过英文电影等丰富的视听材料对学生进行以视、听、说为主线的语言技能训练，有助于学生在电影视听过程中完成语言吸收、语言理解、语言表达和语言能力的提高。（3）英语专业教学理论和实践证明语言输入的质和量对英语专业教学效果起着举足轻重的作用。大量能刺激学生学习积极性、同他们的学习生活息息相关、与他们未来联系密切的语言输入会促进英语专业学习。

设计该视听说语料库所采用的主要框架为：（1）建库分析和技术途径。多媒体语料库的语料是影视、歌曲等视音频材料及其对应的字幕和歌词，在建库时必须采取相应的原则以采集到符合标准、有利于视听说教学使用的语料。（2）多媒体语料库系统的功能分析。该系统中的视音频元信息与影视、歌曲可实现互动检索功能。影视歌曲定位依靠字幕和歌词文件中的时间信息，程序可根据该记录对应的时间段，相对应地播放出现该记录所在的那段视音频，从而实现影视歌曲的检索、定位和播放。（3）把建好的多媒体语料库应用于实际的英语专业视听说教学，逐步修正直至完善，最终形成开放的动态教学系统。（4）基于建成的多媒体语料库和开发的软件开展相关研究。

该项研究的创新之处在于：（1）视听说语料库的构建是我们将英语专业教学理论与多媒体技术相结合的成果，是对多媒体英语专业教学的技术突破与创新，是对英语专业教学进行的一次全方位、多角度的思考、探索与实践。（2）利用语料库技术和多媒体英语专业教学方法使英语专业教学研究的思路得到进一步的扩展，使英语专业教学积极地从更多跨学科研究中获取有价值的理论和思想，从而使我国英语专业教学的研究更加理性化。（3）视听说语料库为英语专业教学学术研究提供可共享的分析工具和资源平台。

该项研究的应用价值可总结如下：（1）将这些多媒体教学资源按照一定的框架设计组织在一起构建成一个视听说语料库，并辅以软件帮助使用者检索和定位视音频，这在很大程度上提高了学习英语专业的效率。(2) 在教学实践中，教师可以采用视听、配音(跟唱、跟讲、视译等多种教学方式，根据教学需要，在视听说语料库中检索影视、歌曲，并定位到相应的场景，然后跟随多媒体播放进行训练学习。(3) 视听说语料库为学生提供自主学习的可能，并为学生提供了良好的个性化学习方式。学生可以灵活安排自己的时间，在规定的学习任务内以自己认为适当的进度进行有效学习，变被动式学习为主动式学习。(4) 视听说语料库强大的信息存储功能注定了这种环境会成为丰富的教学资源库。

二、语料库辅助下的英语专业语法教学

(一) 语料库与传统英语专业语法教学分析

语法教学是英语专业教学的重要组成部分。尽管国际上基于语料库的语法著作相继出版，但是由于中国的教育历史以及教学环境与其他国家的有所不同，所以中国不适合将这些著作直接作为语法教材使用。到目前为止，中国大部分英语专业学习者使用的仍然是传统的语法教材，其内容长久以来都没有较大的改进。教师在讲解时使用的例句大部分取自教材或者自造，很少有真实语境的语言材料可供参考，这导致他们对英语专业语法的描述在很多方面是不够准确与客观的。由此来看，语料库在一定意义上并未真正地应用于我国的语法教学。

中国英语专业教师习惯在教学过程中进行大量的肯定句、否定句及疑问句的句型转换练习，以强化学生对某一句型的熟练程度。学生在学习 there be 句型时，会按照教师要求做大量的否定句 there be not 的练习。然而，在利用英语国家语料库 BNC (British National Corpus) 检索各种类型的存在句 (there be 句型) 后发现，在检索出的 186030 个存在句 (there be 句型) 的例句中，否定句大约只占总数的 1.1%①。由此可见，以英语为母语的人在实际应用中一般将 there be 结构应用于肯定句和疑问句中，很少使用其否定形式。此外，在学术英语中 there be 句型出现的频率极低。脱离语料库的语言教学难免缺乏准确性，可能会对学生造成一定的误导。Kennedy 认为，一种语言现象在语料库中出现的频率应该是唯一能够影响语言教学的标准②。此外，根据传统英语语法的描述，some 用于肯定句中，any 用于否定句或疑问句中。Tognini-Bonelli 利用伯明翰英语语料库进行检索统计，从 21636 个 any 的索引行中定距抽取 35 个，发现共计 19 个 any 用于否定句和疑问句中，其余的 16 个 any 都用于肯定句中，占总数的 46%③。可见，传统语法对于 any 的使用的描述是不够准确或者不够完善的。any 用于肯定句是一种客观存在的语法现象，英语专业学习者可以放心大胆地使用，不必因顾忌教师在课堂上教授的语法规则而犹豫不决。传统语法教材未经语料库的检验，像对 there be 或者 any 这样不准确的描述屡见不鲜，有的与英语本族语者的使用习惯存在差距，有的随着时代的进步已经不为现代人所使用。

---

① 宋京生. 基于语料库的英语存在句研究 [J]. 江苏科技大学学报 (社会科学版), 2006 (2).

② Kennedy, G. *An Introduction to Corpus Linguistics* [M]. Beijing: Foreign Language Teaching and Research Press, 2000: 23.

③ Tognini-Bonelli, E. *Corpus Linguistics at Work* [M]. Amsterdam: John Benjamins Publishing Company, 2001: 15-17.

课堂上再三强调的语法规则在实际运用中却是不准确的，这可能直接影响学生的学习效果和学习动力。

（二）语料库应用于语法教学的途径

1. 在某些专门语域进行特定的语法描述

基于语料库的研究表明，不同的语言变体存在着不同的语法结构。过去，这种系统性的变化常常通过不同的社会地域加以区分（如黑人英语方言和中西部标准英语）。然而，基于语料库的研究表明，在标准英语的不同语域内，由于使用目的和使用情况的差异，其语法结构也存在很大的差异。对语法结构进行完全统一的描述可能会在一定程度上误导英语专业学习者。因此，随着语料库语言学的研究成果逐渐与英语专业语法教学相结合，语域差异正逐渐成为语法教学的重要组成部分，基于不同语域进行的相关研究也日益增多。

举例来说，在传统语法中有这样一条规则：在 that 做连接词引导的从句中，若 that 引导的从句是直接宾语或补语，在非正式用法里 that 经常被省略。然而，"经常"指什么样的频率，在正式语体中 that 的省略情况又是怎样的，仅仅基于以上笼统的描述，学习者是很难把握的。语料库可为学习者提供全面可靠的统计。朗文语料库主要包括会话、新闻和学术文章等几个语域。对朗文语料库 that 从句的检索结果表明：在会话中，that 从句省略 that 的比例大约占 85%；在新闻报道中，that 省略的情况大约占 25%；而在学术文章中则十分少见省略 that 的现象①。此外，关于关系词的省略问题，传统教材常常给出一条笼统的规则说明，即在口语等非正式文体中关系词经常省略。然而"经常"指什么样的频率，无论教师还是学者都无法给出一个明确的解释。朗文语料库的检索结果显示，在会话中，大约 25%的关系从句会省略关系词；在学术文章中，限制性关系从句省略关系词的情况大约只有 10%。当然，在会话、小说、新闻、学术文章这 4 个语域中也有省略现象。当关系从句的主语是代词时，60%~70%的关系从句会省略关系词；当关系从句的主语是名词短语时，80%~95%的关系从句会保留关系代词②。了解了这些语法规则在不同语域的具体分布和出现频率后，学习者对于 that 从句和关系词省略的用法可能会有更全面、更准确、更深入的掌握。

有关教学法的语料库研究表明，同一语法现象在不同语域中的规则描述未必完全一致，因此语法教学基于准确性的目的需要针对不同的语域进行。在实际教学中，口语和书面语分别使用的明显不同的语法规则应该是教学的重点。此外，如果教师在实际的课堂语法教学中加入真实的使用例证，会为学生的实际语法应用提供有力的指导，加深学生对此类语法规则的理解。有了这个基础，学生的课业负担也会相应地减少，专业性会大大地提高。例如，如果专注于提高学生新闻写作的能力，就不必纠结于学术写作中 that 关系词的省略与否。

2. 使词串学习与语法学习互为补充

词串是惯例化词语序列中最常见的类型，Biber 等人在研究朗文语料库的基础上，最

① 吴军. 语料库与英语语法教学［J］. 外语学刊，2010（1）.

② 吴军. 语料库与英语语法教学［J］. 外语学刊，2010（1）.

早在其语法书中提出“词串”这一概念，并将其定义为：由三个或三个以上词语构成的复现序列[①]。词串具有如下特征：首先，它们是在某个语料库中经检索发现的经常共现的词语组合扩展；其次，词串中间不能有标点符号或语义转折，只有连续的词语组合才有可能成为词串；最后，大多数词串不是完整的句子单位，不能用一个单词来替换整个词串序列。尽管词串这一概念已有一定发展，但是至今国际上仍然没有有关其分类的统一规定。到目前为止，最具代表性的分类是由 Nattinger 和 De Carrico 所整理的。Nattinger 和 De Carrico 根据结构将词串分为四类：第一类是集合词串，此类词串在功能上类似于单个词汇，如 by the way，you know，at any rate，by and large，so far so good 等；第二类是惯用词组，如 a watched pot never boils，have a nice day，long time no see，be that as it may 等；第三类是限制性短语，如 a/an... ago，as I was...，as far as... 等；第四类是句型框架短语，如 I think（that）...，my point is that...，I am a greater believer in... 等[②]。

以第三类词串为例，在现在完成时态的学习中，常常会有一系列的时间标志词。经语料库检索，常常用作该类标志的限制性词串主要有 for a long time，in/over the past+一段时间，for+一段时间，so far，up to/till now，等等，只要此类词串出现在上下文中，学习者就可以判断此处的时态为现在完成时态。此时，我们便可将常用词串与英语专业语法的学习相结合，将与现在完成时态相关的词串进行整理汇总。这样可以帮助学生熟悉相关的语法规则，而语法结构反过来又可以促进学生对于常见词串的掌握。例如，语料库中常见的词串 Do you mind if...，How often do you...，What is the price of...，May I... 等，可以与疑问句句型变换的学习相结合，以固定的模式帮助学生掌握疑问句。此外，第四类词串，即句型框架短语，如 I think（that）...，My view is that...，I am a greater believer in...，Let me start by/with...，That reminds me of...，It is said/reported that... 等常与简单句结合成复杂句来叙述事情的始末或说话者自身的态度、观点等，如 My view is that it is necessary to strengthen the cooperation between developing countries and developed countries，Let me start by introducing the history of China's education 等。此类词串在辅助学生语法练习的同时，也大大增加了学生语言表达的丰富度和句型的复杂度。

由以上例子我们可以发现，词串与语法学习是相辅相成的。对于初级和中级英语专业学习者而言，词串的总结、积累和记忆不仅可以辅助他们对于语法结构的学习，增加他们语言表达的丰富度，还可以帮助他们熟练掌握和灵活运用相关词串。教师可利用相关语料库的检索结果来整理、汇总、积累那些与某些倒装句、条件句等特殊语法现象相关的固定词串表达，强化学生对语法结构的应用。

---

① Biber, D., Johansson, S., Leech, G., Conrad, S., Finegan, E. *Longman Grammar of Spoken and Written English* [M]. Essex: Pearson Education, 1999: 35.

② Nattinger, J. &De Carrico, J. *Lexical Phrases and Language Teaching* [M]. Oxford: Oxford University Press, 1992: 22.

第十三章
基于语言学的高校英语专业教学发展研究

英语是一种语言系统，它对学生的沟通技巧及实践能力具有比较高的要求。基于语言学理论的英语教学要求学生能够创新传统的学习方式，使自身的语言表达能力得到提高，有效连接素质教学的理念。目前，高校英语教学要和实际经验相互结合，本章将语言学理论作为基础，对英语语言学教学进行分析。

第一节　英语语言与语言学的发展

一、英语语言的发展

英语语言的历史发展可以分为三个阶段，分别是：古英语、中世纪英语和现代英语。

（一）古英语（449—1100）

有记载的英语语言起始于449年，当时包括央格鲁-撒克逊人在内的德国部落入侵大不列颠。他们把原来的居民凯尔特人赶到不列颠的北部和西部角落。凯尔特人的领袖亚瑟王（King Arthur）带领部队勇敢作战，英勇抗击德国入侵者。这之后在不列颠岛上央格鲁人、撒克逊人和一些德国部落都说着各自的英语。尽管85%的古英语词汇现在已经不再使用，但一些常用词汇如child，foot，house，man，sun等还是被保留了下来。和现代英语相比，古英语中的外来词很少，但派生词缀较多。古英语中还有较多描述性的复合词，如“音乐”是earsport；“世界”是age of man。在著名的英雄史诗《贝奥武甫》（*Beowulf*）中对此有详尽描述。

787年，来自丹麦及斯堪的纳维亚地区的北欧海盗陆续进入英国。在之后的三百年里，他们袭击、侵占了大部分的英格兰。北欧海盗对英语语言的影响意义是深远的，是他们带来了代词they、their、them等；/g//k/的发音；甚至包括husband、window这样的词。古英语无论从发音还是拼写上都与现代英语大相径庭。

（二）中世纪英语（1100—1500）

1066年的诺曼底征服事件在英语语言发展史上是一个标志性的转折点。在这年，威廉（William）带领军队从法国诺曼底省出发，穿过英吉利海峡，想在英国称王并在伦敦成立一个法国法庭。之后的近三百年里，法语一直是英国的官方语言，成为统治阶级用语，而平民百姓说的英语被认为市低等语言。到1300年左右，法语的使用开始减少。到14世纪末期，英语又重新成为官方语言。乔叟写于14世纪末期的《坎特伯雷故事集》(*Canterbury Tales*) 反映了政治、经济、社会等方面的变化对英语语言的影响。

在近四百年时间里，诺曼人给英语带来了近一万的外来词，深深影响了英国人的社会和生活。英语语言在这一时期借用了较多法语中的派生词缀，如-able，-ess。当然也有一些拉丁语直接进入英语，而且多用于书面语。由于贸易的发展，还有少量的荷兰词语在这时期融入英语中。

中世纪英语的语音变化较少，但句法上已经形成了固定的词序，并且扩展了情态动词、助词结构。不规则动词越来越少，很多不规则动词的过去式和过去分词也趋向规则化。到1000年，语言使用中已确定了-s作为名词复数的构成，而古英语中曾以-en结尾表示复数便渐渐不再被人们使用。

（三）现代英语（1500—至今）

1476年，卡克斯顿（William Caxton）在英国开始引进印刷机的使用，标志着中世纪英语转入现代英语阶段。由于读物数量的增多，范围扩大，词汇拼写开始趋向规范化，标准化，固定化。这样一来，读音和拼写之间的差距扩大。另外，随着探险、殖民以及贸易等各方面走向世界化，给现代英语带来一定的冲击。超过50种语言的外来词涌入英语，如阿拉伯语，法语，德语，荷兰语，俄语，希伯来语，西班牙语，汉语，意大利语等。

为体现英语语言的威望，文艺复兴时期有更多的拉丁和希腊词汇加入英语，如congratulate，democracy，education等来自拉丁语；catastrophe，encyclopedia，thermometer来自希腊语。一些现代希腊语、拉丁语中的科技用语（如aspirin，vaccinate）也被当作英语使用。另外，一些外来语（如criterion，focus）仍保留了原来词语的复数形式。还有一些更保留了当时的拼写和发音。

二、英语语言学的发展

传统上认为20世纪初瑞士学者索绪尔（Ferdinand de saussure）的《普通语言学教程》的出版标志着现代语言学的诞生，但是这并不意味着在这之前就不存在人类对语言学的研究。事实上，从语言产生之时起，人类对语言研究的兴趣就没有停止过。英语语言学的研究可以追溯到17世纪初期。欧洲的文艺复兴运动发生在14世纪至16世纪。这一欧洲历史进程中的伟大运动，以人文主义为思想核心，从意大利开始，迅速扩展到整个欧洲。当然，和现代语言学研究相比较，语言学家们只能把它称之为“传统语言学”。特别是由于它将语言研究过度拘泥于拉丁式的语法研究框架之中，相对于现代语言学而言，又被称之为“传统语”。

（一）英语语言学形成初期

英国诗人、戏剧家莎士比亚（William Shakespear，1564—1616）以天才和勤奋继承和发扬了文艺复兴时期的成果，并将它推向高峰。他追求语言文学的质朴和富于技巧，以达到对人物的精妙的性格描述；迷醉于创造一种宫廷能够欣赏，各个语言阶层的人们又都喜爱的文学戏剧语言。他拥有广阔的语言意象领域，这是他对语言和社会心理语言的刻意琢磨和创造性地运用英语词语所得到的。

18 世纪初英帝国航海技术和航海事业在欧洲的领先地位，和英国师凯伊（JohnKay）1733 年发明飞梭织布机对英国纺织业所引起的技术革命，使英国在殖义的扩张竞争中取得了远远超过西班牙、葡萄牙、法国、荷兰等国的绝对优势。英帝国的殖民地遍布全球各地。挂着“米”字旗，载着“日不落国”的并不光彩的盛誉的武装航船，耀武扬威地将英国语言强加于它的殖民地而成为压倒当地母语的官方语言。这种被强迫接受的官方英语不久便成为英属殖民地的社会交际语言。英属殖民地在世界各地分布的广泛性，使这一语言发展成为一种国际化的通通交际工具。18 世纪中叶以后，世界各地独立运动的浪潮开始兴起，“日不落国”的照射范围逐渐缩小。英语也正是这样，英帝国主义者虽然从北美大陆撤走了，但英语语言却并不因此而消失，相反地，它顺其自然地向更广更深的领域发展和渗透。这样的情形，在后来的历史进程中在加拿大、澳大利亚、印度、埃及等许多英属殖民地和自治领地也是如此。无论如何，英语作为全球国际通用交际语言的这一地位未被动摇过。它同法语作为国际通用交际语言的地位处于抗衡状态。

18 世纪英语语言学的研究寓于国际英语语之中，包含在反封建残余的英国启蒙主义文学的范畴之内。但在这一时期，英语语言学并没有从启蒙主义文学的包含中分离出去形成它自己独立的研究体系和学派。

19 世纪的英语，被称为“维多利亚时代的英国语言”。拜伦（George Gordon Byron）、雪莱（Percy Bysshe Shelley）的语言学成就闪烁着历史的光辉。他们的贡献在于对英语语言的提炼和再创造，使语言的社会功能和教育职能发挥得淋漓尽致。语言的功能对社会所产生的影响又反过来促进其自身的发展和语言教育。在他们的笔下，古典语言在缓慢地演化，不少曾经属于规范语言的词汇成为庸俗化语言而被淘汰。19 世纪英语文学艺术的繁荣和进步所产生的影响，世界各国的语言学研究者注意到了语言与社会发展的密切关联。波兰语言学家博杜恩·德·库尔德内（J. Baudouin de Cour Lenay）首次预见性地提出了语言学应该区分为纯粹语言学与应用语言学。他的这一论断对英语语言学在全球进一步发挥其全球覆盖效用，产生了极其重大而深远的影响。

（二）现代英语语言学的发展

20 世纪初至 40 年代，作为国际交际工具的英语，通过两次世界大战的洗礼，获得了无与伦比的语言空间和语言势力范围，不但压了法语，成为国际首席交际语言，而且取代了德语的国际科技共用语言的地位。在各国的教育体制中都将教授英语列为教育政策所规定的必修课程。英语学习日益显著地成为各国社会、文化、教育的迫切需要。

1916 年，索绪尔的《普通语言学教程》出版，标志着现代语言学的形成，为以后一些语言学流派的形成奠定了基础。虽然从今天语言学研究的角度来看，索绪尔对语言的定义和研究也不可避免地存在着缺陷，但是他的“语言是互相界定的实体系统观”① 对语

① ［英］泰伦斯·霍克斯. 结构主义与符号学 西方人文经典译丛［M］. 北京：知识产权出版社，2018：18.

言学界几大学派的产生有着极大的影响。他区分了语言和言语、共时和历时、内部和外部，无疑大大丰富了语言学的研究。1957 年，乔姆斯基（Noam Chomsky）出版了《句法结构》一书，掀起了语言学界的一场革命。乔姆斯基认为人脑有一种普遍的掌握语言的机制，这种机制就是人普遍具有的语言能力；还认为语言学的研究对象应是语言能力，而不是语言行为。这些使得语言学的研究跳出了只关注自身特点而忽略其他非语言因素在语言研究中所起的作用，使语言研究转到了对语言知识和语言运用的共同关注上来。[①] 这以后，由于各种语言学派、语言学家从不同的角度探索语言奥秘，人类对语言的本质认识日益深刻，语言学的研究打破了过去的种种局限，开阔视野，向研究的深度和广度进军，真正进入了一个崭新的时代，呈现出百花齐放、百家争鸣的特点。从文学戏剧语言的包含中脱颖而出，走向自成体系的适路，成长为一个具有自身的专门理论和研究方法的独立学科。

第二节　批评语言学与英语专业教学融合发展

大学英语教学活动开展过程当中，语法教学作为非常关键的分支之一，其所占据的重要地位是不容小觑的。作为英语体系中的重要构成部分，学生可以通过语法学习的方式，促进自身听、说、读、写、译综合能力的提升与优化。在长期的传统语法教学模式作用之下，教师所使用的教学方法与手段还存在一定的局限性，教学的重点偏向于单个的语法项目，教学手段上多以固定的语法模式操练为主，没有将教学重点放在学生所处的语言应用语境以及应用功能之上。受到以上问题的影响，学生对于英语专业语法学习的主动性较低，学习成效不明显，部分学生甚至对语法学习产生了畏难情绪。因此，如何对英语专业语法教学的质量进行改进，促进学生学习效率的提升，这一问题值得教育工作者引起重视。

一、批评语言学概述

批评语言学首先兴起于 20 世纪 80 年代的英国，也称之为批评式语篇分析。在批评语言学的干预下，研究学者通过对文章语言特征的分析以及对它们所生成历史背景以及社会环境特点的认知与探究，从而了解整个语篇背后所潜藏的文化形态以及意识形态。通过这种方式，揭示了在权利、意识形态以及语言这三个重要构成部分之间的对应关系。从批评语言学的研究视角上来说，认为语篇是讲话主体对意识形态意义的选择以及形式结构的选择的具体体现，语篇分析中以韩礼德所提出的功能语言学为基础与前提，同时也通过接受其他语言学理论的方式对其进行发展与丰富。需要特别注意的一点是，在对批评语言学进行应用的过程当中，非常关注社会历史背景和生活环境背景对语篇生成、语篇传播、以及语篇接受的影响程度以及作用机制，同时以批评语言学为工具，最大限

① 王德春. 语言学教程［M］. 济南：山东教育出版社，1987：57.

度地挖掘日常容易被忽视的思想意识形态与观念。在对批评语言学加以应用的过程当中，最主要的目的是对所处的政治形态、经济形态、社会形态加以理解，同时深入分析这些形态背后的价值观念以及价值观念的演变发展进程。当然，这一概念也能够用来指出意义在特定条件下为权利所服务的方式。

二、批评语言学在语法教学中的体现

（一）语态化

在语篇对过程类型进行选择的过程当中，会在不同程度上受到题材以及主题内容的影响。但，即便是对于同一类型的语篇而言，在描述某一事件的过程中，受到语法切入点的影响，所使用的过程组合也有一定的差异性。而决定组合的最主要因素就在于讲话主体的交际意图以及对其他事件的理解。举例来说：

①The girl broke the cup；

②The cup was broken by the girl；

③The cup was broken；

④The cup is broken.

以上四种语法组合方案中，①~③本质上均属于物质过程，而④则偏向于关系过程。从批评语言学的角度上来说，物质过程能够给读者带来明显的动作感，而关系过程则倾向于建立一种真实存在的状态与性质，根据不同的语法构成关系，反映了讲话主体不同的立场与态度。以①为例，“the girl”发出“break”这个动作，导致“the cup broken”的结果。在这一关系下，“the girl”相对“the cup”的损坏有直接性的责任。而在②中，主语为“the cup”，之后才出现动作的发出者，即“the girl”，这种组合下，虽然也陈述了女孩打破杯子的事实，但“the cup”作为主体，将读者的注意力吸引起来，从而一定程度上削弱了对“the girl”的印象，代表讲话主体有谅解女孩行为的意识。在③中，省略了施动者“the girl”，意味着有意识地回避了动作的发出者，淡化了女孩打破杯子的事实。在④中，则重点突出关系过程，侧重表达的是杯子已经被打破的事实，没有涉及动作的发出者“the girl”，不强调事故的责任人，有责任免除的意味。

而从被动语态的角度上来说，此种结构语态的应用主要隐藏施事者，即动作发出者，整个语句的主语为动作的承受者。从批评语言学的角度上来说，这种被动语态所传递的客观性是明显高于主动语态客观性的。举例来说：

The observation was carried out one month less two days.

本次测试共需要持续一个月差两天的时间。

在这一案例中，我们虽然无法立即看出这个句子的施动者，但显然，施动者是通过被动语态的方式被隐藏的。在阅读中，读者往往可以通过对上下语境的结合，解读出其所对应的施动者，以丰富语句所表达的内容。因此，在语法教学过程当中，教师需要将批评语言学下的被动语态理论应用于教学实践中，使学生不仅能够掌握阅读表层意义的方法，同时也能够深入地理解文章深层含义，以达到提高语法学习效率的目的。

（二）名词化

名词化的主要特点是将相应的动词词汇做名物化处理，从而使读者感受到作者所说或所写的信息是非常公正与客观的，这种表现形式在科技英语与新闻英语的语法结构中是比较常见的。主要原因是，科技问题强调以事实说话，而新闻问题则对文本信息的客观性与公正性有着非常严格的要求。因此，名词化现象在此类专业英语教学中得到了非常广泛的应用。举例来说：

The cold fog dispersal has been applied in the actual operation is very success in the United States since 1963.

美国自 1963 年以来，冷雾消散在实际操作上一直是非常成功的。

分析该案例认为，从文本翻译的角度上来说，冷雾消散应当使用动词“disperse”，但在实际文本中将动词做了名物化处理，转化为名词“dispersal”并将其作为主语。通过此种方式，使文章的客观性得到了明显的提升，从而增加了文本信息的说服力。

三、批评语言学在语法教学中的实施策略

（一）文化差异的引入

从批评语言学的角度上来说，通常认为说话者或作者选择何种过程、何种功能成分都会受到其思想观念以及意识形态的影响。与此同时，人类的思想观念以及意识形态还从某个层面反映了所处时代背景下的文化特征。受到地理与历史环境的差异性影响，人们的文化传统、生活方式，乃至在思维方式上也有一定差异，因此汉语语法与英语语法的表达也会存在非常多的异同之处。例如，从主动、被动句式的角度上来说，汉语语法当中没有虚拟性语气，多关注形式上的配合，而英语语法当中则注重意义的配合。在传统教学过程中，由于教师缺乏对中西文化差异的关注，导致学生虽然学习理解了语法上的规则，但仍然难以正确地应用英语语言来表达思想观点。为了解决这一问题，要求在语法教学活动中，引导学生掌握汉语语法与英语语法的差异性，通过学习文化差异的方式了解英语语法的表达特点，从而更加地道地使用英语。

（二）语篇的引入

在语法教学中引入语篇，对于促进学生主体性功能的发挥是非常关键的。在教学活动的实施中，教师可以先让学生用所学的语法规则来分析语篇的句式语法特征和篇章结构，然后再分析这些结构特征能帮助作者表达何种思想，教师对学生的活动加以指导，帮助学生学会欣赏语言所反映的社会意义和意识形态意义。例如，在被动语态的学习中，教师引入一篇文章或精读课文，先让学生分组讨论文章中出现的语言点，在学生理解之后再要求在合适的地方用被动语态改写文章，并再次讨论改写后的文章与原文在表词达意上有何不同。在学习新的语法知识时，可以借此将新语法知识与先前所学有机联系起来，对学生语用能力进行优化。

批评语言学多是通过对语言文本进行深入分析的方式来展示社会与语言之间的对应

关系，还能够充分揭示意识形态与语言之间的关系。在英语专业语法教学活动中，教师需要通过应用各种文本信息来加深对语法的认识工作，但受到文化背景、价值取向以及意识形态等方面的差异性因素影响，导致学生对这些文本信息的认识存在一定的局限性。针对这一问题，教师需要尝试将全新的语言学原理作用于教学活动当中，通过对语言表层结构的深入分析，揭示隐含在语言深层的意识形态，将批评语言学作为重要工具，尝试对英语专业语法教学的手段与方式进行改进。

第三节　语言学与英语专业教学大纲设计的发展

一、语言教学大纲的类型

（一）结构教学大纲

结构主义语言学派所倡导的语言学理论是语言由一系列的语法规则所构成，学习者想要掌握一门语言必然离不开对这些语法规则的学习。在这种理论的影响下，出现了结构教学大纲。编写结构教学大纲的人通常会根据结构的复杂程度、使用频率、有用与否等因素来精心编写大纲中所涉及的词汇、语法等规则。可见，该教学大纲的核心是语言项目与语言结构。

结构教学大纲在设计时会根据语法的难易程度将语言内容进行归类，然后安排学习者从易到难学习语言点。可以说，结构教学大纲在语言教学历史中具有很大影响，即便在今天，该大纲依然在一些语言教学项目中占据主导地位。不过，随着时代的发展，越来越多的人已经意识到结构教学大纲自身存在的不足之处。例如，结构教学大纲单方面重视语法结构、单词意义，从不考虑语境的对句子、语篇含义的影响。在结构教学大纲中，不管句子处于何种语境下，该句子的含义是明确的。在这种教学大纲的指导下，学生不懂得将句子放人真实语境下来运用。因此，结构教学大纲培养出来的学生往往十分缺乏在真实环境下开展语言交际的能力。

（二）情景教学大纲

众所周知，语言是交际的工具，是人们开展沟通与交流的重要工具。在这一观点的影响下，大纲编写人员创造出了“情景教学大纲”。该大纲重点区分了目的语使用的不同情景，以情景为线索来选择和组织语言，如介绍语法结构、练习句型，其主要的训练方式就是对话。常见的情景如“在机场”“在超市”“在银行”“在饭店”“在学校”等。情景教学大纲指导下的课堂教学采用的教学方法是听说法，学生首先通过听、说来认识所要学习的材料。虽然听说教学法依然是以教师为中心，但不得不承认的是学生有了更多参与课堂活动的机会，教师通过图片、实物等来引导学生积极参与对话活动或角色扮演。

情景教学大纲开始重视学生直接交流的需要，这是它优越于结构教学大纲的地方。

不过，情景教学大纲从本质上来看依然是以语法为基础的，并且情景的组织与安排也缺乏系统性。

（三）功能—意念大纲

“功能—意念大纲”是由威尔金斯（Wilkins）与范艾克（Vanek）于20世纪70年代首次提出的。该大纲以海姆斯的交际能力理论与韩礼德的功能语法为理论基础。所谓功能，即个体利用语言可以做什么；所谓意念，即个体想要传达的概念。功能 意念教学大纲认为人们学习语言的目的就是为了利用语言进行交际，从而实现语言的各种功能，其中语法是交际的手段而不是目的。该大纲的宗旨是引导学生不仅掌握语言各方面的结构知识，而且还要能够在不同情景中熟练运用语言来表达自己的思想。

威尔金斯提出的意念大纲包括两个部分：（1）语义—语法类概念，如空间、数量、时间等；（2）交际功能类，如语式、情感关系、个人情感、人际关系等。

1975年，范艾克提出功能大纲，其受到韩礼德（Halliday）元语言功能的影响。功能大纲主要涉及语言的活动、形式、功能，以及情景、普通意念与特定意念等。

功能—意念大纲首次将语言的形式与使用场景结合起来，充分考虑了学生的需求，对学习有很大的促进作用。然而，该大纲同样具有自身的缺陷，如无法包含所有的语言功能与意念；无法系统、科学的处理功能与意念的顺序；语言形式与功能之间无法实现一一对应等。

（四）交际教学大纲

在功能—意念教学大纲的基础上，相关人士提出了交际教学大纲。该大纲重视交际的过程，旨在提高学生的交际能力。学者耶登（Janice Yalden）在经过大量的研究后列出了交际教学大纲的具体组成部分：（1）教学中需要涉及的词汇内容；（2）教学中需要涉及的语法内容；（3）要求学生掌握的语篇衔接技巧，如修辞技巧；（4）最大限度地考虑学生学习一种目的语的目的；（5）分析学生使用目的语进行交际的社会、文化等背景；（6）明确学生在使用目的语进行交际的过程中所扮演的社会角色以及对话者角色；（7）尽量包括一些可以让学生参与的社交活动，如日常交际活动、职业交际活动、学术交际活动等；（8）明确交际活动中目的语所具有的各种功能，或者学生利用目的语能够实现的目的；（9）明确交际活动中所体现的意念，或者说学生参与交际活动中必须要谈论的内容；（10）明确目的语的语言变体，即学生将要达到的书面语、口语的具体水平。①

上述方面有效保证了交际的顺利进行，即便该大纲不能囊括上述方面的全部，但也需要最大限度的考虑其中的大部分内容。

（五）任务型教学大纲

任务型教学大纲十分重视学生学习的过程。那么，什么是任务呢？斯凯恩（Skehan）指出，任务是这样一种活动：（1）活动的首要目的是意义的表达；（2）活动过程中学生不是对他人提供信息的简单重复；（3）学生所参与的活动比较贴近现实生活；（4）参与

---

① 白雅，岳夕茜. 语言与语言学研究［M］. 昆明：云南大学出版社，2010：263.

活动的首要目的是完成任务；（5）根据任务的结果来评价任务。①

任务型教学大纲的实施应该遵循以下几条原则：（1）明确任务的目的；（2）任务中必须设计获取、传递、加工信息的内容；（3）任务要促使学生进行实践；（4）任务场景要相似于真实情景；（5）任务需要重视语言意义的使用；

（6）任务结束后需要得出一个结果。

需要明确的是，虽然任务型教学大纲比较关注最终结果，但并不是说该大纲是以结果为导向的，相反它是以过程为导向的。任务型教学大纲关注学习方法，提倡体验式学习，让学生在做任务的过程中探索、体验、习得语言。

二、语言教学大纲设计的过程

通常情况下，语言教学中大纲设计的过程主要是对教学内容的选择与排列。

（一）选择教学内容

一门语言所囊括的内容是纷繁复杂的，即使能力再强，我们也无法习得一门语言的全部内容。为此，在设计语言教学大纲时首要的一步就是选择教学内容。通常而言，设计者在选择教学内容时可参照两个方面的标准：（1）将语言的范围缩小到一定的语域范畴中；（2）在此语域范围内选择需要用到的词汇、语法、语境、文化等。

事实上，语言教学大纲的设计经常会受到设计者的主观影响。如果设计者比较推崇结构主义语言学派的语言观点，那么他自然就会选择语言结构方面的知识作为教学内容；如果设计者推崇功能主义的语言观，那么他就会选择语言功能、概念方面的知识作为教学内容。

（二）排列教学内容

排列教学内容是设计者完成语言项目选择之后的第二步任务。合理排列教学内容通常被称为“分级”，该过程包括两个步骤。

步骤一：为自己所选择的语言项目规定合理的教学期限，以课时、天、星期、月份、学期、年等为单位。该步骤又被称为“分阶段”。

步骤二：明确语言各个项目的排列顺序，即“排序”。

在上述过程中，语言学其中的作用主要体现在如下方面：第一，语言学提供了对第二语言的描述，并解释这些因素是如何在整个语言系统中发挥作用的；第二，教学计划的制订需要参考语言学的分类。需要明确的一点是，此处并不是将语音、词汇、语法、文化等分开教学，而是对语言概念的描述，并不是教学的步骤。

三、语言教学大纲设计的趋势

随着时代的发展，人们对语言学习的要求也日渐不同。受这种情况的影响，语言教学大纲的设计也会与以往不同。从整体上来说，语言教学大纲设计的趋势呈现出以下特点。

---

① 胡壮麟. 语言学教程（第3版）［M］. 北京：北京大学出版社，2007：274-275.

（一）传统教学大纲与新式教学大纲并存

虽然语言教学历史上出现了各种不同的教学大纲，但到目前为止传统的教学大纲并没有被废弃，如当前世界上很多国家使用的依然是传统的结构主义教学大纲；新的教学大纲由于其历时不久而还没有得到大范围的使用，如任务型教学大纲。可见，当前语言教学大纲呈现出一种新旧方式并存的状态。

（二）新式语言教学大纲中出现非语言目标

新式语言教学大纲中出现了“非语言目标”的内容，这是与传统教学大纲的不同之处。所谓非语言目标，即情感态度、思维能力、学习方式、学习策略、人际交往、文化意识等方面的培养。出现这种教学大纲的原因是，语言教学作为一门教授学生语言知识的体系，不仅要帮助学生提升自身的语言知识、技能水平，而且还需要发展学生的智力、情感、学习能力、文化素养等方面，达到全面发展的目的。

（三）新式语言教学大纲比较注重学习过程

与传统教学大纲注重学习结果相比较而言，新式教学大纲十分注重学生的学习过程，如任务型教学大纲就重视学生学习语言的过程。因此，新式语言教学大纲又被称为“过程教学大纲”。与此相反，注重结果的传统教学大纲仅关注教学结束后学生达到的技能水平与所获取的知识水平。

（四）多元教学大纲的设计

传统语言教学大纲与新式语言教学大纲都有自身的优点与不足之处，为了更加有效地利用上述两种大纲的优点，有关人士提出了“多元教学大纲”的设计。在设计语言课程的总体框架时，选择哪种语言理论并不是关键，关键是要突出哪些方面的内容。大部分的语言教学大纲都体现出了不同的维度，如语法与技能相结合、任务与话题相结合、技能与功能相结合等。

需要明确的一点是，多元教学大纲的设计并不是将各种类型教学大纲简单拼凑起来，而是通过选择优先考虑一些内容。就当前的语言教学而言，坚持一种教学大纲类型的现象是很少的。大部分大纲设计者都会倾向于多元教学大纲的框架，他们通常有两种选择：其一，在语言教学课程的不同阶段设计不同类型的教学大纲；其二，设计一种多元教学大纲，然后将当前各种流行的教学大纲的优点融合进去。

第四节　英语专业教学转型发展的语言学理念与创新实践

一、英语专业教学转型发展的语言学理念

（一）中介语理论

1. 中介语的阶段发展

中介语理论是在认知心理学的基础上发展起来的，通过对学习者的语言偏误进行统计分析。有研究者调研发现了外语学习的三个常见问题：第一，母语相同的第二语言学习者，在学习第二语言的过程中会犯一些类似的错误；第二，同一第二语言学习者在一定的时期内所出现的第二语言输出的错误有一定的规律；第三，在学习的过程中，第一语言不同的第二语言学习者在习得某些语法结构时呈现出非常类似的顺序。这种语言运用结果是由潜在的认知机制引起的。研究者还将中介语发展的过程划分为以下四个阶段：

（1）无规律性的错误阶段

在无规律性的错误阶段中，学习者的错误一般没有规律可循，前后不一致。这些错误出现的原因在于学习者尽管已经了解了目的语有特定的语言知识系统但是对于这种系统知识缺乏了解，学习者对目的语没有掌握或者掌握得不够熟练。

（2）突生阶段

在了解和掌握了一定的目的语之后，二语学习者对目的语语言系统可以进行辨识并内化了某些语言规则，这使得其语言输出开始前后一致，但目的语的掌握仍然不够稳定，语言使用能力常会退回到层次比较低的状态，也就是无规律规则阶段。

（3）系统形成阶段

这一阶段中的中介语尽管有一些规则还不完全，但中介语已经越来越接近目的语。在这一阶段中，如果指出学习者的错误，学习者就可以自行改正。

（4）稳定阶段

二语学习者的外语经过稳步提高，突飞猛进后会最终进入语言的稳定期，也即高原区。这一阶段中，学习者对目的语系统已经掌握，对目的语的使用基本没有问题和障碍，总体来讲已经比较应用自如。如果产生错误，也是由于学习者的短暂遗忘或一时疏忽所致。并且这些无心之过即使没有人指出，学习者也可以设法自己改正。

2. 中介语的特点

（1）可渗透性

语言不断发展变化的特点决定了中介语系统的开放性。学习者每一阶段所习得的语言知识和技能都在不断变化和丰富。语言经验的可修改和增加使得中介语具有可渗透性。学习者新知识和新规则会对中介语的偏误不断进行修正，并不断完善旧知识和旧规则。这具体会表现在母语向中介语的渗透及目的语规则的泛化。母语向目的语的渗透会导致

母语规则对目的语产生潜移默化的作用，而目的语规则的泛化则是指目的语的规则会对原有的语言的使用产生一定的影响。

(2) 动态性（多变性）

语言学习的过程是一个从母语不断靠近目的语的变化的过程。这种多变体现在两个方面：自由变异和系统变异。自由变异指学习者将目的语的规则和母语的规则混合起来交替使用，这种变化的过程显得无规则。而系统变异指的是学习者对语言规则的使用和选择在一定时期内具有规律性，相对比较稳定。自由变异和系统变异在语言使用的过程中不断交替组合出现，中介语也不断变化重组，并最终向目的语靠拢。这种语言也和其他语言一样，中介语的语言成分会不断发展变化，而这种变化受很多因素的影响与制约，这些因素之间也有非常复杂的交互作用。多变性是中介语的本质属性。

(3) 系统性

和人类所有的语言一样，中介语也是由词汇，语音和语法构成的。中介语所具有的一般特性和功能决定了它也是一个具有语音，词汇，语法规则的人类交往的交流交际工具系统。库克曾说过，使用单语的人脑中只有一个语言系统，而进行双语学习的人，其脑中有两个语言系统。①

(4) 反复性

在向目的语靠近的过程中，中介语会得到不断的修正与调整，这一过程是反复和曲折的，有时不同的阶段还会退回到前一个阶段去。

(5) 石化性

石化（fossilization）又称僵化，是中介语的非常重要的特征。石化是指二语学习者在目的语的学习过程中错误反复出现或者学习进入停滞状态的状况。尽管二语学习者在习得目的语的过程中语言能力会不断提高，错误会越来越少，中介语会越来越靠近目的语，但有一些根深蒂固的语言错误已经很难改变，这使得学习者改变和提高变得非常困难。这样的停滞会使得学习者在使用过程中自然而然地使用那些曾经成为语用习惯的错误或者石化了的句型。导致石化现象产生的因素主要有学习者受母语思维的影响，将母语规则使用到目的语中，或的规则理解不全面或错误及遇到困难不继续努力及简化目的语规则等。

中介语理论作为一种语言学基础理论，具有很大的意义：第一，使人们对于错误类型、阶段及错误产生的原因都有了一定的认识；第二，使人们对学习者“错误”的本质有了比较深刻的认识，把错误从需要避免、需要纠正的地位提高到了作为认识言学习内部过程的向导的地位；第三，形成了一套科学的错误分析方法和程序，错误分析是继对比分析之后在二语习得研究领域里的又一重要发展阶段。

（二）计算机辅助语言教学理念

计算机辅助语言教学（computer assisted languagelearnin，CALL）是探索并研究计算机应用于语言教学的科学。从学科名称的发展看，它经历了三个发展阶段：从 CAI（computer-assisted instruction）到 CALL 再到 NBLT（network-based language teaching）。CAI

① 赵红新. 转型发展背景下英语专业教学的理念与实践［M］. 长春：东北师范大学出版社，2017：23.

是 CAL 的初期阶段，NBLT 则是 CALL 发展的新阶段。

1. 虚拟现实与计算机辅助语言教学

当前，以虚拟现实（virtual reality，简称 VR）为代表的新兴计算机技术正在快速向教育领域渗透和拓展，计算机网络学习环境已经由基于文本、图像的平面虚拟学习环境向更为逼真、直观的三维虚拟学习环境方向发展，运用 VR 开发的三维虚拟学习环境能够让学生沉浸在虚拟世界里进行实时观察、交互、参与、实验、漫游等操作，使被动灌输的学习方式成为主动式和兴趣式的学习探索，因而成为当今教育技术领域的研究热点。

就语言教学而言，运用 VR 能够将目的语环境仿真在电脑网络中，为学生营造近似真实的语言学习环境，这对于缺乏环境、“费时低效”的外语教育教学具有重要的应用价值。如今教育技术日渐成为教育和教学不可分割的一个有机组成部分，不能正确处理理论、方法和技术这三个关键因素，外语教育教学的研究成果就不太可能发挥其应有的作用。鉴于此，本节内容在国内外相关研究基础上，对 VR 作为一种计算机辅助语言教学技术应用于语言教学的理论、方法和技术等问题作深入探讨，并对 VR 技术的发展趋势进行展望。

VR 是一种用于创建和体验虚拟世界的计算机技术，用于语言教学的目的是为学生营造真实的语言学习环境，并以此来促进语言知识和技能的掌握，这显然符合国外学者莱维关于 CAL 研究的相关定义，即 CALL 是计算机在语言教与学应用方面的研究和探讨。

当前，教育技术正处于第三次范式转变过程中，即从计算机辅助教学转向基于互联网的学习环境创设，计算机从辅助教学逐渐向与课程全面整合的方向发展。国外 V-CAL 研究正是顺应这一潮流，将研究视角转向将 VR 环境、语言习得规律和语言课程充分整合起来构建面向语言教学的三维虚拟学习环境。这种虚拟环境是目的语社会环境和文化氛围的缩影。在这种环境中，学生所见、所闻、所听、所感都是外语，就会不自觉地使用目的语思维，并运用目的语进行交际表达，逐步适应异民族文化，形成融人性的学习动机。环境越真实，越自然，语言习得发生的概率和效率也就越高。而且，环境与语言课程有机融合，各类三维建筑模型和实体仿真均是根据语言课程内容所设置，使课堂学得的知识可以在课下得到自然的交际运用，产生问题后可以到课堂协商解决，如此循环往复，不断修正和扩展，逐步内化为语言的生成能力。多维的输入与输出，大量本族语者操控的虚拟化身、虚拟物理环境包括虚拟媒体等，为学习者提供丰富多样的语言输入，同时包括一对一、一对多、多对多等形式的交互功能机制以及发布海报、演讲、表演等多种形式的语言输出。最后，接近现实生活的交际任务，将语言课程内容设计成一系列近似真实生活的交际任务，使学生在“做事”的过程中理解并运用语言，学生接触与自身所扮演的角色直接相关的话语，全神贯注于语言所承载的意义上，只有这样，才能够真正习得语言，提高语言的综合运用能力。

在进行三维虚拟学习环境的设计和开发过程中，可借鉴以上对虚拟环境的研究项目经验，采用目前教育技术界比较流行的基于设计的研究方法，根据实际情境的需要来确定开发目标，还可以借鉴已有的理论和方法，但不能照搬，定性和定量研究均可，实践检验出缺陷后还可以提出改进方案和新的理论假设，通过迭代过程来优化理论和实践，不断拓展应用范围。三维虚拟学习环境是语言教学研究领域的新事物，其设计及开发是一个长期复杂的研究过程，因此采用灵活的研究方法是非常必要的。

2. 计算机辅助教学理论的发展

随着现代信息技术的快速发展和普及应用，人们的生活、生产方式有了巨大的改变，学习理念和学习方法也必然会受到影响。传统课堂教学的作用当然不可否认，然而它在各方面的局限性注定其不能很好地体现社会学习理论的精髓，不利于知识向真实环境迁移，因而也就无法充分贯彻新世纪外语教改关于提高学生语言综合运用能力的精神。

V-CALL 可以为学生提供近似真实的目的语社会文化环境，使语言学习以“全浸式”的方式进行，其设计和应用有利于改变我国外语教育教学中课堂教学占绝对主导地位的现状，充分促进社会化的语言学习，有效提高学生的语言综合运用能力，形成“形式与意义并重，学得与习得优势互补”的高效外语教学模式。

从语言教学技术与学习理论的融合来看，计算机从大型机发展到个人电脑再到现在的互联网，CALL 自 20 世纪 60 年代诞生以来，发展历程与语言教学技术和学习理论的融合相一致，大致经历这样的三个阶段：行为主义（behaviorist）CALL、交际性（communicative）CAL、综合性（Integrative）CALL。

第一个阶段是以结构主义语言学为理论基础的 CALL 阶段，即 CAI 阶段。在行为主义 CALL 阶段，受刺激吸引理论影响，语言学习被认为是一种习惯养成因此 CALL 软件表现为大量的词汇训练、语法讲解和句型练习。

第二个阶段以建构主义学习理论、认知学习理论和功能语言学为理论基础，是 20 世纪 80 年代认知学习理论兴起和个人电脑出现的结果。交际性 CALL 的理论与技术发生了较大的变革，受认知学习理论关于学习是发现、表达、发展的创造性过程的观点影响，语言学习被认为是有意义的交流过程，而非准确语法形式的使用。因此，这一阶段的 CALL 表现为交际工具，鼓励学生创造性地运用语言进而养成交际能力。

第三个阶段开始于 20 世纪 90 年代，网络技术和多媒体的出现使 CALL 走向融合。综合性 CALL 以网络为工具，将技术和语言学习更充分地整合起来创建虚拟的语言学习环境，进行真实的语言交际，以社会认知语言学为理论基础。社会认知论认为语言不是个人的附属，而是一种社会建构现象，合乎语法性与社会接受性不可分离，语言学习被认为和社会生活密不可分，需要社会交互与合作，认知与交际相互依存，在外语教学上体现为交际法。然而，就多媒体网络技术辅助的语言学习模式而言，其认知和交互功能是非常有限的和较为表面的，尚不能完全满足社会学习理论的种种要求。

在 CALL 不同阶段的教学观基础上，计算机成了受指导者（tutee），语言教育工作者寻求把听、说、读、写等各种语言学习技巧结合起来的同时，也把技术和语言学习更充分地整合起来，学习者可以利用计算机程序创设虚拟的语言学习环境，通过网络自主参与或组织学习活动，进行真实的语言交际。虚拟环境下的语言学习极大地拓宽了 CALL 的活动范围，NBIT 研究也给 CALL 常见主题提供了新的视角。

3. 计算机辅助教学中的情境化学习

以社会学习理论中的情境认知为例，计算机辅助语言教学理论把知识视为个人和社会或物理情境之间联系的属性以及互动的产物，它强调按照真实的社会情境、生活情境组织学习活动，使学生通过解决实际问题来获取真正有用的知识和技能。因此，真正的情境化学习必须具备以下特征：第一，真实任务情境，即学习在与现实情境相类似的情境中发生，以解决学生在现实生活中遇到的真实问题为目标；第二，情境化的过程，即学习的过程与现实的问题解决过程相类似，教师并不是将提前准备好的内容教给学生，而是演示与现实中专家解决问题相类似的探索过程，并指导学生的探索；第三，真正的互动合作，即学习者应该在学习共同体之中进行合作互动，持续地进行协商、交流；第四，情境化的评价，即不需要独立于教学过程的测验，而是采用融合式测验或情境化的评估，在学习活动中对具体问题的解决过程本身就反映了学习的效果。

情境学习的观点突出体现了教育与现实世界之间的联系，要求语言学习在真实的目的语社会文化情境中以社会化的方式学习语言，将课堂学得和课外习得有机融合起来，快速有效地提高学生的语言运用能力，而这就要求与之相配套的 CALL 技术。VR 渗透至语言教学领域恰好迎合了这一需求。作为一种多源信息融合的交互式的三维动态视景和实体行为的仿真，VR 可以将目的语社会文化情境较为真实地呈现在学习者面前，学生操纵虚拟化身以各种形式参与到模拟目的语日常生活的交际任务中，在用语言“做事情”的过程中理解和运用语言。在这一过程中，学生不再被动地接受语言输入，而是在目的语社会文化情境下自然地进行语言输入与输出，进行有目的的意义协商并得到较为真实的实时反馈，任务完成与否直接体现了情境化的评估。这种丰富、自然的语言实践可以使学生具备运用语言的实际经验，待到学生置身于现实环境中时，其语言运用就会顺乎自然、得心应手。可见，VR 是将语言知识和技能迁移到现实环境的有效媒介，它的出现并不是偶然的现象，而是理论和技术发展到一定程度时“理论需求、技术推动”的必然产物。

（三）索绪尔的符号语言学理论

1. 索绪尔符号观的提出

索绪尔是最早提出符号学和语言学研究之间具有相互交叉和包容关系的人他认为，只要有符号，就要有系统，想要准确地说明语言，必须借助于符号学。因此，符号学理论是索绪尔语言理论的一个组成部分。索绪尔的中心思想是：“语言是一种表达观念的符号系统。”① 索绪尔赋予其语言哲学思想以符号科学中最重要的地位，他自然主要以分析语言符号的性质来阐述符号模式。索绪尔的符号学理论为其他领域科学的发展奠定了扎实的基础，索绪尔的贡献在于开创性地推动了符号学的发展。

从苏格拉底到柏拉图再到亚里士多德，从符号思想初现端倪到对符号问题做出了阐释再到已经运用了“符号”这一术语，这一切的演变无疑对符号学的出现打下了牢固的基础。对符号有进一步分析的是英格兰逻辑学家奥坎（Okan），他遵从亚里士多德的说法，把命题的成分定义为词，词的功能是作为符号，因为它们代表了客体。他从各种角度对词进行区分，这种区分的标准既十分相近，但又有所不同，这和他对于符号的一般看法有关。奥坎认为：“人的理智活动必须借助于符号来进行，符号有两种：一种是自然符号，即我们的观念，他是由外界客体和我们心智之间的相互作用而自然产生的；一种是人工符号，即概念，且语言依赖自然符号。”②

索绪尔是第一位正式将语言研究纳入符号学视野的语言学家，所以，我们可以把索

① 靳玉乐，张铭凯，郑鑫. 核心素养及其培育［M］. 南京：江苏人民出版社，2018：31.

② 孙晓红，刘邦凡. 语言逻辑与语言教学研究［M］. 长春：吉林出版集团股份有限公司，2018：19.

绪尔称为“现代符号学的创始人”。索绪尔在《普通语言学教程》一书中首次明确地指出语言学是符号学的一部分，表达了他的“符号学”设想。他说：“我们可以设想有一门研究社会生活中符号生命的科学；它将构成社会心理学的部分，因而也是整个心理学的一部分；我们把它叫作符号学（semiologie）。它将告诉我们符号是由什么构成的，受什么规律支配。因为这门学科还不存在，我们说不出它将会什么样子，但是它有存在的权利，它的地位是预先确定了的。语言学不过是这门一般科学的一部分，将来符号学发现的规律也可以应用于语言学。”① 在许多学者看来，语言和符号是相互依存的关系，没有语言说明就没有符号系统，没有符号就没有语言。

索绪尔的符号学理论为现代符号学的发展绘制了一幅蓝图，它暗示了语言学将作为符号学的基本模式，并将注重符号的心理内涵和意指作用的研究，而索绪尔所提到的语言与言语，能指与所指，句段关系与联想关系等索绪尔语言学思想也都成了现代符号学的基本原理。所以，索绪尔往往被称为现代语言学之父。除了语言符号之外，他还提到对盲文、旗语、军事信号、密码和礼仪等非语言符号的研究。索绪尔还赋予语言学在符号学中的特殊的重要地位。他认为，语言是一个表达意义的符号系统，因此它可以和其他符号系统相提并论，但由于语言系统的特殊性质和特征，又可以把它和其他符号系统分开。而且语言是符号系统中最重要的一个符号体系，因为完全任意性的符号比其他符号更能实现符号化的过程。② 因此，从这个意义上讲，虽然语言学不过是符号系统的一个分支系统，但它是所有符号系统分支中最重要的模式。符号学将像其他科学一样有自己研究的对象，从而符号学发展成为一门独立的科学。我们现在在谈到符号学的发展归功于索绪尔这位伟大的语言学家和哲学家时，也要看到美国逻辑家皮尔斯（Pierce）的符号学思想。他们二人分别用 semiology 和 semiotic 来表达“符号学”这一术语。他们虽然对研究符号学的立足点不同，前者是从自然语言切入到符号学设想，后者是从逻辑语言中提出符号学理论，但他们在符号学史上的地位是同等重要的，贡献是巨大的。索绪尔符号学思想是具有哲学价值的思想，并促进了整个符号学科的建立和发展，还提出了自己的符号观。

2. 符号观理论

（1）符号的意指性

意指性是语言最重要的一个基本特征，也是包括语言在内的一切符号系统共有的基本特征。奥古斯汀（Augustinus）曾说过：“符号是这样一种东西，它使我们想到在这个东西加诸感觉的印象之外的某种东西。”③ 语言符号的基本功能是意指关系。

意指关系总是包含两个彼此联结的项：意指他物之物和被意指之物。借用索绪尔的术语，前者称为“能指”（significant signifier，又译为施指），后者称为“所指”（signified signified）。所以说，“能指”和“所指”这一对概念是索绪尔提出的，此后也成为索绪尔语言理论中一对重要概念。首先，我们先要澄清下面的概念：语言符号是概念和音响形象，即符号所指与符号能指的结合，符号所指是概念，符号能指是音响形象，能指和所

① 黄华新，陈宗明主. 符号学导论［M］. 上海：东方出版中心，2016：29.

② 郭鸿编著. 现代西方符号学纲要［M］. 上海：复旦大学出版社，2008：42.

③ 丁煌. 人际沟通学［M］. 武汉：武汉大学出版社，2013：52.

指是同质的。因此，索绪尔就把语言符号看作概念和音响形象的结合，通过人的感觉与外在世界发生联系，进而把概念称作所指，把音响形象称为能指，这就构建了语言符号、能指和所指三个术语之间的关系。能指和所指共同构成语言符号，语言符号这种不可分割的二元性是索绪尔语言学理论的基础。

索绪尔的语言符号观认为语言符号的两面都是心理的，而不是物质的，所以“能指”是音响形象而不是物理的语音，虽然这种音响形象来自或离不开物理的语音；“所指”是概念而不是客观的事物，虽然这个概念与客观事物相联系。由于能指和所指是通过感觉与外在世界相联系的，因此能指和所指就都是心理的东西。由这两方面结合而成的符号，也应是心理的东西。

索绪尔认为能指与所指的同义才构成符号，反对仅仅将“能指”看作符号其用意在于强调不能离开意指关系去讨论符号。① 丹麦语符学派的叶尔姆斯列夫（Louis Hjelmslev）同样十分强调符号意指关系的两个层面之间的紧密联系。但他用“表达”和“内容”这一对更具形式化特征的概念取代了索绪尔的“能指”和“所指”，并将表达与内容的统一关系称为“记号函数”（signal function），而表达与内容分别是该函数的两个函子(functors)。可见，“能指”与“所指”的区分和联结仅仅是一种抽象。事实上，在日常语言的使用中，人们常常仅仅在“能指”的意义上是有“符号”这个词，甚至索绪尔本人也在不同的上下文中将仅仅作为“能指”的符号和作为“能指”与“所指”统一体的符号混用。由于在特定语境中仅仅将“能指”或“表达”称作符号，在使用上是方便的，因此我们也遵从这一习惯用法。只是需要事先强调的是，“能指”并非因为它本身，而是因为它具有意指他物的意指功能才使它成为“能指”的。

索绪尔在他的《普通语言学教程》一书中明确地阐述了他的观点。他认为我们把概念和音响形象的结合叫作符号，但是在日常使用上，这个术语一般只指音响形象②，如指词（arbor 等），人们容易忘记，arbor 之所以被称为符号，只是因为它带有“树”的概念，结果让感觉部分的观念包含了整体的观念。如果我们用一些彼此呼应又互相对立的名称来表示这三个概念，那么歧义就可以消除。

索绪尔语言符号理论基于一个前提，那就是，他将语言视为一个相对自足或独立的系统。和能指一样，语言符号的所指处在这个系统中，是与外界事物相联系的概念而不等同于外界事物。能指和所指这一对概念的出现并被广泛地应用于现代符号学中，并赋予其生命力。能指与所指概念的提出最重要的理论意义和实践意义就是促使现代符号学的建立和发展，同时也体现了索绪尔的哲学态度。

（3）符号的任意性

索绪尔语言学理论的第一条原则讲的就是符号的本质，语言符号是任意的。能指和所指的具体结合就构成一个任意的实体。这条高深莫测的原则一旦被理解之后，就成为认识语言和研究语言的关键。索绪尔认为：“符号的任意性原则没有人反对。但是往往发现真理并不难，正确估价真理却更加困难。上面所说的这个原则支配着对整个语言的分

---

① 孙晓红，刘邦凡. 语言逻辑与语言教学研究［M］. 长春：吉林出版集团股份有限公司，2018：21.

② 田海龙，于鑫. 符号学多元研究［M］. 天津：南开大学出版社，2017：226.

析，它的意义是无法估量的。诚然，这种意义不是一下子就能看得清楚。”① 能指和所指相结合所产生的整体形成符号，关系是任意的我们可以简单地说：语言符号是任意性的。索绪尔十分重视符号的任意性原则甚至有些学者认为符号的这一原则是索绪尔语言学理论的基本内容所在。语言符号的任意性深刻地体现了索绪尔语言符号观的本质，索绪尔更是把语言符号的任意性原则视为最重要的原则。

二、英语专业教学转型发展的创新实践

（一）目的层次的创新实践——服务型英语专业教学

1. 服务型教学

在对“服务型教学”理念进行定义的过程中，课程与服务的结合是被视为关键的部分。以课程为基础的教育经历，使学生可以参与有组织的满足明确社区需求的服务活动，通过反思服务活动来获得对课程内容的进一步理解和对学科的更广泛认识，而且能够提高公民的责任感。

真实性是服务型教学的最基本特点。在服务型教学的过程中，这样的真实性可以使学习者获得更多与人及环境的接触机会，从而获得“在语境中使用语言”的视角。区别于传统课堂语言教学过于关注语言的描述作用，服务型教学主要关注用语言做事情或表达自己，有时候简单的非正式输入要比课堂的标准联系取得更有效的结果，这与学生外语语言的发展过程有关。也就是说，真实活动可以有效地提高学习者学习语言的动机，达到运用语言服务自己、服务社会的目的。服务型教学与社会服务一样，都强调参与社会服务，但是社会服务没有具体规划的学习目标，而服务型教学目标，是经过系统设计、规划、指导、反思和评估设定而成的，是服务与课程学习的切实结合。所以，成功的服务型教学需要具备活动的互惠性、真实性、反思性、体验性和交际性特点。

服务型教学的评判标准需要满足三个维度的要求：首先，教学活动为一定区域内提供的服务必须是与各方相关并切实有意义的；其次，教学活动中有意义的区域服务需要对区域发展和课程学习都能产生积极作用；最后，课程教学中要包含有目的的公民学习。因为服务型教学的有效作用和各学科自身的实用功能，服务型教学在被应用到文学、艺术等课程设计中，用于提升公民和社会责任心的同时，还被广泛地应用到理、工、商、医学等领域的课程教学中。但显然，服务型教学的作用在道德培养方面更具有明显性，其学术要求和人类目标包括以下七个方面的内容：第一，使学习者能够在通常交流的场景之外从社会的不同片段学习；第二，提高学生对社会问题的意识和理解，以及他们对待此类问题的回应；第三，教育学生明白服务、耐心、跨文化、独立、人文等意义；第四，通过与相应社区关系的建立，打破种族与文化的壁垒；第五，使学习者获得体验学习的方式；第六，在与另外一种文化接触中学习语言；第七，受学习者自我评估，对学校、社会制度以及他们对社区的贡献和影响等问题进行批判性分析的能力。

① 赵红新. 转型发展背景下英语专业教学的理念与实践［M］. 长春：东北师范大学出版社，2017：139.

2. 服务型英语专业教学概念

我国过往的英语专业教学活动中普遍存在着真实语言环境缺失和语言教师的非母语背景现象，后者虽然也在一定程度上对英语专业教学造成一定困扰，但非母语教师的优势在于对所教育社会的环境、教育体制和学习者的文化背景相对熟悉。所以，英语为非母语教师的强，便是采用适合当地标准的教学政策。我国的服务型英语专业教学概念包含在我国教育转型发展要求中。

我国的服务型教学概念涉及教学实施过程的绝大多数方面，例如教育政策、教学大纲指导思想、教学目标、教学对象、教学内容、教学手段、教学过程和教学环境等，甚至还涉及社会政治、经济和文化的因素。其中首先会接触到的是教育政策方面的问题，因为这关乎一个外语教师行动研究的范畴。在具体政策性条文并不明确的情况下，中国外语教师教学方法的自主选择权到底有多大是个问题。

在相应教育政策出台之前，服务型英语专业教学须要综合考虑多方面的关系，这些关系构成了我国转型发展背景下服务型英语专业教学的一些基本要素，如语言与文化、跨文化的关系，语言学习动机与社会环境的结合，英语专业课程与现行教学政策之间的关系，语言课程与课程改革的关系，教学目标的实现与人才培养目标的关系，学习者真实需求与所在城市真实需求之间的关系，个体语言发展与个人思想成长的关系等。

3. 服务型英语专业教学的语言综合应用能力

（1）英语语言技能发展

语言技能详细包括有听力、口语表述、翻译、阅读、理解和写作六个方面。在服务型英语专业教学的过程中，口语表述和翻译是应用频次最多的两种能力，次之是语言理解和写作能力的应用，听力能力主要在教学过程中理解和沟通使用在考试中的效果差之，最低是阅读能力的应用频次。以上语言技能的应用频次，与服务型英语专业教学的课程过程密切相关，因为语言运用成为最主要的服务目标，而不再是阅读英文材料做出选择的做题方式。

服务型英语专业教学可以明显地提升英语专业学习者的口语表述、理解翻译与写作能力，虽然在阅读与听力考试方面的提升空间不如前三项大，但这六方面技能的提升均高于传统英语教学法的效果。由此可见，服务型英语专业教学优于传统语言教学法。

（2）英语语言知识发展

语言知识的涵盖内容也主要是六个方面的内容，分别考察学习者参与服务型英语专业教学模式中对语音知识、词汇量、词汇知识、句法知识、语法知识和语篇知识的理解与应用能力，其中，语音知识是获得量和使用量最明显的内容，词汇量与句法知识次之，然后是词汇知识和语篇知识在服务型英语专业教学课程中的获得量，最低的是语法知识内容。

所以说，语言学习者在服务型教学过程中的语音获得最为明显，词汇量、句法、词汇和语篇知识上的获得也较为优异，语法的获得最少。

（3）英语文化意识发展

语言文化意识指的是在我国环境中教学模式对本国文化和外语国家文化及其文化元素的认识，如对中国文化、外语国家文化、世界多元文化、交际文化、跨文化交际、词语文化内涵、不同文化价值观念与思维习惯差异等意识内容。而在服务型英语专业教学模式下，跨文化交际意识的提升应用最为明显，此外，比较突出的是交际文化意识、思维习惯意识和多元文化意识。

这样的教学结果表明，服务型英语专业教学可以极大地增强英语专业学习者的跨文化交际意识，培养他们自信自强的心态和勇于探求新知的心态。

（4）英语情感态度发展

目的层次对语言的习得与使用熟练度有着巨大影响，也就是说，学习者的动机和态度需要语言教育者多加关注。有学者说过，对一个语言环境的不喜欢，会直接造成对这一环境中所使用语言的不喜欢。很显然，这说的是对目标语和目标语文化不同态度的影响作用。所以，只有积极地与其他语言和相关文化产生广泛接触，发现其中的美好部分，才能改变语言情感态度可能产生的消极作用。

（二）过程层次的创新实践——多模态英语专业教学

1. 多模态教学的概念

多模态教学的主张是要求教师根据教学内容，教学环境，教学目标等基本理念为学生选择种或多种教学方法，诸如听说法，交际法、全身反应法、暗示法直接法、情景教学法、语法翻译法等，并将其合理运用在语言环境中，这些运用对于学生进行语言的理解和掌握是必不可少的。在多模态课堂教学中，教师结合多媒体手段创设真实的情境环境，通过听觉、视觉、触觉等多感官刺激，使学习者体验真实的目标语语言环境，提高学生输出运用外语的能力。

2. 多模态英语课堂的教学设计

多模态的大学英语课堂教学设计，重视课堂的教学环节，但并不拘泥于传统的教学环节，而是充分吸收第二代教学设计理论先驱人物梅瑞尔关于教学设计的E原则（effective，efficient and engaging）及其提出的展示论证新知原理、尝试应用新知原理、聚集完整任务原理、激活相关旧知原理、融会贯通掌握原理等五项首要教学原理，综合运用间性理论、多媒体认知学习理论、输出驱动—输入促成假设等理论，探索有效的大学英语课堂教学模式。

教学设计是课堂教学成功的基础。大学英语课堂教学设计应该遵循教育学心理学和语言教学的规律，其任务是根据大学英语教学要求、标准及学生学习实际，合理把握教学观念、教学模式、教学技术、教学技巧等因素，对教学目标教学内容、时间安排、教学方法、课堂组织、教学媒体、学习活动、学习评价等做出明确的规划与设计，利用多媒体、多模式、多模态教学优势，把有效性、交互性与适配性的多模态教学原则贯穿于英语课堂教学设计中。

多模态课堂的教学设计还要以间性理论、社会建构主义学习理论、输出驱动假设、多媒体学习认知理论、情境认知理论等为指导，突出教学设计的整体性、教学主体的互动性、教学的多模态化和跨文化性。每节课的教学设计都应该在以下五方面有所侧重，或者重新组合、取舍。

第一，课堂导入。不同的教学模式、教学内容、教学目标、教学条件，教师采取的课堂导入方式都会不同。例如，在翻转课堂教学模式中，课堂导入的前提就是学生课前进行充足的预习和反馈。学生通过预习教材，观看教材光盘，了解本节教学目标，在对预习中存在问题进行反思的基础上，通过 E-mail、QQ、微信或课程论坛等，向老师反馈问题。教师及时整理学生反馈的问题，有针对性地准备授课方案和教学资料，修订基于师生互动的教学计划。

在课堂导入中，教师必须清楚地了解学生容易产生误解的根源，有意识地引导学生运用所学知识和技能寻求解决问题的途径和方法。这种互动式教学对教师具有挑战性，教师必须走出传统的、以有准备的讲授为主的教学模式，要运用新的技术和资源，及时调整教学实施方案。课堂导入时，通常采用“对话—问答法”，教师就事先整理好的、难度事宜、有代表性的问题，提问学生，或要求学生通过小组讨论后向全班汇报。学生结合预习情况，通过课堂上与同学交流讨论激活了先前的知识和技能，领会到新知识。教师则通过聆听学生的对话、参与小组讨论或者与学生单独交流，促进教学互动，保障教学效果。

第二，信息呈现。信息呈现是讲授新课的环节，演示主体既可以是教师，也可以是学生或学习小组。教师根据教学内容，可以有计划地选择部分教学内容，提前以小组合作项目的方式分配给学习小组准备，重视以学生和学习小组为主体的课堂展示与交流。为了确保学生或学习小组演示新课内容的效果，要求学生使用 PPT 等电子文档，并要求学习小组选派成员做好演示和解说脚本的准备工作，必要时，教师可以参与学习小组的准备工作，并对小组进行汇报的 PPT 予以把关。

第三，同伴学习。同伴学习是新课讲授之后学生的任务型合作和讨论环节，包括结对、小组、角色扮演、辩论、讨论等各种活动。进行同伴学习的目的在于通过交互式、真实性、建构性、分享型语言交际活动，领会和掌握新知识、新技能，培养学生的合作精神和批判思维能力。同伴学习还包括学生在课外开展的社团实践，这是学习社会化的重要方式。当然，同伴学习也可作为课堂不同教学环节的组织形式，比如课堂导入、信息呈现阶段的小组合作。

第四，学习强化。同伴学习和学习强化是一节课的核心，同伴学习和强化学习之间的界限有时候是很难划清的。学习强化是在同伴学习的基础上，通过进一步的教学任务和教学活动，使学生强化所学知识和技能。学习强化教学环节与学习教学环节的手段、方法可以是相同的，比如，两个阶段都是通过配对学习或者小组学习，但两个环节的教学任务应当区别进行设计，同伴学习环节的任务尽量简单些，以模仿性、单一性应用所学知识和技能为主，而学习强化阶段的任务就要相对复杂些、系统些，与真实的生活或工作语境更贴近些。

第五，学习评价。学习评价既指课堂教学的一个环节或者学生课后的自我评价活动，也指教师在教学过程中的形成性评价。学生既可以对照教学目标进行自我评价，也有机会体验教师如何对学生进行反馈和评价，以利于学生自我调整，达到预期目标。而教师的形成性评价则通过各种方式对课堂教学效果进行反思和评价，对学生的表现情况，特别是对学生在课堂教学活动上运用多模式交流互动的表现和学习效果进行客观的记录和评价，可作为学生学期总测评成绩的重要组成部分。

参考文献

[1] 顾曰国. 语言与语言学［M］. 北京：外语教学与研究出版社，2020.
[2] 李鸿春. 功能语言学和应用语言学［M］. 西安：西北工业大学出版社，2020.
[3] 齐沪扬，陈昌来. 应用语言学纲要［M］. 北京：中国人民大学出版社，2020.
[4] 沈继荣. 语言学与英语翻译［M］. 北京：清华大学出版社，2020.
[5] 胡壮麟. 语言学教程［M］. 北京：北京大学出版社，2020.
[6] 陈原艳，侯小莉，李丽. 英语语言学概论［M］. 北京：北京工业大学出版社，2020.
[7] 石锋，张洪明. 语言学文选（第3辑）［M］. 北京/西安：世界图书出版公司，2020.
[8] 王德春. 语言学通论［M］. 北京：商务印书馆，2020.
[9] 杜翠芳. 英语语言学与应用语言学综合研究［M］. 西安：西安交通大学出版社，2020.
[10] 刘振聪，刁慧莹. 应用语言学前沿研究［M］. 北京：旅游教育出版社，2020.
[11] 朱永生. 系统功能语言学札记［M］. 上海：上海外语教育出版社，2020.
[12] 李丽. 英语语言学理论研究［M］. 北京：现代出版社，2020.
[13] 吴燕侠. 语言学理论实用教程［M］. 成都：西南交通大学出版社，2020.
[14] 李双玲，邹艳丽，毛中婉. 理论语言学及应用语言学中的语料库研究［M］. 成都：西南财经大学出版社，2020.
[15] 付义荣. 社会语言学研究在中国［M］. 南京：南京大学出版社，2020.
[16] 张美叶. 语言学视角下的大学英语教学［M］. 南昌：江西科学技术出版社，2020.
[17] 李秀. 英语语言学理论与教学研究［M］. 长春：吉林教育出版社，2020.
[18] 潘璠. 语料库语言学研究实践［M］. 武汉：武汉大学出版社，2020.
[19] 淮亚莉. 认知语言学的热点问题研究［M］. 长春：吉林大学出版社，2020.
[20] 王小丽. 现代英语语言学多维探索与研究［M］. 西安：西北工业大学出版社，2020.
[21] 肖玲. 功能语言学与英语教学研究［M］. 北京：中国商务出版社，2020.
[22] 吴瑞琴. 应用语言学与英语教学研究［M］. 长春：吉林出版集团股份有限公司，2020.
[23] 常婧. 认知语言学理论和应用研究［M］. 北京：中国农业出版社，2020.
[24] 李丽荣. 跨文化视角下语言学研究［M］. 长春：吉林出版集团股份有限公司，2020.
[25] 吴一帆. 现代英语语言学多维探索与研究［M］. 西安：西安交通大学出版

社，2020.
[26] 胡悦芝，李娜. 认知语言学和英语词汇教学［M］. 北京：中国国际广播出版社，2020.
[27] 张德禄. 系统功能语言学与外语教育研究［M］. 上海：上海外语教育出版社，2020.
[28] 张晶莹. 认知语言学与大学英语教学研究［M］. 长春：吉林教育出版社，2020.
[29] 孙茗. 认知语言学与大学英语教学［M］. 长春：吉林大学出版社，2020.
[30] 井伟. 文化视角下的英语语言学探究［M］. 北京：民族出版社，2020.
[31] 纪旻琦，赵培允，马媛. 英语语言学理论与发展探究［M］. 长春：吉林大学出版社，2020.
[32] 徐丽欣. 英语语言学与文化传播研究［M］. 哈尔滨：哈尔滨出版社，2020.
[33] 严世清. 功能主义语言学理论探索与应用［M］. 上海：上海外语教育出版社，2020.
[34] 江涛. 现代语言学理论与教学动态发展研究［M］. 长春：吉林人民出版社，2020.
[35] 赵萍. 应用语言学视角下大学英语教学研究［M］. 长春：吉林人民出版社，2020.
[36] 欧亚美. 认知语言学视域下的二语习得［M］. 长春：吉林出版集团股份有限公司，2020.
[37] 何静. 认知语言学视域下词汇翻译探索［M］. 哈尔滨：东北林业大学出版社，2020.
[38] 赵立颖，李瑛，王莲，田召见. 认知语言学理论与应用［M］. 北京：中国经济出版社，2019.
[39] 张丽亚. 现代英语语言学研究［M］. 长春：吉林人民出版社，2019.
[40] 杨静. 现代语言学流派与英语教学探究［M］. 北京：中国商业出版社，2019.
[41] 许丹丹，陈蕊. 功能语言学与英语教学研究［M］. 长春：吉林大学出版社，2019.
[42] 毕晟，尹丽娟. 多维视角下的英语语言学研究［M］. 成都：四川大学出版社，2019.
[43] 张丽霞. 现代语言学及其分支应用语言学的理论与实践研究［M］. 北京：中国大地出版社，2019.
[44] 冯华，李翠，罗果. 英语语言学与教学方法研究［M］. 长春：吉林人民出版社，2019.
[45] 田昆，戴文婧. 现代英语语言学基础理论的多维分析及发展研究［M］. 北京：中国大地出版社，2019.
[46] 郭月琴. 现代英语语言学的多维分析及其发展研究［M］. 北京：中国大地出版社，2019.
[47] 刘曦. 基于多维视角的英语语言学理论探索与应用［M］. 北京：新华出版社，2019.
[48] 杜婷婷，郭慧莹. 应用语言学理论视阈下高校英语教学实践研究［M］. 北京：冶金工业出版社，2019.
[49] 罗琼鹏，彭馨葭. 语言学［M］. 南京：南京大学出版社，2019.

[50] 朱岚晖，周明发. 探索语言学［M］. 长春：吉林大学出版社，2019.
[51] 梁茂成. 语料库语言学［M］. 北京：外语教学与研究出版社，2019.
[52] 彭宣维，王勇. 功能语言学［M］. 上海：上海外语教育出版社，2019.
[53] 张庆宗，吴喜艳. 新编应用语言学导论［M］. 武汉：武汉大学出版社，2019.
[54] 李宇明. 当代中国语言学研究［M］. 北京：中国社会科学出版社，2019.
[55] 王寅. 认知语言学研究（第 9 辑）［M］. 北京：高等教育出版社，2019.
[56] 风罡. 现代语言学新视野［M］. 长春：吉林文史出版社，2019.
[57] 赵云. 英语语言学理论研究与应用［M］. 延吉：延边大学出版社，2019.
[58] 宋伟. 语言学理论与英语教学应用［M］. 北京：中国商业出版社，2019.
[59] 李欣. 英语语言学理论与实践研究［M］. 长春：吉林大学出版社，2019.
[60] 高晖. 英语语言学与翻译技巧研究［M］. 长春：吉林教育出版社，2019.
[61] 黄玮. 英语语言学理论分析与实践探索［M］. 长春：吉林大学出版社，2019.
[62] 黎亮，王松. 语言学重要理论多维解读［M］. 长春：吉林出版集团股份有限公司，2019.
[63] 赵永琴. 现代英语语言学理论研究与实践［M］. 郑州：郑州大学出版社，2019.
[64] 兰天. 语言学理论与大学英语教学研究［M］. 太原：山西经济出版社，2019.
[65] 唐瑞. 现代英语语言学多维探究［M］. 北京：中国商务出版社，2019.
[66] 王欣欣. 多元视角下的英语语言学研究［M］. 哈尔滨：哈尔滨工业大学出版社，2019.
[67] 李笑. 应用语言学前沿问题探究［M］. 长春：吉林出版集团股份有限公司，2019.
[68] 王华，崔俊影，经芳. 语言学［M］. 延吉：延边大学出版社，2018.
[69] 范俊军，肖自辉. 生态语言学文选［M］. 广州：广东人民出版社，2018.
[70] 孙凯元，张焕芹，王澄林. 应用语言学导论［M］. 沈阳：东北大学出版社，2018.
[71] 冯小巍. 现代英语语言学多维探索与研究［M］. 北京：新华出版社，2018.
[72] 陈军宏，王银平，苗勤. 英语语言学研究［M］. 郑州：郑州大学出版社，2018.
[73] 房志新，杨晓，李佳. 英语语言学研究［M］. 长春：吉林大学出版社，2018.
[74] 聂志平，陈青松. 语言学概论［M］. 北京：高等教育出版社，2018.
[75] 王松. 语言学研究［M］. 长春：吉林大学出版社，2018.
[76] 杨正芹，严倩. 语言学概论［M］. 成都：四川大学出版社，2018.
[77] 郭沫，秦波. 英语翻译与语言学［M］. 芜湖：安徽师范大学出版社，2018.
[78] 权巧丽，刘海娟，冯岩松. 英语语言学概论［M］. 长春：吉林大学出版社，2018.
[79] 傅志瑜. 生态语言学引论［M］. 北京：北京工业大学出版社，2018.
[80] 黄亚楠，于波，董薇. 语言学研究导论［M］. 哈尔滨：东北林业大学出版社，2018.
[81] 于亚楠. 语言学概论［M］. 长春：吉林大学出版社，2018.
[82] 肖峥辉，邓俊丹，李雅琳. 英语语言学概论［M］. 长春：吉林人民出版社，2018.
[83] 高一虹. 语言学研究（第 24 辑）［M］. 北京：高等教育出版社，2018.
[84] 康光明，马新彤，赵巍巍. 现代语言学理论［M］. 北京：金盾出版社，2018.
[85] 孙芳. 功能语言学导论［M］. 北京：外语教学与研究出版社，2018.

[86] 彭建武，吴桂金. 英语语言学简论［M］. 长春：吉林大学出版社，2018.
[87] 罗亚凤. 文化视角下的英语语言学及应用语言学研究［M］. 长春：吉林大学出版社，2018.
[88] 潘超. 认知视角下英语语言学与应用语言学研究［M］. 北京：北京工业大学出版社，2018.
[89] 王远新. 语言学教程（第3版）［M］. 北京：中央民族大学出版社，2017.
[90] 张杲. 语言学与翻译［M］. 长春：吉林人民出版社，2017.
[91] 王鸿滨. 语言学通论［M］. 北京：中国广播电视出版社，2017.
[92] 骆峰. 索绪尔语言学思想研究［M］. 北京：对外经济贸易大学出版社，2017.
[93] 谭爱平. 认知语言学理论研究［M］. 成都：西南交通大学出版社，2017.
[94] 袁德玉. 认知语言学基础上的语言衔接［M］. 成都：电子科技大学出版社，2017.
[95] 邓林，李娜，于艳英. 现代英语语言学的多维视角研究［M］. 北京：地质出版社，2017.
[96] 赵科研. 语言学［M］. 咸阳：西北农林科技大学出版社，2017.
[97] 唐永辉，黄慧. 外国语言学与应用语言学研究［M］. 哈尔滨：东北林业大学出版社，2017.
[98] 闫洪勇，曲秀艳，裴冠金. 英语语言学概论［M］. 北京：中国建材工业出版社，2017.
[99] 彭雪梅，张文政. 语言学基础教程［M］. 西安：西安交通大学出版社，2017.
[100] 杨勇. 英语语言学教程［M］. 郑州：郑州大学出版社，2017.
[101] 张华明，陈悦，郜宏. 英语语言学［M］. 延吉：延边大学出版社，2017.
[102] 吴媛媛. 语言学研究［M］. 长春：吉林出版集团股份有限公司，2017.
[103] 吴春波，夏瑞. 英语语言学教程［M］. 北京：首都师范大学出版社，2017.
[104] 赵彦丽，郜万伟，张文娟. 语言学与翻译创新［M］. 北京：首都师范大学出版社，2017.
[105] 桂诗春. 语言学方法论：实验方法［M］. 北京：外语教学与研究出版社，2017.
[106] 王金巴. 应用语言学的理论与实践［M］. 太原：山西人民出版社，2017.
[107] 王娟，姚炎嫣. 当代语言学应用研究［M］. 长春：吉林大学出版社，2017.
[108] 周希芹. 英语语言学研究概论［M］. 西安：西安交通大学出版社，2017.
[109] 唐永辉. 应用语言学导论研究［M］. 哈尔滨：东北林业大学出版社，2017.
[110] 张艳玲，任伟亚. 新编英语语言学教程［M］. 长春：吉林大学出版社，2017.
[111] 冯倩. 语言学与英语教学研究［M］. 北京：外文出版社，2017.
[112] 丁石庆，周国炎. 语言学及应用语言学研究生论坛［M］. 北京：中央民族大学出版社，2017.
[113] 赵亮. 认知语言学理论和应用［M］. 北京/西安：世界图书出版公司，2017.
[114] 唐永辉，黄慧. 应用语言学理论研究［M］. 哈尔滨：东北林业大学出版社，2017.
[115] 梁茂成，许家金. 语料库语言学［M］. 北京：外语教学与研究出版社，2017.
[116] 倪鹏. 英语语言学的理论发展研究［M］. 长春：吉林人民出版社，2017.
[117] 程凯文，邓颜蕙. 认知语言学热点问题研究［M］. 长春：吉林大学出版社，2017.

[118] 刘宇. 英语语言学与大学英语教学艺术 [M]. 长春：吉林美术出版社，2017.

[119] 冀淑辛. 英语语言学研究与应用新趋势 [M]. 北京：中国商务出版社，2017.

[120] 张叶红，曹玉萍，王烨姝. 语言学引论 [M]. 北京：北京理工大学出版社，2016.

[121] 戴瑞亮，张建科，徐文彬，等. 现代语言学理论综述 [M]. 东营：中国石油大学出版社，2016.

[122] 安玉青，李丽辉，徐梅玲. 语言学与英语翻译研究 [M]. 北京：光明日报出版社，2016.

[123] 梁茂成. 什么是语料库语言学 [M]. 上海：上海外语教育出版社，2016.

[124] 史光孝，齐桂芹. 多维视角下的语言学研究 [M]. 济南：山东大学出版社，2016.

[125] 赵蔚青，潘钧，林洪. 社会语言学 [M]. 北京：高等教育出版社，2016.

[126] 崔艳丽. 英语语言学研究 [M]. 北京：光明日报出版社，2016.

[127] 刘宝俊. 社会语言学 [M]. 北京：科学出版社，2016.

[128] 朱跃，方瑞芬. 英语语言学 [M]. 合肥：安徽大学出版社，2015.

[129] 刘繁，王扬. 认知语言学理论与应用研究 [M]. 北京：北京交通大学出版社，2015.

[130] 杨延宁. 应用语言学研究的质性研究方法 [M]. 北京：商务印书馆，2014.

[131] 王焕玲，张娜，韩涛. 语言学概论 [M]. 长春：吉林大学出版社，2014.

[132] 张文勋，段友国，陈松松，等. 现代英语语言学教学术语 [M]. 天津：天津大学出版社，2014.

[133] 蔡基刚. 应用语言学视角下的中国大学英语教学研究 [M]. 上海：复旦大学出版社，2012.

[134] 董燕萍，顾曰国，陈国华，王初明. 心理语言学与外语教学 [M]. 北京：外语教学与研究出版社，2005.

[135] 张秀萍. 认知语言学理论视角下英语教学新向度研究 [M]. 北京：中国商务出版社，2018.

[136] 訾韦力. 应用语言学理论在英语教学实践中的应用研究 [M]. 北京：中国轻工业出版社，2015.

[137] 赵秋野. 心理语言学与外语教学 [M]. 哈尔滨：黑龙江人民出版社，2007.

[138] 马永强. 英语语言学教学理论研究 [M]. 延吉：延边大学出版社，2018.

[139] 吕殊佳. 英语语言学教学理论研究 [M]. 长春：东北师范大学出版社，2018.

[140] 牛敏. 英语语言学教学创新与创造性思维能力培养 [M]. 长春：吉林出版集团股份有限公司，2018.

[141] 张艳璐. 英语语言学教学方法创新与创造性思维能力培养 [M]. 北京：中国农业出版社，2019.

[142] 谢飒，钟凌，邓俊娥. 现代英语语言学教学理论与实践研究 [M]. 长春：吉林大学出版社，2014.